企业人力资源管理与
法律顾问实务指引**丛书**

卓越HR
必备合规管理指南

劳动用工疑难问题解析与合规建议

崔杰　苏文蔚◎编著

编委会：崔杰　苏文蔚　靳亚兰　张倩　陈雪莹

中国法治出版社
CHINA LEGAL PUBLISHING HOUSE

目　　录

第一章　劳动合同签订实务指引

本章导读

用人单位决定录用劳动者后，可以发出录用通知，录用通知一经发出，不能随意撤销。用人单位招用劳动者，负有如实告知义务，同样的，劳动者也负有如实说明义务。双方建立劳动关系，应当依法签订书面劳动合同。劳动合同的内容应当符合法律规定，否则可能被认定为无效劳动合同。如果用人单位未及时签订劳动合同，需要依法支付其二倍工资。如果劳动者拒绝签订劳动合同，用人单位也可以依法终止劳动关系。劳动者符合签订无固定期限劳动合同的条件时，用人单位应当与其依法签订无固定期限劳动合同，规避行为无效。

第一节　录用通知书的性质、法律适用及争议处理

关于订立劳动合同的过程，《中华人民共和国劳动合同法》（以下简称《劳动合同法》）仅对其中的基本原则作出了规定，即订立劳动合同，应当遵循合法、公平、平等自愿、协商一致、诚实信用的原则，但未对程序上做过多的规制。实践中，很多用人单位在与劳动者订立劳动合同之前，会在决定录用时先向劳动者发出录用通知书（Offer），但是劳动法律法规对录用通知书并未作出明确规定。在《劳动合同法》无明确规定时，适用民法有关规定来处理劳动合同缔结过程中产生的纠纷是裁审机关通行的做法，录用通知书即是如此。

一、录用通知书的法律性质

录用通知书是用人单位在决定招用劳动者后、签订书面劳动合同前向劳动者发出的书面通知。录用通知书的法律性质一直存有争议，目前尚无定论，理论上主要存在以下三种观点：

（一）录用通知书具有劳动合同的性质

由于录用通知书中通常会涉及工作地点、工作岗位、劳动报酬等内容，有观点认

为，录用通知书具备了劳动合同的主要条款或必备条款，可以视作相当于具有了劳动合同的效力，可以视为书面劳动合同。

（二）录用通知书是用人单位履行告知义务

根据《劳动合同法》第 8 条的规定：“用人单位招用劳动者时，应当如实告知劳动者工作内容、工作条件、工作地点、职业危害、安全生产状况、劳动报酬，以及劳动者要求了解的其他情况……”用人单位向劳动者发放录用通知书，是在履行上述告知义务。

（三）录用通知书属于民法上的“要约”

根据此观点，录用通知书是用人单位向特定劳动者提出订立劳动合同的条件，也是希望与其订立劳动合同的意思表示，其内容具体、明确，且一经劳动者接受，用人单位即受其约束，因此符合民法“要约”的性质。

实践中，较为主流的是第三种观点，认为录用通知书属于民法上的要约，经劳动者承诺后，双方即达成了于未来一定期限内订立劳动合同的预约合同。

二、录用通知书发生争议应适用的法律规定

用人单位向劳动者发放录用通知书时，由于未实际用工，劳动关系尚未建立，在此期间，对双方的法律关系应适用何种法律调整，理论和实践中也存有争议。

（一）适用劳动法

根据此观点，用人单位向劳动者发放录用通知书，是缔结劳动合同的一种过程，本质上是为了建立劳动关系，构成“订立”劳动合同。因此，录用通知书符合《劳动合同法》第 2 条①适用范围的规定，应适用《劳动合同法》。

（二）适用民法

根据此观点，用人单位向劳动者发放录用通知书应适用民法进行调整。《劳动合同法》第 2 条明确规定，用人单位与劳动者建立劳动关系，订立、履行、变更、解除或者终止劳动合同适用《劳动合同法》，而在用人单位发放录用通知书阶段，劳动者和用人单位之间仅仅是达成了于未来建立劳动关系的合意，但劳动者和用人单位尚未

---

① 《劳动合同法》第 2 条第 1 款规定：中华人民共和国境内的企业、个体经济组织、民办非企业单位等组织（以下称用人单位）与劳动者建立劳动关系，订立、履行、变更、解除或者终止劳动合同，适用本法。

建立劳动关系，未来签订劳动合同的具体内容也有待进一步磋商。因此，录用通知书不应受《劳动合同法》的调整，而应适用民法的相关规定。

实践中，第二种观点较为主流，我们也更赞同第二种观点。录用通知一经劳动者承诺，即对用人单位和劳动者产生于未来建立劳动关系和签订劳动合同的约束力，更符合预约合同的本质。而预约合同独立于本合同存在，其价值主要在于平等保护合同双方的信赖利益，应适用独立的合同法规则。因此，确定录用通知不同于订立劳动合同，应属于民事法律关系的范畴，适用民法。

三、录用通知书中约定由劳动者承担违约金的法律效力

录用通知书的法律性质及适用法律在理论和实践中都存有争议。从理论上讲，对于录用通知中约定由劳动者承担违约金的法律效力，适用不同的法律，就会有不同的结果。如果适用劳动法，根据《劳动合同法》第 25 条①的规定，则录用通知书中的违约金条款无效，进而用人单位不得请求劳动者支付违约金；但如果适用民法，根据《中华人民共和国民法典》（以下简称《民法典》）第 495 条第 2 款②的规定，则录用通知书中的违约金条款有效，劳动者未按录用通知书约定时间入职时，用人单位可以要求其支付违约金。

不过，正如前文所述，司法实践中，较为主流的观点是适用民法来调整用人单位和劳动者在劳动合同签订前产生的法律关系。因此，我们认为用人单位可以在录用通知书中同劳动者约定违约金条款，并在劳动者违约时据此要求其支付违约金。尽管如此，由于预约合同是《民法典》新增的合同类型，而《民法典》刚刚施行，用人单位诉至法院要求劳动者支付未按期入职违约金的判例尚少，用人单位仍需及时关注当地政策和裁审口径，根据最新政策及裁审口径作出处理和判断。

参考案例：员工未按照录用通知入职，应承担违反预约合同的违约责任

在周某与 A 公司缔约过失责任纠纷案③中，周某于 2019 年 6 月应聘 A 公司。2019 年 7 月 25 日，A 公司向周某发出《录用通知书》，载明："尊敬的周某，我们十分高兴地通知您已被 A 公司录用，您正式入职后的相关职位、工资福利待遇等条件初步拟定如下：您的岗位是……入职日期是 2019 年 8 月 26 日，您每月基本工资为 51500 元整（税前）。若在您签署本录用通知后，您未按前述入职日期到岗或者公司在对您的背景

---

① 《劳动合同法》第 25 条规定，除本法第 22 条和第 23 条规定的情形外，用人单位不得与劳动者约定由劳动者承担违约金。

② 《民法典》第 495 条第 2 款的规定：当事人一方不履行预约合同约定的订立合同义务的，对方可以请求其承担预约合同的违约责任。

③ 案号：（2020）沪 02 民终 3126 号。

调查结果满意后仍拒绝接受您入职，该方（违约方）将视为对此份协议构成违约，应承担违约责任。双方均理解，违约行为将造成对方不可弥补的损失，并且同意根据下述方式赔偿对方违约金：违约金数额=前述条款中约定的一个月基本工资的数额……”当日，周某在《录用通知书》上签名，并以扫描件形式发送给A公司。2019年8月22日，周某明确拒绝入职A公司，双方因此发生争议。A公司提起劳动仲裁，要求周某承担违约金，劳动仲裁委员会以不属于仲裁受理范围为由，决定不予受理。后A公司以同样请求向法院提起诉讼。

一审法院认为，周某在《录用通知书》上签字确认后又拒绝入职公司，违反了诚实信用原则，侵害了A公司的信赖利益，造成了A公司的损失，应依法承担相应的赔偿责任……本案中，A公司损失的范围以及周某应赔偿的金额应结合本案实际情况，根据A公司拟招录岗位的情况、薪资标准、重新招录的难易、周某的过错程度以及双方的约定内容等主客观因素综合认定。综上，一审法院依照《中华人民共和国合同法》（以下简称《合同法》）① 第6条、第42条第3款，《劳动合同法》第3条第1款之规定（订立劳动合同，应遵守诚实信用原则），判决周某向A公司赔偿经济损失51500元。

二审中，周某主张A公司诉讼请求为违约金，而非赔偿金，一审法院判决不当。本案应适用《劳动合同法》相关规定进行审理，根据《劳动合同法》第25条（违约金限制条款）的规定，双方关于违约金条款的约定应当无效。

二审法院认为，A公司仅向上诉人发出了涉案《录用通知书》，双方尚未建立用工关系，也未签订劳动合同。双方之间的劳动关系尚未成立，周某在本案中的身份是求职者，而非劳动者，A公司也并非用人单位。故，本案不属于劳动争议纠纷，周某主张适用《劳动合同法》调整双方纠纷，缺乏事实和法律依据，本院不予采纳……本案双方实际上以《录用通知书》的形式约定在将来一定期限内订立劳动合同，双方之间成立预约合同。依据《合同法》第107条规定：A公司可请求周某承担违反预约合同的违约责任。综上，一审法院适用法律有瑕疵，本院依法对一审判决主文予以变更。据此，依照《合同法》《民事诉讼法》相关规定，判决周某向A公司支付违约金人民币51500元。

四、用人单位撤销录用通知书的法律责任

主流观点认为，录用通知书是用人单位向劳动者作出的希望与其订立劳动合同、建立劳动关系的意思表示，符合条件时，构成民法上的“要约”，一经劳动者承诺，双方即达成了于未来一定期限内订立劳动合同的预约合同。由于法律对要约的撤销有

---

① 《合同法》已失效，相关条文参见《民法典》合同编，本书余同。

一定的限制，如果用人单位未依法撤销录用通知书，劳动者既可以请求用人单位承担订立劳动合同的缔约过失责任，也可以请求用人单位承担预约合同违约责任，也就是说，此时存在缔约过失责任和违约责任的竞合。但需注意的是，预约合同是《民法典》新增的合同类型，《民法典》施行前，在有关纠纷中，劳动者大都选择请求用人单位承担缔约过失责任，进而裁审机关也大都适用缔约过失责任进行裁判，但是随着《民法典》的施行，不排除未来请求用人单位承担违约责任的情形将有所增加。

（一）缔约过失责任

缔约过失责任是指在订立合同的过程中，一方因违反基于诚实信用原则的先合同义务或附随义务，给另一方造成信赖利益损失，而应依法承担民事责任。如前文所述，用人单位向劳动者发出录用通知书的行为系民法上的“要约”，根据《民法典》第 476 条、第 477 条的规定，要约的撤销应当在受要约人做出承诺前到达受要约人，但是以下要约不可撤销：（1）要约人以确定承诺期限或者其他形式明示要约不可撤销；（2）要约或者受要约人有理由认为要约是不可撤销的，并已经为履行合同做了合理准备工作。如果用人单位撤销录用通知的行为不符合以上规定（如在劳动者承诺接受录用通知撤销或者明确了劳动者的入职期限仍予以撤销），则构成对诚实信用原则的违反，需依据《民法典》第 500 条①的规定，承担缔约过失责任。

1. 缔约过失的责任的赔偿范围

我国法律法规未对缔约过失责任的赔偿范围做明确的规定，通常认为，缔约过失责任是对信赖利益损失的赔偿，主要包含以下两个方面：

（1）实际支出的费用

实际支出的费用主要是指劳动者为缔结或准备履行劳动合同而实际支出的费用，前者如因应聘所产生的通信费、交通费、体检费、住宿费等，后者如为履行劳动合同而支出的房租等。

（2）工资收入和工作机会损失

用人单位撤销录用通知将会使劳动者一段时间内处于失业状态而导致工资收入的损失，工作机会损失主要是指劳动者因接受录用通知而丧失的与其他用人单位订立劳动合同的损失。

需说明的是，对于律师费、社会保险损失、因劳动者主动离职所导致的原单位经济补偿损失等，通常不会获得裁审机关的支持。

---

① 《民法典》第 500 条规定：当事人在订立合同过程中有下列情形之一，造成对方损失的，应当承担赔偿责任：（一）假借订立合同，恶意进行磋商；（二）故意隐瞒与订立合同有关的重要事实或者提供虚假情况；（三）有其他违背诚信原则的行为。

在具体数额方面，裁审机关则有较大的裁量空间，各裁审机关的尺度不一，具体会参照录用通知书中约定的工资、劳动者在前用人单位的平均工资、劳动者实际遭受损失的数额、为履行劳动合同所做准备情况和其他用人单位签订劳动合同的情况、用人单位的过错程度等因素进行裁判。

2. 劳动者过错对缔约过失责任产生的影响

如果用人单位撤销录用通知书的理由是劳动者提供虚假学历证明或者虚假工作经历等，即劳动者存在明显过错。用人单位是否应承担缔约过失责任？实践中，如果用人单位在录用通知书中与劳动者明确约定了“通过背景调查或者提供信息、材料属实是录用劳动者的前提条件”，且在合理的时间范围内通知劳动者撤销录用通知，则用人单位以劳动者过错作为抗辩理由时，通常会获得裁审机关的支持。但是，如果未约定此类条款，裁审机关仍有可能判决用人单位承担缔约过失责任。

3. 缔约过失责任的除外情形

民法上的“要约”需符合以下要件：（1）内容具体明确；（2）表明经受要约人承诺，要约人即受该意思表示约束。因此，在不符合以上要件时，裁审机关可能不会将录用通知书认定为“要约”，进而不支持劳动者要求用人单位承担缔约过失责任的诉求。

此外，需注意的是，实践中对录用通知书的性质仍存有争议，有观点认为录用通知书是用人单位以书面形式在履行《劳动合同法》第 8 条①规定的告知义务；也有观点认为，如果具备了劳动合同的主要条款或者必备条款则录用通知书具有劳动合同的性质，此时，裁审机关可能不会直接适用缔约过失责任进行裁判，但由于未实际用工，劳动关系尚未建立，裁审机关仍有可能参照缔约过失责任的损失赔偿范围认定用人单位的法律责任。

（二）预约合同违约责任

按照主流观点，录用通知书一经劳动者承诺，即构成了订立劳动合同的预约合同。那么，根据《民法典》第 495 条第 2 款的规定：“当事人一方不履行预约合同约定的订立合同义务的，对方可以请求其承担预约合同的违约责任。”符合条件时，劳动者还可请求用人单位承担违约责任。根据《民法典》第 577 条的规定，当事人一方不履行合同义务或者履行合同义务不符合约定的，应当承担继续履行、采取补救措施或者赔偿损失等违约责任。

---

① 《劳动合同法》第 8 条规定：用人单位招用劳动者时，应当如实告知劳动者工作内容、工作条件、工作地点、职业危害、安全生产状况、劳动报酬，以及劳动者要求了解的其他情况……

1. 赔偿损失

通常认为，预约合同违约责任的损失应当不超过本约的履行利益，相当于本约的信赖利益损失，因此，预约合同违约责任的损失赔偿范围与缔约过失责任的赔偿范围基本相当，此处不再赘述。

2. 支付违约金

如果用人单位与劳动者在录用通知书中约定了违约金条款，则劳动者可据此请求用人单位支付违约金，当违约金过高或者过低时，双方可以请求人民法院进行调整。

3. 继续履行预约合同

合同违约责任之一为继续履行，但是对于预约合同的继续履行而言，理论上尚存争议。有观点认为，预约合同的继续履行应是指对签订本约进行磋商；也有观点认为，预约合同的继续履行应是指成功签订本约的结果，而非只是磋商。但是，由于劳动合同是带有人身性质的合同，不得强制缔约，一般裁审机关不会裁判用人单位与劳动者继续履行录用通知书的约定进而签订劳动合同。

如前文所述，根据现有法律规定，用人单位未依法撤销录用通知书时，劳动者既可以请求用人单位承担缔约过失责任，也可以请求用人单位承担预约合同违约责任。两者相比，违约责任的责任形式更多，不限于赔偿经济损失，且违约责任通常不考虑违约方是否具有过错，违反合同约定即需要承担违约责任。因此，对于劳动者而言，举证责任较轻。但由于理论上对预约合同的具体适用规则尚存争议，实践中适用预约合同规则来裁决撤销录用通知法律责任的案例仍然较少，还有待实践的进一步验证和明确。

参考案例：用人单位发出录用通知后拒绝录用，应当赔偿缔约过失损失

在YK公司与张某劳动争议一案中①，2018年3月30日，YK公司向张某发送录用通知书一份，内容载明“张某，您好，我非常高兴地通知您，经过我集团董事的面谈和讨论，一致认为您是我集团旗下公司总裁的合适人选。根据公司的薪资福利政策，我们将给您提供以下薪酬福利待遇：一、现金薪酬，您的年度目标总薪资为税前人民币100万元（固定工资加绩效）；二、奖励……；三、……3. 报到时间：2018年4月15日”。后张某到达上海并租好房屋，准备到上海报到，但YK公司又通知其于2018年4月16日到北京报到，并接受YK公司的工作安排，出席相关活动、提交相关报告。之后由于YK公司拒绝与张某签订劳动合同，双方产生争议，张某诉至法院要求YK公司赔偿其损失。

法院认为，第一，关于YK公司主张张某未按照入职通知要求报到，属于要约失效一节……本案中，YK公司向张某发出的录用通知书明确载明了录用张某的意向、张

① 案号：(2020) 京03民终6675号。

某的职位、工作地点、薪酬福利待遇、劳动合同期限及试用期、报到时间等，劳动合同的基本要素均已经具备。张某已经允诺入职，且为入职先后在上海、北京租房，以实际行为作出了承诺的意思表示。YK公司将报到地点由上海变更至北京，且报到日2018年4月15日系周日，现该公司并未提交证据证明要求张某在非工作日的具体报到地点、联络人、报到方式等，而张某在2018年4月16日工作日到达北京，故，YK公司据此主张双方之前形成的约定已经失效，缺乏事实和法律依据。第二，关于YK公司主张张某与其他公司存在劳动关系，缺乏订立劳动合同条件一节，张某在与YK公司签订劳动合同之前，其是否在其他公司就职或无业均属于就业自由，同时根据本案微信记录，YK公司并非因张某在其他公司任职而不再签订劳动合同，因此其该项上诉意见缺乏事实和法律依据，本院难以支持……综上所述，一审法院综合本案现有证据认定张某的经济损失，数额得当，本院依法予以确认。YK公司的上诉请求不能成立，应予驳回。

合规建议

1. 用人单位应审慎发放录用通知书。发放录用通知书并非劳动法规定的法定程序。如果确有必要，在发放录用通知书之前，应对劳动者进行充分的评估和调查，并尽量在背景调查完成和体检合格后再向劳动者发放录用通知书。

2. 为了降低招聘成本，保障劳动者按期入职，用人单位可以在录用通知书中同劳动者约定违约金条款，在发生纠纷时，也能减轻用人单位的举证责任。在金额方面，可以参照劳动者的月工资标准进行约定。

3. 用人单位应注重对录用通知书内容的设计，应根据实际情况，在录用通知书中与劳动者明确约定录用条件及通知失效的情形，如背调合格、体检合格、提交材料真实等，并约定出现失效情形时将不予录用且责任由应聘人员自担。

4. 在书面录用通知书中应谨慎限制劳动者对录用通知书的答复时间和入职时间，如果进行了限制和明确，在发出录用通知书后，非因正当事由（如劳动者过错），不应再撤销录用通知。

5. 用人单位不得随意撤销录用通知，如需撤销，除依法不可撤销的情形外，应在劳动者对录用通知作出承诺前送达劳动者。

第二节　用人单位告知义务与劳动者说明义务

用人单位招用劳动者时，劳动者有权了解与劳动合同内容相关的基本情况，用人单位负有告知义务，同时用人单位也有权了解劳动者与劳动合同直接相关的基本情况，劳动者有如实说明义务。

一、招用劳动者时用人单位的如实告知义务及法律责任

（一）用人单位的如实告知义务

用人单位在签订劳动合同时，在与劳动合同直接相关的问题上，负有如实告知的义务。根据《劳动合同法》第 8 条规定，用人单位招用劳动者时，应当如实告知劳动者工作内容、工作条件、工作地点、职业危害、安全生产状况、劳动报酬，以及劳动者要求了解的其他情况……从上述规定我们可以看出，用人单位的告知义务可分为两部分：

1. 法定告知内容。具体包括工作内容、工作条件、工作地点、职业危害、安全生产状况、劳动报酬等。这些内容系法定、不设前提条件的，无论劳动者是否提出告知要求，用人单位都应当主动将上述情况向劳动者说明。劳动者对于用人单位告知的内容如有不清楚的，可以要求其进一步说明，用人单位必须对劳动者提出的问题进行说明。

2. 劳动者要求了解的其他情况。实践中涉及薪酬福利体系、用人单位规章制度、职业发展晋升等内容，用人单位应对劳动者的提问予以说明及解答。

除对于普通职工的一般告知义务外，用人单位亦需注意到特殊劳动群体的附加告知义务。例如，在女职工特殊劳动保护中，禁止安排女职工从事矿山井下、国家规定的第四级体力劳动强度的劳动和其他禁忌从事的劳动等。[①] 用人单位应当遵守《女职工劳动保护特别规定》附录《女职工禁忌从事的劳动范围》的规定，并应当将本单位属于女职工禁忌从事的劳动范围的岗位书面告知女职工。

另外，根据《中华人民共和国职业病防治法》（以下简称《职业病防治法》）第 33 条规定，涉及职业病危害岗位的，用人单位与劳动者订立劳动合同或涉及岗位变更时，应当将工作过程中可能产生的职业病危害及其后果、职业病防护措施和待遇等如实告知劳动者，并在劳动合同中写明，不得隐瞒或者欺骗。否则劳动者有权拒绝从事存在职业病危害的作业，用人单位不得因此解除与劳动者所订立的劳动合同。

（二）用人单位未履行如实告知义务的法律后果

1. 劳动合同无效。依据《劳动合同法》第 26 条的规定，以欺诈、胁迫的手段或

---

① 《中华人民共和国劳动法》（以下简称《劳动法》）第 59 条规定，禁止安排女职工从事矿山井下、国家规定的第四级体力劳动强度的劳动和其他禁忌从事的劳动。第 60 条规定，不得安排女职工在经期从事高处、低温、冷水作业和国家规定的第三级体力劳动强度的劳动。第 61 条规定，不得安排女职工在怀孕期间从事国家规定的第三级体力劳动强度的劳动和孕期禁忌从事的劳动。对怀孕七个月以上的女职工，不得安排其延长工作时间和夜班劳动。

者乘人之危，使对方在违背真实意思的情况下订立或者变更劳动合同的，劳动合同无效或者部分无效。由此，用人单位未履行如实告知义务，或告知劳动者虚假的用工情况，或者故意隐瞒真实情况的，诱使劳动者作出错误的意思表示而订立的劳动合同，劳动者可主张劳动合同无效，并可以依据《劳动合同法》第 38 条规定提出解除劳动合同，用人单位需要依法支付经济补偿。一旦用人单位未履行如实告知义务导致劳动合同被认定部分甚至全部无效，劳动者已付出劳动的，用人单位应当向劳动者支付劳动报酬，同时若因此给劳动者造成损害的，用人单位亦应承担赔偿责任。

2. 行政处罚。根据《职业病防治法》第 71 条第 3 项规定，订立或者变更劳动合同时，用人单位未告知劳动者职业病危害真实情况的，卫生行政部门还可以责令限期改正，给予警告，可以并处五万元以上十万元以下的罚款。

参考案例：用人单位未将职业病危害及其后果告知劳动者的，应承担相应的赔偿责任

在宋某与某石化储运有限公司健康权纠纷案中①，一审法院审理后认为：《职业病防治法》第 4 条第 1 款、第 2 款规定："劳动者依法享有职业卫生保护的权利。用人单位应当为劳动者创造符合国家职业卫生标准和卫生要求的工作环境和条件，并采取措施保障劳动者获得职业卫生保护。"第 5 条规定："用人单位应当建立、健全职业病防治责任制，加强对职业病防治的管理，提高职业病防治水平，对本单位产生的职业病危害承担责任。"第 33 条规定："用人单位与劳动者订立劳动合同（含聘用合同，下同）时，应当将工作过程中可能产生的职业病危害及其后果、职业病防护措施和待遇等如实告知劳动者，并在劳动合同中写明，不得隐瞒或者欺骗。劳动者在已订立劳动合同期间因工作岗位或者工作内容变更，从事与所订立劳动合同中未告知的存在职业病危害的作业时，用人单位应当依照前款规定，向劳动者履行如实告知的义务，并协商变更原劳动合同相关条款。用人单位违反前两款规定的，劳动者有权拒绝从事存在职业病危害的作业，用人单位不得因此解除与劳动者所订立的劳动合同。"本院认为，在劳动者以患职业病为由提起人身损害赔偿案件中，被告应就其是否履行了《职业病防治法》规定的上述义务承担举证责任。首先，原告于 2007 年 5 月 8 日入职被告，被告与原告签订的第一份劳动合同没有职业病危害因素及后果的相关内容，该公司所在市安全生产监督管理局于 2015 年 4 月 10 日出具的《关于职业危害投诉的答复》中亦查实，公司与劳动者订立劳动合同时未将工作过程中可能产生的职业病危害及其后果告知劳动者，被告的行为违反了《职业病防治法》第 33 条的规定。……故法院认定，被告对原告患上述职业病具有明显过错，应承担相应的赔偿责任。

① 案号：（2018）粤 0404 民初 1809 号。

二、劳动者的如实说明义务及隐私权与个人信息保护

（一）劳动者的如实说明义务

《劳动合同法》第 8 条规定，用人单位有权了解劳动者与劳动合同直接相关的基本情况，劳动者应当如实说明。关于上述规定中劳动者的如实说明义务，应当注意如下问题：

1. 劳资双方承担的告知义务和说明义务在性质上存在不同。用人单位的如实告知义务是法定、无条件的，即无论劳动者是否提出请求，用人单位都应当主动向劳动者告知相关情况。而劳动者的说明义务是有前提的，即仅在用人单位要求劳动者告知与劳动合同直接相关的基本情况时，劳动者才负有说明的义务，如果用人单位不主张该权利，劳动者无须主动说明，用人单位也不能以劳动者未主动说明或隐瞒事实为由主张劳动者存在欺诈行为。用人单位可以通过员工入职登记表、录用条件确认书等文件明确要求劳动者如实说明。

2. 劳动者如实说明的范围上有限定。即限于"与劳动合同直接相关"的基本情况，但"直接相关"该如何理解，其中具体包含哪些内容，《劳动合同法》无明确规定。《人力资源市场暂行条例》[①] 及北京[②]等部分法律文件中有相关界定。笔者认为，结合上述规定，应从保证劳动合同正常履行所必需获知的信息角度出发，作限缩解释。与工作岗位相关的劳动者基本健康状况、学位学历、工作履历、职业技能、执业资质等职业信息，以及部分必要的劳动者个人情况，如身份信息、家庭住址、手机号码、紧急联系人等。

（二）劳动者隐私权及个人信息保护问题

用人单位有权在法定范围内获取劳动者的基本情况，但是这种权利并非没有限制，涉及个人隐私且与履行劳动合同无关的事项，劳动者无须相告。常见的包括女职工的

---

① 《人力资源市场暂行条例》第 23 条规定，个人求职，应当如实提供本人基本信息以及与应聘岗位相关的知识、技能、工作经历等情况。

② 《北京市高级人民法院、北京市劳动人事争议仲裁委员会关于审理劳动争议案件解答（一）》第 78 条第 3 款规定，就劳动者是否符合录用条件的认定，在试用期的认定标准可适当低于试用期届满后的认定标准。劳动者不符合录用条件的情况主要有以下情形：（1）劳动者违反诚实信用原则对影响劳动合同履行的自身基本情况有隐瞒或虚构事实的，包括提供虚假学历证书、假身份证、假护照等个人重要证件；对履历、知识、技能、业绩、健康等个人情况说明与事实有重大出入的；（2）在试用期间存在工作失误的，对工作失误的认定以劳动法相关规定、用人单位规章制度以及双方合同约定内容为判断标准；（3）双方约定属于用人单位考核劳动者试用期不符合录用条件的其他情况。

婚姻情况、生育情况、怀孕情况[①]，劳动者患有艾滋病、乙肝[②]等健康状况，上述隐私类信息均受到我国法律法规的保护。除法定的特殊岗位外（如女职工岗位禁忌、特殊行业对劳动者健康状况的特殊要求等），用人单位不得询问或要求劳动者提供该类隐私信息，否则涉嫌侵犯劳动者的个人隐私权，劳动者未如实说明也不构成欺诈，据此不予录用甚至解除劳动关系的，存在就业歧视及违法解除劳动合同的法律风险。

同时劳动者个人信息的保护亦为用人单位不可忽视的合规要点。根据《中华人民共和国个人信息保护法》（以下简称《个人信息保护法》）的规定，用人单位处理员工个人信息，应当取得个人的同意，或者为订立、履行个人作为一方当事人的合同所必需，或者按照依法制定的劳动规章制度和依法签订的集体合同实施人力资源管理所必需。实践中用人单位对于通过合法手段获取到的员工个人信息，应妥善保存并予以保密。除依法披露、使用外，不得未经员工同意擅自对外公开或非法使用，对外公开或提供劳动者个人信息前，应经过劳动者本人的授权同意[③]。违法公开或非法使用行为造成劳动者损失的，用人单位需承担赔偿责任。

（三）劳动者未履行如实说明义务的法律责任

根据《劳动合同法》的规定，劳动者以欺诈的手段使用人单位在违背真实意思的情况下订立劳动合同的，劳动合同无效。无效的劳动合同，从订立的时候起，就没有法律约束力，用人单位可以根据《劳动合同法》第 39 条规定解除劳动合同；劳动者

---

① 《中华人民共和国妇女权益保障法》第 43 条规定，用人单位在招录（聘）过程中，除国家另有规定外，不得实施下列行为：（一）限定为男性或者规定男性优先；（二）除个人基本信息外，进一步询问或者调查女性求职者的婚育情况；（三）将妊娠测试作为入职体检项目；（四）将限制结婚、生育或者婚姻、生育状况作为录（聘）用条件；（五）其他以性别为由拒绝录（聘）用妇女或者差别化地提高对妇女录（聘）用标准的行为。

② 原劳动和社会保障部发布的《关于维护乙肝表面抗原携带者就业权利的意见》（劳社部发〔2007〕16 号）中规定，用人单位在招、用工的过程中，除国家法律、行政法规和卫生部规定禁止从事的工作外，不得强行将乙肝病毒血清指标作为体检标准；用人单位不得以劳动者携带乙肝表面抗原为由拒绝招用或者辞退乙肝表面抗原携带者。

③ 《民法典》第 111 条规定，自然人的个人信息受法律保护。任何组织或者个人需要获取他人个人信息的，应当依法取得并确保信息安全，不得非法收集、使用、加工、传输他人个人信息，不得非法买卖、提供或者公开他人个人信息。人力资源和社会保障部《就业服务与就业管理规定》第 13 条规定，用人单位应当对劳动者的个人资料予以保密。公开劳动者的个人资料信息和使用劳动者的技术、智力成果，须经劳动者本人书面同意。

给用人单位造成损害的，还应当承担赔偿责任①。同时，如果劳动者的欺诈行为构成试用期内被证明不符合录用条件的，或者构成严重违反规章制度的，用人单位也可以解除劳动合同。例如，用人单位对学历、工作经历有明确要求，劳动者应聘时故意编造自己的学历信息或工作经历，使用人单位违背真实的意思表示录用了该名劳动者，其编造行为明显构成欺诈，用人单位可主张劳动合同无效，并以此为由解除劳动合同。

参考案例：工作经历造假构成欺诈，用人单位解除劳动合同合法

在刘某与华某公司劳动争议一案中②，刘某于2018年12月4日进入华某公司任生产主管一职，华某公司与刘某签订了三年期的劳动合同，其中试用期至2019年3月4日止。根据刘某入职时提供的工作经历，刘某2007年4月至2013年4月在上海某科技公司工作、2013年5月至2016年4月在富某科技工作、2016年4月至2018年11月在苏州某科技工作。根据相关法律文书认定的事实，刘某2016年7月27日至2017年8月30日在苏州某新能源公司及马鞍山某新能源公司工作；2017年9月18日至2017年12月15日在苏州某电池公司工作；2018年1月29日至2018年6月22日在苏州某科技公司工作；2018年1月刘某至舍某公司应聘，因未被聘用发生纠纷。根据刘某在昆山地区的社会保险缴费记录，2012年7月至2013年7月某高新材料公司为刘某缴纳社会保险、2014年9月至2014年10月某光电科技公司为刘某缴纳社会保险、2016年7月至2017年5月苏州新能源公司为刘某缴纳社会保险。2019年1月31日，华某公司以刘某存在入职资料作假；任职期间现场管理和员工作业培训不当，导致人为质量事故，给公司造成16800元损失；任职期间车间现场管理混乱为由，解除与刘某的劳动合同。离职后，刘某申请劳动仲裁要求华某公司支付工资差额、加班费及违法解除劳动合同赔偿金。

法院认为，当劳动者在订立劳动合同时，没有依据诚实信用原则向用人单位履行说明义务，可以认定构成欺诈，双方订立的劳动合同应属无效。本案中，刘某所提供的工作经历确实与生效法律文书及社保缴费记录严重不符，故刘某提供虚假工作经历以取得订立劳动合同的机会，一审法院据此认定双方签订的劳动合同无效，并无不当。根据《劳动合同法》第39条的规定，“劳动者有下列情形之一的，用人单位可以解除劳动合同……（五）因本法第二十六条第一款第一项规定的情形致使劳动合同无效的……”华某公司解除与刘某的劳动合同符合法律规定，属于合法解除，故刘某要求华某公司

---

① 《劳动合同法》第26条第1款第1项规定，以欺诈手段，使对方在违背真实意思的情况下订立劳动合同的，劳动合同无效。第39条第5项规定，因欺诈使对方在违背真实意思的情况下订立劳动合同使劳动合同无效的，用人单位可以解除劳动合同。第86条规定，劳动合同依照本法第26条规定被确认无效，给对方造成损害的，有过错的一方应当承担赔偿责任。

② 案号：（2019）苏05民终9150、9383号。

支付违法解除合同经济补偿金没有法律依据，不予支持。

需要提示用人单位的是，劳动者未履行如实说明是否一定构成欺诈，双方之间的劳动合同定属无效呢？答案是否定的。如前所述，劳动者如实说明的范围限于“与劳动合同直接相关”的基本情况，这意味着劳动者即使存在虚假陈述的行为，但如果虚假陈述的内容与劳动合同履行并不直接相关，其言行虽有违诚信，但并不符合认定欺诈和劳动合同无效的条件，用人单位据此单方解除劳动合同的，将有较大风险会被认定为违法解除。

如果劳动者入职时隐瞒了自身的婚育情况，即使后经查实为虚假陈述，但由于其提供的个人信息与劳动合同的履行并不直接相关而不属于欺诈，用人单位则不得据此解除。

参考案例：女职工是否怀孕与劳动合同并无直接关系，用人单位主张欺诈导致劳动合同无效不支持

在高某与天某公司劳动争议纠纷案中[①]，2018 年 7 月 9 日，高某入职天某公司，双方签订了有效期为 2018 年 7 月 9 日至 2021 年 7 月 8 日的《劳动合同书》，约定试用期为 3 个月，高某担任销售部经理。高某正常工作至 2018 年 11 月 2 日。关于劳动合同的解除，天某公司主张高某存在业绩不达标、不能胜任工作（试用期后公司没有批准其转正）、违反诚实信用原则（隐瞒怀孕以及个人简历中陈述的单位和出具解除劳动关系证明的单位有出入等关键事实），故依据《劳动合同》第 31 条第 1 项、第 3 项与高某于 2018 年 11 月 2 日解除劳动合同的行为系合法解除。

法院认为，《劳动合同法》第 8 条规定，用人单位招用劳动者时，应当如实告知劳动者工作内容、工作条件、工作地点、职业危害、安全生产状况、劳动报酬，以及劳动者要求了解的其他情况；用人单位有权了解劳动者与劳动合同直接相关的基本情况，劳动者应当如实说明。第 26 条第 1 款第 1 项规定，以欺诈、胁迫的手段或者乘人之危，使对方在违背真实意思的情况下订立或者变更劳动合同的，劳动合同无效或者部分无效。天某公司上诉主张高某隐瞒怀孕的情况、工作经历造假，构成欺诈，劳动合同应属无效。对此本院认为，首先，关于高某怀孕问题，天某公司并未举证证明其曾要求高某告知是否怀孕而高某故意隐瞒，且高某是否怀孕与劳动合同并无直接关系；其次，关于工作经历造假问题，天某公司提交的解除劳动关系证明显示高某与案外公司的劳动关系期间约为 1 个月，天某公司亦未在双方约定的试用期内以高某不符合录用条件解除劳动合同，本院难以认定天某公司与高某签订劳动合同违背天某公司的真实意思。综上，本院对天某公司关于劳动合同无效的主张不予采信。

---

① 案号：(2020) 京 03 民终 11929 号。

合规建议

1. 用人单位有权了解与劳动合同直接相关的基本情况，经用人单位要求的，劳动者应当如实说明，不可为应聘入职等原因提供虚假信息，避免由此给自身带来解雇甚至索赔的法律风险及职业生涯中留下不诚信的从业记录。

2. 用人单位以劳动者入职欺诈为由解除劳动合同时应区分劳动者虚构或隐瞒的信息与劳动合同是否具有直接相关性，是否对劳动合同的正常履行构成实质影响，同时亦应注意到是否涉及劳动者的个人隐私。对于婚育情况等与劳动合同履行无关的隐私信息，即使作出了虚假称述，用人单位亦应谨慎行使劳动合同解除权。

3. 在劳动者个人信息保护方面，用人单位对于了解到的员工信息，仅可用于内部用工管理。同时亦建议用人单位建立企业层面的员工信息管理制度，对员工个人信息的收集、保存、使用、披露、销毁等依法作出明文规定和管理。

4. 用人单位招用劳动者的如实告知义务是法定义务，不管劳动者是否提出告知有关情况的要求，用人单位必须主动如实履行。用人单位可以采取在《录用通知书》《女职工禁忌岗位告知书》《职业病危害告知书》《劳动合同》《员工入职信息登记表》《录用条件确认函》等用工文件中注明的方式，由此来证明公司已告知劳动者工作内容、工作条件、工作地点、职业危害、安全生产状况、劳动报酬等与工作相关的情况，并请劳动者签字确认。

5. 用人单位的告知义务会对劳动合同效力产生影响，隐瞒或虚构真实情况，诱使劳动者作出错误的判断而签订的劳动合同存在被认定为欺诈，进而导致劳动合同部分甚至全部无效的风险，用人单位将承担由此导致的赔偿责任。

第三节 劳动合同的签订与保管

劳动者入职后，用人单位应当根据《劳动法》《劳动合同法》《中华人民共和国劳动合同法实施条例》（以下简称《劳动合同法实施条例》）等相关法律法规，与劳动者依法签订劳动合同，并按照法定期限妥善保管。

一、签订劳动合同的主体、时间、地点、类型

用人单位在与劳动者签订劳动合同时，应当注意以下问题：

（一）签订劳动合同的主体

签订劳动合同的主体包括两方，一方是用人单位，另一方应是劳动者本人。

1. 用人单位包括在我国依法成立，具有用人权利能力和行为能力的中国境内企

业、事业单位、个体经济组织、国家机关、社会团体及民办非企业单位，还包括依法成立的会计师事务所、律师事务所等合伙组织和基金会。与此同时，根据《劳动合同法实施条例》第 4 条规定，用人单位的分支机构，在取得营业执照或者登记证书后，也可以作为用人单位直接与劳动者订立劳动合同。但是，未取得营业执照或者登记证书的分支机构，只能接受用人单位委托与劳动者订立劳动合同，而不能以自己名义签订劳动合同。在筹建中的公司因尚未办理法人登记注册，并不具备用人单位的主体资格，是不能与劳动者签订劳动合同的；若以筹备组的名义与劳动者签订劳动合同，筹建期间一旦发生争议的，筹备组和发起单位仍需共同作为劳动争议主体，承担连带责任。外国企业常驻代表机构也不具有用人单位主体资格，招聘中国雇员必须委托外事服务单位办理。外事服务单位应当与中国雇员签定劳动合同，并依法为中国雇员缴纳社会保险费用。但是发生劳动争议的，根据《最高人民法院关于审理劳动争议案件适用法律问题的解释（二）》第 5 条规定，依法设立的外国企业常驻代表机构可以作为劳动争议案件的当事人。当事人申请追加外国企业参加诉讼的，人民法院依法予以支持。

2. 对于劳动者而言，应当是达到法定就业年龄 16 周岁，且具备履行劳动合同行为能力的自然人，包括中国籍公民、港澳台地区人员、以及已取得永久居留资格、已取得工作许可且在中国境内合法停留居留或按照国家有关规定办理相关手续的外国人。① 外国人在中国境内工作但未取得工作许可或工作类居留证件的，即使与用人单位签订了劳动合同，也是属于非法就业。虽然法律规定已经领取养老保险待遇或达到法定退休年龄可以终止劳动合同，但是法律并未禁止上述人员作为劳动者签订劳动合同，用人单位自愿与其签订劳动合同仍可能认定为劳动关系。② 用人单位聘用的在其他单位下岗、内退、停薪留职、放长假人员，双方法律关系按照劳动关系处理，也应签订劳动合同。劳动者入职时，用人单位可以要求劳动者提供相应证件原件，对其年龄、身份、工作许可、任职资格等进行核实，并留存劳动者签字的复印件。

---

① 《最高人民法院关于审理劳动争议案件适用法律问题的解释（二）》第 4 条规定，外国人与中华人民共和国境内的用人单位建立用工关系，有下列情形之一，外国人请求确认与用人单位存在劳动关系的，人民法院依法予以支持：（1）已取得永久居留资格的；（2）已取得工作许可且在中国境内合法停留居留的；（3）按照国家有关规定办理相关手续的。

② 《最高人民法院关于审理劳动争议案件适用法律问题的解释（二）》第 21 条规定，本解释自 2025 年 9 月 1 日起施行。《最高人民法院关于审理劳动争议案件适用法律问题的解释（一）》（法释〔2020〕26 号）第 32 条第 1 款同时废止。最高人民法院此前发布的司法解释与本解释不一致的，以本解释为准。《最高人民法院关于审理劳动争议案件适用法律问题的解释（一）》第 32 条第 1 款规定，用人单位与其招用的已经依法享受养老保险待遇或者领取退休金的人员发生用工争议而提起诉讼的，人民法院应当按劳务关系处理。

（二）签订劳动合同的时间

签订书面的劳动合同是用人单位的法定义务，亦是劳资双方面建立劳动关系的证明文件。用人单位应当在建立劳动关系的同时与劳动者签订劳动合同；未及时签订的，最迟用工之日起一个月内订立书面劳动合同，否则将引发因未签订劳动合同赔偿双倍工资的法律风险。

用人单位通知劳动者签订劳动合同但是劳动者拒绝的，用工之日起一个月之内，用人单位可以终止劳动关系且无须支付经济补偿；用工超过一个月不满一年的，用人单位可以与劳动者补签劳动合同并将日期补签到实际用工之日，劳动者拒绝签订的用人单位可以终止劳动关系，但是需要依法支付二倍工资和经济补偿。用人单位应当保留书面通知劳动者签署劳动合同的证据，包括邮件、微信、电话录音等。为了防止用人单位陷入被动，应当在入职时要求劳动者签订劳动合同。

参考案例：员工拒绝签订劳动合同，公司继续用工应支付二倍工资

在某电梯公司与盘某劳动争议纠纷案中①，盘某于2014年9月28日入职公司，工作部门为人事部，职务是保安，试用期为3个月，试用期工资为2000元/月，工作为三班制，每天工作8小时。公司称已多次口头和书面通知盘某必须签订劳动合同，但盘某一直以不了解劳动合同内容为由暂不签订。2015年6月11日公司发布《补签新版合同通知书》，要求包括盘某等员工于2015年6月15日之前到行政人事助理处，补签新版劳动合同。同日公司召开会议，经全体保安同意，修改工作时长，与盘某签订《员工工资协议》，约定从2015年7月1日至2016年6月30日实行12小时工作制，但双方仍未签订书面劳动合同。2015年7月1日盘某提交书面辞职，离开公司。随后，盘某申请劳动仲裁，要求公司支付未签劳动合同的双倍工资19200元及擅自延长工作时间的赔偿金。仲裁委作出裁决支持了未签劳动合同的二倍工资差额17992.50元。公司不服裁决结果向法院起诉。

法院认为：首先，公司并无证据证明未签订劳动合同的责任在于盘某，亦无举证证实盘某知晓所要签订劳动合同的相关内容；而且假使存在盘某拒绝与公司签订书面劳动合同的情形，公司也应按照《劳动合同法实施条例》第5条规定，在法定期限内书面通知盘某终止劳动关系。但公司并未在法定期间内提出终止劳动关系，而是继续用工，在此情况下，应视为公司放弃了终止劳动关系的权利，故公司仍应承担未签订书面劳动合同的法律责任。一审、二审法院都支持了劳动者要求支付未签订书面劳动合同二倍工资差额的主张。

---

① 案号：（2016）粤12民终287号。

但是，根据《最高人民法院关于审理劳动争议案件适用法律问题的解释（二）》第 7 条规定，劳动者以用人单位未订立书面劳动合同为由，请求用人单位支付二倍工资的，人民法院依法予以支持，但用人单位举证证明存在下列情形之一的除外：（1）因不可抗力导致未订立的；（2）因劳动者本人故意或者重大过失未订立的；（3）法律、行政法规规定的其他情形。用人单位未订立书面劳动合同支付二倍工资规则是法律为维护劳动者合法权益、督促用人单位履行法定义务而作出的规定，不应使不诚信者不当获利。因此，支付二倍工资规则不适用于劳动者故意不与用人单位订立书面劳动合同的情形。

参考案例：劳动者故意不订立书面劳动合同，用人单位不负有支付二倍工资的责任

2018 年 12 月 11 日，冉某与某康旅公司订立劳动合同，约定合同期限为 2018 年 12 月 11 日至 2023 年 12 月 10 日，职务为财务部负责人。劳动合同到期后，某康旅公司多次通过口头及微信方式通知冉某续订劳动合同，冉某以“公司要解散，不签合同可以拿二倍工资”为由拒绝续订。2024 年 4 月 30 日，冉某与某康旅公司订立《解除劳动合同协议书》，双方同意解除劳动合同，并确认某康旅公司不拖欠冉某 2024 年 4 月 30 日前的工资及其他报酬。某康旅公司为冉某缴纳社会保险费至 2024 年 4 月，为冉某发放的经济补偿计算年限截至日期为 2024 年 4 月 30 日。2024 年 5 月，某康旅公司注销登记，其权利义务由某宾馆承继。某农旅公司系某康旅公司股东。冉某向某劳动人事争议仲裁委员会申请仲裁，提出某宾馆、某农旅公司支付未订立书面劳动合同二倍工资等请求。某劳动人事争议仲裁委员会作出不予受理通知书。冉某不服，诉至人民法院。

审理法院认为，某康旅公司与冉某的劳动合同到期后，冉某继续工作，某康旅公司仍按照原劳动合同约定支付劳动报酬并为冉某缴纳社会保险费。期间，某康旅公司多次要求与冉某续订书面劳动合同，但冉某拒绝订立。在冉某故意不订立书面劳动合同的情况下，某康旅公司无需承担支付二倍工资的责任，承继其权利义务的某宾馆及其股东某农旅公司亦不承担责任。审理法院判决驳回冉某有关支付二倍工资等诉讼请求。①

（三）签订劳动合同的地点

实践中，有的劳动者会采取伪造签字的方式误导用人单位已经签订劳动合同，如有的劳动者之间会合谋相互代签劳动合同，或者委托家人、朋友等第三人代签劳动合

① 参见《最高法发布劳动争议典型案例》案例三，载中华人民共和国最高人民法院官网，网址：https：//www. court. gov. cn/zixun/xiangqing/472681. html，最后访问日期 2025 年 8 月 8 日。

同；有的劳动者在签署劳动合同时，会刻意改变平时的书写习惯进行签字，如变换笔体、使用左手签字等；甚至有的劳动者会使用具有特殊功能的消字笔进行签字，经过一段时间后，劳动合同上劳动者的签名会自动消失。以上几种情况，劳动者会否认签字的真实性，经过司法鉴定认定不是劳动者本人签字，可能会导致用人单位在无其他证据的前提下，无法证明已与劳动者签订劳动合同的客观事实，不得不在与劳动者仲裁、诉讼中，面临败诉的结果。

为了防止虚假签字导致劳动者以未签劳动合同为由索赔二倍工资的风险，用人单位应当要求劳动者在现场当面使用单位提供的签字笔签署劳动合同，劳动者应当本人亲自签署，未经书面授权不得代签。由于各种原因劳动者无法现场签署劳动合同的，应当要求员工采取录像、拍照等方式拍摄签署过程，并通过电子邮件、微信等方式将视频、照片发送给单位，然后再将签署后的劳动合同快递给单位。例如，劳动者出现视力障碍、手部受伤或存在其他残疾等原因无法本人签字的，可委托他人代为签字、本人摁手印的方式签署，过程应当以视频方式留取证据。

（四）签订劳动合同的类型

劳动合同按期限可划分为：1. 固定期限劳动合同，即用人单位与劳动者约定合同终止时间的劳动合同；2. 无固定期限劳动合同，即用人单位与劳动者约定无确定终止时间的劳动合同；3. 以完成一定工作任务为期限的劳动合同，即用人单位与劳动者约定以某项工作完成为合同期限的劳动合同。签订前两种类型的劳动合同，可以根据劳动合同期限约定试用期，但是第 3 种类型劳动合同以及三个月以下短期劳动合同不得约定试用期。

二、劳动合同文本的交付、保管、备案

（一）劳动合同文本的交付及法律责任

根据《劳动合同法》第 16 条规定，劳动合同的正式文本，经劳动者和用人单位签字盖章后，应由双方各自持有一份。第 81 条规定，用人单位未将劳动合同文本交付劳动者的，由劳动行政部门责令改正；给劳动者造成损害的，应当承担赔偿责任。因此，劳动者领取劳动合同时，应当要求其在劳动合同领取记录表上签字。

（二）劳动合同文本的保管及期限

有的劳动者利用职务便利或通过非法手段，盗取用人单位留存的劳动合同并予以隐匿，制造用人单位未与劳动者签订劳动合同的假象。如果用人单位无法提供已经与其签署的劳动合同原件，也没有其他证据可以证明双方已经签订劳动合同的，将面临

不得不支付劳动者未签劳动合同造成的赔付二倍工资的结果。

为了避免由于劳动合同丢失导致支付未签劳动合同二倍工资的法律风险，用人单位应妥善保管劳动合同。关于劳动合同的保管，用人单位要注意的是，在劳动关系存续期间，用人单位应安排专人、设置专柜妥善保管劳动合同，高级管理人员和人力资源部门的工作人员不应当管理自己的劳动合同文本。因业务需要、法律诉讼等借阅劳动合同，应履行审批登记手续并及时归还，防止劳动合同丢失。另外，根据《劳动合同法》第 50 条第 3 款规定，对于已经解除或终止的劳动合同，用人单位还需至少保存两年备查。

（三）劳动合同的备案

我国部分地区规定了关于劳动合同的备案制度。如天津①、青岛②、烟台③、淄博④、济南⑤等地，要求用人单位将签好的劳动合同提交给有关劳动行政部门进行备案，用人单位应当按照当地规定办理相关劳动合同备案手续。

三、劳动者应当签署的其他入职文件

在入职环节，基于劳动用工管理和防范法律风险的需要，除了签订劳动合同之外，仍有诸多文件需要劳动者签署，这些文件记载了劳动者的重要信息、规章制度规定以及劳资双方的权利义务，系用人单位进行劳动管理及双方维护自身合法权益的重要依据。用人单位应根据自身的用工情况，在入职环节要求劳动者签署如下文件：

（一）入职登记表

入职登记表是劳动者确认其基本信息的文件，亦是用人单位作出不予录用劳动者、单方面解除劳动关系、法律文书送达等的重要依据之一。例如，劳动者在入职时提供了虚假的学历信息、工作经历等，用人单位据此解除劳动关系的，入职登记表上员工自行填写的内容就为用人单位解除劳动关系提供了事实依据。

入职登记表中常见记载包括：劳动者基本信息、健康状况、学历学位、工作履历、竞业限制情况、紧急联系人、文件送达地址确认、诚信承诺等条款。需要注意的是，不得要求劳动者填写婚姻状况、生育子女状况、怀孕计划等涉及劳动者个人隐私且与劳动合同履行无关的内容。

---

① 《关于规范就失业登记管理有关问题的通知》（津人社办发〔2020〕91 号）。
② 《青岛市劳动用工备案办法》（青人社规〔2019〕17 号）。
③ 《关于进一步规范劳动用工备案管理的通知》（烟人社办发〔2013〕83 号）。
④ 《淄博市劳动合同备案管理暂行办法》（淄劳社发〔2007〕144 号）。
⑤ 《劳动合同备案办法》（济劳社字〔2006〕126 号）。

（二）《员工手册》等企业规章制度

用人单位应当依法建立和完善规章制度，保障劳动者享有劳动权利和履行劳动义务。规章制度是劳动者权利和义务的载体，亦是用人单位对劳动者进行劳动管理和诉讼争端解决的重要依据。

用人单位制定的规章制度除满足内容合法、合理外，在程序上也需满足民主和公示程序或告知的法定要求，方可对劳动者产生约束力。而在实务中劳动者多以规章制度未送达、未告知、不知晓等理由进行抗辩，进而否定规章制度的效力，因此用人单位规章制度的送达程序便显得尤为重要。

在入职时要求劳动者对《员工手册》等规章制度进行签收便是一个很好的送达契机，用人单位除可以采用当面签收外，还可以采用给劳动者发送电子邮件，在网站、办公 OA 进行公示等方式保障规章制度的有效性，并留存好公示或告知证据。

参考案例：员工入职签收公司规章制度，对其具有法律效力

在胡某与某信托公司劳动争议纠纷案中①，胡某 2018 年 1 月 8 日入职公司，岗位为投资银行部高级副经理。双方签订期限为 2018 年 1 月 8 日至 2019 年 1 月 7 日的劳动合同，该劳动合同约定试用期为两个月。岗位录用条件确认书中的《员工手册》及公司规章制度送达确认书载明：本人已收到《员工手册》及公司各项规章制度，并知悉以上材料后续更新版本的查阅方式，已认真仔细阅读了以上材料，完全理解以上材料的内容并严格遵守，愿承担违背以上材料的所有后果。落款处原告手书签字，日期为 2018 年 3 月 28 日。劳动合同签收单载明：本人已收到公司交给本人的已完整填写并盖章的《劳动合同书》壹份。劳动合同期限：2018 年 1 月 8 日至 2019 年 1 月 7 日。已认真仔细阅读了以上材料，完全理解以上材料的内容并严格遵守，愿承担违背以上材料的所有后果。落款处原告手书签名，日期为 2018 年 3 月 28 日。原告对该劳动合同书及录用岗位条件确认书中本人签名的真实性均予以认可，但主张岗位录用条件确认书没有被告公章应属无效。

法院认为：《劳动法》第 4 条规定，用人单位应当依法建立和完善规章制度，保障劳动者享有劳动权利和履行劳动义务。《最高人民法院关于审理劳动争议案件适用法律若干问题的解释》第 19 条规定，用人单位根据《劳动法》第 4 条之规定，通过民主程序制定的规章制度，不违反国家法律、行政法规及政策规定，并已向劳动者公示的，可以作为人民法院审理劳动争议案件的依据。本案中，被告提交的薪酬、绩效、考勤的一系列规章制度，原告在入职时进行了签收、在办公平台上进行了公示，原告

① 案号：（2019）京 0102 民初 29429 号。

认可其有办公平台账号并通过办公平台办公，否认被告在办公平台公示的规章制度与常理不合，故本院认定上述规章制度合法，原告知悉，可以作为审理本案的相关依据。

（三）录用条件告知书

实务中时常出现用人单位在试用期内对于员工表现不满意的情况，劳动者在试用期内被证明不符合录用条件的，用人单位可以解除劳动合同。但要证明员工不符合试用期考核标准，应先书面告知新进员工录用条件是试用期考核员工的前提条件。在入职环节用人单位应做到录用标准明确并向劳动者履行告知义务，可以要求劳动者在入职时签署《录用条件告知书》，并在后续试用过程中及时进行考核、保留相关证据。需要注意的是，录用条件应当合理合法且与劳动合同直接相关，如不得限制劳动者结婚、生育等合法权利。

（四）《保密与竞业限制协议》

对于负有保密义务或需要履行竞业限制义务的员工，入职环节用人单位可以在劳动合同中明确或者签订专项协议与劳动者约定保密及竞业限制义务。用人单位与劳动者签订保密与竞业限制协议时，竞业限制的主体、范围、期限、补偿金、违约责任等约定应明确、具体，符合法定要求。根据《最高人民法院关于审理劳动争议案件适用法律问题的解释（二）》第 13 条规定，劳动者未知悉、接触用人单位的商业秘密和与知识产权相关的保密事项，劳动者请求确认竞业限制条款不生效的，人民法院依法予以支持。

竞业限制条款约定的竞业限制范围、地域、期限等内容与劳动者知悉、接触的商业秘密和与知识产权相关的保密事项不相适应，劳动者请求确认竞业限制条款超过合理比例部分无效的，人民法院依法予以支持。

竞业限制作为一种保护商业秘密的措施，适用范围仅限于“高级管理人员、高级技术人员以及其他负有保密义务的人员”，近年来，竞业限制纠纷增加，竞业限制呈现滥用的趋势，很多不应当承担竞业限制义务的劳动者也被要求签署竞业限制协议，损害了劳动者的就业权。在案件审理中，用人单位对劳动者是负有保密义务的人员需承担举证责任，劳动者签署了保密协议、竞业限制协议并不能当然认定就负有保密义务，用人单位还需要证明本单位有商业秘密、劳动者的岗位或工作知悉商业秘密。另外，通过合理性审查，确定劳动者所承担的竞业限制义务是否过重，是否超过了其所知悉或接触的商业秘密的价值，在用人单位商业秘密保护与劳动者就业权保护之间实现平衡。用人单位在与劳动者约定竞业限制协议或条款时，需要根据劳动者在职期间的岗位、所知悉商业秘密的内容、价值以及由此形成的竞争优势等，合理确定劳动者承担竞业限制义务的范围、地域、期限等内容。

参考案例：劳动者负有的竞业限制义务应与其知悉的商业秘密和与知识产权相关的保密事项范围相适应

在某甲医药公司与郑某竞业限制纠纷案中，郑某入职某甲医药公司（主要经营生物医药业务），担任生产运营部首席技术官。在职期间，郑某接触过关联公司某乙医药公司两款药物化学成分生产与控制细节等保密信息。郑某于2021年9月29日提出辞职申请并订立《竞业限制协议》，约定的竞业限制期为24个月。郑某离职后入职某生物公司，担任高级副总裁并告知某甲医药公司。2022年2月，某甲医药公司以某生物公司与该公司均系生物医药公司，两公司存在竞争关系，郑某违反竞业限制约定为由，向某劳动人事争议仲裁委员会申请仲裁，提出郑某支付竞业限制违约金710万元、赔偿损失100万元并返还已支付的经济补偿196185元、继续履行《竞业限制协议》等请求。某劳动人事争议仲裁委员会以超过法定期限为由终结案件审理。某甲医药公司不服，诉至人民法院。

审理法院认为，首先，根据立法目的，劳动者的竞业限制范围应限于竞业限制制度保护事项的必要范围之内，应与劳动者知悉的关联方的商业秘密和与知识产权相关的保密事项范围相适应。某甲医药公司与郑某约定的不竞争的主体包括关联公司某乙医药公司。郑某仅接触过某乙医药公司两款药物的保密信息，其负有的不竞争义务应当限于上述两款药物。其次，竞业限制纠纷案件中，有竞争关系的其他用人单位应指能够提供具有较为紧密替代关系的产品或者服务的其他用人单位。就生物医药公司的竞争关系而言，应根据经营的药品适应症、作用机理、临床用药方案等，在判断药品之间可替代性的基础上进行认定。对比郑某入职的某生物公司的产品与某甲医药公司的产品、某乙医药公司的上述两款药物，虽然均包括癌症治疗产品，但从适应症和用药方案上看，不具有可替代性。审理法院据此认定，郑某入职的公司不属于与某甲医药公司或者其关联方经营同类产品、从事同类业务的有竞争关系的其他用人单位，判决驳回某甲医药公司的全部诉讼请求。

此外，根据《最高人民法院关于审理劳动争议案件适用法律问题的解释（二）》第十四条规定，用人单位与高级管理人员、高级技术人员和其他负有保密义务的人员可以约定在职期间竞业限制条款，劳动者不能以约定在职期间竞业限制、未支付经济补偿为由请求确认竞业限制条款无效。法律规定用人单位对劳动者承担离职后的竞业限制应支付经济补偿，是基于离职后的竞业限制对劳动者的就业权进行了限制，可能会导致劳动者在竞业限制期内的职业发展和劳动报酬遭受损失，因此用人单位应给予补偿。而劳动者在职期间承担竞业限制义务，并不存在这样的损失，且是劳动者对用人单位忠诚义务的基本要求，用人单位已经支付劳动报酬作为对价，无需另行支付补偿。

参考案例：劳动者违反在职竞业限制义务约定，应依法承担违约责任[①]

在黄某与某纺织公司竞业限制纠纷案中，黄某于2020年11月与某纺织公司订立劳动合同，约定其从事布匹销售工作，担任销售经理。2022年6月10日，黄某与某纺织公司订立《保守商业秘密及竞业限制协议》，约定：竞业限制的期限包括但不限于合同期内及离职后两年内，不得自营或者为他人经营与某纺织公司有竞争的业务；黄某若违反协议约定，某纺织公司有权要求黄某承担违约责任。2022年9月至2022年10月期间，黄某多次自行联系供货商向某纺织公司的客户于某出售布匹，于某共向黄某支付货款122400元。此外，黄某自认，其在订立《保守商业秘密及竞业限制协议》之前也曾自行联系供货商向案外人出售过布匹，销售额为468900元。2022年10月28日，黄某以个人原因为由向某纺织公司提出辞职。某纺织公司向某劳动人事争议仲裁委员会申请仲裁，要求黄某承担违反竞业限制义务的违约责任。某劳动人事争议仲裁委员会作出不予受理通知书。某纺织公司不服，诉至人民法院。

审理法院认为，黄某与某纺织公司订立《保守商业秘密及竞业限制协议》，约定合同期内不得自营或者为他人经营与某纺织公司有竞争关系的业务，否则应承担相应的违约责任。黄某作为销售经理，掌握客户信息，其与某纺织公司所订协议系双方当事人真实意思表示，内容不违反法律、行政法规的强制性规定，双方均应依约履行。黄某在订立协议后多次自行联系其他供货商向某纺织公司的客户出售布匹，所得货款归己所有，此属于自营与某纺织公司有竞争关系业务的行为，违反了协议约定。审理法院判决黄某依法向某纺织公司承担违约责任。

根据《最高人民法院关于审理劳动争议案件适用法律问题的解释（二）》第15条规定，劳动者违反有效的竞业限制约定，用人单位请求劳动者按照约定返还已经支付的经济补偿并支付违约金的，人民法院依法予以支持。

（五）《服务期协议》

根据《劳动合同法》第22条规定，用人单位为劳动者提供专项培训费用，对其进行专业技术培训的，可以与该劳动者订立协议，约定服务期。劳动者违反服务期约定的，应当按照约定向用人单位支付违约金。但客观上很多用人单位为了吸引或者挽留人才，会为劳动者提供远远高于正常劳动报酬的现金或非现金的薪资福利待遇，比如住房、落户、签约奖励、安家费等，并约定服务期和违约责任。如果劳动者在取得这些待遇后短期内离职，将给用人单位带来巨大的经济损失。《劳动合同法》第25条对用人单位与劳动者约定由劳动者承担违约金的情形进行了限制，但这种限制并未延

① 参见《最高法发布劳动争议典型案例》案例五，载中华人民共和国最高人民法院官网，网址：https：//www.court.gov.cn/zixun/xiangqing/472681.html，最后访问日期2025年8月8日。

伸到服务期，因此约定服务期并不违反法律规定，但是不得约定违约金。

根据《最高人民法院关于审理劳动争议案件适用法律问题的解释（二）》12 条规定，除向劳动者支付正常劳动报酬外，用人单位与劳动者约定服务期限并提供特殊待遇，劳动者违反约定提前解除劳动合同且不符合劳动合同法第三十八条规定的单方解除劳动合同情形时，用人单位请求劳动者承担赔偿损失责任的，人民法院可以综合考虑实际损失、当事人的过错程度、已经履行的年限等因素确定劳动者应当承担的赔偿责任。

合规建议

1. 用人单位应了解掌握劳动合同签订主体资格的有关法律规定，审查劳动者的身份是否符合签订劳动合同的条件，防范因用人单位或劳动者不具备劳动合同主体资格，引发的非法用工风险。

2. 用人单位应当在劳动者入职时，就与劳动者签订书面劳动合同。劳动者经告知拒不与用人单位签订劳动合同的，用人单位应及时固定相关证据，在法定期间内，依法行使法律赋予的劳动关系终止权。

3. 用人单位应当要求劳动者在单位现场由本人亲自签署劳动合同，防范部分劳动者为获得双倍工资，采取交换签字、伪造签字等方式签署劳动合同。

4. 对于签订劳动合同的类型，用人单位需要结合双方协商一致的结果和实际履行情况，遵循法律规定，进行明确合规的约定，避免因不符合法律规定承担法律责任。

5. 双方完成签订的劳动合同，用人单位应当交付一份文本给劳动者同时要求劳动者完成签收手续，并妥善保管防范合同丢失造成的赔付双倍工资风险。

6. 入职时签订的《入职登记表》《劳动合同》等协议表单，其中要求涉及员工披露其大量个人信息。但用人单位获取信息的内容应限于《劳动合同法》规定的授权范围，即用人单位有权了解劳动者与劳动合同直接相关的基本情况，劳动者应当如实说明。对于个人隐私信息无权获取，员工亦有权拒绝提供。

7. 注重背景调查和入职审查，建议用人单位要求劳动者对其提供的学历学位证明、工作经历等资料作出承诺性声明，如若存在虚假，公司可立即解除劳动合同，并不予经济补偿。

第四节　未签订劳动合同的二倍工资

为了提高书面劳动合同的签订率，《劳动合同法》规定了未签劳动合同二倍工资罚则制度。并且，与解除或终止劳动合同的经济补偿基数不同，未签劳动合同二倍工资基数不存在社会平均工资工资三倍封顶限制，有些用人单位就因为漏签劳动合同付出了沉重的经济代价。

一、未签订劳动合同二倍工资的计算方式与仲裁时效

根据《劳动合同法》第 10 条①、第 14 条②、第 82 条③规定，用人单位与劳动者建立劳动关系，应当自用工之日起一个月内订立书面劳动合同。同时对于违反法律规定，未按要求与劳动者签订劳动合同的，亦规定了相应的法律后果：若用人单位自用工之日起超过一个月不满一年未与劳动者订立书面劳动合同的，应当向劳动者每月支付二倍的工资；若用人单位未与劳动者订立无固定期限劳动合同的，自应当订立无固定期限劳动合同之日起向劳动者每月支付二倍的工资；若用人单位自用工之日起满一年不与劳动者订立书面劳动合同的，视为用人单位与劳动者已订立无固定期限劳动合同。需要说明的是，上述“二倍工资”一倍是属于劳动者正常工作时间劳动报酬的部分，另一倍则属于惩罚性赔偿的部分，用人单位在已经支付劳动者正常工作期间劳动报酬的情况下，仅需另外支付一倍的工资，即可。

（一）支付期限

1. 未签订书面劳动合同二倍工资支付期限。《劳动合同法实施条例》第 6 条、第 7 条，以一年为时间节点，区分了不满一年以及已满一年未与劳动者订立书面劳动合同的情形，并针对该两种情形的未签订劳动合同二倍工资的支付期限作出规定。

（1）若用人单位自用工之日起超过一个月不满一年未与劳动者订立书面劳动合同

---

① 《劳动合同法》第 10 条规定，建立劳动关系，应当订立书面劳动合同。已建立劳动关系，未同时订立书面劳动合同的，应当自用工之日起一个月内订立书面劳动合同。用人单位与劳动者在用工前订立劳动合同的，劳动关系自用工之日起建立。

② 《劳动合同法》第 14 条规定，……用人单位自用工之日起满一年不与劳动者订立书面劳动合同的，视为用人单位与劳动者已订立无固定期限劳动合同。

③ 《劳动合同法》第 82 条规定，用人单位自用工之日起超过一个月不满一年未与劳动者订立书面劳动合同的，应当向劳动者每月支付二倍的工资。用人单位违反本法规定不与劳动者订立无固定期限劳动合同的，自应当订立无固定期限劳动合同之日起向劳动者每月支付二倍的工资。

的，应当向劳动者每月支付二倍的工资，并与劳动者补订书面劳动合同，用人单位向劳动者每月支付二倍工资的起算时间为用工之日起满一个月的次日，截止时间为补订书面劳动合同的前一日。需要注意的是，用人单位与劳动者在签订劳动合同时将日期补签到实际用工之日，视为用人单位与劳动者达成合意，劳动者主张二倍工资一般不予支持，但劳动者有证据证明补签劳动合同并非其真实意思表示的除外。用人单位与劳动者虽然补签劳动合同，但未补签到实际用工之日的，对实际用工之日与补签之日间相差的时间，依法扣除一个月订立书面劳动合同的宽限期，劳动者主张未订立劳动合同二倍工资的一般予以支持。北京、江西两地均持此观点。

（2）若用人单位自用工之日起满一年未与劳动者订立书面劳动合同的，自用工之日起满一个月的次日至满一年的前一日应当向劳动者每月支付二倍的工资，并视为自用工之日起满一年的当日已经与劳动者订立无固定期限劳动合同，应当立即与劳动者补订书面劳动合同。针对视为签订无固定期限劳动合同期间的二倍工资，用人单位是否需要支付，《最高人民法院关于审理劳动争议案件适用法律问题的解释（二）》第9条明确规定，有证据证明存在劳动合同法第14条第3款规定的“视为用人单位与劳动者已订立无固定期限劳动合同”情形，劳动者请求与用人单位订立书面劳动合同的，人民法院依法予以支持；劳动者以用人单位未及时补订书面劳动合同为由，请求用人单位支付视为已与劳动者订立无固定期限劳动合同期间二倍工资的，人民法院不予支持。

参考案例：用工超过一年未签订劳动合同，公司应支付11个月未签订劳动合同二倍工资差额

在李某与某持公司劳动争议纠纷案中[①]，李某2015年5月5日入职某持公司，岗位为工艺工程师。李某工资的支付形式为银行转账，下发薪，计薪期间为每月1日至31日。某持公司支付李某工资至2016年7月。双方共认李某2015年6月工资2600.47元，7月工资3105.47元，8月工资3706.41元，9月工资3203.76元，10月工资3057.47元，11月工资3168.25元，12月工资2515.98元，2016年1月工资2952.02元，2月工资4659.52元，3月工资2284.53元，4月工资2207.8元。某持公司在仲裁阶段提交的试用期协议一份证明签过劳动合同，李某申请鉴定，最终鉴定结果为该协议所载李某签字不是李某本人所签。李某表示双方没有签订劳动合同，并要求支付未签劳动合同二倍工资差额。

法院认为，根据相关法律规定，当事人对自己提出的诉讼请求所依据的事实或者反驳对方诉讼请求所依据的事实，应当提供证据加以证明，但法律另有规定的除外。

① 案号：（2017）津01民终5821号。

在作出判决前，当事人未能提供证据或者证据不足以证明其事实主张的，由负有举证证明责任的当事人承担不利的后果。用人单位自用工之日起超过一个月不满一年未与劳动者订立书面劳动合同的，应当向劳动者每月支付二倍的工资。某持公司提交的证据不能证明在李某入职一个月内签订书面劳动合同，亦不能证明因李某本人原因导致双方没有签订劳动合同。故，某持公司应支付李某 2015 年 6 月至 2016 年 4 月未签劳动合同二倍工资差额 28819.72 元。

2. 未依法签订无固定期限劳动合同二倍工资支付期限。用人单位违反《劳动合同法》第 14 条①应当订立无固定期限劳动合同的规定，不与劳动者订立无固定期限劳动合同的，自应当订立无固定期限劳动合同之日起向劳动者每月支付二倍的工资，截止点为双方实际订立无固定期限劳动合同的前一日，并无上限规定。但经劳动者同意，用人单位亦可与应当订立无固定期限劳动合同的劳动者签订固定期限劳动合同，在签有固定期限劳动合同期间，用人单位无须支付二倍工资。待该固定期限劳动合同届满时，劳动者仍可以要求用人单位与其签订无固定期限劳动合同，若用人单位届时不予签订的，劳动者可主张二倍工资。

3. 二倍工资应按月计算支付。根据《最高人民法院关于审理劳动争议案件适用法律问题的解释（二）》第 6 条规定，用人单位未依法与劳动者订立书面劳动合同，应当支付劳动者的二倍工资按月计算；不满一个月的，按该月实际工作日计算。但是，关于未订立书面劳动合同不满一个月的部分，“按该月实际工作日计算”应如何理解？根据人力资源社会保障部《关于职工全年月平均工作时间和工资折算问题的通知》（人社部发〔2025〕2 号）规定，月工作日为 248 天÷12 月＝20.67 天/月；月计薪天数为（365 天−104 天）÷12 月＝21.75 天。按实际工作日计算与按计薪日计算，差别在于法定节假日以及病假、产假、年休假等未实际出勤但计薪的天数是否应获得二倍工资。如果不满一个月的休假日不能获得二倍工资，而整月中的休假日却可以获得二倍工资，则存在二倍工资罚则不一致的情形。我们认为，不满一个月的部分只扣除休息日、旷工、事假天数更加合理。

（二）计算基数

1. 组成项目。对于未签劳动合同二倍工资差额的计算基数，法律并无明确规定，

---

① 《劳动合同法》第 14 条规定，有下列情形之一，劳动者提出或者同意续订、订立劳动合同的，除劳动者提出订立固定期限劳动合同外，应当订立无固定期限劳动合同：（一）劳动者在该用人单位连续工作满十年的；（二）用人单位初次实行劳动合同制度或者国有企业改制重新订立劳动合同时，劳动者在该用人单位连续工作满十年且距法定退休年龄不足十年的；（三）连续订立二次固定期限劳动合同，且劳动者没有本法第 39 条和第 40 条第 1 项、第 2 项规定的情形，续订劳动合同的。

但部分地区通过会议纪要、裁审意见等形式对其进行了明确。大部分地区认为，应将具有连续性和稳定性，且金额相对固定的工资组成项目，作为未订立劳动合同二倍工资差额的计算基数，如基本工资、岗位工资、职务工资等，反之非常规性、风险性、福利性的工资组成项目不应列为计算基数，如不固定发放的提成、奖金等。北京市①、吉林省②均是持此观点。少部分地区则仅规定为对应月份的应发工资，并未对应发工资的项目做出区分，如湖南省③。

2. 工资标准。对于未签劳动合同二倍工资标准为实发工资还是应发工资，法律并无明确规定，各地在裁判尺度上存在差异。例如，《北京市高级人民法院、北京市劳动人事争议仲裁委员会关于审理劳动争议案件解答（一）》规定，二倍工资按未订立劳动合同所对应时间，用人单位应当正常支付的工资为标准计算。《北京市高级人民法院、北京市劳动人事争议仲裁委员会关于审理劳动争议案件解答（一）》规定，劳动者每月应得工资与实得工资的主要差别在于各类扣款和费用，应得工资包括个人应当承担的社会保险费、税款等。对于社会保险费、税款，用人单位承担的仅是代缴义务，劳动者的纳税由税务机关负责，社会保险费缴纳由社会保险机构负责，审理中一般按照劳动者应得工资确定工资标准。也就是说，以劳动者应发工资作为二倍工资计算标准，其中包括用人单位代扣代缴的五险一金以及个人所得税等。但也有些地区是按实发工资标准计算的二倍工资，其中不包括用人单位代扣代缴的五险一金、个人所得税。

（三）仲裁时效

《中华人民共和国劳动争议调解仲裁法》（以下简称《劳动争议调解仲裁法》）第27条第1款规定，劳动争议申请仲裁的时效期间为一年。仲裁时效期间从当事人知道或者应当知道其权利被侵害之日起计算。劳动关系存续期间因拖欠劳动报酬发生争议的，劳动者申请仲裁不受本条第一款规定的仲裁时效期间的限制；但是，劳动关系终

---

① 《北京市高级人民法院、北京市劳动人事争议仲裁委员会关于审理劳动争议案件解答（一）》第55条第（3）项规定，计算“二倍工资”的工资标准时，因基本工资、岗位工资、职务工资、工龄工资、级别工资等按月支付的工资组成项目具有连续性、稳定性特征，金额相对固定，属于劳动者正常劳动的应得工资，应作为未订立劳动合同二倍工资差额的计算基数，不固定发放的提成工资、奖金等一般不作为未订立劳动合同二倍工资差额的计算基数。

② 《吉林省高级人民法院关于审理劳动争议案件法律适用问题的解答（二）》规定，未订立书面劳动合同二倍工资的计算基数，可按劳动者对应月份实际获得的工资，扣除加班费及其他非常规性、风险性、福利性的奖金和提成等项目后的工资确定。

③ 《湖南省劳动人事争议仲裁办案若干标准（试行）》第41条规定，用人单位支付劳动者未签劳动合同二倍工资的计算基数以对应月份的应得工资为标准。

止的，应当自劳动关系终止之日起一年内提出。

对于未签劳动合同二倍工资的仲裁时效，法律并无明确规定，在此情况下，大部分地区对二倍工资的性质进行了区分，其中属于劳动者正常工作时间劳动报酬的部分适用特殊时效，属于惩罚性赔偿的部分，因不属于劳动报酬，适用一年的仲裁时效。但各地区对于仲裁时效起算点的适用并不统一，主要分以下三种适用方式：

1. 从主张日倒推按日计算二倍工资仲裁时效。时效从其主张权利之日起向前计算一年，实际给付的二倍工资不超过十二个月。具体分为如下三种情况：（1）用人单位自用工之日起超过一个月不满一年未与劳动者订立书面劳动合同的，自用工之日满一个月的次日起开始计算二倍工资，截止点为双方订立书面劳动合同的前一日，最长不超过十一个月；（2）如果劳动合同期满后，劳动者仍在用人单位工作，用人单位未与劳动者订立书面劳动合同的，计算二倍工资的起算点为自劳动合同期满的次日，截止点为双方补订书面劳动合同的前一日，最长不超过十二个月；（3）不与劳动者订立无固定期劳动合同的，二倍工资自应订立无固定期限劳动合同之日起算，截止点为双方实际订立无固定期限劳动合同的前一日，此种情况鉴于仲裁时效的限制，劳动者可以每12个月申请仲裁一次。北京市[①]、内蒙古自治区[②]均采用此种方式。

2. 从主张日倒推按月分别计算二倍工资仲裁时效。劳动者请求用人单位支付未订立书面劳动合同二倍工资差额的，仲裁时效期间从未订立书面劳动合同满一个月的次日起计算一年。上述仲裁时效期间应按月计算，从劳动者主张权利之日起向前倒推一年，对超过一年的二倍工资差额不予支持，四川省持此观点。

3. 从合同签订日起整体计算全部二倍工资仲裁时效。因未签订劳动合同二倍工资可视为同一合同项下约定的具有整体性和关联性的定期给付之债，应当作为整体之债对待，时效应从用人单位与其补订劳动合同之日或者视为双方已订立无固定期限劳动

① 《北京市高级人民法院、北京市劳动人事争议仲裁委员会关于审理劳动争议案件解答（一）》第41条第5项规定，二倍工资按未订立劳动合同所对应时间，用人单位应当正常支付的工资为标准计算。二倍工资中属于劳动者正常工作时间劳动报酬的部分，仲裁时效适用《调解仲裁法》27条第4款的规定。二倍工资中增加一倍的工资属于惩罚性赔偿的部分，不属于劳动报酬，仲裁时效适用《调解仲裁法》27条第1款的规定。增加一倍部分的仲裁时效，可自劳动者主张权利之日起向前一年按日计算，据此实际给付的二倍工资不超过十二个月，但有证据证明没有超过仲裁时效期间的除外。仲裁时效抗辩应由用人单位提出，人民法院不应主动适用仲裁时效。

② 《内蒙古自治区高级人民法院、内蒙古自治区劳动人事争议仲裁委员会关于劳动人事争议案件适用法律若干问题的指导意见》第14条第5项规定，二倍工资中属于劳动者正常工作时间劳动报酬的部分，适用《调解仲裁法》第27条第4款的规定；增加一倍的工资属于惩罚性赔偿的部分，不属于劳动报酬，适用《调解仲裁法》第27条第1款的规定，即一年的仲裁时效，时效可从其主张权利之日起向前计算一年。

合同之日起计算。山东省[①]、湖南省[②]均采用此种方式。

二、劳动者拒签劳动合同时劳动关系的处理及二倍工资支付

签订书面劳动合同，是用人单位的法定义务，有利于避免争议、维护双方合法权益。劳动合同需在用人单位与劳动者协商一致的基础上签订，任何一方拒绝均会导致劳动合同无法签订的后果。现行法律对劳动者拒绝签订劳动合同情形下用人单位的书面通知义务及后续处理有明确规定。

（一）劳动关系的处理

《劳动合同法实施条例》第5条[③]、第6条[④]、第7条[⑤]，针对劳动者拒绝签订劳动合同的时间节点，规定了不同的法律后果。

1. 若用工之日起一个月内，经用人单位书面通知后，劳动者不与用人单位订立书面劳动合同的，用人单位应当书面通知劳动者终止劳动关系，无需向劳动者支付经济补偿，但是应当依法向劳动者支付其实际工作时间的劳动报酬。

---

① 《山东省高级人民法院、山东省人力资源和社会保障厅关于审理劳动人事争议案件若干问题会议纪要》第21条第2款规定，劳动者请求用人单位支付未签订劳动合同二倍工资可视为同一合同项下约定的具有整体性和关联性的定期给付之债，应当作为整体之债对待，仲裁时效应从用人单位与其补订劳动合同之日或者视为双方已订立无固定期限劳动合同之日起计算。

② 《湖南省劳动人事争议仲裁办案若干标准（试行）》第40条规定，法律规定用人单位支付劳动者未签劳动合同的二倍工资，从应当支付二倍工资之日起一年内提出，支付二倍工资存在连续状态的，时效从应当支付二倍工资行为终了之日起计算，即从签订书面劳动合同或视为已经订立无固定期限劳动合同之日起计算。

③ 《劳动合同法实施条例》第5条规定，自用工之日起一个月内，经用人单位书面通知后，劳动者不与用人单位订立书面劳动合同的，用人单位应当书面通知劳动者终止劳动关系，无须向劳动者支付经济补偿，但是应当依法向劳动者支付其实际工作时间的劳动报酬。

④ 《劳动合同法实施条例》第6条第1款规定，用人单位自用工之日起超过一个月不满一年未与劳动者订立书面劳动合同的，应当依照《劳动合同法》第82条的规定向劳动者每月支付两倍的工资，并与劳动者补订书面劳动合同；劳动者不与用人单位订立书面劳动合同的，用人单位应当书面通知劳动者终止劳动关系，并依照《劳动合同法》第47条的规定支付经济补偿。

⑤ 《劳动合同法实施条例》第7条规定，用人单位自用工之日起满一年未与劳动者订立书面劳动合同的，自用工之日起满一个月的次日至满一年的前一日应当依照《劳动合同法》第82条的规定向劳动者每月支付两倍的工资，并视为自用工之日起满一年的当日已经与劳动者订立无固定期限劳动合同，应当立即与劳动者补订书面劳动合同。

参考案例：用工之日一个月内员工拒绝签订劳动合同，公司终止劳动关系获得支持

在梁某与某农工商总公司劳动争议纠纷案中①，某农工商总公司提供了上岗及签订劳动合同通知书，该通知书载明：梁某请你于 2015 年 12 月 21 日至 23 日前往我公司报到并签订上岗相关文件（包括但不限于书面劳动合同）。若你逾期无故未前往我公司报到，视为你拒绝与我公司签订书面劳动合同并拒绝在我公司上岗工作。2015 年 12 月 10 日，某农工商总公司亦提供了回执单，该回执单显示梁某于 2015 年 12 月 10 日签收了上岗及签订劳动合同通知书。梁某认可该证据的真实性，但不认可证明目的及内容的合法性，梁某主张其未签订劳动合同原因为：劳动合同中没有工作地点、工作单位、工作内容；合同说明有保密条款，但没有规定保密期限及保密费；劳动合同中没有防暑降温费、过节费等福利的约定；该合同降低了劳动报酬；当时经手人只是普通职工，无权代表公司与其签订劳动合同；某农工商总公司拒绝其查阅合同内容；该合同没有说明何时起双方为无固定期限劳动合同。某农工商总公司还提供了终止劳动关系通知书，该通知书载明：梁某，你与某农工商总公司的劳动关系因你方在我公司通知你签订劳动合同后经双方多次协商，你方无正当理由不与我公司签订书面劳动合同，依据法律的有关规定，我公司决定从 2015 年 12 月 31 日起终止与你之间的劳动关系。梁某认可该通知的真实性，但不认可合法性；同时，梁某表示其于 2016 年 1 月 7 日收到该通知。梁某以要求撤销终止劳动关系通知书为由申请仲裁。

法院认为，用人单位和劳动者均有义务订立书面劳动合同。从本案双方提举的证据看，某农工商总公司提供的劳动合同模板已经具备了法律规定的劳动合同必备条款。梁某主张某农工商总公司在签订劳动合同时降低了劳动报酬，但梁某并未提供充足有效的证据证明。梁某提出的未签订劳动合同的其他理由，诸如工作地点、工作内容不详细等，均不属于违反法律的强制性法律规定的情形。由此可见，梁某拒绝签订劳动合同，缺乏相应的事实与法律依据。在梁某没有合法理由拒绝签订劳动合同的情况下，某农工商总公司与梁某终止劳动关系，符合法律规定，故法院对于梁某要求撤销终止劳动关系通知书的诉讼请求，不予支持。

2. 若用人单位自用工之日起超过一个月不满一年未与劳动者订立书面劳动合同的，经用人单位书面通知后，劳动者不与用人单位订立书面劳动合同的，用人单位应当书面通知劳动者终止劳动关系，并依照劳动合同法的规定支付经济补偿。

3. 用人单位自用工之日起满一年未与劳动者订立书面劳动合同的，视为自用工之日起满一年的当日已经与劳动者订立无固定期限劳动合同，应当立即与劳动者补订书

① 案号：（2019）京 01 民终 8701 号。

面劳动合同。此后，即使劳动者拒绝签订劳动合同，用人单位亦无权以劳动者拒绝签订劳动合同为由终止劳动关系。也就是说，法律赋予用人单位与拒签劳动合同的劳动者终止劳动关系的期限为一年内，该期限既能促使用人单位积极履行签订劳动合同的义务，亦可以防范劳动者故意不签订劳动合同的情形。

（二）二倍工资的支付

如前所述，用人单位在履行完书面通知劳动者订立劳动合同的义务后，劳动者拒绝签订的，已属于不可归责于用人单位的原因导致未签订书面劳动合同的情况，此时法律赋予了用人单位终止劳动关系的权利。但若用人单位怠于行使自己的权利，放任双方处于未订立劳动合同的状态，不及时通知劳动者签订劳动合同也不及时与劳动者终止劳动关系的，则应承担相应的不利后果，即依照劳动合同法相关规定向劳动者每月支付未签劳动合同二倍工资。劳动者拒绝签订劳动合同时，需要根据不同情况判断用人单位是否需向劳动者支付未签劳动合同二倍工资：

1. 用人单位自用工之日起一个月内与拒绝签订劳动合同的劳动者终止劳动关系的，则无须向劳动者支付未签劳动合同二倍工资。

2. 用人单位自用工之日起超过一个月不满一年与拒绝签订劳动合同的劳动者终止劳动关系的，应自用工之日起满一个月的次日至终止劳动关系之日向劳动者每月支付未签劳动合同二倍工资。

3. 用人单位自用工之日起满一年未与拒绝签订劳动合同的劳动者终止劳动关系的，应当自用工之日起满一个月的次日至满一年的前一日向劳动者每月支付未签劳动合同二倍工资。

需要注意的是，《劳动合同法》及《劳动合同法实施条例》关于二倍工资罚则均没有区分未签订劳动合同的过错方，只要存在未签订劳动合同的事实，用人单位就需要支付二倍工资。但是，未签劳动合同二倍工资主要是对用人单位未按法律要求签订劳动合同的惩罚，倘若因劳动者个人原因拒绝签订劳动合同，亦要求用人单位支付二倍工资的话，难免有失公允，且有违立法本意。因此，《最高人民法院关于审理劳动争议案件适用法律问题的解释（二）》第 7 条规定，劳动者以用人单位未订立书面劳动合同为由，请求用人单位支付二倍工资的，人民法院依法予以支持，但用人单位举证证明存在下列情形之一的除外：（1）因不可抗力导致未订立的；（2）因劳动者本人故意或者重大过失未订立的；（3）法律、行政法规规定的其他情形。

三、未续签用工时劳动关系的处理及二倍工资支付

实践中，劳动合同期满后，劳动者仍在原用人单位工作，但未续签劳动合同的情况屡见不鲜，此时劳动关系的处理以及二倍工资的支付也就成为了用人单位和劳动者

面临的首要问题。

（一）劳动关系的处理

2021 年 1 月 1 日生效的《最高人民法院关于审理劳动争议案件适用法律问题的解释（一）》（法释〔2020〕26 号）第 34 条①对未续签劳动合同继续用工时劳动关系的处理作出了规定，区分了固定期和无固定期劳动合同关系并规定了不同的处理方式。

1. 固定期劳动合同关系的处理

《最高人民法院关于审理劳动争议案件适用法律问题的解释（一）》规定，当劳动合同期满后，劳动者仍在原用人单位工作，原用人单位未表示异议的，视为双方同意以原条件继续履行劳动合同，此时一方提出终止劳动关系的，人民法院应予支持。随后最高人民法院发布了对《最高人民法院关于审理劳动争议案件适用法律问题的解释（一）》的理解与适用，认为：

首先，对此规定中的“原条件”进行了说明，其是指原劳动合同中除劳动合同期限外的其他权利义务内容，如劳动时间、工资报酬、奖金、福利待遇等，而劳动合同履行期限的约定，不宜以劳资双方的履行默示来认定原劳动合同约定的期限就是双方合意，而需要根据当事人明示意思表示来确定。也就是说，“原条件”中不包括原劳动合同的履行期限，不能当然的视为对原劳动合同履行期限的复制。

其次，明确了即使视为双方同意以原条件继续履行劳动合同，亦不能免除用人单位应当与劳动者签订书面劳动合同的法定责任。如果经用人单位书面通知，劳动者不与用人单位续订劳动合同的，用人单位应当书面通知劳动者终止劳动关系，依照相关规定支付经济补偿。用人单位自劳动合同期满之日起满 1 年不与劳动者续订书面劳动合同，视为用人单位与劳动者已订立无固定期限劳动合同。也就是说，用人单位与劳动者续订劳动合同的，仍然需要与劳动者签订书面合同，劳动者拒绝签订的，用人单

---

① 《最高人民法院关于审理劳动争议案件适用法律问题的解释（一）》第 34 条规定，劳动合同期满后，劳动者仍在原用人单位工作，原用人单位未表示异议的，视为双方同意以原条件继续履行劳动合同。一方提出终止劳动关系的，人民法院应予支持。根据《劳动合同法》第 14 条规定，用人单位应当与劳动者签订无固定期限劳动合同而未签订的，人民法院可以视为双方之间存在无固定期限劳动合同关系，并以原劳动合同确定双方的权利义务关系。

位可以参考《劳动合同法实施条例》第 6 条①、第 7 条的规定终止劳动关系，并按法律规定支付经济补偿金。

最后，就是强调了本条款内容并非赋予用人单位任意终止权。劳动合同期满 1 年内，为平衡劳动者和用人单位的利益，用人单位不愿与劳动者续订书面劳动合同，提出终止劳动关系的，视为符合《劳动合同法》第 44 条第 1 项规定的终止情形（劳动合同期满的，劳动合同终止），应当依法支付经济补偿，不以违法终止劳动关系论。但需要说明的是，北京市持有不同观点，其倾向性的意见认为此种情形不宜直接视为符合劳动合同法规定的终止情形，除非是劳动者原因拒绝续签劳动合同，用人单位可适用《劳动合同法实施条例》第 6 条终止劳动关系（脚注 1）。我们也认为，此种情况如果允许用人单位随时终止劳动关系，相当于赋予 1 年内的任意解除权，用人单位可以通过劳动合同到期不续签继续用工的方式，规避劳动合同法关于解除劳动合同的相关规定，反而劳动合同到期后依法续签的用人单位却需要遵守解除劳动合同及连续 2 次固定劳动合同期满应当续订无固定期限劳动合同的相关规定，是极为不公平的，也会造成不良导向。② 因此，《最高人民法院关于审理劳动争议案件适用法律问题的解释（二）》第 11 条对此种情形作出了新规定，劳动合同期满后，劳动者仍在用人单位工作，用人单位未表示异议超过一个月，劳动者请求用人单位以原条件续订劳动合同的，人民法院依法予以支持。符合订立无固定期限劳动合同情形，劳动者请求用人单位以原条件订立无固定期限劳动合同的，人民法院依法予以支持。用人单位解除劳动合同，劳动者请求用人单位依法承担解除劳动合同法律后果的，人民法院依法予以支持。该条款明确了劳动合同期满继续用工超过一个月未提异议时，用人单位不得再任意解除劳动合同，用人单位解除劳动合同包括合法解除和违法解除均应按照法律规定承担相应责任。但是对于继续用工不满一个月的情况，用人单位是否仍然可以按照原劳动合同期满为由终止劳动合同，该条款未作出明确规定。对此，实务中存在不同理解，一

---

① 《劳动合同法实施条例》第 6 条规定，用人单位自用工之日起超过一个月不满一年未与劳动者订立书面劳动合同的，应当依照《劳动合同法》第 82 条的规定向劳动者每月支付两倍的工资，并与劳动者补订书面劳动合同；劳动者不与用人单位订立书面劳动合同的，用人单位应当书面通知劳动者终止劳动关系，并依照《劳动合同法》第 47 条的规定支付经济补偿。前款规定的用人单位向劳动者每月支付两倍工资的起算时间为用工之日起满一个月的次日，截止时间为补订书面劳动合同的前一日。第 7 条规定，用人单位自用工之日起满一年未与劳动者订立书面劳动合同的，自用工之日起满一个月的次日至满一年的前一日应当依照《劳动合同法》第 82 条的规定向劳动者每月支付两倍的工资，并视为自用工之日起满一年的当日已经与劳动者订立无固定期限劳动合同，应当立即与劳动者补订书面劳动合同。

② 《北京市高级人民法院、北京市劳动人事争议仲裁委员会关于审理劳动争议案件解答（一）》第 40 条第 2 款规定，劳动合同期满后仍继续工作，经用人单位通知，劳动者不续签劳动合同的，用人单位可适用《劳动合同法实施条例》第 6 条终止劳动关系。

种观点认为该条款实际是赋予了用人单位一个月宽限期，继续用工不满一个月的，用人单位仍然可以按照劳动合同期满为由终止原劳动合同且无需支付二倍工资。另一种观点则认为，用人单位只能对劳动合同续订条件提出异议，而不能对是否续订劳动合同提出异议——因为劳动合同终止日期届满后双方已经实际继续履行并构成了事实劳动关系，不存在终止劳动合同的事实基础，用人单位无权提出终止劳动关系。

2. 符合订立无固定期限劳动合同情形时的处理

《最高人民法院关于审理劳动争议案件适用法律问题的解释（一）》规定，依据劳动合同法用人单位应当与劳动者签订无固定期限劳动合同而未签订的，人民法院可以视为双方之间存在无固定期限劳动合同关系，并以原劳动合同确定双方的权利义务关系。《最高人民法院关于审理劳动争议案件适用法律问题的解释（二）》第 11 条第 2 款作出了新规定，即符合订立无固定期限劳动合同情形，劳动者可以请求用人单位以原条件订立无固定期限劳动合同，而不是直接视为双方之间存在无固定期限劳动合同关系。《最高人民法院关于审理劳动争议案件适用法律问题的解释（二）》第 21 条明确规定，最高人民法院此前发布的司法解释与本解释不一致的，以本解释为准。

（二）二倍工资的支付

针对未续签劳动合同而继续用工时二倍工资的支付，是否应当给予一个月宽限期，司法实践中存在不同观点。一种观点认为，为使劳动者对原劳动合同到期后是否续订有合理预期，以便提前准备再就业等，用人单位应当基于诚实信用原则在原合同到期前的合理期间内通知劳动者，协商办理终止或者续订劳动合同事宜。如果用人单位未履行上述附随义务，用工关系继续的，用人单位对原劳动合同期满和继续用工的法律后果均有预期，原劳动合同期满之日，就是用人单位应当续订劳动合同之日和承担未续订法律后果之日。也就是说，首次用工未签订劳动合同计算二倍工资的起算点为用工之日起满一个月的次日，最长期限不超过 11 个月，而未续签劳动合同继续用工的用人单位，二倍工资的起算点为原劳动合同期满的次日，最长不超过 12 个月。北京市[①]持此观点。

---

① 《北京市高级人民法院、北京市劳动人事争议仲裁委员会关于审理劳动争议案件解答（一）》第 40 条第 1 款规定，劳动合同期满后未订立劳动合同，劳动者仍在原用人单位继续工作，应适用《劳动合同法》第 10 条、第 14 条第 3 款、第 82 条，《中华人民共和国劳动合同法实施条例》第 6 条、第 7 条的规定进行处理。在此情况下，因为用人单位对合同期满和继续用工的法律后果均有预期，因此不需要再给予一个月的宽限期，原劳动合同期满次日，即是用人单位应当订立劳动合同之日和承担订立劳动合同的法律后果之日。

参考案例：劳动合同期满未续签继续用工，公司应当自期满次日起支付二倍工资

在杨某与某顺公司劳动争议纠纷案中①，杨某于2014年4月1日入职某顺公司，担任检测员一职，双方于2018年8月1日签订最后一份《劳动合同书》，约定合同期限为2018年8月1日至2019年7月31日，合同到期后双方未再续签劳动合同。杨某在某顺公司实际工作至2019年12月15日。杨某诉请要求某顺公司支付2019年8月1日至2019年12月13日未签订劳动合同二倍工资14364.75元。

法院认为，当事人对自己提出的主张，有责任提供证据。关于未签订劳动合同二倍工资的问题。劳动合同期满后，劳动者仍在用人单位工作，用人单位未与劳动者订立书面劳动合同的，用人单位应当自劳动合同期满的次日起至满一年的前一日向劳动者每月支付2倍的工资。2倍工资的计算基数应以相对应的月份的应得工资为准。本案中，双方均认可劳动合同到期后杨某在某顺公司处继续工作至2019年12月15日，双方未续签劳动合同。就未续签原因，某顺公司主张合同到期前后曾多次提示杨某续签劳动合同，并表示愿意在提高工资待遇的基础上与之续签劳动合同，但杨某拒绝续签，故杨某应当承担未签订劳动合同的相关责任。与劳动者签订劳动合同属于用人单位的法定义务，在双方就工资待遇问题无法达成一致的情况下，合同到期后用人单位应当在1个月内及时终止与劳动者的劳动关系，否则应当按照规定向劳动者支付2倍工资。某顺公司主张不支付杨某2019年8月1日至2019年12月13日未签订劳动合同二倍工资的诉讼请求，于法无据，法院不予支持。最终，判决某顺公司支付杨某2019年8月1日至2019年12月13日未签订劳动合同二倍工资14364.75元。

需要注意的是，部分地区亦持有不同观点，认为应从劳动合同期满一个月的次日起支付二倍工资，如天津市高级人民法院印发的《天津法院劳动争议案件审理指南》则规定，劳动合同期满未续签书面劳动合同，劳动者继续在原用人单位工作，原用人单位未表示异议，劳动者主张用人单位支付未与其签订书面劳动合同二倍工资的，应予支持。二倍工资的支付期限为劳动合同期满一个月的次日至双方补签书面劳动合同的前一日，但最长不超过十一个月。

（三）劳动合同期限依法自动续延不需要支付二倍工资的情形

根据《最高人民法院关于审理劳动争议案件适用法律问题的解释（二）》第8条规定，劳动合同期满，有下列情形之一的，人民法院认定劳动合同期限依法自动续延，不属于用人单位未订立书面劳动合同的情形：（1）劳动合同法第42条规定的用人单

---

① 案号：（2021）京02民终507号。

位不得解除劳动合同的；（2）劳动合同法实施条例第 17 条规定的服务期尚未到期的；（3）工会法第 19 条规定的任期未届满的。

《劳动合同法》第 42 条规定的用人单位不得解除劳动合同的解雇保护情形，包括：（1）从事接触职业病危害作业的劳动者未进行离岗前职业健康检查，或者疑似职业病病人在诊断或者医学观察期间的；（2）在本单位患职业病或者因工负伤并被确认丧失或者部分丧失劳动能力的；（3）患病或者非因工负伤，在规定的医疗期内的；（4）女职工在孕期、产期、哺乳期的；（5）在本单位连续工作满十五年，且距法定退休年龄不足五年的；（6）法律、行政法规规定的其他情形。

根据《劳动合同法》第 45 条规定，劳动合同期满，有上述情形之一的，劳动合同应当续延至相应的情形消失时终止。但是，劳动合同法第 42 条第 2 项规定丧失或者部分丧失劳动能力劳动者的劳动合同的终止，按照国家有关工伤保险的规定执行。

《劳动合同法实施条例》第 17 条规定的服务期尚未到期的情形，即“劳动合同期满，但是用人单位与劳动者依照劳动合同法第二十二条的规定约定的服务期尚未到期的，劳动合同应当续延至服务期满；双方另有约定的，从其约定。”但是是否包括特殊待遇服务期未到期的情形，该条款没有明确规定。鉴于支持特殊待遇可以约定服务期，此种情形也应纳入劳动合同期限自动续延的情形。

《工会法》第 19 条规定的任期未届满的情形，即“基层工会专职主席、副主席或者委员自任职之日起，其劳动合同期限自动延长，延长期限相当于其任职期间；非专职主席、副主席或者委员自任职之日起，其尚未履行的劳动合同期限短于任期的，劳动合同期限自动延长至任期期满。但是，任职期间个人严重过失或者达到法定退休年龄的除外。”工会主席、副主席、委员任期未满、劳动合同期满的，需根据《工会法》的规定自动延长劳动合同期限。需注意专职和非专职，劳动合同自动延长的期限不同。

四、特定职务人员未签订劳动合同时的二倍工资支付问题

用人单位未与劳动者签订劳动合同时支付的二倍工资属于惩罚性赔偿，其目的在于督促用人单位与劳动者签订劳动合同，从而保护劳动者的合法权益。但在司法实践中，并非所有的劳动者在未与用人单位签订劳动合同的情况下均能获得二倍工资的赔偿，部分地区对法定代表人、高级管理人员、人力资源和法务人员的二倍工资支付作了特殊规定。

（一）法定代表人

《民法典》第 61 条[①]、第 62 条[②]规定，法定代表人是代表法人从事民事活动的负责人，以法人名义从事民事活动，其法律后果由法人承受，法人承担民事责任后，依照法律或者法人章程的规定，可以向有过错的法定代表人追偿。由此可见，作为用人单位的法定代表人，对外代表用人单位进行民事活动，对内负责领导和管理单位内部各部门的工作，劳动合同的签订亦在法定代表人的职权项下。法定代表人有职责和义务督促用人单位与包括自己在内的劳动者签订劳动合同，若用人单位出现未签订劳动合同的情形，可视为法定代表人的失职。法定代表人基于自身失职而未与用人单位签订劳动合同，从而主张二倍的工资的，部分地区明确规定不予支持。北京[③]、内蒙古自治区[④]均持此观点。

（二）高级管理人员

由此可见，高级管理人员是代表用人单位实施管理行为的管理者，并非普通劳动者，其具有更高的业务能力和管理能力，亦是有谈判能力要求签订书面劳动合同的。但是实践中对于高级管理人员二倍工资的支付问题各地规定并不统一：

部分地区认为，用人单位高级管理人员向用人单位主张二倍工资的，原则上可予支持，但对于用人单位能够证明该高管人员职责范围包括管理订立劳动合同内容的除外。对有证据证明高管人员向用人单位提出签订劳动合同而被拒绝的，仍可支持高级

---

① 《民法典》第 61 条规定，依照法律或者法人章程的规定，代表法人从事民事活动的负责人，为法人的法定代表人。法定代表人以法人名义从事的民事活动，其法律后果由法人承受。法人章程或者法人权力机构对法定代表人代表权的限制，不得对抗善意相对人。

② 《民法典》第 62 条规定，法定代表人因执行职务造成他人损害的，由法人承担民事责任。法人承担民事责任后，依照法律或者法人章程的规定，可以向有过错的法定代表人追偿。

③ 《北京市高级人民法院、北京市劳动人事争议仲裁委员会关于审理劳动争议案件解答（一）》第 44 条第 1 款规定，用人单位法定代表人依据《劳动合同法》第 82 条规定向用人单位主张二倍工资的，一般不予支持。

④ 《内蒙古自治区高级人民法院、内蒙古自治区劳动人事争议仲裁委员会关于劳动人事争议案件适用法律若干问题的指导意见》（内高法〔2015〕193 号）第 15 条规定，用人单位未依法与劳动者订立书面劳动合同的，应当依法向劳动者支付二倍工资，但有下列情形之一的除外：……（3）用人单位法定代表人（或主要负责人）向用人单位主张二倍工资的……

管理人员的二倍工资请求。北京①、内蒙古自治区②均持此观点。

还有部分地区认为，只要用人单位能够提供聘任决定或聘任书，证明用人单位与高级管理人员间存在劳动权利义务且已实际履行的，高级管理人员以未签订书面劳动合同为由请求用人单位每月支付二倍工资的，不予支持。也就是说，只要用人单位有证据证明其是高级管理人员的，均不支持未签劳动合同二倍工资。江苏省持此观点。

（三）人力资源和法务人员

用人单位的人事或法务人员对于劳动法各项规定的熟知程度远高于普通劳动者，人事或法务部门更是签订和保管劳动合同的相关部门，劳动合同的签订亦属于其职责范畴。因此，用人单位的人事或法务人员主张二倍工资时，若用人单位能够证明订立劳动合同属于该人事或法务人员的工作职责，可不予支持，但有证据证明人事或法务人员向用人单位提出过签订劳动合同，而用人单位予以拒绝的除外。也就是说，由于人事或法务人员自身原因致使劳动合同未签订的，用人单位无须支付二倍工资，但有证据证明人事或法务人员已积极提出签订劳动合同的要求，是由于用人单位原因致使

---

① 《北京市高级人民法院、北京市劳动人事争议仲裁委员会关于审理劳动争议案件解答（一）》第 44 条第 2 款规定，用人单位高管人员依据《劳动合同法》第 82 条规定向用人单位主张二倍工资的，可予支持，但用人单位能够证明该高管人员职责范围包括管理订立劳动合同内容的除外。对有证据证明高管人员向用人单位提出签订劳动合同而被拒绝的，仍可支持高管人员的二倍工资请求。

② 《内蒙古自治区高级人民法院、内蒙古自治区劳动人事争议仲裁委员会关于劳动争议案件法律适用法律若干问题的指导意见》（内高法〔2015〕193 号）第 15 条规定，用人单位未依法与劳动者订立书面劳动合同的，应当依法向劳动者支付二倍工资，但有下列情形之一的除外：……（4）用人单位高管人员向用人单位主张二倍工资，用人单位能够证明该高管人员职责范围包括管理订立劳动合同内容的，但有证据证明高管人员向用人单位提出订立书面劳动合同而被拒绝的除外……

劳动合同未签订的，仍需支付二倍工资。北京[①]、内蒙古自治区[②]均持此观点。

参考案例：订立劳动合同属于人事负责人工作职责，要求支付二倍工资差额不予支持

在王某与某道公司劳动争议纠纷案中[③]，2016年6月13日王某入职某道公司，某道公司当时处于筹备阶段。2016年9月2日某道公司正式注册成立。王某主张某道公司与其口头约定由其负责行政人事、后勤管理以及前台工作，未与其签订书面劳动合同，应当支付未签书面劳动合同二倍工资差额。某道公司称其注册成立之时就与王某签订了劳动合同，王某是公司人事工作的主管，负责签订与保管劳动合同，后其将自己的劳动合同取走，并就此提交了王某与公司员工往来邮件以及微信截图进行佐证。

法院认为，某道公司向法庭提交的证据中包含王某于2016年8月5日发出的电子邮件，邮件内容中有："我是某道公司的人事负责人。"王某对这份证据表示认可。此外在王某提交的证据中，2017年2月28日王某与贾某的微信聊天记录中王某提到"我没有工作的交接对象，都是我自己做"。某道公司对此证据也表示认可。依据双方的陈述，王某在某道公司注册成立之前就在某道公司工作，负责人事、行政、后勤、前台等多项工作。依据原某道公司提交的证据来看，王某在人事工作方面的职责包括签订劳动合同、考勤等，依据上文所述的两个证据可以充分认定，王某是某道公司人事工作的主要负责人，且无其他人可以交接工作。用人单位的人事管理部门负责人或主管人员依据《劳动合同法》第82条规定向用人单位主张二倍工资的，如用人单位能够证明订立劳动合同属于该人事管理部门负责人的工作职责，可不予支持。有证据证明人事管理部门负责人或主管人员向用人单位提出签订劳动合同，而用人单位予以拒绝的除外。本案中，某道公司提交的证据可以充分证明订立劳动合同属于人事部门主要负责人的工作职责，而王某没有提交证据证明曾向用人单位提出签订劳动合同，

---

① 《北京市高级人民法院、北京市劳动人事争议仲裁委员会关于审理劳动争议案件解答（一）》第44条第3款规定，用人单位的人事管理部门负责人或主管人员依据《劳动合同法》第82条规定向用人单位主张二倍工资的，如用人单位能够证明订立劳动合同属于该人事管理部门负责人的工作职责，可不予支持。有证据证明人事管理部门负责人或主管人员向用人单位提出签订劳动合同，而用人单位予以拒绝的除外。

② 《内蒙古自治区高级人民法院、内蒙古自治区劳动人事争议仲裁委员会关于劳动人事争议案件法律适用法律若干问题的指导意见》（内高法〔2015〕193号）第15条规定，用人单位未依法与劳动者订立书面劳动合同的，应当依法向劳动者支付二倍工资，但有下列情形之一的除外：……（5）用人单位的人事管理部门负责人或者主管人员向用人单位主张二倍工资，用人单位能够证明订立劳动合同属于该人事管理部门负责人或主管人员工作职责的，但有证据证明人事管理部门负责人或主管人员向用人单位提出订立书面劳动合同而被拒绝的除外。

③ 案号：（2017）京02民终11971号。

而用人单位予以拒绝。故，王某应当承担不利后果，对于王某要求支付未签劳动合同双倍工资的诉讼请求，法院不予支持。

五、不可抗力原因未及时签订、续订劳动合同的处理及后果

《劳动合同法》通过规定“未签劳动合同二倍工资”罚则引导用人单位积极履行与劳动者签订书面劳动合同的义务，但如果由于突发公共卫生事件、洪水、地震等不可抗力原因客观上导致用人单位无法与劳动者签订书面劳动合同，在此情形下，如果继续让用人单位承担未签劳动合同二倍工资差额的责任，有失公允。

（一）需要证明不可抗力导致双方无法签订或续签劳动合同

1. 受不可抗力影响的情形

如果用人单位与劳动者应签而未（续）签劳动合同的期间，与不可抗力影响期间重合，则无须支付该期间的未签劳动合同二倍工资差额。

2. 用人单位的举证责任

对于新入职员工，用人单位需要举证双方建立劳动关系之日，以此确定双方应签劳动合同的起始日；对于老员工，用人单位需要举证双方劳动合同届满之日，以此确定双方应续签劳动合同的起始日；同时，用人单位需要证明双方未签劳动合同期间符合上述免责期间。

（二）需要向员工说明因不可抗力导致无法（续）签劳动合同的处理方式

1. 与员工协商一致，签署电子劳动合同

用人单位与劳动者协商一致，可以采用电子形式订立劳动合同。符合《劳动合同法》《中华人民共和国电子签名法》（以下简称《电子签名法》）等法律法规规定的电子劳动合同一经订立，与书面劳动合同具有同等法律效力。即便后续员工以电子形式不属于书面劳动合同为由要求用人单位支付未签书面劳动合同二倍工资的，也不会获得支持。

2. 变通方式签订劳动合同

如果无法满足电子劳动合同签署的要求，用人单位可以与劳动者协商以变通方式签署劳动合同，如双方通过电子邮件、微信确认劳动合同内容无误后，再次以电子邮件、微信方式回复同意签订劳动合同，待后续客观条件允许的情况下，双方再在纸质劳动合同上补签名、盖章程序，避免劳动者不同意倒签日期的问题。

3. 顺延劳动合同签订日

如果员工坚持要求签署纸质的劳动合同，用人单位可以合理顺延订立书面劳动合同时间，待双方具备签订书面劳动合同的客观条件时，及时与劳动者签订劳动合同。

劳动者请求用人单位支付合理顺延期间未签书面劳动合同二倍工资的，不予支持。

合规建议

1. 用人单位尽量于用工之日与劳动者签订书面劳动合同，因劳动者原因未及时签订的，应向劳动者送达书面订立劳动合同的通知，要求劳动者限期签订，逾期劳动者仍未签订的，用人单位应在用工之日起一个月内且最迟在一年内向劳动者发送书面终止劳动关系通知书。如果因劳动者本人故意或者重大过失未订立的，用人单位应当注意保存相关证据材料，在劳动者主张二倍工资时积极进行抗辩。

2. 用人单位应建立劳动合同管理体系及到期预警机制，制定劳动合同管理制度，实施劳动合同签订排查机制，及时排查未按时订立、续签劳动合同的情况，并采取相应的应急措施，避免出现劳动合同漏签导致赔偿二倍工资差额的情况。

3. 对于高级管理人、人事或法务人员等特殊职位的劳动者应当明确工作职责是否包含签订劳动合同，在其入职时主动与其签订劳动合同，尽量避免出现漏签劳动合同的情形，同时上述人员不得保管自己的劳动合同，防止出现监守自盗的情况。

4. 用人单位应及时了解当地对于未签劳动合同二倍工资计算方式和仲裁时效的裁审口径，并在仲裁过程中，对于已超过仲裁时效的，积极提出时效抗辩。

5. 用人单位受不可抗力影响无法及时签订、续签劳动合同时，应当及时通知劳动者并保留相关证据，在影响结束正常复工后及时与劳动者办理签订手续，或者采取其他变通方式签订劳动合同。

第五节 电子劳动合同的效力及合规要求

随着互联网和科技的快速发展，劳动合同管理电子化被认为是未来劳动用工管理的趋势之一，实践中已有不少用人单位通过第三方或自行搭建管理平台的方式，将劳动合同的签订、变更、解除管理等全流程电子化。订立电子劳动合同可以帮助用人单位提高管理效率、降低管理成本以及防范未签书面劳动合同二倍工资风险，是传统人力资源管理数字化转型的重要标志。但是用人单位、劳动者对电子劳动合同却存在着一些盲点及司法误区，导致用人单位与劳动者不愿意签订电子劳动合同，或者签订的电子劳动合同不符合法定要求从而存在被认定无效的法律风险。

一、电子劳动合同的性质与效力

（一）国家及地方对电子劳动合同的规范

2020 年 3 月 4 日人社部发布了《人力资源社会保障办公厅关于订立电子劳动合同

有关问题的函》(人社厅函〔2020〕33 号)，该文件明确了“用人单位与劳动者协商一致，可以采用电子形式订立书面劳动合同……符合劳动合同法规定和上述要求的电子劳动合同一经订立即具有法律效力，用人单位与劳动者应当按照电子劳动合同的约定，全面履行各自的义务。”这是国家层面首次对电子形式签订书面劳动合同的方式、要求、效力进行了明确和肯定。

2021 年 7 月 1 日，人力资源社会保障部办公厅发布《电子劳动合同订立指引》(人社厅发〔2021〕54 号) 规定了，指导有订立电子劳动合同意愿的用人单位和劳动者，参照《电子劳动合同订立指引》协商一致订立电子劳动合同，确保电子劳动合同真实、完整、准确、不被篡改。各地也陆续发布了当地的电子劳动合同订立指引，鼓励用人单位与劳动者订立电子劳动合同，提高用工管理水平和效率。

(二) 电子劳动合同与书面劳动合同的关系

根据《劳动合同法》规定，建立劳动关系，应当订立书面劳动合同。用人单位自用工之日起超过一个月不满一年未与劳动者订立书面劳动合同的，应当向劳动者每月支付二倍的工资。实践中，对于电子劳动合同是否属于书面劳动合同存在不同理解，导致签订电子劳动合同后劳动者要求未签书面劳动合同二倍工资的争议时常发生。

有观点主张，书面劳动合同即为纸质劳动合同，电子劳动合同不属于书面劳动合同。理由是根据《劳动合同法》规定，劳动合同文本由用人单位和劳动者各执一份。用人单位未将劳动合同文本交付劳动者的，由劳动行政部门责令改正；给劳动者造成损害的，应当承担赔偿责任。

主流观点认为，书面劳动合同是相对于口头合同而言，纸质或电子形式只是载体不同而已，但都是用文字进行表意，均属于书面形式，电子劳动合同也是书面劳动合同，劳动者要求支付未签书面劳动合同二倍工资不应支持。理由是根据《民法典》规定，当事人订立合同，有书面形式、口头形式和其他形式。书面形式是指合同书、信件和数据电文（包括电报、电传、传真、电子数据交换和电子邮件）等可以有形地表现所载内容的形式。《电子签名法》规定，能够有形地表现所载内容，并可以随时调取查用的数据电文，视为符合法律、法规要求的书面形式。

(三) 电子劳动合同的法律效力

实践中，对于电子劳动合同是否具有法律效力也存在争议。

有观点认为，劳动关系具有人身属性，不应使用数据电文和电子签名订立劳动合同。理由是根据《电子签名法》规定，当事人约定使用电子签名、数据电文的文书不适用涉及婚姻、收养、继承等人身关系。

主流观点认为，法律、行政法规并没有禁止使用数据电文和电子签名签订劳动合同，电子劳动合同具有法律效力。理由是根据《电子签名法》规定，当事人约定使用电子签名、数据电文的文书，不得仅因为其采用电子签名、数据电文的形式而否定其法律效力。人社厅函〔2020〕33号文和人社厅发〔2021〕54号文均规定依法订立的电子劳动合同具有法律效力，用人单位与劳动者应当按照电子劳动合同的约定，全面履行各自的义务。

二、签署电子劳动合同的合规要求

电子劳动合同，是指用人单位与劳动者按照《劳动合同法》《民法典》《电子签名法》等法律法规规定，经协商一致，以可视为书面形式的数据电文为载体，使用可靠的电子签名订立的劳动合同。为了保证订立电子劳动合同的合法有效，结合相关法律规定，用人单位在签署、生成、存储、保管电子劳动合同时，需注意以下几个方面：

（一）主体要求

签署电子劳动合同的主体身份应当真实、可靠，符合法律、法规规定的主体资格。用人单位与劳动者订立电子劳动合同的，要通过电子劳动合同订立平台订立，要确保向电子劳动合同订立平台提交的身份信息真实、完整、准确。

（二）签署意愿

用人单位与员工协商一致是签订电子劳动合同的前提和基础。双方同意订立电子劳动合同的，用人单位要在订立电子劳动合同前，明确告知劳动者订立电子劳动合同的流程、操作方法、注意事项和查看、下载完整的劳动合同文本的途径，并不得向劳动者收取费用。电子劳动合同订立平台要具备意愿确认能力。如果员工以要求签订纸质劳动合同为由拒绝签订电子劳动合同，那么用人单位不能强制要求员工签订电子劳动合同，更不能以员工拒签为由终止双方劳动关系。

（三）合同内容

电子劳动合同的内容应当符合劳动法、劳动合同法相关规定。万变不离其宗。无论是纸质劳动合同，还是电子劳动合同，对于用人单位及劳动者的权利义务设定，还有必备的合同内容和条款，都必须符合劳动法和劳动合同法相关规定。劳动合同未载明《劳动合同法》规定的劳动合同必备条款或内容违反法律法规规定的，用人单位依法承担相应的法律责任。

（四）技术条件

电子劳动合同要使用符合《电子签名法》要求、依法设立的电子认证服务机构颁发的数字证书和密钥，进行电子签名，并应附带可信时间戳。用人单位要确保劳动者可以使用常用设备随时查看、下载、打印电子劳动合同的完整内容，不得向劳动者收取费用。劳动者需要电子劳动合同纸质文本的，用人单位要至少免费提供一份，并通过盖章等方式证明与数据电文原件一致。

（五）存证要求

电子劳动合同订立平台要留存订立和管理电子劳动合同全过程证据，包括身份认证、签署意愿、电子签名等，保证电子证据链的完整性。需要注意的是，人社厅函〔2020〕33 号文明确将保证电子劳动合同的生成、传递、储存满足相关法律要求以及确保电子劳动合同完整、准确、不被篡改的责任，划分给了用人单位一方。因此一旦用人单位选择了电子劳动合同模式，将来若其数据无法呈现最初完整状态、甚至是灭失的，无论这个责任是因用人单位自身系统还是第三方签约平台导致，举证不能的法律后果都将由用人单位承担。

参考案例：用人单位未证明电子劳动合同经过电子签名，应当支付未签劳动合同二倍工资差额

在广东铭信工程项目管理有限公司与张某劳动争议纠纷案中[1]，张某于 2019 年 4 月入职该公司，最后工作至 2019 年 9 月 16 日，此后张某提起劳动仲裁要求公司支付 2019 年 9 月工资和未签订劳动合同双倍工资 5.8 万余元。仲裁、一审、二审中，双方均就是否签订劳动合同存在争议。公司提交张某与公司法定代表人郑某的“微信聊天记录”和“电子劳动合同文本”，主张双方已就工资待遇、岗位等重要事宜协商一致，且公司于 2019 年 2 月 26 日向张某发出电子劳动合同，张某收到后一直没有对合同内容提出异议且积极采取递交辞职信、确定到岗时间等行为对公司拟定“劳动合同”内容予以认可，已构成承诺；故公司无须支付未签订劳动合同的二倍工资差额。而张某则对公司的主张不予确认。张某认为该份电子劳动合同不具有书面劳动合同的法律效力。首先该合同的发送时间为入职前且仅为合同范本；其次该合同的用人单位主体并非本案所涉公司且内容不是针对张某的入职时间、岗位、薪酬标准拟定，缺乏双方劳动合同的必备要件；最后该电子劳动合同合同并没有经过张某签名确认。

法院认为，根据《劳动合同法》第 10 条的规定，用人单位与劳动者建立劳动关系，应当订立书面劳动合同。这是用人单位的法定义务，但公司在一、二审中均未提交与张某签订的书面劳动合同，公司主张其采用电子合同的方式签订了劳动合同，但其亦不能提交张某对电子合同进行了电子签名的证据，同时张某亦否认对电子合同进

---

① 案号：（2020）粤 20 民终 4814 号。

行了电子签名。人社部办公厅2020年3月4日发布的《关于订立电子劳动合同有关问题的函》，其主要内容为在本案所处的期间，可以采用电子形式订立书面劳动合同。但签订过程应当符合电子签名法的规定。而本案所涉公司不能提交证据证明张某对电子合同进行了电子签名，故公司关于双方已经签订电子劳动合同的上诉主张不能成立。相反，一审中张某提交的微信记录可以证实其已经向公司负责人郑某提出要求尽快签订书面劳动合同。因此，一审法院认定公司未完成与张某签订书面劳动合同的法定义务，并判令其承担未签订劳动合同双倍工资差额58014.91元处理正确。法院据此驳回上诉，维持原判。

合规建议

1. 依法签订的电子劳动合同具有法律效力，用人单位可以根据自身情况选择签订方式。但是用人单位采用电子劳动合同模式，必须征得员工同意。员工拒绝，用人单位不得以此为由终止劳动关系，应当尊重员工意愿采用纸质劳动合同。即使双方签订了电子劳动合同，员工因个人合理需求（如积分落户、子女入托入学），要求用人单位提供电子合同纸质版本，用人单位也应当予以配合。

2. 如果用人单位与劳动者之间同时订立纸质劳动合同和电子劳动合同，应当保证合同内容一致。如果多份劳动合同的内容存在冲突的，应当以订立时间在后的劳动合同约定内容为准；但若订立时间一致，而约定内容存在冲突，应当根据双方实际履行情况，确定双方订立合同的真实意思，如无法确定的，以有利于劳动者的合同内容为准。

3. 采用电子劳动合同虽然可以在一定程度上避免劳动者签字作假、偷盗劳动合同骗取二倍工资等情况，但是签订电子劳动合同所使用的生物秘钥和硬件秘钥也存在泄露、丢失、恶意使用等隐患。用人单位应当对有关秘钥的保管和使用流程，制定规范的管理制度。

4. 签约平台首选政府公共服务平台或国家认证的第三方签约平台。若用人单位选择第三方签约平台的，应当选择一个公正、客观、可信、安全、报备的签约系统。选择自建签约平台的，应当能够对自建服务平台采用的技术手段提供相应解释说明，必要时还需提供有资质的第三方技术认证说明，这样签订的电子劳动合同，在涉及争议时才更容易被司法裁判机关采信。同时，为避免可能发生的数据灭失，用人单位也不应忽视电子劳动合同的数据备份工作。

第六节　劳动合同的内容及约定不明的处理

建立劳动关系，应当订立书面劳动合同。必要时也可先订立电子合同，等到条件成熟时再补偿书面合同。劳动合同不仅可以作为劳动者主张建立劳动关系和维护合法权益的重要证据，也可以作为用人单位进行劳动用工管理和裁审机关审理劳动争议案件的重要依据。因此，劳动合同中约定的内容非常重要。

一、劳动合同的内容

（一）劳动合同的必备条款

一份符合法律规定的劳动合同，按照《劳动合同法》第 17 条第 1 款的规定，至少应当包括以下内容：

1. 用人单位的名称、住所和法定代表人或者主要负责人。应当按照相关营业执照或登记证书的记载准确填写。

2. 劳动者的姓名、住址和居民身份证或者其他有效身份证件号码。应当按照身份证、护照等有效身份证件准确填写，实际居住地址与身份证件载明地址不一致的，应当同时填写实际居住地址。另外，为了能够及时送达相关文件，建议填写劳动者的电话、邮箱等信息。

3. 劳动合同期限。双方签订固定期限劳动合同的，应填写劳动合同的起始时间和终止时间。双方签订无固定期限劳动合同的，应填写劳动合同的起始时间。双方签订以完成一定工作任务为期限的劳动合同，应当填写某项工作的完成标准。

4. 工作内容和工作地点。工作内容可以填写员工的岗位或工种，以及需要达到的质量或标准，可以将经劳动者确认的岗位职责说明作为附件。工作地点可以填写劳动者工作的城区，或者对用人单位经营模式、劳动者工作岗位特性等作出特别提示后约定宽泛的工作地点。

5. 工作时间和休息休假。工作时间双方可以选择约定标准工时、综合计算工时或不定时工作制。其中，综合计算工时或不定时工作制通常需要经过当地人社部门审批后方可执行。休息休假涉及加班待遇、病假待遇的，双方可以根据国家及地方规定、用人单位规章制度规定等进行约定。劳动者享受年休假、婚丧假、产假、护理假、育儿假等法定假期期间，应当依法支付工资。

6. 劳动报酬。双方可以约定劳动报酬的构成项目、发放标准等事项。尤其是涉及绩效工资、年终奖等不固定发放的劳动报酬，应当明确约定考核依据、发放条件、支付时间等事项。

7. 社会保险。双方约定社会保险时，应当注意缴纳主体、缴纳地点、缴纳基数等事项并且内容必须依法合规。用人单位应当在其注册地社保部门办理登记手续和缴费，按照员工本人工资标准在当地规定的上限、下限范围内确定缴费基数。委托第三方代缴社保或社保缴费基数不足，存在被社保部门责令补缴、处以罚款的风险。

8. 劳动保护、劳动条件和职业危害防护。招用女职工时，劳动合同中应当具备女职工特殊保护条款。涉及职业病危害岗位的，用人单位与劳动者订立劳动合同或涉及岗位变更时，应当将工作过程中可能产生的职业病危害及其后果、职业病防护措施和待遇等如实告知劳动者，并在劳动合同中写明，不得隐瞒或者欺骗。

9. 法律、法规规定应当纳入劳动合同的其他事项。

（二）劳动合同的可选条款

劳动合同除前述规定的必备条款外，用人单位与劳动者可以选择约定试用期、培训、保守秘密、补充保险和福利待遇等其他事项。

1. 试用期条款。双方可以约定：(1) 按照合同期限依法确定的试用期期限，即劳动合同期限三个月以上不满一年的，试用期不得超过一个月；劳动合同期限一年以上不满三年的，试用期不得超过二个月；三年以上固定期限和无固定期限的劳动合同，试用期不得超过六个月。以完成一定工作任务为期限的劳动合同或者劳动合同期限不满三个月的，不得约定试用期。(2) 试用期间劳动者需要满足的录用条件的具体情形。录用条件不得违反法律规定，如将限制结婚、生育或者以婚姻、生育状况为限作为录用条件之一。(3) 试用期期间的工资标准，不得低于本单位相同岗位最低档工资的 80%或者劳动合同约定工资的 80%，且不得低于用人单位所在地的最低工资标准。

2. 培训条款。双方可以约定用人单位为劳动者提供的各种培训。如果用人单位为劳动者提供专项培训费用，对其进行专业技术培训的，可以与该劳动者订立协议，约定服务期以及劳动者违反服务期约定时需向用人单位支付的违约金。需要注意的是，违约金的数额不得超过用人单位提供的培训费用。用人单位要求劳动者支付的违约金不得超过服务期尚未履行部分所应分摊的培训费用。

3. 保密条款。双方可以约定保守用人单位的商业秘密和与知识产权相关的保密事项，如用人单位商业秘密的范围、保密措施以及劳动者违反保密义务需承担的法律责任。如果劳动者属于用人单位的高级管理人员、高级技术人员和其他负有保密义务的人员，用人单位还可以在劳动合同或者保密协议中与劳动者约定竞业限制条款，并约定竞业限制的范围、地域、期限、经济补偿、违约金等事项。另外，需要注意的是，在解除或者终止劳动合同后，前款规定的人员到与本单位生产或者经营同类产品、从事同类业务的有竞争关系的其他用人单位，或者自己开业生产或者经营同类产品、从事同类业务的竞业限制期限，不得超过两年。

（三）劳动合同不得约定的条款

1. 我国实行解雇理由法定制度，即用人单位解除或终止劳动合同的理由仅限于《劳动合同法》规定的范围。根据《劳动合同法实施条例》第 13 条规定，用人单位与劳动者不得在《劳动合同法》第 44 条规定的劳动合同终止情形之外约定其他的劳动合同终止条件。比如，用人单位与劳动者在劳动合同中约定依据末位淘汰制度可以解除劳动合同，该约定将因违反法律强制性规定而被认定为无效条款。

2. 根据《劳动合同法》第 25 条规定，除依法约定培训服务期和竞业限制的情形外，用人单位不得与劳动者约定由劳动者承担违约金。但是，实践中，双方约定用人单位承担违约金的情形仍然有效。

3. 用人单位免除自己的法定责任、排除劳动者权利的条款。比如，双方约定试用期间不缴纳五险一金，劳动者转正后开始缴纳。上述约定属于无效条款，劳动者有权利投诉补缴，给劳动者造成损失的用人单位需要依法承担赔偿责任。

二、劳动合同约定不明时的处理

实践中经常会发生劳动合同必备条款缺失或者内容约定不明的情况，虽然这一般不会影响劳动合同的效力，也不会产生未签劳动合同二倍工资的法律责任，但是双方就相关内容发生争议时，应当如何处理却成为了一个实务操作的难点。

（一）劳动合同期限约定不明的处理

劳动合同分为固定期限劳动合同、无固定期限劳动合同和以完成一定工作任务为期限的劳动合同三种。双方在劳动合同中应当对劳动合同期限进行选择和约定。当一份劳动合同的合同期限存在多种表述且相互矛盾时，需要结合合同其他条款来判断该份劳动合同的期限。

参考案例：劳动合同期限两种约定互相矛盾，应根据一般社会观念和签约习惯进行认定

在屠某与上海某量具刃具公司的劳动合同纠纷案中①，法院认为，双方在劳动合同中对合同期限有两种表述，一是无固定期限，二是 5 年期限，两种表述互相矛盾且没有明确勾选，故产生争议。但因该合同中 5 年期限的部分为手工填写，且合同第 5 条还有“劳动合同期满，即行终止，任何一方都无须提前通知对方。若甲方欲同乙方

---

① 案号：（2018）沪 0117 民初 10877 号。

续订劳动合同，甲方将在本合同到期前，征询乙方意见。若双方协商一致，可续订劳动合同”的表述，与5年期限条款相互吻合，故认定该份劳动合同为5年期限更加符合一般社会观念及签约习惯。

此外，用人单位要注意的是，试用期限不能独立于劳动合同期限之外，应当包含在劳动合同期内。若一份劳动合同只约定了试用期限而未约定劳动合同期限，则试用期不成立，该期限为劳动合同期限。

（二）工作内容和工作地点约定不明的处理

1. 工作内容约定不明。工作内容一般体现为劳动者具体从事的工作岗位及岗位职责，双方应当在劳动合同中约定工作岗位的名称及具体的岗位职责。有些劳动合同中未约定劳动者的工作内容或仅笼统约定为技术工作、管理工作，并且约定用人单位有权进行调整。这种约定方式极易导致用人单位在作出调岗决定或不胜任工作认定时，因工作内容约定不明确与劳动者产生纠纷。在实务处理中，裁审机关一般会通过劳动者的实际履行情况来确定其具体的工作内容，用人单位不得依据模糊的约定任意调整劳动者的工作岗位。但是，用人单位与劳动者在劳动合同中未约定工作岗位或约定不明的，用人单位有正当理由的，根据生产经营需要，合理地调整劳动者工作岗位属于用人单位自主用工行为。判断合理性应参考以下因素：用人单位经营必要性、目的正当性，调整后的岗位为劳动者所能胜任、工资待遇等劳动条件无不利变更。北京市持有此种观点。[①]

2. 工作地点约定不明。工作地点是指劳动者为履行劳动合同向用人单位提供劳动的地理区域。双方在劳动合同中应当根据工作需要约定劳动者的工作地点。实践中，我们常常见到用人单位与劳动者在劳动合同中宽泛地约定工作地点为“全国”“北京”“山东”等，如果劳动合同其他条款并没有对用人单位的经营模式、劳动者工作岗位特性等方面进行特别提示，这种宽泛的地点约定，会被裁判机关认定为对工作地点的约定不明。劳动者在签订劳动合同后，已经在实际履行地点工作的，这个地点就将视为双方确定的具体工作地点。用人单位仅以工作地点约定为“全国”“北京”“山东”等为由，变更劳动者的工作地点将被认定为不正当理由。

---

① 《北京市高级人民法院、北京市劳动人事争议仲裁委员会关于审理劳动争议案件的解答（一）》第59条第2款规定，用人单位与劳动者在劳动合同中未约定工作岗位或约定不明的，用人单位有正当理由，根据生产经营需要，合理地调整劳动者工作岗位属于用人单位自主用工行为。判断合理性应参考以下因素：用人单位经营必要性、目的正当性，调整后的岗位为劳动者所能胜任、工资待遇等劳动条件无不利变更。

（三）劳动报酬和劳动条件约定不明的处理

双方应当在劳动合同中约定劳动报酬的构成项目、发放标准、条件、周期、时间以及提供的劳动条件等。有些用人单位的劳动合同没有进行约定，或仅约定根据公司薪酬管理制度和工作岗位来确定劳动报酬和劳动条件，属于约定不明。《劳动合同法》第 18 条规定，劳动合同对劳动报酬和劳动条件等标准约定不明确，引发争议的，用人单位与劳动者可以重新协商；协商不成的，适用集体合同规定；没有集体合同或者集体合同未规定劳动报酬的，实行同工同酬；没有集体合同或者集体合同未规定劳动条件等标准的，适用国家有关规定。北京、山东等地持有此种观点。①

参考案例：劳动合同未约定工资标准，应根据工作岗位按照同工同酬原则确定

在威海某医院与李某劳动争议纠纷案中②，医院系民办非企业单位，业务范围包括内科、外科、妇产科、口腔科、中医科等。李某于 2009 年 12 月取得中医主任医师资格证书。2017 年 8 月 28 日，李某与医院签订劳动合同，约定合同为无固定期限，自即日起生效，工作岗位为中医科主任，实行 40 小时工作制，但未明确约定具体工资。2017 年 9 月 4 日，李某通过微信向医院法定代表人和人事科主任询问工资问题，法定代表人回复称：当前我们执行的工资绩效方式是底薪、绩效、单项提奖，多劳多得、上不封顶……人事科主任回复称：工资一般都是按医院的工资标准，也就是按职称规定的不同等级，除返聘专家外，都是按医院工资标准发放。李某另询问："咱们医院正高主任，国家级专家的工资是多少。"人事科主任回复："根据取得年限，正高职称最高档的基本工资为 8200 元，此外工资还包括岗位工资，不同的职位也是不一样的。"2017 年 9 月 20 日起，李某到医院工作，医院开始按基本工资 5000 元/月、补贴 1000 元/月为其发放劳动报酬，第一次发放的时间为 2017 年 11 月 23 日，发放金额为 7586 元（包含 9 月 10 天劳动报酬），但一直未为李某发放 2018 年 3 月份劳动报酬，也未为李某缴纳社会保险费。2018 年 3 月 21 日李某因"某些原因"提出辞职，医院出具"解除劳动关系证明"，双方劳动关系解除。

此后李某不断向医院催要拖欠工资未果，随后申请劳动仲裁，要求医院支付拖欠

---

① 《北京市高级人民法院与北京市劳动人事争议仲裁委员会关于审理劳动争议案件的解答（一）》第 60 条第 1 款，用人单位与劳动者在劳动合同中宽泛地约定工作地点是"全国"、"北京"等，如无对用人单位经营模式、劳动者工作岗位特性等特别提示，属于对工作地点约定不明。劳动者在签订劳动合同后，已经在实际履行地点工作的，视为双方确定具体的工作地点。用人单位不得仅以工作地点约定为"全国"、"北京"为由，无正当理由变更劳动者的工作地点。

《山东省高级人民法院、山东省人力资源和社会保障厅关于审理劳动人事争议案件若干问题会议纪要》第 11 条，关于劳动合同宽泛约定工作地点的相关问题……

② 案号：(2019) 鲁 10 民终 280 号。

的 2017 年 9 月 20 日至 2018 年 3 月 21 日工资 24194 元及经济补偿金 8200 元。仲裁委作出裁决：一、医院支付李某拖欠工资 23200 元；二、驳回李某的其他仲裁请求。医院不服裁决结果向法院起诉。

法院认为：依据《山东省企业工资支付规定》第 43 条规定，企业与劳动者因工资支付发生纠纷或者争议的，企业应负举证责任。李某于 2009 年 12 月取得中医主任医师资格证书，在该医院担任中医科主任。李某入职时，双方未约定试用期及工资数额。根据李某提交的微信聊天记录可以看出，李某对医院每月给其发放 5000 元的工资有异议。根据《劳动合同法》第 18 条规定："劳动合同对劳动报酬和劳动条件等标准约定不明确，引发争议的，用人单位与劳动者可以重新协商；协商不成的，适用集体合同规定；没有集体合同或者集体合同未规定劳动报酬的，实行同工同酬；没有集体合同或者集体合同未规定劳动条件等标准的，适用国家有关规定。"根据李某与医院法定代表人和人事科主任的交流记录，能够确认该医院对主任医师的劳动报酬为 8200 元/月基本工资。因该医院并未与医护人员签订集体合同，而李某受该医院聘用时系主任医师职称，因此，根据同工同酬原则，医院应按 8200 元/月基本工资向其发放劳动报酬。经计算，医院应补发李某 2017 年 9 月 20 日至 2018 年 2 月 28 日劳动报酬为 17847 元［（8200 元/月÷21.75 天×10 天-1923 元）+（8200 元/月-5000 元/月）×5 个月］。就李某 2018 年 3 月份劳动报酬，因医院并无考勤记录，双方签订劳动合同约定 40 小时工时制，故截至 2018 年 3 月 20 日，扣除休息日后李某该月实际上班 14 天，医院应向其发放劳动报酬 5278 元（8200 元/月÷21.75 天×14 天）。综上，医院拖欠李某劳动报酬共计 23125 元，应当给付。最终一审和二审法院都支持了李某要求医院按主任医师劳动报酬标准（每月 8200 元）补齐拖欠工资的主张。

若劳动者正常劳动期间用人单位已持续向劳动者发放了劳动报酬且不低于当地最低工资标准，劳动者对数额也没有提出异议，该实际发放的工资标准可以视为双方对劳动报酬达成一致。

（四）工作时间、休息休假约定不明的处理

我国的工时制度包括标准工时工作制、综合计算工时工作制、不定时工作制。用人单位若采用综合计算工时工作制和不定时工作制的，一般需要事先得到人社部门的批准后，方可实施。

双方应当在劳动合同中约定劳动者适用的工时制度、休假及待遇。如果休息休假约定不明，将按照法律规定和当地规定执行。比如，若关于病假待遇劳动合同和集体合同未作约定，规章制度也没有进行规定的，按照北京市规定用人单位支付的病假工资标准不得低于最低工资标准的 80%。如果工时制度约定不明的，会认定劳动者执行标准工时制度。如果约定执行特殊工时制度，但此时用人单位既无法提供适用特殊工

时制的审批文件，也没有相关法律法规依据①作为支撑，或者特殊工时审批文件审批的工作岗位与劳动合同约定的工作岗位名称不一致，则司法实践中一般会从有利于保护劳动者权益的角度，按标准工时工作制来确定劳动者的工作时间和休息休假标准，并据此判定加班费计算方式及支付事宜。

合规建议

1. 用人单位与劳动者签订的劳动合同应当具备法律规定的必备条款，并可以根据需要约定可选条款，但是不得约定违反法律强制性规定的条款。

2. 针对劳动合同的期限，应当按照合同类型选择约定具体的合同期限，符合无固定期限劳动合同签订条件的，应当签订无固定期限劳动合同。

3. 针对劳动合同的工作内容，应当约定具体的工作岗位和工作内容，用人单位可结合具体岗位制作相应的岗位说明书或者岗位协议作为劳动合同的附件，在其中将岗位名称、所属部门、上下级关系、职责范围、任务描述、任职要求、考核指标、调岗情形等内容细化，以便将其在认定不胜任工作或调岗时作为依据。

4. 针对劳动合同的工作地点，应当根据工作需要约定一个地点或多个地点，但不宜约定得过于宽泛，而且用人单位不得利用这种宽泛的约定，在无正当理由的情况下对劳动者的工作地点进行随意变更。若用人单位确实属于跨地区经营或需跨地区调配特殊岗位劳动者的，用人单位应将上述经营模式或者岗位的特殊性向劳动者如实告知，并在约定工作地点的时候，进行相应的说明。

5. 针对劳动者的劳动报酬，应当在劳动合同中进行约定，用人单位也可以单独制作并由劳动者签字确认的薪酬确认书作为劳动合同的附件，在其中明确劳动者的薪资结构与数额、各项福利待遇、发放条件和时间等事项。

6. 针对工作时间和休息休假，应当在劳动合同中约定劳动者适用的工时制度和休假待遇。如果约定执行特殊工时制度，应当取得特殊工时审批文件并且确保审批的工作岗位与劳动合同约定的工作岗位名称一致。

第七节　劳动合同的生效及无效的处理

签订劳动合同、用工、建立劳动关系三者之间的关系是一个旧有的争论，争议的焦点在于是“劳动合同”还是“用工”建立了劳动关系，我国《劳动法》曾采取“劳动合同”标准，但现实中存在大量的事实劳动关系，如果仅因未签劳动合同不承

---

① 《北京市企业实行综合计算工时工作制和不定时工作制办法》第 16 条规定，……企业中的高级管理人员实行不定时工作制，不办理审批手续……

认双方之间的劳动关系，显然有失公允。为了解决以上问题，《劳动合同法》规定了“用工建立劳动关系”的标准，此后，理论和实践中也大都采取“用工”标准。但是，“用工”标准也带来了新的问题。此外，实践中还存在劳动合同无效的情形，此种情形下双方是否存在劳动关系以及应当如何作出处理，也尚有争议。

一、劳动合同的生效及未用工的处理

（一）劳动合同的生效与劳动关系的建立

《劳动合同法》第 16 条第 1 款规定，劳动合同由用人单位与劳动者协商一致，并经用人单位与劳动者在劳动合同文本上签字或者盖章生效。但是，劳动合同生效并不代表劳动关系已经建立。《劳动合同法》第 7 条规定，用人单位自用工之日起即与劳动者建立劳动关系。第 10 条第 1 款规定，建立劳动关系，应当订立书面劳动合同。第 10 条第 3 款规定，用人单位与劳动者在用工前订立劳动合同的，劳动关系自用工之日起建立。由此可以看出，我国《劳动合同法》采取“用工建立劳动关系”而非“劳动合同建立劳动关系”的规则，即劳动关系自用工之日起建立。这意味着劳动合同的生效与劳动关系的建立相分离，也就是说签订劳动合同不等于建立劳动关系，用工才是建立劳动关系的唯一标准。

参考案例：签订劳动合同后公司拒绝员工入职，双方未建立劳动关系

在熊某与某电子装置公司劳动争议一案中①，2018 年 11 月 15 日，公司与熊某签订了劳动合同，约定劳动合同期限为自 2018 年 11 月 15 日起至 2021 年 12 月 31 日止。当天，公司以熊某在其入职黑名单中为由，拒绝安排熊某入职工作。后熊某提起仲裁，要求公司继续履行劳动合同，并支付其 2018 年 11 月的工资。2019 年 5 月 8 日，法院作出生效判决，认为在熊某未提供实际劳动的情况下，双方未建立劳动关系，因此驳回了熊某的诉讼请求。2019 年 6 月 20 日，熊某又依据以上事实向劳动仲裁委员会提起仲裁申请，请求公司支付其未履行劳动合同的违约金，仲裁驳回了熊某的申请，熊某不服，并向法院提起了诉讼。

法院认为，建立劳动关系的前提是存在用工事实，而不是签订劳动合同。本案中，尽管熊某与公司签订了劳动合同书，但生效判决认定公司对熊某未实际用工，熊某与公司未建立劳动关系，案涉劳动合同无须继续履行。因此，公司不履行劳动合同并不存在违约行为，劳动合同不同于普通合同，熊某要求公司支付不履行劳动合同的违约金的上诉理由，无事实依据和法律依据，本院不予采纳。

---

① 案号：(2020) 渝 01 民终 129 号。

（二）劳动者未能入职时劳动合同的处理

在“先签约、后用工”的情形下，用人单位与劳动者有一段时间存在这样的关系：双方有劳动合同，但是没有劳动关系。这段时间内，如果劳动者未按约入职，双方之间的劳动合同是否发生了法律效力，该如何处理，应适用什么法律？劳动者未能按约定时间入职在实践中较为常见，多数用人单位通常不会因此对劳动者采取进一步的追偿措施，即便事先与劳动者签订了劳动合同，由于无法在劳动合同中约定未按约入职的违约金[①]，用人单位可能也不会对劳动合同再做进一步的处理。然而，有些劳动者却可能基于事先已经签订的劳动合同，要求用人单位承担继续履行、补缴社保等法律责任，此时就会给用人单位带来较大的法律风险。因此，签订劳动合同后，劳动者未如约入职时，妥善处理劳动合同是必要的，但因我国劳动法对如何处理未作出明确的规定，且采取“劳动合同的生效和劳动关系的建立相分离”的立法模式，如何妥善处理上述劳动合同成为了实践中面临的难题。我国目前的法律法规对此未有明确的指引，理论和实践中对此均有不同的观点，具体如下：

1. 合同有效，适用民法典预期违约或者附条件合同相关规则处理

按照此观点，用人单位在用工前与劳动者签订的劳动合同成立并生效，根据《劳动合同法》第16条第1款的规定，“劳动合同经用人单位与劳动者在劳动合同文本上签字或者盖章生效”。按照文义解释，未用工前双方签订的劳动合同如果符合法律的规定，就已经具有法律效力。

对于劳动合同的处理，此观点认为，《劳动合同法》关于劳动合同解除的规定实际上适用于劳动关系的解除，在用人单位订立劳动合同后，但未用工期间，由于双方未建立劳动关系，双方之间不具有人身从属性，无法适用《劳动合同法》的解除规定。但劳动合同本质上也是一种合同，因此可以适用《民法典》的相关规定，在具体条款上，可适用以下规定进行处理。

（1）适用预期违约的相关规定处理

劳动者未按约入职是以行为作出了不履行劳动合同的意思表示，构成预期违约，用人单位可以根据《民法典》第563条[②]的规定解除劳动合同，劳动者应当承担支付违约金或赔偿损失等违约责任。但需注意的是，用人单位按照此规定解除劳动合同，

---

① 根据《劳动合同法》第25条的规定，除培训服务期和竞业限制两种情形外，用人单位不得与劳动者约定由劳动者承担违约金。

② 《民法典》第563条：有下列情形之一的，当事人可以解除合同：……（二）在履行期限届满前，当事人一方明确表示或者以自己的行为表明不履行主要债务……

应当符合《民法典》第565条[1]的程序（如通知劳动者）。

（2）适用附条件合同的相关规定处理

上述情形下的劳动合同属于附解除条件的合同，即如果劳动者未按期入职时，劳动合同失效。根据《民法典》第158条[2]的规定，事先签订的劳动合同无须用人单位通知，自行解除。

需注意的是，有观点认为合同的履行义务本身不得成为合同所附条件，而按期入职是否属于劳动合同的履行义务，本身亦存有争议，毕竟长期稳定地提供劳动才是劳动者应履行的义务，因此，按照附条件合同进行处理在理论上还存在争议。

2. 合同是否有效需法律进行评价，应根据劳动合同法，协商一致解除

对于《劳动合同法》第16条第1款中“生效”的理解，有学者认为：“已经生效的劳动合同是否有效属于法律评价，即劳动合同的生效并不必然导致劳动合同的有效，劳动合同订立后，即使劳动用工未发生，该合同也是‘法律状态’的合同，应适用《劳动合同法》的相关规定。”[3]《劳动合同法》第37条至第41条的规定是以“实际履行状态”为发生根据的，劳动合同签订后，劳动用工未发生时，解除有效的劳动合同只能适用《劳动合同法》第36条的规定，即双方协商一致解除。

因此，根据此观点，签订合同后劳动者未如约入职时，用人单位需与劳动者协商一致解除已经签订的劳动合同。但是，该观点没有解决如果双方不能协商一致解除时如何处理。

3. “用工建立劳动关系”存在逻辑错误，合意才是建立劳动关系的起点，应适用劳动法解决

由于前述两种观点都存在一定的瑕疵，都无法解释为何有效的劳动合同无法产生劳动权利义务关系，进而完全适用劳动合同法的相关规定，且第二种观点不具有可操作性（如劳动者不同意解除劳动合同，此时应当如何解除）。因此也有观点认为“用工建立劳动关系”所依据的理论存在错误[4]，且具有无法解决的技术难题。而“劳动

① 《民法典》第565条规定，当事人一方依法主张解除合同的，应当通知对方。合同自通知到达对方时解除；通知载明债务人在一定期限内不履行债务则合同自动解除，债务人在该期限内未履行债务的，合同自通知载明的期限届满时解除。对方对解除合同有异议的，任何一方当事人均可以请求人民法院或者仲裁机构确认解除行为的效力。当事人一方未通知对方，直接以提起诉讼或者申请仲裁的方式依法主张解除合同，人民法院或者仲裁机构确认该主张的，合同自起诉状副本或者仲裁申请书副本送达对方时解除。

② 《民法典》第158条规定，民事法律行为可以附条件，但是根据其性质不得附条件的除外。附生效条件的民事法律行为，自条件成就时生效。附解除条件的民事法律行为，自条件成就时失效。

③ 王立明：《劳动合同订立和劳动关系建立的法律识别》，载《中国劳动》2008年第1期。

④ 参见沈建峰：《论劳动合同在劳动关系协调中的地位》，载《法学》2016年第9期。

合同建立劳动关系”所依据的合同理论符合现代法律思潮，且能够解决技术上的难题。劳动合同的本质是“合意”，事实劳动关系中也存在“合意”，“合意”才是建立劳动关系的起点，“用工建立劳动关系”可能是《劳动合同法》对《劳动法》的误解。

根据此观点，双方达成合意时即已经建立劳动关系。已经签订劳动合同但未用工，此时合同成立并生效，但是提供劳动和支付报酬的义务履行期尚未到来，所以当事人双方并不承担相应的义务。签订劳动合同后，劳动者拒不入职，构成旷工行为，双方解除劳动合同也应适用劳动法的相关规定。

综上，签订劳动合同后劳动者未如约入职时劳动合同的处理在理论和技术上都有难题，至今仍未解决。目前在司法实践中，主流观点仍认为是用工建立了劳动关系，因此多采用第一种观点，借用民法相关规则来解决争议。但也有裁审机关会适用劳动法的相关规定，认为劳动关系未建立，因此对劳动者的相关请求不予支持。

二、劳动合同无效的情形及法律后果

劳动合同无效是指用人单位和劳动者订立的劳动合同不符合法定条件，不能发生当事人预期的法律后果。我国法律法规主要是从劳动合同无效的情形及法律后果两个方面来规制无效劳动合同的。但需注意的是，《劳动法》《劳动合同法》中对无效劳动合同的具体规定存在细微差异，一些地方性法规对无效劳动合同制度也有细化的规定。

（一）劳动合同无效的情形

1. 《劳动合同法》规定的劳动合同无效情形

《劳动合同法》第 26 条第 1 款①中规定了劳动合同无效的三种情形，具体如下。

（1）意思表示瑕疵

意思表示瑕疵主要是指“以欺诈、胁迫的手段或者乘人之危，使对方在违背真实意思的情况下订立或者变更的劳动合同”。

对于如何理解欺诈、胁迫、乘人之危，最高人民法院发布的《全国法院贯彻实施民法典工作会议纪要》（法〔2021〕94 号）对欺诈、胁迫进行了解释。“欺诈”是指故意告知虚假情况，或者故意隐瞒真实情况，诱使当事人作出错误意思表示的情形。在劳动法实践中较为常见的是劳动者为骗取工作机会而提供虚假的学历或工作经历，但需注意的是，用人单位或劳动者未履行《劳动合同法》第 8 条规定的如实告知义务，并不必然构成欺诈，裁审机关还会考量一方是否有隐瞒、欺骗对方的故意。“胁

---

① 《劳动合同法》第 26 条第 1 款规定，下列劳动合同无效或者部分无效：（一）以欺诈、胁迫的手段或者乘人之危，使对方在违背真实意思的情况下订立或者变更劳动合同的；（二）用人单位免除自己的法定责任、排除劳动者权利的；（三）违反法律、行政法规强制性规定的。

迫”是指以给自然人及其亲友的生命、身体、健康、名誉、荣誉、隐私、财产等造成损害或者以给法人、非法人组织的名誉、荣誉、财产等造成损害为要挟，迫使其作出不真实的意思表示。在劳动法实践中较为常见的，如以限制劳动者人身自由或者威胁不予退还押金等形式逼迫劳动者签订劳动合同。

（2）用人单位免除自己法定责任、排除劳动者权利

由于劳动关系具有不平等性，劳动合同又大都由用人单位制作并提供，为充分保护劳动者利益，《劳动合同法》在劳动合同无效情形中增加了“用人单位免除自己法定责任、排除劳动者权利”的条款，实践中主要包括以下几种情形。

第一，限制劳动者人身自由、侵犯劳动者人权的条款。例如，禁止或限制劳动者出国、限制女性劳动者结婚、怀孕或者限制劳动者离职自由等。

第二，减轻或免除用人单位法定义务或责任的条款。例如，对劳动者自身过错导致的工伤免责，不缴纳或者不足额缴纳社会保险费、不提供必要的劳动保护、可任意解除劳动合同等。

第三，其他排除劳动者权利的条款。例如，约定单位可无条件任意调岗降薪、加班均属自愿且不发放加班工资、禁止请假、产假不发放产假津贴或工资等。

从上文可以看出，用人单位免除自己法定责任、排除劳动者权利的情形中，存在违反法律、行政法规规定的情形，因此，两者存在交叉和重叠部分。

（3）违反法律、行政法规强制性规定

由于将违反法律、行政法规规定的劳动合同全部规定为无效，不仅有损劳动关系的稳定，且有悖倾斜保护劳动者的立法目的。因此，《劳动合同法》对《劳动法》进行了细化，对“法律、行政法规规定”增加了“强制性”的限制。

对于“强制性规定”，实践中并无统一的裁判尺度。但与劳动基准和社会保障有关的法律规定都属于强制性规定，如最低工资标准、休息休假制度、劳动者主体资格及从事特定职业的资质要求、女职工和未成年工特殊劳动保护制度、社会保险缴纳等规定的适用争议较少。此外，实践中裁审机关大都认为《劳动合同法》中的试用期制度、对用人单位解除劳动合同的限制、对约定由劳动者承担违约金的限制、对竞业限制期限及主体范围的限制等也都属于强制性规定。

（二）劳动合同无效的法律后果

《劳动合同法》第 27 条规定：“劳动合同部分无效，不影响其他部分效力的，其他部分仍然有效。”据此，劳动合同无效分为劳动合同部分无效和劳动合同全部无效两种情形。劳动合同部分无效时，仅需根据法律规定调整相应条款使其有效或按照法律规定向对方赔偿损失（同劳动合同全部无效）即可，下文仅阐述劳动合同全部无效的法律后果。

1. 解除劳动合同

因劳动者原因致使劳动合同无效时，用人单位可依据《劳动合同法》第 39 条第 5 项的规定解除劳动合同，且无须向劳动者支付经济补偿。

2. 支付劳动报酬

劳动合同被确认无效后，无论劳动者是否有过错，劳动者付出劳动的，根据《劳动合同法》第 28 条①、《最高人民法院关于审理劳动争议案件适用法律问题的解释（一）》第 41 条第 1 款②的规定，用人单位仍需向劳动者支付劳动报酬。劳动报酬的数额可以参照劳动合同的约定，劳动合同没有约定的，可参照本单位相同或者相近岗位劳动者的劳动报酬确定。

3. 支付经济补偿

根据《劳动合同法》第 38 条第 1 款第 4 项规定，因用人单位原因致使劳动合同无效的，劳动者可单方解除劳动合同，且用人单位应依法向劳动者支付经济补偿。另外，即使因劳动者原因致使劳动合同无效，但是用人单位依据劳动合同无效以外的其他理由解除劳动合同，且依据《劳动合同法》应当支付经济补偿的，依照《最高人民法院关于审理劳动争议案件适用法律问题的解释（一）》第 41 条第 1 款③规定，此时，用人单位也应依法向劳动者支付经济补偿。

4. 赔偿损失

《劳动合同法》第 86 条规定："劳动合同依照本法第二十六条规定被确认无效，给对方造成损害的，有过错的一方应当承担赔偿责任。"此处的"赔偿责任"主要是指经济损失，且以实际损失为限。

此外，在用人单位违反法律、行政法规强制性规定而导致劳动合同无效的情形下，用人单位还可能面临责令改正、罚款等行政责任，构成犯罪时，还需依法承担刑事责任。

参考案例：专职律师在其他公司兼职违反强制性法律规定，劳动合同无效

在丁某与甲公司劳动争议案④中，丁某于 2007 年 4 月 26 日开始从事专职律师工作，至法庭辩论终结时，丁某仍系乙律师事务所专职律师。2013 年 7 月 1 日，丁某入

---

① 《劳动合同法》第 28 条规定，劳动合同被确认无效，劳动者已付出劳动的，用人单位应当向劳动者支付劳动报酬。劳动报酬的数额，参照本单位相同或者相近岗位劳动者的劳动报酬确定。

② 《最高人民法院关于审理劳动争议案件适用法律问题的解释（一）》第 41 条第 1 款规定，劳动合同被确认为无效，劳动者已付出劳动的，用人单位应当按照《劳动合同法》第 28 条、第 46 条、第 47 条的规定向劳动者支付劳动报酬和经济补偿。

③ 案号：(2019) 京 03 民终 3356 号。

④ 案号：(2019) 京 03 民终 3356 号。

职甲公司，双方于2016年7月1日签订劳动期限自该日至2019年6月30日的《劳动合同》，约定丁某担任甲公司投资部门高级律师职务。2016年12月30日，甲公司向丁某发出通知，以丁某旷工、与其他单位存在劳动关系、违反公司财务纪律等原因通知自该日起解除双方于2016年7月1日签订的《劳动合同》。双方因此发生争议，丁某诉至法院要求甲公司恢复劳动关系、支付未休年休假工资和工资损失等。

法院认为，根据《中华人民共和国律师法》和《律师执业管理办法》的相关规定，律师只能在一个律师事务所执业，律师在从业期间应当专职执业，但兼职律师或者法律、行政法规另有规定的除外。本案中，丁某自2007年4月26日开始从事律师执业，于2011年1月转入乙律师事务所担任专职律师，故其入职甲公司违反了其作为律师应专职执业的上述强制性法律法规规定。根据《劳动合同法》第26条第3项的规定，违反法律、行政法规强制性规定的劳动合同无效，故丁某与甲公司建立的劳动合同关系无效。就丁某能否享受相关劳动权益问题，《劳动合同法》第28条规定，劳动合同被确认无效，劳动者已付出劳动的，用人单位应当向劳动者支付劳动报酬。劳动报酬的数额，参照本单位相同或者相近岗位劳动者的劳动报酬确定。因双方约定丁某享受季奖为每月6000元，故丁某关于2016年第四季度奖金18000元的主张符合双方约定，甲公司关于不支付该项奖金的诉讼请求，一审法院不予支持。除此之外，在双方劳动合同关系无效的前提下，丁某关于甲公司恢复劳动关系、支付未休年休假工资和工资损失的诉讼请求均缺乏法律依据，甲公司无须恢复与丁某的劳动合同关系，无须支付丁某未休年休假工资和工资损失。

三、劳动合同无效时法律关系的认定

劳动合同订立与劳动合同被确认无效之间通常会有一段时间差，在此期间，劳动者和用人单位之间是事实劳动关系还是劳务关系？只有明确这个问题，才能从根本上解决劳动合同被确认无效后，劳资双方的权利义务分配问题，进而明确劳动合同被确认无效后，用人单位是否需支付年休假工资、加班费等。对此，法律缺乏明确的应对规则。

无效劳动合同是否应溯及过去双方的权利义务关系，是一直存在争议的问题。根据《劳动法》第18条的规定，无效的劳动合同，从订立的时候起，就没有法律约束力。理论上对此存在不同的理解和解释，实践中也存在判决结果截然不同的判例。

（一）劳动合同无效双方系劳务关系

有观点认为，以上条款应理解为双方之间因无效劳动合同产生的权利义务关系自始无效，因此将产生恢复原状、赔偿损失等的法律后果。这借鉴了民法关于合同无效的处理规则，根据此种观点，可得出以下结论：劳动合同被确认无效后，双方之间的劳动关系也归于无效，用人单位除依据《劳动合同法》第 28 条的规定支付劳动报酬外，无须履行劳动法项下的支付加班费及未休年休假工资等义务。

参考案例：劳动合同无效双方系劳务关系，用人单位无须支付加班费

江某与某酒店劳动争议一案中①，江某于 2009 年 5 月 8 日借用他人身份进入酒店工作，双方订立书面劳动合同，2017 年 4 月 4 日，江某达到法定退休年龄，2018 年 9 月 19 日，双方因解除劳动合同发生争议，江某提起仲裁，要求酒店支付其 2009 年 5 月 8 日至 2018 年 8 月 18 日的加班工资 315452 元，以及解除劳动合同的代通知金和经济补偿金、高温补贴等。仲裁以江某达到法定退休年龄为由不予受理，后江某向法院提起诉讼。

法院认为，江某故意以虚假身份与酒店签订劳动合同，系以欺诈的手段使对方在违背真实意思的情况下订立劳动合同，该行为违反《劳动合同法》第 26 条第 1 款第 1 项的规定，因此应当认定江某与酒店签订的劳动合同无效，亦即原告江某与被告酒店之间并非劳动关系，而是劳务关系，且双方未就加班进行约定，因此驳回了江某的诉讼请求。

（二）劳动合同无效双方系事实劳动关系

也有的观点认为，以上规定应理解为无效劳动合同自订立时起就不能作为确定当事人之间权利义务的依据，因此，双方之间的权利义务关系应当依据法律规定予以确定。根据此种观点，劳动合同被确认无效后，双方之间已经发生的关系应当根据法律的相关规定予以确定，如果符合劳动关系的构成要素时，可认定为事实劳动关系，并据此依法分配双方之间的权利义务。事实上在德国，无效劳动合同被视为对过去有效的合同，即在劳动合同被宣告无效前的期间内，劳动者享有假设劳动合同有效的情形下所享有的权利，包括加班费、未休年休假工资等，这与如下案例的观点相一致。

参考案例：劳动合同无效双方系事实劳动关系，用人单位需支付年休假工资及加班费

在毕某与某网络科技公司劳动争议一案中②，2018 年 1 月 2 日，公司与毕某签订了期限为三年的劳动合同，2019 年 1 月 23 日毕某向公司申请离职。之后，毕某提起仲裁，要求公司赔偿其年休假工资 4146 元，周末加班工资 4442 元，按每月 8333 元工资基数补缴社保，并支付违法解除劳动合同的赔偿金 25000 元。同时，公司以毕某学历造假、工作经历虚假为由，要求裁决劳动合同无效，并要求毕某赔偿工资、社保等损失共计 217687.26 元。

---

① 案号：（2020）粤 01 民终 9327 号。

② 案号：（2019）浙 01 民终 9014 号。

2019年5月16日劳动争议仲裁委员会作出裁决，确认双方的劳动合同无效，公司支付毕某年休假工资2758.62元以及加班工资1034.48元。公司不服，向法院提起诉讼。

法院认为，毕某学历造假构成欺诈，双方的劳动合同无效。案涉劳动合同虽然无效，但公司、毕某存在事实劳动关系，根据劳动合同法的规定，劳动合同被确认无效，劳动者已付出劳动的，用人单位应当向劳动者支付劳动报酬。故，公司要求返还已支付给毕某的工资68984.69元和已缴纳的社会保险费用14654.77元没有法律依据。对毕某在公司工作期间的加班工资和未休年休假工资，公司应予支付。

无效劳动合同制度是较为复杂也饱受争议的话题，以上两种观点难用简单的对错优劣进行评价，但毋庸置疑的是，无效劳动合同制度有待完善，在加班费、未休年休假工资、产假工资等的性质本身存有争议现实情况下，仅依靠《劳动合同法》第28条规定，无法统一司法裁判尺度。对用人单位来讲，我们建议用人单位应尽量做到事前审查和防范，减少无效劳动合同的发生，同时要依法规范用工，建立完善的加班及休息休假制度，避免在发生争议时处于被动境地。

合规建议

1. 用人单位应避免过早与劳动者签订劳动合同，尽量在劳动者入职当天或用工之日起一个月内与劳动者签订劳动合同。若因特定事由需在用工前与劳动者签订劳动合同，用人单位应注意相关条款的设计，明确劳动者的入职时间、入职条件，以及未按时入职的后果等，如约定“如劳动者未按约定时间入职，本劳动合同自动失效”，以确保未来发生争议时有据可依。

2. 在签订劳动合同后，如果因劳动者未按约入职等原因未实际用工，用人单位需及时对已经签订的劳动合同作出处理，如可以通过快递、短信、邮件等形式通知劳动者因其未如约入职劳动合同已经失效，并留存相关证据，以确保劳动合同得到较为妥善的处理，避免发生不必要的争议。

3. 用人单位需充分认识劳动合同的特殊性，走出“意思自治至上”的误区。在设计劳动合同条款前，要充分了解相关法律、法规及政策，严格遵守法律、行政法规的强制性规定，同时不得免除自己法定责任、排除劳动者合法权利条款，以防签订无效的劳动合同。

4. 在订立劳动合同前，用人单位需对劳动者的年龄、身份等进行审核，针对需具备特定资质才能从业的劳动者，还需审查其资格证书等证件，以确保劳动者具有劳动法上的主体资格，避免因主体资格问题产生劳动合同效力争议。

5. 在与劳动者订立劳动合同时，用人单位需坚持平等自愿、协商一致原则，就劳动合同条款与劳动者进行充分协商，避免使用欺诈、胁迫、乘人之危等手段签订劳动合同。

6. 实践中，劳动者入职欺诈是用人单位主张劳动合同无效的常见情形。在发现劳动者存在入职欺诈时，用人单位可依法解除劳动合同，且无须支付经济补偿，但需注意的是，用人单位的解除事由需明确是劳动合同无效，且需搜集和留存劳动者欺诈的相关证据。

7. 劳动合同被认定为无效时，用人单位仍需要向劳动者支付劳动报酬，在双方法律关系被认定为事实劳动关系时，还存在需支付年休假工资、加班费等义务。

第八节 无固定期限劳动合同的适用

无固定期限劳动合同是指用人单位与劳动者约定无确定终止时间的劳动合同，即只要没有出现《劳动合同法》中规定的解除或者终止劳动合同的法定情形，劳动者就有权在用人单位一直工作下去直至退休，这是无固定期限劳动合同赋予劳动者的职业稳定与保障的权利。用人单位应当了解和执行需要与劳动者签订无固定期限劳动合同的情形，未依法与劳动者签署无固定期限劳动合同应当承担相应的法律责任。

一、应当签订无固定期限劳动合同的情形

根据《劳动合同法》第 14 条规定①及部分地方规定，具有以下情形之一的，应当签订无固定期限劳动合同。

（一）劳动者在同一用人单位已连续工作满十年的

1. 此处的“同一用人单位”并非局限于一个法律主体，在劳动者非因本人原因从原用人单位被安排到新用人单位工作的，劳动者在原用人单位的工作年限合并计算为新用人单位的工作年限②。实践中，劳动者被安排在关联公司之间变换用工主体，工作年限将累计计算，用人单位想以此规避签订无固定期限劳动合同的意图将无法实现。

2. “连续工作满 10 年”的起始时间，应当自用人单位用工之日起计算，包括

---

① 《劳动合同法》第 14 条规定，无固定期限劳动合同，是指用人单位与劳动者约定无确定终止时间的劳动合同。用人单位与劳动者协商一致，可以订立无固定期限劳动合同。有下列情形之一，劳动者提出或者同意续订、订立劳动合同的，除劳动者提出订立固定期限劳动合同外，应当订立无固定期限劳动合同：（一）劳动者在该用人单位连续工作满十年的；（二）用人单位初次实行劳动合同制度或者国有企业改制重新订立劳动合同时，劳动者在该用人单位连续工作满十年且距法定退休年龄不足十年的；（三）连续订立二次固定期限劳动合同，且劳动者没有本法第 39 条和第 40 条第 1 项、第 2 项规定的情形，续订劳动合同的。用人单位自用工之日起满一年不与劳动者订立书面劳动合同的，视为用人单位与劳动者已订立无固定期限劳动合同。

② 《劳动合同法实施条例》第 10 条规定，劳动者非因本人原因从原用人单位被安排到新用人单位工作的，劳动者在原用人单位的工作年限合并计算为新用人单位的工作年限。原用人单位已经向劳动者支付经济补偿的，新用人单位在依法解除、终止劳动合同计算支付经济补偿的工作年限时，不再计算劳动者在原用人单位的工作年限。

《劳动合同法》施行前的工作年限①。

3. 因《劳动合同法》第 42 条规定的法定顺延事由，导致劳动者在同一单位工作时间超过 10 年的，是否符合签订无固定期限劳动合同的情形，在国家法律层面并无具体规定，实践中，有的地区（如北京）认为法定的续延事由消失时，即使此时劳动者在同一单位的工作时间已经超过 10 年，合同仍可以终止。也有部分地区（如：浙江、广东佛山）规定②，法定续延情形导致劳动者在同一单位工作时间超过 10 年的应当签订无固定期限劳动合同。

（二）初次实行劳动合同制度且满足“15+5”

根据《劳动合同法》规定，如果用人单位初次实行劳动合同制度或者国有企业改制重新订立劳动合同时，劳动者在该用人单位连续工作满 10 年且距法定退休年龄不足 10 年的，应当与劳动者签订无固定期限劳动合同。

（三）连续两次签订固定期限劳动合同届满，且劳动者并无以下情形的

1. 在试用期间被证明不符合录用条件的；

2. 严重违反用人单位的规章制度的；

3. 严重失职，营私舞弊，给用人单位造成重大损害的；

4. 劳动者同时与其他用人单位建立劳动关系，对完成本单位的工作任务造成严重影响，或者经用人单位提出，拒不改正的；

5. 劳动者以欺诈、胁迫的手段或者乘人之危，使用人单位在违背真实意思的情况下订立或者变更劳动合同的；

---

① 《劳动合同法实施条例》第 9 条规定，《劳动合同法》第 14 条第 2 款规定的连续工作满 10 年的起始时间，应当自用人单位用工之日起计算，包括劳动合同法施行前的工作年限。

② 《浙江省高级人民法院民一庭关于审理劳动争议纠纷案件若干疑难问题的解答》第 5 条规定，劳动合同期满，但因特殊情形延续导致劳动者在同一用人单位连续工作满 10 年的，劳动者能否请求与用人单位订立无固定期限劳动合同？劳动合同期满，因劳动者有下列情形之一而续延，因此达到劳动者在同一用人单位连续工作满 10 年，劳动者提出订立无固定期限劳动合同的，用人单位应当与劳动者订立无固定期限劳动合同：从事接触职业病危害作业的劳动者未进行离岗前职业健康检查，或者疑似职业病病人在诊断或者医学观察期间的；患病或者非因工负伤，在规定的医疗期内的；女职工在孕期、产期、哺乳期的。《佛山市中级人民法院、佛山市劳动争议仲裁委员会关于审理劳动争议案件若干问题的指导意见》第 20 条规定，劳动合同期限届满后，因下列情形而续延，致使劳动者在同一用人单位连续工作满十年，劳动者提出订立无固定期限劳动合同的，应予以支持。（一）从事接触职业病危害作业的劳动者未进行离岗前职业健康检查，或者疑似职业病病人在诊断或者医学观察期间的；（二）患病或者非因工负伤，在规定的医疗期内的；（三）女职工在孕期、产期、哺乳期的。

6. 劳动者被依法追究刑事责任的；

7. 劳动者患病或者非因工负伤，在规定的医疗期满后不能从事原工作，也不能从事由用人单位另行安排的工作的；

8. 劳动者不能胜任工作，经过培训或者调整工作岗位，仍不能胜任工作的。

实践中，连续订立两次固定期限劳动合同期满的，且不存在上述情形，原则上用人单位应与劳动者订立无固定期限劳动合同，不得未经劳动者同意终止劳动合同，但实践中少数地区赋予用人单位在此情况下终止劳动合同的选择权，如上海规定，连续订立两次固定期限劳动合同期满后，用人单位不同意续订劳动合同的，可以终止劳动合同。但是 2025 年 1 月起上海裁判口径已经开始发生变化，并出现连续订立两次固定期限劳动合同期满后，用人单位不同意续订并终止劳动合同被认定为违法的案例。2025 年 8 月 1 日，最高人民法院召开《最高人民法院关于审理劳动争议案件适用法律问题的解释（二）》新闻发布会上指出，“劳动合同短期化问题易导致劳动关系不稳定，既不利于劳动者就业，也不利于用人单位发展。”根据《劳动合同法》第 14 条第 2 款第 3 项规定，在连续订立二次固定期限劳动合同，且不存在用人单位单方解除劳动合同、“因劳动者患病或者非因工负伤，在规定的医疗期满后不能从事原工作，也不能从事由用人单位另行安排的工作”及“劳动者不能胜任工作，经过培训或者调整工作岗位，仍不能胜任工作”的情形时，用人单位不得拒绝劳动者订立无固定期限劳动合同的要求。

（四）连续用工一年以上，并未与劳动者签订劳动合同①

用人单位自用工之日起满一年未与劳动者订立书面劳动合同的，视为用人单位与劳动者已订立无固定期限劳动合同。此种情形下，虽然劳动者主张未签无固定期限劳动合同二倍工资将不会被支持②，但用人单位依然应该与其补签无固定期限劳动合同，否则，劳动者可以向劳动监察部门申诉。

---

① 《劳动合同法实施条例》第 7 条规定，用人单位自用工之日起满一年与劳动者订立书面劳动合同的，自用工之日起满一个月的次日至满一年的前一日应当依照《劳动合同法》第 82 条的规定向劳动者每月支付两倍的工资，并视为自用工之日起满一年的当日已经与劳动者订立无固定期限劳动合同，应当立即与劳动者补订书面劳动合同。

② 《北京市高级人民法院、北京市劳动人事争议仲裁委员会关于审理劳动争议案件解答（一）》第 41 条第 2 项规定，依据《劳动合同法》第十四条第三款规定，用人单位自用工之日满一年不与劳动者订立书面劳动合同，视为用人单位与劳动者已订立无固定期限劳动合同的情况下，劳动者可以向劳动争议仲裁机构、人民法院主张确认其与用人单位之间属于无固定期限劳动合同关系。在此情况下，劳动者同时主张用人单位支付用工之日满一年后的二倍工资的不予支持。劳动者未主张确认无固定期限劳动合同关系，只主张支付用工之日满一年后的二倍工资，对二倍工资中增加一倍的部分不予支持。

（五）地方规定的特殊人群

北京地区规定[①]，下列劳动者有权要求订立无固定期限劳动合同：

1. 全国劳动模范、先进工作者或者“五一”劳动奖章获得者；
2. 复员、转业退伍军人初次分配工作的；
3. 建设征地农转工人员初次分配工作的；
4. 国家和本市规定的其他情形。

二、无须签订无固定期限劳动合同的情形

（一）公益岗位[②]

地方各级人民政府及县级以上地方人民政府有关部门为安置就业困难人员提供的给予岗位补贴和社会保险补贴的公益性岗位，即便符合上述签订无固定期限劳动合同的条件，也不适用。

（二）符合签订无固定期限劳动合同条件但已签订固定期限劳动合同[③]

劳动者虽然符合与用人单位签订无固定期限劳动合同的条件，但已与用人单位签订了固定期限劳动合同，后劳动者又要求将其固定期限合同变更为无固定期限合同的，不予支持，除非有证据证明用人单位存在欺诈、胁迫、乘人之危等情形。

（三）连续订立两次固定期限劳动合同届满，但劳动者存在法定情形用人单位有权进行解除

虽然劳动者已连续两次签订固定期限劳动合同，但如果存在《劳动合同法》第 39 条或第 40 条第 1 项、第 2 项规定的情形，用人单位有权解除劳动合同，无须与其签订

---

① 《北京市劳动合同规定》第 15 条规定，有下列情形之一，劳动者要求订立无固定期限劳动合同的，用人单位应当订立无固定期限劳动合同：（1）全国劳动模范、先进工作者或者“五一”劳动奖章获得者；（2）复员、转业退伍军人初次分配工作的；（3）建设征地农转工人员初次分配工作的；（4）尚未实行劳动合同制度的用人单位初次实行劳动合同制度时，劳动者连续工龄满 10 年，且距法定退休年龄 10 年以内的；（5）国家和本市规定的其他情形。

② 《劳动合同法实施条例》第 12 条规定，地方各级人民政府及县级以上地方人民政府有关部门为安置就业困难人员提供的给予岗位补贴和社会保险补贴的公益性岗位，其劳动合同不适用劳动合同法有关无固定期限劳动合同的规定以及支付经济补偿的规定。

③ 《北京市高级人民法院、北京市劳动人事争议仲裁委员会关于审理劳动争议案件的解答（一）》第 52 条规定，劳动者与用人单位签订了固定期限劳动合同后，劳动者要求变更为无固定期限劳动合同的，不予支持，但有证据证明用人单位存在欺诈、胁迫、乘人之危等情形的除外。

无固定期限劳动合同。

三、未依法签订无固定期限劳动合同的法律责任

1. 补签无固定期限劳动合同

用人单位有义务与劳动者签署无固定期限劳动合同的情况下，应该积极与劳动者补签无固定期限劳动合同，即便视为双方存在无固定期限劳动合同关系的情况下，也应当积极履行签署无固定期限劳动合同的义务。

2. 支付未签无固定期限劳动合同二倍工资差额

用人单位违法未与劳动者签署无固定期限劳动合同时，劳动者有权要求用人单位自应当订立无固定期限劳动合同之日起每月支付二倍工资①。具体的支付区间在国家层面的法律并未具体规定。在各地具体的司法实践中则有所不同：

（1）11 个月的二倍工资差额

浙江、四川泸州等地区规定②，用人单位违反规定未与劳动者订立无固定期限劳动合同的，二倍工资的最长支付期限为 11 个月。

（2）无上限的二倍工资差额

北京、深圳、天津、内蒙古自治区等地区规定③，用人单位违法未与劳动者订立无固定期劳动合同的，二倍工资自应订立无固定期限劳动合同之日起算，截止点为双方实际订立无固定期限劳动合同的前一日。在用人单位履行补签无固定期限劳动合同的义务之前，劳动者可以一直要求用人单位支付未订立无固定期限劳动合同二倍工资差额。但是将会受一年仲裁时效的限制，一般每次仲裁只能主张 12 个月的双倍工资差额。

---

① 《劳动合同法》第 82 条第 2 款，用人单位违反本法规定不与劳动者订立无固定期限劳动合同的，自应当订立无固定期限劳动合同之日起向劳动者每月支付二倍的工资。

② 《浙江省高级人民法院民事审判第一庭、浙江省劳动人事争议仲裁院关于审理劳动争议案件若干问题的解答（二）》第 6 条规定。《泸州市中级人民法院关于审理劳动争议纠纷案件若干疑难问题解答》第 11 条规定。

③ 《北京市高级人民法院、北京市劳动人事争议仲裁委员会关于审理劳动争议案件解答（一）》第 41 条第 4 项，用人单位违反《劳动合同法》第 14 条第 2 款、第 82 条第 2 款规定，不与劳动者订立无固定期劳动合同的，二倍工资自应订立无固定期限劳动合同之日起算，截止点为双方实际订立无固定期限劳动合同的前一日，不受支付十二个月二倍工资上限限制。《深圳市中级人民法院关于审理劳动争议案件的裁判指引》第 67 条规定，用人单位拒绝与符合《劳动合同法》第 14 条第 2 款规定的条件的劳动者签订无固定期限劳动合同，劳动者要求其支付二倍工资至补订无固定期限劳动合同前一日的，应予支持。《天津法院劳动争议案件审理指南》第 15 条第 1 款规定，【用人单位违法不订立无固定期限劳动合同的二倍工资】劳动者要求订立无固定期限劳动合同，用人单位违反《劳动合同法》第 14 条的规定不与劳动者订立无固定期限劳动合同，用人单位自应当订立无固定期限劳动合同之日起至补签无固定期限劳动合同的前一日，向劳动者每月支付二倍工资。《内蒙古自治区高级人民法院、内蒙古自治区劳动人事争议仲裁委员会关于劳动人事争议案件适用法律若干问题的指导意见》第 14 条第 4 项规定，用人单位违反《劳动合同法》第 14 条第 2 款、第 82 条第 2 款规定，不与劳动者订立无固定期限劳动合同的，二倍工资自应订立无固定期限劳动合同之日起算，截止点为双方实际订立无固定期限劳动合同的前一日。

参考案例：连续签订两次固定期限劳动合同期满，用人单位未签订无固定期限劳动合同，应当支付二倍工资差额

在张某与某商贸公司劳动争议纠纷案中[①]，法院认定张某于2014年9月30日入职某商贸公司，双方签订了期限自2015年1月31日起至2017年1月30日止的《劳动合同》，后双方续签了期限自2017年1月31日起至2020年1月30日止的《劳动合同》。2020年2月1日至3月31日，某商贸公司安排张某待岗；2020年7月5日，张某以某商贸公司未及时足额发放工资，未与其订立无固定期限劳动合同为由提出解除劳动关系，并于当日向某商贸公司邮寄劳动关系解除通知函，某商贸公司于次日签收该通知函，此后张某未再出勤。后张某申请劳动仲裁，要求：某商贸公司支付未签订无固定期限劳动合同二倍工资差额、工资、违法解除劳动关系赔偿金等。

一审法院认为：某商贸公司虽辩称双方劳动合同到期时处于特殊期间，后其公司要求与张某签订劳动合同时，双方对应当签订的劳动合同类型存在争议，但不应作为张某拒绝与其公司签订劳动合同的理由，双方未能签订劳动合同责任不在其公司，故不同意支付未签订无固定期限劳动合同。但是根据法律规定，张某、某商贸公司双方已连续两次订立固定期限劳动合同，合同到期后张某要求与某商贸公司订立无固定期限劳动合同，符合法律规定，现双方未签订无固定期限劳动合同，某商贸公司应当支付张某未签订无固定期限劳动合同二倍工资差额，故对张某要求某商贸公司支付未签订无固定期限劳动合同二倍工资差额的诉请，合法合理部分，一审法院予以支持。

二审法院认为：某商贸公司主张双方未续签劳动合同系因张某拒绝签订劳动合同，但在案证据显示，某商贸公司与张某协商签订固定期限劳动合同，张某认为应签订无固定期限劳动合同。本案中，张某并未提出订立固定期限劳动合同，属应订立无固定期限劳动合同的情形，某商贸公司未与张某订立无固定期限劳动合同，故一审法院认定某商贸公司应支付张某未签订无固定期限劳动合同二倍工资差额并无不当，本院依法予以维持。

四、劳务派遣员工可否要求签订无固定期限劳动合同

根据《劳动合同法》第58条第2款规定，劳务派遣单位应当与被派遣劳动者订立二年以上的固定期限劳动合同，按月支付劳动报酬。基于该条款属于劳务派遣用工形式签订劳动合同的特殊规定，导致实务中对于劳务派遣员工是否适用签订无固定期限劳动合同条件问题存在诸多争议。

---

① 案号：（2021）京03民终9156号。

（一）劳务派遣员工符合条件时可以要求签订无固定期限劳动合同

部分观点认为，劳务派遣单位同样是法律上的用人单位，应当同样适用《劳动合同法》第 14 条的一般规定来履行用人单位义务，即应当同劳动者签订无固定期劳动合同。例如，广东地区，根据《广东省高级人民法院、广东省劳动人事争议仲裁委员会关于劳动人事争议仲裁与诉讼衔接若干意见》第 17 条规定，符合《劳动合同法》第 14 条第 2 款、第 3 款规定的情形的，劳务派遣单位应依法与被派遣的劳动者订立无固定期限劳动合同。

参考案例：劳务派遣员工签订两次固定期限劳动合同到期后，劳务派遣单位未签订无固定期限劳动合同应支付二倍工资差额

徐某与 A 公司等劳动争议一案中①，徐某与 A 公司（劳务派遣单位）于 2013 年 8 月 20 日签订劳动合同，合同期限至 2014 年 7 月 31 日，合同约定徐某担任综合岗位职位，执行综合计算工时制，后该劳动合同到期，双方续订劳动合同，至 2015 年 7 月 31 日到期。徐某被派遣至 B 公司担任加油工一职，该合同到期后，双方未再续签劳动合同，但是徐某仍在原岗位继续工作。2018 年 5 月 29 日，徐某申请仲裁要求支付 2017 年 8 月 1 日至 2018 年 4 月 30 日未签订劳动合同二倍工资差额 44655.82 元。2018 年 8 月底，A 公司与徐某解除劳动关系。

一审法院认为，徐某与 A 公司连续订立了两次固定期限劳动合同，最后一次于 2015 年 7 月 31 日到期，之后未再续签，A 公司应当与徐某签订无固定期限劳动合同，用人单位违反《劳动合同法》第 14 条第 2 款、第 82 条第 2 款规定而不与劳动者订立无固定期限劳动合同的，法律法规对用人单位向劳动者支付二倍工资没有规定时间上限，即未签订无固定期劳动合同时间与因此支付的双倍工资时间相同，而不受支付十二个月二倍工资上限限制，但适用一年的仲裁时效。因此判决 A 公司向徐某支付 2017 年 8 月 1 日至 2018 年 4 月 30 日未签订劳动合同二倍工资差额 37549 元。二审判决维持原判。

（二）劳务派遣用工无须适用无固定期限劳动合同规定

另外部分观点认为，《劳动合同法》第 58 条为针对劳务派遣用工关于签订劳动合同的特别规定，本着特别条款优于一般条款的原则，劳务派遣单位并不受《劳动合同法》第 14 条规定约束，无与劳动者签订无固定期劳动合同的义务。例如，江苏地区，根据《江苏省高级人民法院劳动争议案件审理指南（2010 年）》第 5 节第 3 条规定，《劳动合同法》第 58 条第 2 款规定，劳务派遣单位应与被派遣劳动者订立

① 案号：（2018）京 0102 民初 46460 号。

两年以上的固定期限劳动合同。该规定应视为《劳动合同法》的特别规定，被派遣劳动者请求与劳务派遣单位订立无固定期限劳动合同的，不予支持，但劳务派遣单位同意的除外。

综上所述，目前对于该问题的观点没有统一的定论，各地区对于该问题的裁判观点也不尽相同。

五、规避签订无固定期限劳动合同的常见情形及法律后果

在日常劳动用工管理中，有些用人单位将无固定期限劳动合同视作洪水猛兽，并想方设法规避与员工签订无固定期限劳动合同，作为律师也经常能接到企业 HR 关于这方面的法律咨询。实际上，无固定期限劳动合同并没有那么可怕，企业 HR 也无须“谈虎色变”。无固定期限劳动合同，是指用人单位与劳动者约定无确定终止时间的劳动合同。其与固定期限劳动合同没有任何区别，除了不能到期终止这一点。为了消除用人单位的误解，《劳动合同法实施条例》还特别作了规定，即依照《劳动合同法》规定的条件、程序，用人单位可以与劳动者解除固定期限劳动合同、无固定期限劳动合同或者以完成一定工作任务为期限的劳动合同。

即便如此，有些用人单位还是想通过各种方式规避签订无固定期限劳动合同。因此，部分地区作出明确规定，如果用人单位为了不与劳动者签订无固定期限劳动合同，故意采取明显违反诚信和公平原则的规避行为的，属无效行为，劳动者订立固定期限劳动合同的次数和工作年限将连续计算。比如，根据《北京市高级人民法院、北京市劳动人事争议仲裁委员会关于审理劳动争议案件解答（一）》相关规定，用人单位存在规避《劳动合同法》第 14 条规定的下列行为，劳动者订立固定期限劳动合同的次数和工作年限仍应连续计算：

1. 为减少计算劳动者的工龄，迫使劳动者与其解除或终止劳动合同后重新与其签订劳动合同的；

2. 通过设立关联用人单位，在与劳动者签订合同时交替变换用人单位名称的；

3. 仅就劳动合同的终止期限进行变更，用人单位无法做出合理解释的；

4. 采取注销原单位、设立新单位的方式，将劳动者重新招用到新单位，且单位经营内容与劳动者的工作地点、工作内容均没有实质性变化的；

5、其他明显违反诚信和公平原则的规避行为。

另外，广东①、浙江②、山东③等地方也有类似规定，并且规定非法劳务派遣、非法非全日制用工也属于规避行为。如果用人单位采取上述规避行为被认定为无效，订立固定期限劳动合同的次数和工作年限将连续计算，符合无固定期限劳动合同签订条件的，用人单位需要承担依法签订无固定期限劳动合同的义务和未依法签订的法律责任。《最高人民法院关于审理劳动争议案件适用法律问题的解释（二）》第 10 条借鉴了这些经验，对此问题也作出了统一规定，以下四种情形应认定为符合劳动合同法第 14 条第 2 款第 3 项“连续订立二次固定期限劳动合同”的规定：(1) 用人单位与劳动者协商延长劳动合同期限累计达到一年以上，延长期限届满的。这种情况是指在第一次固定期限劳动合同期限届满之前，用人单位与劳动者协商一致延长劳动合同期限。但并不是所有延长劳动合同期限都被视为第二次签订固定期限劳动合同，只有一次或多次延长期限累计达到一年以上的，换言之，如果协商一致累计延长 11 个月 28 天的，仍然属于第一次固定期限劳动合同，期限届满用人单位可以依法终止，劳动者存在解雇保护情形除外。(2) 用人单位与劳动者约定劳动合同期满后自动续延，续延期限届满的。这种情况非常常见，一方面用人单位希望通过这种方式规避无固定期限劳动合同，另一方面也是优化劳动合同管理，避免因合同到期未及时续订导致的二倍工资风险。(3) 劳动者非因本人原因仍在原工作场所、工作岗位工作，用人单位变换劳动合同订立主体，但继续对劳动者进行劳动管理，合同期限届满的。这种情况多发生在关联企业之间，比较普遍。有时候，这些换签的主体之间从投资关系看不出直接关联关系，但实际控制人相同、办公室场所相同、管理人员相同。(4) 以其他违反诚信原则的规避行为再次订立劳动合同，期限届满的。这是兜底条款，是针对一些非典型性规

---

① 《广东省高级人民法院、广东省劳动争议仲裁委员会关于适用〈劳动争议调解仲裁法〉、〈劳动合同法〉若干问题的指导意见》(2021.1.1 废止) 第 22 条第 1 款规定，用人单位恶意规避《劳动合同法》第 14 条的下列行为，应认定为无效行为，劳动者的工作年限和订立固定期限劳动合同的次数仍应连续计算：(一) 为使劳动者“工龄归零”，迫使劳动者辞职后重新与其签订劳动合同的；(二) 通过设立关联企业，在与劳动者签订合同时交替变换用人单位名称的；(三) 通过非法劳务派遣的；(四) 其他明显违反诚信和公平原则的规避行为。

② 《浙江省高级人民法院民一庭关于审理劳动争议案件若干问题的意见（试行）》第 35 条规定，用人单位为规避《劳动合同法》第 14 条而采取下列行为的，应认定无效，劳动者的工作年限和订立固定期限劳动合同的次数应连续计算：(一) 采取迫使劳动者辞职后重新签订劳动合同的方式，将劳动者工龄“清零”的；(二) 采取注销原单位、设立新单位的方式，将劳动者重新招用到新单位，且工作地点、工作内容没有实质性变化的；(三) 通过设立关联企业，在与劳动者签订合同时交替变换用人单位名称的；(四) 通过非法劳务派遣的；(五) 其他明显违反诚信和公平原则的规避行为。

③ 《山东省高级人民法院、山东省劳动争议仲裁委员会、山东省劳动人事争议仲裁委员会关于适用〈中华人民共和国劳动争议调解仲裁法〉和〈中华人民共和国劳动合同法〉若干问题的意见》第 27 条规定。

避行为，比如在不符合签订以完成一定任务为期限劳动合同的岗位上，通过轮流签订固定期限劳动合同、以完成一定任务为期限劳动合同来规避无固定期限劳动合同。

参考案例：通过设立关联用人单位交替签订劳动合同，属于规避签订无固定期限劳动合同行为

某恒公司与刘某劳动争议一案中①，2011 年 9 月 1 日，被告刘某与本案第三人某融公司签订了劳动合同，期限从 2011 年 9 月 1 日至 2013 年 8 月 31 日，合同约定刘某被派遣至本案第三人某融公司担任司机工作，合同到期后续签至 2015 年 8 月 31 日。2015 年 1 月 1 日，刘某与某恒公司签订了固定期限劳动合同，合同期限至 2017 年 12 月 31 日。合同约定刘某的岗位为司机。同时某恒公司与某融公司每年订立一份《驾驶服务协议书》，约定将某融公司的驾驶服务项目业务交给某恒公司承包。2017 年 11 月 30 日，某恒公司向刘某发出《通知》，因与某融公司的服务项目到期后将撤销，客观情况发了重大变化，因此与刘某的合同到期后不再续签。后刘某申请仲裁要求某恒公司与刘某继续履行劳动合同并支付 2018 年 1 月 1 日至 2018 年 3 月 13 日的工资 13500 元。

法院认为，刘某于 2011 年 9 月 1 日与某融公司订立了劳动合同，后又续签至 2015 年 8 月 31 日，被派遣至某融公司从事司机工作。在合同未到期时，2015 年 1 月 1 日，刘某又与本案原告某恒公司订立了固定期限劳动合同，虽转为服务外包形式，但刘某仍在某融公司从事司机工作。期间刘某的工作地点、工作内容及方式均未改变。从某融公司与某恒公司的法定代表人及实际负责人、股东情况等来看，可以认定某融公司与某恒公司为关联企业。通过设立关联用人单位，在与劳动者签订合同时交替变换用人单位名称的，属于规避《劳动合同法》第 14 条规定的行为，劳动者订立固定期限劳动合同和工作年限的次数仍应连续计算。因此本案中，刘某与某融公司和某恒公司订立劳动合同的次数应当连续计算，已超过两次。刘某与某恒公司订立的劳动合同虽然于 2017 年 12 月 31 日到期，但因刘某符合与某恒公司订立无固定期限劳动合同的条件，且刘某已经明确向公司提出要求续订劳动合同，故某恒公司应当与刘某续订劳动合同，与刘某继续履行劳动关系。

合规建议

1. 用人单位应当对劳动合同的签订、续订情况进行跟踪管理，避免出现漏签情况而被视为双方建立无固定期限劳动合同关系的情形发生。

2. 劳动者符合签订无固定期限劳动合同条件的，用人单位应当及时签订而不应到期终止劳动合同，以防范支付未签无固定期限劳动合同二倍工资和违法终止劳动合同

---

① 案号：(2018) 京 0102 民初 25597 号。

的法律风险。劳务派遣员工是否适用签订无固定期限劳动合同的条件，应当以当地裁判口径为准。

3. 如果已经造成应签而未签无固定期限劳动合同或视为双方已建立无固定期限劳动合同关系的结果，用人单位仍应及时与劳动者补签无固定期限劳动合同，及时止损。

4. 用人单位因未签无固定期限劳动合同导致劳动者申请仲裁时，用人单位应积极应对，需要支付未签无固定期限劳动合同二倍工资差额时，务必在仲裁阶段就进行仲裁时效抗辩，将损失控制在最小范围内。

5. 用人单位不应为了不与劳动者签订无固定期限劳动合同，故意采取明显违反诚信和公平原则的规避行为，被认定无效的，劳动者订立固定期限劳动合同的次数和工作年限仍应连续计算。

6. 以完成一定工作任务为期限的劳动合同，不计入连续签订固定期限劳动合同的次数。相关岗位符合以完成一定工作任务为期限的劳动合同特点，能够明确约定工作任务的情形下，用人单位与劳动者可以签订以完成一定工作任务为期限的劳动合同，并在合同中明确约定工作任务完成标准，任务完成时劳动合同可以终止，即使签订多次也无须签订无固定期限劳动合同，但劳动者连续工作满十年的除外。

第二章　工资支付合规管理实务指引

本章导读

劳动者的工资结构一般由很多项目组成，用人单位应当按照法律规定、双方约定、规章制度规定，及时足额发放，并保存好工资支付记录。用人单位不得无故克扣或拖欠工资，但是可以依法扣减或缓发工资，对此，用人单位应当承担相应举证责任。用人单位未及时足额支付工资时，需要承担相应法律责任，劳动者可以通过不同渠道解决工资争议。

第一节　工资的组成及不属于工资的收入

工资与每一个劳动者都密切相关，劳动者提供劳动或依法休假期间，用人单位应当依法支付工资。

一、工资的定义及组成部分

劳动法中的工资是指用人单位依据国家规定或劳动合同的约定，以货币形式直接支付给本单位劳动者的劳动报酬①。工资总额一般由以下六个部分组成②：

（一）计时工资

计时工资是指按计时工资标准（包括地区生活费补贴）和工作时间支付给个人的

① 原劳动部《关于贯彻执行〈中华人民共和国劳动法〉若干问题的意见》第53条规定，劳动法中的"工资"是指用人单位依据国家有关规定或劳动合同的约定，以货币形式直接支付给本单位劳动者的劳动报酬。

② 《国家统计局关于工资总额组成的规定》第4条规定，工资总额由下列六个部分组成：(1) 计时工资；(2) 计件工资；(3) 奖金；(4) 津贴和补贴；(5) 加班加点工资；(6) 特殊情况下支付的工资。

劳动报酬[1]。比如，一般劳动者按月发放的基本工资、岗位工资等均是计时工资。

（二）计件工资

计件工资是指对已做工作按计件单价支付的劳动报酬[2]。比如，生产车间工人按照计件单价和完成数量发放的工资，或者按照完成营业收入或利润的一定比例发放的提成工资。

（三）奖金

奖金是指支付给职工的超额劳动报酬和增收节支的劳动报酬[3]。奖金的范围为生产（业务）奖，包括超产奖、质量奖、安全（无事故）奖、考核各项经济指标的综合奖、提前竣工奖、外轮速遣奖、年终奖（劳动分红）等。

参考案例：激励奖金属于劳动报酬，应适用特殊时效

在吕某与某云公司劳动争议案中[4]，一审法院认定如下事实：吕某于 2016 年 7 月 6 日入职某云公司，双方于 2016 年 7 月 6 日签订《劳动合同》，约定：乙方（吕某）的劳动合同期限自 2016 年 7 月 6 日起至 2019 年 7 月 5 日止，2017 年 5 月 15 日，某云公司向吕某出具激励奖金发放承诺书，其上载明："本公司已向您作出承诺，如通过并获得北京市交通委员会运输管理局核发的《申请从事网约车经营具备线上服务能力的认定结果》（全国范围）将向您支付激励奖金人民币 5 万元（税后，应缴税款由本公司承担）；如每获一个地方政府或地方交通监管部门（中国范围内）核发的《中华人民共和国网络预约出租汽车经营许可证》，将向您支付激励奖金人民币 1 万元（税后，应缴税款由本公司承担）。现再次向您书面承诺如下：一、2017 年 5 月 8 日，本公司已获得北京市交通委员会运输管理局核发的《申请从事网约车经营具备线上服务

---

① 《国家统计局关于工资总额组成的规定》第 5 条规定，计时工资是指按计时工资标准（包括地区生活费补贴）和工作时间支付给个人的劳动报酬。包括：（1）对已做工作按计时工资标准支付的工资；（2）实行结构工资制的单位支付给职工的基础工资和职务（岗位）工资；（3）新参加工作职工的见习工资（学徒的生活费）；（4）运动员体育津贴。

② 《国家统计局关于工资总额组成的规定》第 6 条规定，计件工资是指对已做工作按计件单价支付的劳动报酬。包括：（1）实行超额累进计件、直接无限计件、限额计件、超定额计件等工资制，按劳动部门或主管部门批准的定额和计件单价支付给个人的工资；（2）按工作任务包干方法支付给个人的工资；（3）按营业额提成或利润提成办法支付给个人的工资。

③ 《国家统计局关于工资总额组成的规定》第 7 条规定，奖金是指支付给职工的超额劳动报酬和增收节支的劳动报酬。包括：（1）生产奖；（2）节约奖；（3）劳动竞赛奖；（4）机关、事业单位的奖励工资；（5）其他奖金。

④ 案号：（2020）京 02 民终 6643 号民事判决书。

能力的认定结果》(全国范围)、《中华人民共和国网络预约出租汽车经营许可证》，这归功于您的杰出贡献。为此，本公司承诺于2017年12月31日之前向您支付前述激励奖金人民币6万元（税后）……”2019年10月14日，吕某向北京市丰台区劳动争议仲裁委员会提出仲裁申请，请求某云公司支付激励奖金6万元及利息。公司主张《激励奖金发放承诺书》所载奖金不属于劳动报酬范畴，仲裁时效应该从当事人知道其权利被侵害之日起一年起算。

二审法院审理后认为：关于是否已过时效的问题，《国家统计局关于工资总额组成的规定》第4条规定，工资总额由计时工资、计件工资、奖金、津贴和补贴、加班加点工资和特殊情况下支付的工资六部分组成。结合双方劳动合同中有关奖金的条款和激励奖金发放承诺书中显示的该奖金发放的原因，可以认定本案吕某主张的奖金6万元属于劳动报酬。劳动关系终止后因拖欠劳动报酬发生争议的，劳动者应当自劳动关系终止之日起一年内提出。根据已查明的事实，双方于2018年11月16日解除劳动关系，吕某于2019年10月14日提出仲裁申请，并未超过法定期限。一审法院支持吕某要求某云公司支付奖金6万元的诉讼请求，有事实和法律依据。

（四）津贴和补贴

津贴是指为了补偿职工特殊或额外的劳动消耗和因其他特殊原因支付给职工的津贴①，常见的津贴形式包括夜班津贴、高温津贴②、矿工津贴、林区津贴、山区津贴、驻岛津贴、保健性津贴等。

补贴是指为保证职工工资水平不受物价上涨或变动影响而支付的各种补贴，如肉类等价格补贴、副食品价格补贴、食价补贴、煤价补贴、房贴、水电站等，以及企业为职工提供的货币化的交通、住房、通讯补贴、节日补助和午餐补贴等。

（五）加班加点工资

加班加点工资是指按规定支付的加班工资和加点工资③。用人单位在劳动者完成劳动定额或规定的工作任务后，根据实际需要安排劳动者在法定标准工作时间以外工作的，应支付加班工资。

---

①《国家统计局关于工资总额组成的规定》第8条规定，津贴是指为了补偿职工特殊或额外的劳动消耗和因其他特殊原因支付给职工的津贴。

②《防暑降温措施管理办法》第17条规定，劳动者从事高温作业的，依法享受岗位津贴。用人单位安排劳动者在35℃以上高温天气从事室外露天作业以及不能采取有效措施将工作场所温度降低到33℃以下的，应当向劳动者发放高温津贴，并纳入工资总额。

③《国家统计局关于工资总额组成的规定》第9条规定，加班加点工资是指按规定支付的加班工资和加点工资。

（六）特殊情况下支付的工资

特殊情况下支付的工资包括，根据国家有关法律、法规和政策规定，因病与工伤及产假、计划生育假、婚丧假、事假、探亲假、定期休假、停工学习、执行国家或社会义务等原因应按计时工资标准或计时工资标准的一定比例支付的工资与附加工资、保留工资①。劳动者依法休年假、婚丧假、产假、陪产假、育儿假、护理假、工伤假等法定假期期间，用人单位应当视为其正常提供劳动并发放本人正常工资。

二、不属于工资的收入

劳动者的以下收入不属于工资范围②。

（一）根据国务院规定颁发的奖金

根据国务院发布的有关规定颁发的创造发明奖、自然科学奖、科学技术进步奖和支付的合理化建议和技术改进奖以及支付给运动员、教练员的奖金。

（二）社保福利费用

有关劳动保险和职工福利方面的各项费用，具体有：职工死亡丧葬费及抚恤费、医疗卫生或公费医疗费用、职工生活困难补助费、集体福利事业补贴、工会文教费、集体福利费、探亲路费、冬季取暖补贴、上下班交通补贴等；

（三）离退休待遇

有关离休、退休、退职人员待遇的各项支出。

（四）劳保费用

劳动保护的各项支出，具体有：工作服、手套等劳保用品，解毒剂、清凉饮料，以及对接触有毒物质、矽尘作业、放射线作业和潜水、沉箱作业 、高温作业五类工种所享受的由劳动保护费开支的保健食品待遇。

---

① 《国家统计局关于工资总额组成的规定》第 10 条规定，特殊情况下支付的工资。包括：(1) 根据国家法律、法规和政策规定，因病、工伤、产假、计划生育假、婚丧假、事假、探亲假、定期休假、停工学习、执行国家或社会义务等原因按计时工资标准或计时工资标准的一定比例支付的工资；(2) 附加工资、保留工资。

② 《国家统计局关于工资总额组成的规定》第 3 章工资总额不包括的部分，第 11 条。

（五）专门工作报酬

稿费、讲课费及其他专门工作报酬。

（六）差旅、安家补助

出差伙食补助费、误餐补助、调动工作的旅费和安家费。

（七）自带生产工具补偿费用

对自带工具、牲畜来企业工作职工所支付的工具、牲畜等的补偿费用。

（八）承租风险补偿

实行租赁经营单位的承租人的风险性补偿收入。

（九）股息和利息

对购买本企业股票和债券的职工所支付的股息（包括股金分红）和利息。

（十）解除补偿

劳动合同制职工解除劳动合同时由企业支付的医疗补助费、生活补助费等。

（十一）借用员工管理费

因录用临时工而在工资以外向提供劳动力单位支付的手续费或管理费。

（十二）加工费、发包费

支付给家庭工人的加工费和按加工订货办法支付给承包单位的发包费用。

（十三）实习补贴

支付给参加企业劳动的在校学生的补贴。

（十四）独生子女费

计划生育独生子女补贴。

合规建议

1. 用人单位应当根据法律规定对劳动者收入的性质加以区分，除法律规定不属于工资的收入外，属于劳动者工资组成部分的劳动报酬，用人单位应当依法及时足额支付，否则需要承担拖欠或克扣工资的法律责任。

2. 用人单位应根据自身的经营情况、用工方式制定个性化的薪酬体系，规定员工的工资组成部分。一般员工薪酬包括固定发放部分（基本工资）及灵活发放部分（绩效、奖金及根据员工岗位或出勤情况等支付的各种津补贴等），用人单位需通过劳动合同和规章制度等明确工资组成、支付标准、发放条件、发放时间等具体内容，避免因规定或约定不明产生争议。

3. 单一的工资组成已经很难适应现阶段社会发展中企业的用工需要，但是也要切忌盲目地追求“大而全”，将工资“简单粗暴”地拆分成多项组成部分并随意扣减，但又缺少对应的评估、考核、奖惩机制，导致劳资双方对工资的组成、数额、发放产生争议，这样不仅无法达到降低人力成本、激励员工的用工目的，还会给企业在后续的争议中带来不被支持的法律风险。

第二节 工资支付的合规要求

用人单位应当按照法律规定的形式、周期及时足额支付工资，并按照法定期限妥善保存好工资发放记录。

一、工资的支付形式、周期、工资清单与发放记录

（一）工资的支付形式

工资应当以法定货币支付。不得以实物及有价证券替代货币支付①。实务中部分企业以本企业生产的商品或提供的服务代替工资发放给员工，但“以物代薪”，并不能免除用人单位的工资支付义务，属于未（足额）支付工资②。

用人单位应将工资支付给劳动者本人。劳动者本人因故不能领取工资时，可由其亲属或委托他人代领。用人单位可委托银行代发工资③。对于代领的，用人单位应当注意审查代领人是否取得劳动者本人的合法授权，如书面的授权委托书、身份证复印件等材料，并与被代领人约定好代领事宜。

---

① 原劳动部《工资支付暂行规定》第 5 条规定，工资应当以法定货币支付。不得以实物及有价证券替代货币支付。

② 《劳动法》第 50 条规定，工资应当以货币形式按月支付给劳动者本人。不得克扣或者无故拖欠劳动者的工资。

③ 原劳动部《工资支付暂行规定》第 6 条第 1 款、第 2 款规定，用人单位应将工资支付给劳动者本人。劳动者本人因故不能领取工资时，可由其亲属或委托他人代领。用人单位可委托银行代发工资。

（二）工资的支付周期

工资必须在用人单位与劳动者约定的日期支付。如遇节假日或休息日，则应提前在最近的工作日支付而不能延后支付。工资至少每月支付一次，实行周、日、小时工资制的可按周、日、小时支付工资①。

对完成一次性临时劳动或某项具体工作的劳动者，用人单位应按有关协议或合同规定在其完成劳动任务后即支付工资②。劳动关系双方依法解除或终止劳动合同时，用人单位应在解除或终止劳动合同时一次付清劳动者工资③。部分地方对离职工资结算的时间亦有特殊限定，如深圳市即要求支付周期不超过一个月的工资，用人单位应当自劳动关系解除或者终止之日起 3 个工作日内一次付清；支付周期超过一个月的工资，可以在约定的支付日期支付；劳动关系解除或者终止时，支付周期未满的员工月度奖、季度奖、年终奖，按照劳动合同的约定计发；劳动合同没有约定的，按照集体合同的约定计发；劳动合同、集体合同均没有约定的，按照依法制定的企业规章制度的规定计发；没有约定或者规定的，按照员工实际工作时间折算计发④。而有的城市，如昆明市，则要求用人单位自劳动关系终止或者解除之日起 5 个工作日内一次性付清劳动者工资⑤。企业实操时应注意检索各地规定并严格遵行。

（三）工资清单与发放记录

用人单位必须书面记录支付劳动者工资的数额、时间、领取者的姓名以及签字，

---

① 原劳动部《工资支付暂行规定》第 7 条规定，工资必须在用人单位与劳动者约定的日期支付。如遇节假日或休息日，则应提前在最近的工作日支付。工资至少每月支付一次，实行周、日、小时工资制的可按周、日、小时支付工资。

② 原劳动部《工资支付暂行规定》第 8 条规定，对完成一次性临时劳动或某项具体工作的劳动者，用人单位应按有关协议或合同规定在其完成劳动任务后即支付工资。

③ 原劳动部《工资支付暂行规定》第 9 条规定，劳动关系双方依法解除或终止劳动合同时，用人单位应在解除或终止劳动合同时一次付清劳动者工资。

④ 《深圳市员工工资支付条例》（2022 年修正）第 13 条规定，用人单位与员工的劳动关系依法解除或者终止的，支付周期不超过一个月的工资，用人单位应当自劳动关系解除或者终止之日起三个工作日内一次付清；支付周期超过一个月的工资，可以在约定的支付日期支付。第 14 条规定，员工工资应当从用人单位与员工建立劳动关系之日起计发至劳动关系解除或者终止之日。劳动关系解除或者终止时，支付周期未满的员工月度奖、季度奖、年终奖，按照劳动合同的约定计发；劳动合同没有约定的，按照集体合同的约定计发；劳动合同、集体合同均没有约定的，按照依法制定的企业规章制度的规定计发；没有约定或者规定的，按照员工实际工作时间折算计发。

⑤ 《昆明市工资支付条例》第 13 条规定，用人单位与劳动者终止或者解除劳动关系的，应当自劳动关系终止或者解除之日起 5 个工作日内一次性付清劳动者工资。

并保存两年以上备查，用人单位支付工资时应向劳动者提供一份其个人的工资清单①。部分地方对工资支付记录和工资清单的内容提出了更高的要求，认为还应列明应发工资项目，代扣、代缴、扣除项目和数额，加班工资、实发工资数额，银行代发工资凭证等内容②。部分地区如深圳要求工资支付表至少应当保存三年③。可见劳动者工资支付凭证的制作和保存是用人单位应承担的一项法定义务，因用人单位减少劳动报酬等发生劳动争议时，用人单位亦对劳动者工资数额、计算方式、发放周期、实际发放等情况负有举证责任④。

现实中很多用人单位没有制作和发放工资条的习惯，亦缺乏员工认可的发放记录，当双方就此产生争议时，用人单位很难证明员工的工资已足额发放，或工资调整征得了员工的同意，进而存在被认定为“未及时足额发放”的法律风险。同时若在诉讼中，用人单位对于工资发放记录、扣减数额计算等应掌握的证据材料无正当理由拒不

---

① 原劳动部《工资支付暂行规定》第 6 条第 3 款规定，用人单位必须书面记录支付劳动者工资的数额、时间、领取者的姓名以及签字，并保存两年以上备查。用人单位在支付工资时应向劳动者提供一份其个人的工资清单。

② 《广东省工资支付条例》第 16 条规定，用人单位应当按照工资支付周期如实编制工资支付台账。工资支付台账应当至少保存二年。工资支付台账应当包括支付日期、支付周期、支付对象姓名、工作时间、应发工资项目及数额，代扣、代缴、扣除项目和数额，实发工资数额，银行代发工资凭证或者劳动者签名等内容。《江苏省工资支付条例》第 17 条第 1 款规定，用人单位应当书面记录支付劳动者工资的应发项目及数额、实发数额、支付日期、支付周期、依法扣除项目及数额、领取者姓名等内容。《昆明市工资支付条例》第 12 条第 1 款规定，用人单位支付工资应当实行实名登记制度，准确统计劳动者工资支付数据，并编制工资支付表。其内容应当包括支付单位、支付时间、支付对象、工作时间、加班工资、应发金额、扣除项目及金额、实发金额等记录，并按规定保存备查。《厦门市企业工资支付条例》第 14 条第 1 款规定，用人单位支付劳动者工资时，应当向劳动者提供个人的工资清单。工资清单应当包括工资支付日期、支付项目、应发工资、实发工资、扣除工资等主要内容。

③ 《深圳市员工工资支付条例》（2022 年修正）第 15 条规定，用人单位支付工资应当制作工资支付表。工资支付表应当有支付单位名称、工资计发时段、发放时间、员工姓名、正常工作时间、加班时间、正常工作时间工资、加班工资等应发项目以及扣除的项目、金额及其工资账号等记录。工资支付表至少应当保存三年。用人单位支付员工工资时应当以纸质或者电子形式向员工提供一份本人的工资清单。工资清单的内容应当与工资支付表一致，员工对工资清单表示异议的，用人单位应当予以答复。

④ 《最高人民法院关于审理劳动争议案件适用法律若干问题的解释》第 13 条规定，劳动者依据劳动合同法第三十条第二款和调解仲裁法第十六条规定向人民法院申请支付令，符合民事诉讼法第十七章督促程序规定的，人民法院应予受理。依据劳动合同法第三十条第二款规定申请支付令被人民法院裁定终结督促程序后，劳动者就劳动争议事项直接提起诉讼的，人民法院应当告知其先向劳动争议仲裁机构申请仲裁。依据调解仲裁法第十六条规定申请支付令被人民法院裁定终结督促程序后，劳动者依据调解协议直接提起诉讼的，人民法院应予受理。

提供的，则需要承担相应的不利后果[①]。

参考案例：用人单位未提供工资发放记录证明工资发放情况，应承担举证不能的法律后果

在某营销文化服务中心（以下简称单位）与戴某某劳动争议案中[②]，一审法院认定如下事实：戴某某于2014年12月22日以原告精准营销招聘的名义入职，职务是外联部专员，月工资3164元，2015年3月22日因身体原因提出离职。离职后，戴某某提起仲裁，要求单位支付2015年1月22日至2015年3月12日的工资、未签订书面劳动合同的双倍工资、补交社会保险及经济补偿。仲裁委员会于2015年7月15日作出仲裁裁决书，裁决单位支付拖欠的工资4964元、未签订书面劳动合同的双倍工资6400元、补交社会保险，驳回戴某某的其他仲裁请求。单位不服仲裁裁决书，诉至法院。

一审法院经审理后认为：根据《劳动法》第50条的规定，工资应当以货币形式按月支付给劳动者本人。不得克扣或者无故拖欠劳动者的工资。被告戴某某主张其月工资3164元，并举证了银行卡客户交易明细予以证明。被告主张原告单位拖欠其2015年1月22日至2015年2月22日及2015年2月23日至3月22日扣除病假的剩余12天的工资4964元。根据原劳动部《工资支付暂行规定》第6条第3款"用人单位必须书面记录支付劳动者工资的数额、时间、领取者的姓名以及签字，并保存两年以上备查。用人单位在支付工资时应向劳动者提供一份其个人的工资清单"的规定，对于劳动者与用人单位之间因工资报酬发生争议时，应当由用人单位承担举证责任，本案中，原告作为劳动者，主张用人单位未支付其劳动报酬，而被告未能举证证明原告工资发放情况，故其作为用人单位应当承担举证不能的法律后果，本院确认戴某某被拖欠的工资为4909.7元。

二、同工同酬的含义及违反同工同酬原则的认定

"同工同酬"是劳动法的一项基本原则，旨在消除劳动报酬分配中对性别、身份等的歧视，维护平等和公平的价值理念。近年来，随着《劳动合同法》的修订，涉及同工同酬的案件增多，但是由于劳动者存在错误理解或举证不能，在此类案件中较难胜诉。实践中同工不同酬的现象确实存在，了解"同工同酬"的含义和认定规则，有助于用人单位规范薪酬体系，提前防范风险，降低摩擦成本。

---

① 《劳动争议调解仲裁法》第6条规定，发生劳动争议，当事人对自己提出的主张，有责任提供证据。与争议事项有关的证据属于用人单位掌握管理的，用人单位应当提供；用人单位不提供的，应当承担不利后果。

② 案号：(2015) 沈铁西民四初字第01287号。

（一）同工同酬的含义

“同工同酬”中的“工”和“酬”内涵、外延广泛，不同的人基于不同的立场对其有不同的解释。《劳动法》第46条确立了同工同酬的原则①，但未对“同工同酬”的内涵进行明确的界定。原劳动部办公厅《关于〈中华人民共和国劳动法〉若干条文的说明》（劳办发〔1994〕289号，以下简称《条文说明》）② 将“同工同酬”定义为：用人单位对于从事相同工作，付出等量劳动且取得相同劳绩的劳动者，应支付同等的劳动报酬。据此，我们可以从“同工”“同酬”及两者的关系三个层面来理解“同工同酬”的含义。

1. “同工”

根据《条文说明》的解释，“同工”应具备以下三个要素：相同工作、等量劳动、相同业绩。即劳动者在相同或相近的工作岗位上，从事相同的工作内容，且以相同的工作质量完成了相同数量的工作，取得了相同的工作业绩。对“同工”的含义，实务中争议不大。

2. “同酬”

《条文说明》未对“同酬”进行更为严格、具体的解释。“同酬”包含“相同的报酬标准”和“相同的报酬数额”两个方面的内容，学理和实践中对此有不同的理解。有观点认为，“同酬”仅是指适用相同的报酬标准，因为即使劳动者“同工”，由于劳动者在学历、资历、能力、经验等方面有差异，要求用人单位支付绝对相等的劳动报酬，不具有操作性且不公平；也有观点认为，“同酬”不仅是指报酬标准相同，还应包含报酬数额相等，即对同类岗位的劳动者，不应区分性别、身份等因素适用不同的报酬标准；对相同岗位、相同工作、提供等量劳动并取得相同业绩的劳动者，劳动报酬数额应相同。实践中，裁审机关多采前一种观点（如宁波市中级人民法院③）。

此外，从“劳动报酬”的范围来看，“同酬”中的“劳动报酬”主要包含劳动者获得的工资、奖金、津贴等，但实务中普遍认为“同工同酬”并不包含社会保险和企业可自主决定的福利。

---

① 《劳动法》第46条规定，工资分配应当遵循按劳分配原则，实行同工同酬。

② 原劳动部办公厅《关于〈中华人民共和国劳动法〉若干条文的说明》第46条规定，……本条中的“同工同酬”是指用人单位对于从事相同工作，付出等量劳动且取得相同劳绩的劳动者，应支付同等的劳动报酬……

③ 《宁波市中级人民法院关于审理劳动争议案件若干疑难问题的解答（三）》第20条规定，……同工同酬作为一项分配原则应当是相对的，且从事相同岗位的劳动者在学历、资历、能力、经验等方面存在差异，故对其理解不能绝对化。实务中可审查两者是否适用相同或同一的薪酬制度或薪酬体系。

3. “同工”与“同酬”的关系

结合《劳动法》及前述《条文说明》来看，我国劳动法体系下的同工同酬原则，并非“工作机会均等、劳动报酬平等”的叠加，而是因为工作岗位、工作内容、工作业绩等因素相同，决定了劳动者的劳动报酬相同。因此，在我国劳动法语境下，“同工”和“同酬”应当是因果关系。厘清此关系，才能更好地适用同工同酬原则。

（二）违反同工同酬原则的认定

实务中，裁审机关对用人单位违反同工同酬原则的认定持谨慎态度，仅在极少数判例中认定用人单位违反了同工同酬原则。尽管如此，涉同工同酬的劳动纠纷并未因此减少。认定用人单位是否违反同工同酬原则时，裁审机关会综合考量以下因素。

1. 是否通过劳动合同、集体合同等与劳动者明确约定劳动报酬

根据《劳动合同法》第 11 条①和第 18 条②规定，只有用人单位与劳动者未在劳动合同中约定劳动报酬或约定不明确，且无集体合同或集体合同也无规定时，才会适用同工同酬原则。因此，用人单位与劳动者在劳动合同或集体合同中明确约定了符合法律规定的劳动报酬时，法院大多会据此驳回劳动者的诉求。

需注意的是，在劳务派遣中，根据《劳动合同法》第 63 条③的规定，劳务派遣单位与被派遣劳动者订立的劳动合同和与用工单位订立的劳务派遣协议，载明或者约定的向被派遣劳动者支付的劳动报酬应当符合同工同酬原则。因此，在劳务派遣中，即使协议明确约定了劳动报酬，裁审仍会对该报酬标准是否符合同工同酬原则进行审查，但主要审查用工单位是否按照同工同酬原则，即用工单位是否对被派遣劳动者与本单位同类岗位的劳动者实行相同的劳动报酬分配办法。

2. 劳动者是否在合理期限内提出“同工同酬”的诉求

如果用人单位长期对劳动者执行某一工资标准，在工资标准符合法律规定，但劳

---

① 《劳动合同法》第 11 条规定，用人单位未在用工的同时订立书面劳动合同，与劳动者约定的劳动报酬不明确的，新招用的劳动者的劳动报酬按照集体合同规定的标准执行；没有集体合同或者集体合同未规定的，实行同工同酬。

② 《劳动合同法》第 18 条规定，劳动合同对劳动报酬和劳动条件等标准约定不明确，引发争议的，用人单位与劳动者可以重新协商；协商不成的，适用集体合同规定；没有集体合同或者集体合同未规定劳动报酬的，实行同工同酬；没有集体合同或者集体合同未规定劳动条件等标准的，适用国家有关规定。

③ 《劳动合同法》第 63 条规定，被派遣劳动者享有与用工单位的劳动者同工同酬的权利。用工单位应当按照同工同酬原则，对被派遣劳动者与本单位同类岗位的劳动者实行相同的劳动报酬分配办法。用工单位无同类岗位劳动者的，参照用工单位所在地相同或者相近岗位劳动者的劳动报酬确定。劳务派遣单位与被派遣劳动者订立的劳动合同和与用工单位订立的劳务派遣协议，载明或者约定的向被派遣劳动者支付的劳动报酬应当符合前款规定。

动者在较长时期内未提出异议时，有裁审机关会据此认为应视为双方就劳动报酬达成了一致，进而结合其他因素，驳回劳动者诉求。

3. 是否符合《条文说明》中的“同工”标准

关于“同工同酬”的含义，前文已有充分的论述，此处不再赘述。在司法实践中，法院主要依据工作岗位、工作内容、工作量、工作业绩等标准认定是否符合“同工”标准。同时，会综合考虑劳动者的个人工作经验、工作技能、工作积极性等因素（如上海市①）。此外，对于工作岗位的认定，裁审机关会结合劳动者的岗位名称、所属部门、工作内容等进行判定。

需说明的是，通常情况下，“同工”的比较范围应为用人单位内部的同岗位、同工作劳动者。但是在劳务派遣关系中，根据《劳动合同法》第63条规定，如果用工单位无同类岗位劳动者，参照的岗位范围将扩展至用工单位所在地相同或者相近岗位劳动者。

参考案例：员工未举证证明与其他同岗位员工工作量及工作业绩相同，要求按照同工同酬原则补足工资待遇差额不支持

在姜某与A公司、B人才中心劳动争议一案中②，2013年8月1日，A公司与B人才中心（劳务派遣单位）签订了《劳务派遣协议》，2016年1月1日，B人才中心与姜某签订了《劳动合同》，约定双方劳动合同至2020年12月31日终止。合同签订后，姜某被派遣至A公司工作，担任能效工程师一职。2017年2月6日，A公司向B人才中心发送了《关于要求退回姜某的通知》，该通知载明：姜某被派遣至我司工作期间，工作态度消极、工作纪律散漫，工作业绩差……我公司要求将该员工退回。2017年2月10日，B人才中心以姜某违规兼职为由向姜某发送了《解除劳动合同通知》，姜某不服，三方因此发生争议。姜某在仲裁及诉讼阶段的请求之一即：要求A公司依据同工同酬原则，补发其工资63000元。

一审法院认为，同工同酬是指用人单位对于从事相同工作，付出等量劳动且取得相同劳绩的劳动者，应支付同等的劳动报酬……但是相同的劳动报酬分配办法不意味着劳动者取得劳动报酬的数额绝对等同，会因劳动者个体的能力水平及劳动绩效等因素存在差别，故同工同酬只是相对的同工同酬，而非绝对的同工同酬。同时，法律也不并干涉用人单位根据本单位的生产经营特点和经济效益以及劳动者的个体因素，依法自主确定本单位的工资分配方式和工资水平。姜某主张其与其他人员，也就是直接与A公司签订劳动合同的员工工作岗位和内容一样但工资不同，但其提供的证据不足

---

① 《上海市高级人民法院关于适用〈劳动合同法〉若干问题的意见》（沪高法〔2009〕73号）第14条。

② 案号：（2018）京01民终3103号。

以证明其与其他同岗位员工工作量及工作业绩相同，也不足以证明其与其他同岗位员工之间存在劳动报酬及分配办法上的明显差别对待，其应承担举证不能的不利后果。A公司发放给姜某的工资未低于约定及法律规定，故法院对于姜某的该项诉讼请求不予支持。

二审法院认为，首先，同工同酬原则不代表劳动者取得的报酬的绝对相同，经询，姜某认可其待遇系招聘时A公司与其协商确定的，可见其工资待遇系考虑到劳动者个体因素由双方协商确定的。其次，姜某主张其与A公司的员工工作岗位和内容相同但工资不同，但其提供的证据不足以证明其与其他同岗位员工工作量及工作业绩相同，故其应当承担举证不能的不利后果。鉴此，姜某要求按照同工同酬原则补足工资待遇差额的上诉请求，缺乏依据，本院不予支持。

4. 是否对“同工”劳动者适用不同的劳动报酬标准及数额差距的合理性

在符合“同工”标准的前提下，裁审机关会继续审查用人单位是否对“同工”的劳动者适用了不同的劳动报酬标准，至于劳动报酬的数额，极少有法院支持劳动报酬数额应绝对相等的观点，因此也不做过多的审查。但也有法院认为，劳动报酬的数额需大体相同，且会进一步审查“同工”劳动者之间劳动报酬数额差距的合理性，若不合理，可能会认定违反同工同酬原则。

最后，由于劳动者在同工同酬争议中需对自己的主张承担举证责任，因此，认定用人单位违反同工同酬原则还需劳动者有充分的证据。实践中，劳动者通常较难完成证明责任，这也是劳动者败诉率高的主要原因之一。需注意的是，如果法律法规对用人单位实行“同工不同酬”有除外规定，此时，用人单位也不违反同工同酬原则。

三、克扣工资的界定及可以依法扣减工资的情形

《劳动法》第50条①规定，用人单位不得克扣劳动者工资，那么，什么是“克扣工资”呢？不同的法规文件对此界定不一。同时，法律法规虽然明确了用人单位可以依法扣减劳动者工资的情形，但却散见于各种法律文件中，有待梳理。

（一）克扣工资的界定

1. 克扣工资的含义厘定

“克扣”从字面意思理解即为“留扣、扣减”，百度词典对“克扣”的解释为：“私自扣减应该发给别人的财物。”我国劳动法未对“克扣工资”做统一的规范解释，现行法规文件对“克扣”的解释不一。《条文说明》将“克扣”解释为：用人单位对

① 《劳动法》第50条规定，工资应当以货币形式按月支付给劳动者本人。不得克扣或者无故拖欠劳动者的工资。

履行了劳动合同规定的义务和责任，保质保量完成生产工作任务的劳动者，不支付或未足额支付其工资。而原劳动部《对〈工资支付暂行规定〉有关问题的补充规定》（劳部发〔1995〕226 号，以下简称《工资支付补充规定》）第 3 条将“克扣”解释为：“用人单位无正当理由扣减劳动者应得工资（在劳动者已提供正常劳动的前提下用人单位按劳动合同规定的标准应当支付给劳动者的全部劳动报酬）”。

比较《条文说明》和《工资支付补充规定》的解释可以发现，两者都强调克扣工资的“工资”应为劳动者正常履行劳动义务下的应得工资，但是《条文说明》的解释只注重用人单位不支付或未足额支付工资的结果，未考虑用人单位扣减工资的原因是否正当。而《工资支付补充规定》在《条文说明》的基础上，考虑了原因因素，增加了“正当理由”的阻却事由，即如果用人单位扣减劳动者工资有正当理由，则不构成“克扣”。

显然，由于法律法规本身允许用人单位附条件扣减劳动者工资，因此，《工资支付补充规定》对“克扣”的解释更为符合立法体系和实践情况，也更为科学合理。司法实践中，裁审机关也多适用《工资支付补充规定》的解释。

2. 克扣工资的认定

正如上文所述，“克扣工资”是指用人单位无正当理由扣减劳动者应得工资。“克扣工资”争议中，劳动者和用人单位主要是对是否足额发放工资有争议。实践中，认定用人单位“克扣工资”，应符合以下要件。

（1）用人单位是否扣减了劳动者的应发工资

用人单位扣减了劳动者提供正常劳动下的应发工资是认定“克扣工资”的前提，主要依据劳动者应发工资标准是否实际减少或被扣发的事实进行判定。

（2）用人单位扣减劳动者工资有无正当理由

如果用人单位可以举证证明扣减劳动者工资有正当理由，则不构成“克扣工资”。此处的“正当理由”主要是指依据法律法规规定扣除或者有其他合理事由，本文第二部分对此有详细的阐述，此处不再赘述。

（3）用人单位是否有扣减工资的恶意

近年来，裁审机关在克扣工资争议中将“主观恶意”作为了考量因素，认为用人单位缺乏扣减工资的恶意时，不构成“克扣工资”。用人单位非恶意扣减工资的常见情形是：第一，因对加班工资基数、工资计算标准等理解不一，导致劳动者工资少发的；第二，用人单位单方降薪或扣减工资，经劳动者提出异议后，及时补发工资的，以上情形中，裁审机关大都认为用人单位不构成“克扣工资”。

（二）可以依法扣减工资的情形

用人单位符合法律、法规规定扣减劳动者工资时，不构成克扣工资。用人单位可依法扣减劳动者工资的情形主要分为依法代扣、依法减发或扣除两种。

1. 可依法代扣劳动者工资的情形

用人单位代扣劳动者工资主要发生在个税、社保、住房公积金等情形中。根据《工资支付暂行规定》第15条①、《住房公积金管理条例》第19条②的规定，用人单位可以代扣劳动者工资的情形包括：(1) 用人单位代扣代缴的个人所得税；(2) 用人单位代扣代缴的应由劳动者个人负担的各项社会保险费用；(3) 用人单位代扣代缴的应由劳动者个人负担的住房公积金；(4) 法院判决、裁定中要求代扣的抚养费、赡养费；(5) 法律、法规规定可以从劳动者工资中扣除的其他费用。

2. 可依法减发或扣除劳动者工资的情形

根据《工资支付暂行规定》第16条③、《工资支付补充规定》第3条的规定④，在下列情形中，用人单位可以减发或扣除劳动者的工资。

(1) 依据劳动合同约定或企业规章制度规定减发劳动者工资

根据《工资支付补充规定》第3条第2项、第3项的规定，用人单位依据合法签订的劳动合同或规章制度可减发劳动者工资。但需注意的是，2008年《企业职工奖惩条例》废止后，用人单位对劳动者进行罚款不再具备法规依据，实践中对用人单位是否具有罚款权存有争议，有部分裁审机关认为罚款是一种行政处罚，企业无权设定罚款，此时，不得依据劳动合同或规章制度的罚款规定减发劳动者工资，如旷工一天扣罚三天工资，但是在劳动者旷工期间可以扣发相应的工资。

此外，适用此条减发劳动者工资时，除规章制度经民主程序制定并向劳动者公示外，还需注意劳动合同或规章制度内容的合理合法性。现实中，若劳动合同约定或规章制度规定用人单位可从劳动者工资中扣除风险金、保证金或者捐款性质的慈善基金

---

① 《工资支付暂行规定》第15条规定，用人单位不得克扣劳动者工资。有下列情况之一的，用人单位可以代扣劳动者工资：(1) 用人单位代扣代缴的个人所得税；(2) 用人单位代扣代缴的应由劳动者个人负担的各项社会保险费用；(3) 法院判决、裁定中要求代扣的抚养费、赡养费；(4) 法律、法规规定可以从劳动者工资中扣除的其他费用。

② 《住房公积金条例》第19条规定，职工个人缴存的住房公积金，由所在单位每月从其工资中代扣代缴。单位应当于每月发放职工工资之日起5日内将单位缴存的和为职工代缴的住房公积金汇缴到住房公积金专户内，由受委托银行计入职工住房公积金账户。

③ 《工资支付暂行规定》第16条规定，因劳动者本人原因给用人单位造成经济损失的，用人单位可按照劳动合同的约定要求其赔偿经济损失。经济损失的赔偿，可从劳动者本人的工资中扣除。但每月扣除的部分不得超过劳动者当月工资的20%。若扣除后的剩余工资部分低于当地月最低工资标准，则按最低工资标准支付。

④ 原劳动部《对〈工资支付暂行规定〉有关问题的补充规定》第3条规定，……“克扣”不包括以下减发工资的情况：(1) 国家的法律、法规中有明确规定的；(2) 依法签订的劳动合同中有明确规定的；(3) 用人单位依法制定并经职代会批准的厂规、厂纪中有明确规定的；(4) 企业工资总额与经济效益相联系，经济效益下浮时，工资必须下浮的（但支付给劳动者工资不得低于当地的最低工资标准）；(5) 因劳动者请事假等相应减发工资等。

等项目时，有可能会因排除劳动者权利而被裁审机关认定为违法，进而认定用人单位非法克扣工资。

参考案例：用人单位未能举证证明劳动者存在严重违章和失职行为，扣减工资没有依据应予补足

在周某与 A 公司劳动争议一案中①，周某于 2017 年 5 月 2 日入职 A 公司，月工资标准为 28 333 元，公司每月 15 号左右通过银行转账方式发放上个自然月的工资。2019 年 10 月，公司发现周某存在严重违规和失职行为（包括周某在任职期间将分公司价值 100 万元的设备送给其他公司，且工作中收受供应商提供的华为保时捷手机一部），公司据此扣发周某工资 8333 元，仅发放 20000 元工资；2019 年 12 月 4 日，A 公司决定对周某进行停职检查，且自 2019 年 11 月起按照北京市最低工资标准 2200 元发放工资，扣除周某一天事假工资 101.15 元后实发工资 2098.85 元。双方因扣发工资发生争议，2019 年 12 月 11 日，周某提起仲裁，要求 A 公司补发其 2019 年 10 月 1 日至 2019 年 11 月 30 日的工资差额，并支付其解除劳动合同的经济补偿。

一审法院认为，用人单位不得随意扣除劳动者工资。除法律、法规、规章规定的事项外，用人单位扣除劳动者工资应当符合集体合同、劳动合同的约定或者本单位规章制度的规定……A 公司以周某存在严重违章和失职行为为由扣减周某 2019 年 10 月的工资，但其提供的民事判决书、调解书未能体现系因周某的原因给公司造成损失，且其列举周某擅自将设备送给其他分公司、收受供应商提供手机的违纪行为，在周某作出相应解释后 A 公司未能说明其持上述理由扣减工资的法律、法规或合同依据，故法院对于 A 公司的主张无法采信。关于 2019 年 11 月的工资发放情况，A 公司主张其扣减了周某当月事假一天的工资 101.15 元并提供了考勤表，周某认可，法院对此不持异议。A 公司主张在 2019 年 12 月 4 日的总经理办公会第四十七次会议中审议了周某审计报告，决定给予周某停职检查和自 2019 年 11 月起按照北京市最低工资标准发放工资，A 公司提供的落款日期为 2019 年 12 月 5 日的薪资异动审批表中未见周某签字确认，周某对此不予认可，A 公司未能向法庭提供其作出扣减周某工资的法律、法规或合同依据，且 A 公司不应当将 2019 年 12 月作出的决定往前溯及至 2019 年 11 月的工资发放，故法院对 A 公司该项主张亦不予采信。因此，A 公司未能足额发放周某 2019 年 10 月 1 日至 2019 年 11 月 30 日的工资，应当支付工资差额 28640.95 元……支付周某解除劳动合同经济补偿 84999 元。

二审法院认为，用人单位应当及时足额支付劳动报酬，不得随意克扣工资。本案中，A 公司主张因周某存在严重失职行为而对其作出降薪及按照北京市最低工资标准发放工资的

① 案号：（2020）京 02 民终 9973 号。

处理，但该公司举证不足以证明上述处理具备充分的事实依据，亦不足以证明确因周某的个人行为造成该公司重大损失，故一审法院判决A公司补足工资差额，并无不当。

（2）对实行浮动工资的劳动者，在经济效益下浮时减发工资

根据《工资支付补充规定》第3条第4项规定，企业工资总额与经济效益相联系，经济效益下浮时，工资必须下浮的，用人单位可减发劳动者工资，但支付给劳动者的工资不得低于当地的最低工资标准。实践中，用人单位根据生产经营状况和劳动者工作表现实施绩效工资制度，对劳动者实行减发工资时，大都会被裁审机关认定为合法扣减工资。

（3）因劳动者请事假等减发相应工资

根据法律规定，劳动者请事假，用人单位可不发工资，但用人单位需按照劳动者实际的请假时长，扣发相应的工资，不得多扣。

（4）因劳动者本人原因给用人单位造成经济损失，而扣除工资

根据《工资支付暂行规定》第16条规定，因劳动者本人原因给用人单位造成经济损失时，用人单位可扣除劳动者工资，以抵扣经济损失的赔偿。适用此情形扣除工资，应符合以下条件：第一，需有证据证明因劳动者本人原因给用人单位造成了经济损失；第二，每月扣减的工资不得超过劳动者当月工资的20%；第三，扣除后的剩余工资不得低于当地月最低工资标准，否则，需按最低工资标准支付。

此外，国家的法律、法规中有其他明确规定时，用人单位也可依法减发或扣除劳动者工资。

四、拖欠工资的界定及可以依法缓发工资的情形

拖欠工资在全国各地时有发生，一直是饱受关注的社会问题，也是国家多年来重点治理的问题之一。从2011年5月《中华人民共和国刑法修正案（八）》提出将“恶意欠薪”入刑，到2020年5月《保障农民工工资支付条例》实施，近年来，我国立法、执法对拖欠工资的打击和治理日趋严厉，但符合法律、法规规定缓发劳动者工资时，不构成拖欠工资。此外，拖欠工资、克扣工资、拒不支付劳动报酬、未及时足额支付劳动报酬等是容易混淆的概念，也常被大家混合使用，但在法律上却有不同的含义。因此，用人单位有必要了解拖欠工资的界定及可以依法缓发工资的情形，以避免不合规风险。

（一）拖欠工资的界定

1. 拖欠工资的含义

根据《劳动法》第50条[①]规定，劳动法上的“拖欠工资”主要是指用人单位无故

---

① 《劳动法》第50条规定，工资应当以货币形式按月支付给劳动者本人。不得克扣或者无故拖欠劳动者的工资。

拖欠劳动者工资的行为。那么，什么叫“无故拖欠”？《工资支付补充规定》分别做了进一步的解释。

《条文说明》第 15 条将“无故拖欠”解释为：用人单位无正当理由在规定时间内故意不支付劳动者工资；《工资支付补充规定》将“无故拖欠”解释为：用人单位无正当理由超过规定付薪时间未支付劳动者工资。显然，两者的区别在于是否强调了用人单位的主观故意。实践中，由于较难认定用人单位是否具有不支付工资的故意，且按时足额支付工资本就是用人单位应负的基本义务，不应区分故意或过失。因此，裁审机关多适用《工资支付补充规定》的概念来界定“拖欠工资”。

2. 拖欠工资与其他相似概念的区别

拖欠工资、克扣工资、未及时足额支付劳动报酬、拒不支付劳动报酬等概念的客观表现都是用人单位未支付或未足额支付劳动报酬，因此容易混淆，生活中也常被大家混用。实际上，拖欠工资不同于以上概念，具体如下。

（1）拖欠工资与克扣工资的区别

拖欠、克扣工资在法律、法规等文件中常相伴而行，但两者是不同的概念。“拖欠工资”表现为用人单位未按法定期限支付工资，“克扣工资”则表现为用人单位扣发了应发工资数额。简单来说，“拖欠”的争点主要是工资支付时间，而“克扣”的争点主要是工资数额。

（2）拖欠工资与未及时足额支付劳动报酬的区别

“未及时足额支付劳动报酬”是《劳动合同法》第 38 条①关于劳动者单方解除权中使用的概念，“未及时足额支付劳动报酬”包含未及时支付和未足额支付两种情形。通常认为，未及时支付劳动报酬主要是指“拖欠工资”，也就是说，“拖欠工资”是“未及时足额支付劳动报酬”的一种表现形式，但两者在认定上也有区别。

（3）拖欠工资与拒不支付劳动报酬的区别

“拒不支付劳动报酬”是《刑法修正案（八）》中使用的概念，常见于行政、刑事案件中，而“拖欠工资”常见于普通的劳动争议中。“拒不支付劳动报酬”与“拖欠工资”的区别主要在于用人单位是否有不再支付劳动报酬的故意，即用人单位是否明确表示或者以其行为表示拒绝支付劳动报酬。用人单位恶意拖欠劳动者工资的，可能会被认定为“拒不支付劳动报酬”。

3. 拖欠工资的认定

根据前文定义，认定用人单位构成“拖欠工资”，主要需符合以下要件。

---

① 《劳动合同法》第 38 条规定，用人单位有下列情形之一的，劳动者可以解除劳动合同：（一）未按照劳动合同约定提供劳动保护或者劳动条件的；（二）未及时足额支付劳动报酬的……

（1）超过法定期限，未支付或未足额支付劳动者工资

根据《工资支付暂行规定》第 7 条[①]规定，工资必须在用人单位与劳动者约定的日期支付，且原则上应当按月支付。如果用人单位到期未支付或未足额支付工资，即有可能被裁审机关认定为拖欠工资。实务中，裁审机关多依据应发工资和实发工资的差额、发放工资的期限等进行认定。

参考案例：用人单位无故拖欠工资，应予补发工资差额

在倪某与 A 公司劳动争议一案中[②]，倪某于 2017 年 10 月 20 日至 2018 年 6 月 27 日在 A 公司工作，月薪为 9400 元（含社保、住房公积金）。2017 年 11 月 20 日 A 公司向倪某出具的薪资通知单中载明，基本工资 4200 元、岗位工作 400 元、全勤奖 400 元、绩效工资 4400 元、通讯费报销上限 300 元、交通费报销上限 3300 元，备注：试用期 2017 年 10 月 20 日至 2018 年 1 月 20 日，试用期间工资：（基本工资+岗位工资）×80%+全勤奖+绩效工资，倪某于 2018 年 1 月 26 日签字确认。倪某自 2018 年 1 月起对 A 公司的单方调薪提出异议，2018 年 6 月 24 日，倪某向 A 公司提交了《辞职信》，内容包含要求公司支付 5 月份、6 月份工资等，A 公司表示同意。2018 年 12 月 10 日，因 A 公司未及时足额支付工资等费用，双方发生争议。

法院认为，关于倪某请求补发 2017 年 10 月至 2018 年 6 月无故拖欠的工资的问题。通过薪资确认单及工资条，可知 A 公司作为用人单位对劳动者实行的工资标准是每月 9400 元，薪资构成为基本工资 4200 元、岗位工资 400 元、全勤工资 400 元、绩效工资 4400 元，2017 年 10 月 20 日至 2018 年 1 月 20 日试用期的基本工资及岗位工资按 80%发放，即试用期月工资为 8480 元。据此，A 公司自 2017 年 10 月至 2018 年 6 月应当发放工资 8480 元×3+9400 元×5＝72440 元，实际发放 43082 元，尚拖欠工资 29358 元。因此，法院判决 A 公司补发倪某工资款 29358 元。

关于倪某主张拖欠工资赔偿金。根据《劳动合同法》第 85 条的规定，应由劳动行政部门责令限期支付，逾期不支付，责令用人单位加付赔偿金，现倪某直接主张该赔偿金没有法律依据，法院不予支持。

（2）拖欠劳动者工资，无正当理由

此处的“正当理由”主要是指法律、法规规定的情形。按时足额支付劳动报酬是用人单位基本的义务，只有在符合法律、法规规定的情形下，用人单位才可缓发劳动者工资。

---

① 《工资支付暂行规定》第 7 条规定，工资必须在用人单位与劳动者约定的日期支付。如遇节假日或休息日，则应提前在最近的工作日支付。工资至少每月支付一次，实行周、日、小时工资制的可按周、日、小时支付工资。

② 案号：（2020）鄂 10 民终 1917 号。

（二）可以依法缓发工资的情形

根据《工资支付补充规定》第 4 条①规定，用人单位在遭遇不可抗力或生产经营困难、资金周转受到影响时，可以依法缓发工资，具体如下。

1. 不可抗力

根据以上规定，用人单位遇到非人力所能抗拒的自然灾害、战争等原因，无法按时支付工资时，不构成“无故拖欠”。因此，适用本条需满足：第一，用人单位遭遇了自然灾害、战争等不可抗力事件；第二，因不可抗力，无法按时支付工资。

需注意的是，随着用工模式、工资结算方式等的改变，本条的适用空间已经较小。比如，2020 年，很多用人单位采取居家办公方式工作，用人单位可以通过银行转账等方式发放工资，仍应及时支付工资，不得拖欠。

2. 生产经营困难、资金周转受到影响

用人单位因生产经营困难、资金周转受到影响时可以缓发劳动者工资，但需符合以下条件。

（1）经过法定程序

根据《工资支付补充规定》，需经本单位工会同意。在具体执行层面，各地有不同的规定，如根据《北京市工资支付条例》第 26 条②规定，需向劳动者说明情况，并与工会或职工代表协商一致；而根据《深圳市员工工资支付条例》（2022 年修正）第 12 条③规定，则需经劳动者本人或本单位工会书面同意。

（2）延长时间不得超过当地法规政策的限制

在具体延长时间上，各地的标准也不一，如在北京，延期支付工资最长不得超过 30 日；而在深圳，以上期限最长不得超过 15 日。

最后，需注意的是，除生产经营困难情形外，有些地区还对其他可缓发工资的情

---

① 原劳动部《对〈工资支付暂行规定〉有关问题的补充规定》（劳部发〔1995〕226 号）第 4 条规定，《工资支付暂行规定》第 18 条所称“无故拖欠”系指用人单位无正当理由超过规定付薪时间未支付劳动者工资。不包括：（1）用人单位遇到非人力所能抗拒的自然灾害、战争等原因，无法按时支付工资；（2）用人单位确因生产经营困难、资金周转受到影响，在征得本单位工会同意后，可暂时延期支付劳动者工资，延期时间的最长限制可由各省、自治区、直辖市劳动行政部门根据各地情况确定。其他情况下拖欠工资均属无故拖欠。

② 《北京市工资支付规定》第 26 条规定，用人单位因生产经营困难暂时无法按时支付工资的，应当向劳动者说明情况，并经与工会或者职工代表协商一致后，可以延期支付工资，但最长不得超过 30 日。

③ 《深圳市员工工资支付条例》（2022 年修正）第 12 条规定，用人单位因故不能在约定的工资支付日支付工资的，可以延长五日；因生产经营困难，需延期超过五日的，应当征得本单位工会或者员工本人书面同意，但是最长不得超过十五日。

形做了期限限制。根据《深圳市员工工资支付条例》（2022年修正）第12条规定，“用人单位因故不能在约定的工资支付日支付工资的，可以延长五日”。在依法可缓发工资的情形下，如果用人单位超过法定宽限期仍未支付劳动者工资，也会被认定为“拖欠工资”。

五、劳动合同中止暂停发放工资的情形

（一）劳动合同中止暂停发放工资的法律依据

目前在国家层面只明确了劳动者因涉嫌违法犯罪被拘留或逮捕的，根据原劳动部《贯彻执行〈中华人民共和国劳动法〉若干问题的意见》相关规定，用人单位可以与劳动者暂停履行劳动合同、不支付工资。另外，部分地区如山东、宁夏、上海等地对于劳动合同中止的其他情形，以及中止后工资、社保、工龄的处理，还有更加细化的地方性规定。

1. 在山东和江苏、江西①，经用人单位与劳动者书面协商一致，或劳动者因涉嫌违法犯罪被限制人身自由，或不可抗力致使劳动合同暂时不能履行的，用人单位与劳动者之间的劳动合同可以中止。劳动合同中止期间，劳动关系保留，劳动合同暂停履行，用人单位可以不支付工资并且停止缴纳社保。

2. 在上海和西宁②，还规定了劳动者应征入伍的，劳动合同可以中止。

（二）劳动合同中止可以暂停发放工资的情形

1. 劳动者因涉嫌违法犯罪而被限制人身自由

如前所述，劳动者因涉嫌违法犯罪被采取限制人身自由措施的，在其直至被确定是否追究刑事责任的这段时间，根据原劳动部《贯彻执行〈中华人民共和国劳动法〉若干问题的意见》第28条③的规定，用人单位可以暂停发放工资；但是否可以同时停缴社保，需结合地方的具体规定来判断。同时我们要注意：

第一，如果劳动者被变更强制措施为取保候审，并且向用人单位提供了正常劳动

---

① 《山东省劳动合同条例》第26条、《江苏省劳动合同条例》第30条、《江西省高级人民法院、江西省人力资源和社会保障厅关于办理劳动争议案件若干问题的解答（试行）》第10条。

② 《上海市劳动合同条例》第26条、《西宁市劳动合同管理办法》第11条。

③ 原劳动部《贯彻执行〈中华人民共和国劳动法〉若干问题的意见》第28条规定，劳动者涉嫌违法犯罪被有关机关收容审查、拘留或逮捕的，用人单位在劳动者被限制人身自由期间，可与其暂时停止劳动合同的履行。暂时停止履行劳动合同期间，用人单位不承担劳动合同规定的相应义务。劳动者经证明被错误限制人身自由的，暂时停止履行劳动合同期间劳动者的损失，可由其依据《中华人民共和国国家赔偿法》要求有关部门赔偿。

的，用人单位应当向劳动者正常支付工资。

第二，对于监视居住、取保候审期间，劳动者未能提供正常劳动的，在司法审判实践中，有些地区如北京，是要求用人单位向劳动者支付生活费的。

参考案例：劳动者取保候审期间未提供劳动，用人单位应当支付生活费

在某美公司与张某劳动争议纠纷案中①，张某因涉嫌职务侵占罪在2015年4月19日被刑事拘留，后检察院不批准逮捕，公安机关因需要继续侦查，遂对张某取保候审，期限从2015年5月27日起算。2016年5月16日，取保候审期限届满，公安局解除取保候审。张某此后起诉工作单位，要求继续履行劳动合同、支付被拘留和取保候审期间的工资42万元。庭审中，双方均认可未就劳动关系进行处理；张某主张在取保候审期间多次向工作单位提出要求上岗，但未提交证据；而工作单位对此主张予以否认。法院经审理认为，因双方对2015年4月1日至2016年5月31日存在劳动关系没有异议，故支持了张某要求继续履行劳动合同至2016年5月31日的请求；张某因涉嫌刑事犯罪被拘留，单位可以暂停劳动合同的履行，其间单位无须支付张某工资；在张某被取保候审后，因双方存在劳动关系，虽张某未向单位提供劳动，但单位仍应支付张某2015年5月27日至2016年5月31日的生活费。

第三，如果劳动者经证明是被错误限制人身自由的，就暂停履行劳动合同期间的工资收入损失，劳动者可依据《中华人民共和国国家赔偿法》要求有关部门赔偿，而暂停履行期间的社会保险费损失，在江苏省②是明确规定不在国家赔偿范围内，需由用人单位为劳动者缴纳中止履行期间的社会保险费。

2. 劳动者应征入伍或履行国家规定的其他法定义务

原劳动部办公厅《关于职工应征入伍后与企业劳动关系的复函》规定，企业应当与应征入伍的劳动者继续保持劳动关系，但双方可以变更原劳动合同中具体的权利与义务条款。我们理解，劳动者应征入伍后，其与原用人单位的劳动关系进入了暂时中止状态，用人单位在此期间可以不支付工资。在上海、西宁、江西地区对此类中止劳动合同的情形，是有明确规定的。

---

① 案号：(2017) 京01民终3770号。

② 《江苏省劳动仲裁案件研讨会纪要》第2条第1款，在劳动合同期内被司法机关错误拘留、逮捕、判刑的劳动者的社会保险费缴纳争议的处理问题劳动者在劳动合同期内被司法机关错误拘留、逮捕、判刑，失去人身自由，从而导致劳动合同中止履行或解除的，其在被错误拘留、逮捕和服刑期间的工资收入损失可根据《中华人民共和国国家赔偿法》申请国家赔偿。但对于劳动者社会保险费的损失（个人缴费部分除外），《中华人民共和国国家赔偿法》未明确由国家赔偿。为保护劳动者的合法权益，目前应由用人单位为劳动者缴纳劳动合同中止履行期间或因劳动合同解除而中断履行期间的社会保险费。

3. 劳动者失踪、下落不明

劳动者失踪或下落不明的，在其直至出现或者被宣告死亡的这段时间，用人单位应当如何发放工资，我国对此并没有明确规定。我们理解，鉴于劳动者失踪或下落不明的事实，客观上已经致使其与用人单位的劳动合同暂时无法履行，而劳动者在这段期间也没有向用人单位提供劳动；因此用人单位可以不支付工资。若此后劳动者出现，双方可以对劳动关系进行处理；若劳动者经利害关系人申请被人民法院宣告死亡的，双方劳动关系可依法终止。

4. 双方长期“两不相找”

所谓长期“两不相找”是指在劳动合同履行的过程中，双方没有明确的协议约定，而劳动者长期未向用人单位提供劳动，也没有领取劳动报酬，用人单位又未依法解除双方劳动关系的情况。在“两不相找”的这段期间，有观点认为双方事实上已经不存在劳动关系，也有观点认为应当定性为劳动合同的中止履行。比如，北京市规定，劳动者长期未向用人单位提供劳动，用人单位也长期不再向劳动者支付劳动报酬等相关待遇，双方长期“两不相找”的，可以认定此期间双方不享有和承担劳动法上的权利义务。

针对长期“两不相找”的情况，用人单位应当依法对劳动关系及时作出处理，否则仍有可能认定劳动关系尚未解除，用人单位需要承担继续履行劳动合同、补缴社保等相关法律责任。

5. 双方协商一致中止劳动合同履行，如停薪留职

早在20世纪90年代初，有一些劳动者采取停薪留职的办法“下海”或是另谋出路。为了保留人事、劳动关系，这些劳动者一般都会与单位签有协议，约定单位在一定时间内仅保留劳动关系、不支付工资，而自己缴纳“管理费”。这实际上属于用人单位与劳动者协商一致中止劳动合同的情形，双方是对原劳动合同签署了一份补充协议；就工资支付、社保缴纳，双方应遵照协议约定执行；协议到期或终止的，双方也应处理好后续事宜，或是劳动者回到单位恢复履行原劳动合同，或是用人单位作出是否解除的决定，或是双方协商对原劳动关系作出处理。目前在山东、江苏、安徽、山西地区①对此类中止劳动合同的情形，是有明确规定的。

2015年4月，国务院发布《关于进一步做好新形势下就业创业工作的意见》，其中针对高校、科研院所等事业单位专业技术人员离岗创业的，经原单位同意，可在3年内保留人事关系、与在岗人员享有同等职称评聘、岗位等级晋升、社保权益。此举也被称为“停薪留职2.0版”。江西省针对国有企事业单位职工经单位批准停职领办、

---

① 《山西省劳动合同条例》第23条、第24条。

创办企业的，还作出了细化规定①：第一，在国企的，双方签订相关协议明确约定停职期间权利义务；停职期间原劳动合同中止履行，中止期间不计算在原劳动合同期限内。第二，在事业单位的，由原单位保留人事关系；停职期间原单位停发工资福利等待遇，但档案工资可正常调整。第三，上述人员停职期间，原单位停止为其缴纳社会保险费；其领办创办企业应按规定缴纳社会保险费。

六、用人单位单方降薪的条件与程序

劳动报酬是劳动合同当中的一项必备条款，在已有明确合同约定的前提下，用人单位降低劳动者工资的，属于劳动合同内容的实质性变更，原则上需要双方协商一致、达成书面变更协议②，方为有效。但是，调整薪酬福利也是属于用人单位的一项用工自主权③，用人单位可以通过制定合法有效的规章制度和适用相关法律规定，在满足一定条件、履行法定程序后，单方调整、降低劳动者工资。

（一）绩效考核不达标降薪

绩效考核是人力资源管理的一项重要内容，是用人单位运用各种科学方法，对劳动者的工作行为、工作效果、工作价值等进行综合考核的评价。用人单位可以通过设计合理薪酬结构、建立薪酬考核体系、运用绩效考核结果对劳动者的工资进行调整。用人单位据此实施降薪的，需满足以下条件。

1. 用人单位对劳动者有明确的岗位职责界定，对劳动者的业绩目标和考核标准的设定也是清晰合理的，并且都得到了劳动者的确认。

2. 用人单位履行民主程序制定并公示了绩效考核办法，实际对劳动者进行了绩效考核，考核的程序完整、过程公开透明。

3. 用人单位的薪酬结构中除了固定工资以外，还包含绩效工资、职级工资等可以随绩效考核结果浮动调整的非固定项目，且绩效考核制度和劳动合同明确规定与公司业绩、个人表现挂钩，单位有权根据绩效考核结果调整劳动者工资中的非固定项目。

4. 对绩效考核不达标者的降薪幅度，需要符合薪酬制度，也要注意合理性。

---

① 《江西省人力资源和社会保障厅关于国有企事业单位职工经批准停职领办创办企业有关问题的意见》（赣人社发〔2014〕42 号）。

② 《劳动合同法》第 35 条第 1 款规定，用人单位与劳动者协商一致，可以变更劳动合同约定的内容。变更劳动合同，应当采用书面形式。

③ 《劳动法》第 47 条规定，用人单位根据本单位的生产经营特点和经济效益，依法自主确定本单位的工资分配方式和工资水平。

参考案例：经考核未达成绩效目标，用人单位有权不予发放绩效奖金

在某民公司与罗某劳动合同纠纷案中①，罗某于2016年2月1日入职某民公司担任税务总监，后升任财务会计部总经理，年薪自2018年2月1日调整为120万元，“固浮比”为50%：50%，其中固定部分为税前月薪3万元，每月报销额度2万元，浮动部分为半年奖/年终花红总额60万元，薪酬沟通函中约定：“浮动奖金将与部门、个人的绩效挂钩予以核定发放。”罗某主张公司单方面宣布2019年上半年公司绩效分为0，不予发放2019年上半年浮动工资30万元，严重侵犯其利益，要求发放2019年30万元的浮动工资。某民公司不同意支付，提交经民主程序制定并公示的《绩效管理办法》和《薪酬管理部分（试行）》，其中规定：“中层管理人员考核周期为半年度……公司在各考核期段内的绩效结果根据绩效达成率而定，对公司当期整体花红池造成影响……绩效达成率60%（含）以下，当期花红池系数0。”经法院查明，2019年7月某民公司发布《2019年上半年绩效评估结果应用的通知》，载明某民公司2019年上半年度绩效分数为56.72，绩效系数为0，核定花红池为0，本次考核期段内对应的浮动工资暂不予兑现，于年底开展年度综合绩效考核后统一核算发放。2020年1月17日某民公司发布2019年度绩效考核结果，载明某民公司2019年度绩效考核分数为26.53。决定不予发放季度奖、年度奖、绩效奖金/花红等。

法院认为，用人单位对于奖金等分配方案享有自主权，可以自行根据企业的经营状况、经济效益以及劳动者的绩效考核情况综合确定。本案中，罗某与某民公司就薪酬有过书面的约定，罗某亦知晓其浮动部分为半年奖/年终花红，总额与个人绩效挂钩且经核定后才予以发放。在双方于2019年续签劳动合同之前，某民公司的相关考核文件均已经通过邮件的方式告知公司员工，现某民公司鉴于公司绩效考核分数未达成年度绩效目标，且整体亏损严重，决定2019年不予发放全体员工季度奖、年度奖、绩效奖金等确有依据，一审法院未支持罗某要求支付2019年1月1日至2019年6月30日工资差额30万元（税费前）的诉讼请求，并无不当，予以维持。

（二）不胜任工作或医疗期满调岗降薪

劳动者被认定为不胜任工作的，用人单位有权单方对劳动者的工作岗位进行调整；同时劳动者医疗期满后不能从事原岗位工作的，用人单位也有权为劳动者安排新的岗位。调岗后，劳动者的工资一般将根据新的岗位来确定，即“薪随岗变”。用人单位据此实施降薪的，需满足以下条件：

1. 对劳动者不胜任工作的认定，需要经过一次有效的考核，方可进行调岗。而在

① 案号：（2020）沪0101民初4060号、（2020）沪02民终10463号。

劳动者医疗期满后，应就其“不能从事原岗位”主动搜集留存证据，如留存病假条，以便作为此后调岗的事实依据。

2. 对劳动者的调岗应当具有合理性，即调整后的工作岗位应当与劳动者原工作岗位的工作内容具有关联性，应当有利于发挥劳动者的工作能力和优势，或者适当地降低工作难度和工作量。现实中有些企业任性调岗，如将总监调为前台，就有可能被认定为是对劳动者的刁难和歧视，导致单方调岗因不合理而被否定，“薪随岗变”也会因此丧失了合法性。

3. “薪随岗变”应当有据可查。严格来讲，法律仅赋予了用人单位单方调整劳动者工作岗位的权利，但并未明确赋予用人单位单方调整劳动者工资待遇的权利。因此，用人单位实施“薪随岗变”应当有规章制度或劳动合同作为依据支撑。

4. 调岗降薪实操中也要注意降薪幅度的合理性幅度过大很可能被认定为恶意降薪。

（三）对违纪行为实施降薪处分

劳动者存在违反用人单位规章制度、违反劳动纪律或职业道德、违反公序良俗等行为或者失职行为时，若尚未达到解除劳动合同的严重程度，用人单位除了警告、降级、降职以外，也可以对劳动者采取降薪的违纪处理方式。用人单位据此实施降薪的，需满足以下条件：

1. 违纪降薪要有合法有效、明确可操作的规章制度依据，并且对可以进行降薪的违纪行为进行了明确列举。

2. 用人单位需要举证证明应当给予劳动者降薪的违纪行为真实存在，过错程度也达到了需降薪的严重程度。

3. 针对需降薪的违纪行为，用人单位在合理期限内（如 3 个月）进行了降薪处分，正当地行使了用工管理权。根据《企业职工奖惩条例》第 20 条的规定：“审批职工处分的时间，从证实职工犯错误之日起，开除处分不得超过五个月，其他处分不得超过三个月。”虽然 2008 年 1 月 15 日《企业职工奖惩条例》被废止，但国家法律层面并未就这一问题出台新的规定，因此目前对于违纪处理的时效性问题，除地方规定作出明确规定外，司法实践中仍可能参照原《企业职工奖惩条例》的规定执行。

（四）民主协商集体降薪

2020 年很多企业的生产经营陷入了困难，停产停工、效益下降，而企业单方面作出决定、直接通知全员降薪的事件也时有发生。为此人社部、全国总工会等联合发布了《关于做好新型冠状病毒感染肺炎疫情防控期间稳定劳动关系支持企业复工复产的意见》（人社部发〔2020〕第8号），作出指示："对受疫情影响导致企业生产经营困难的，鼓励企业通过民主程序与职工协商采取调整薪酬、轮岗轮休、缩短工时等方式稳定工作岗位。"由此可见，用人单位在特殊情况下进行全员降薪的，并不是毫无限制、随意而为的，必须满足一定条件和履行必要的程序：

1. 企业确实存在生产经营发生严重困难或经济效益下降的客观事实，如严重亏损的财务审计报告、被迫停工停产的证明等。

2. 降薪方案是针对全体员工薪资标准普遍性的降低，而并非针对个别劳动者的降薪，否则会被视为区别对待。同时，降薪方案也应当合理且不能突破法律底线，劳动者提供正常劳动的，用人单位支付工资不得低于当地的最低工资标准。

3. 由于集体降薪是属于直接涉及劳动者切身利益的重大事项，不能仅凭用人单位的单方意愿作出，必须按照《劳动合同法》第4条的规定履行必要的民主协商程序，即用人单位需与职工代表大会或全体职工讨论，提出降薪方案和意见，与工会或者职工代表平等协商；降薪方案确定后还要向职工公示或告知；降薪实施过程中，若工会或者职工认为不适当的，还有权向用人单位提出，通过协商予以修改完善。

合规建议

1. 用人单位应根据法律规定通过录用通知、劳动合同等用工文件就工资的组成、发放条件、发放时间等相关内容进行明确约定，并严格遵守约定发放工资。约定不明确或未作约定的，在实务中仍会以实际履行的发放情况作为判断依据。

2. 用人单位应完善薪酬发放流程，加入或完善工资清单（工资条）的制作与发放环节，并按月要求劳动者对当月工资发放情况进行确认，纸质或电子形式均可。同时应依法制作工资支付记录，并按照法定最低保存年限妥善保存。

3. 用人单位应在劳动合同中与劳动者明确约定劳动报酬，并且约定的劳动报酬应符合同工同酬原则。在劳动报酬分配制度或体系中，尽量避免因身份的不同（特别是性别、户籍、招聘来源、曾被判处刑罚或者是被派遣劳动者），对劳动者适用不同的劳动报酬分配办法和标准，以避免违反同工同酬原则和涉嫌歧视的风险。

4. 用人单位扣减劳动者工资应当符合法律、法规规定的扣减情形，注意审查扣减工资是否具有法律、法规或制度依据。若将劳动合同约定或规章制度规定作为制度依据，还应注意审查制度依据的合法合理性；若涉及对劳动者进行罚款，则需进一步了解当地关于企业罚款权的裁审口径，以做到合法合规扣减工资。

5. 在日常用工管理过程中，应注意搜集、留取应依法扣减劳动者工资的事实证据，如考勤记录、劳动者违纪处罚通知书、检讨书、给公司造成损失的证明文件等，做到扣减工资有充分的事实依据。

6. 用人单位如因正当事由不能在约定的工资支付日及时支付劳动者工资时，应向劳动者说明情况，并根据当地的政策口径，在法定期限内及时支付。因经营困难不能及时足额支付劳动者工资时，应根据当地的政策口径，履行相应的程序，如与劳动者或职工代表大会进行协商、取得劳动者本人或本单位工会同意等，并在法定期限内及时补发劳动者工资。

7. 出现符合国家或地方规定的劳动合同中止情形，用人单位可以中止劳动合同。就停止工资发放和社保缴纳，有明确法律规定或地方规定的，按照规定办理；双方经协商达成一致的，按约定内容执行。

8. 用人单位应当与劳动者在劳动合同中约定可以单方降薪的具体情形，还要注意其与薪酬管理、绩效考核、纪律处分等相关规章制度内容的相辅相成，为薪酬浮动调整夯实制度依据。在依法单方降薪实际操作中，用人单位要注意收集保留劳动者符合降薪情形的相关证据，更要注意处理时限和合理尺度的把握。

第三节　特殊情形下的工资支付问题

一、最低工资标准的适用

根据《劳动法》第 48 条规定，国家实行最低工资保障制度，用人单位支付劳动者的工资不得低于当地最低工资标准。这是法律对用人单位的强制性规定，也是法律保护弱势劳动者基本生存权和报酬权的底线标准。如果用人单位低于当地最低工资标准支付劳动者工资，则应当补足劳动者工资差额，逾期不补足的将会承担一定的赔偿责任①。

---

① 《劳动合同法》第 85 条规定，用人单位有下列情形之一的，由劳动行政部门责令限期支付劳动报酬、加班费或者经济补偿；劳动报酬低于当地最低工资标准的，应当支付其差额部分；逾期不支付的，责令用人单位按应付金额百分之五十以上百分之一百以下的标准向劳动者加付赔偿金：（一）未按照劳动合同的约定或者国家规定及时足额支付劳动者劳动报酬的；（二）低于当地最低工资标准支付劳动者工资的；（三）安排加班不支付加班费的；（四）解除或者终止劳动合同，未依照本法规定向劳动者支付经济补偿的。

（一）最低工资标准的定义

根据《最低工资规定》第3条规定①，“最低工资标准”是指劳动者在法定或劳动合同约定的工作时间内提供正常劳动义务前提下，用人单位依法支付的最低劳动报酬。本条中的“正常劳动”是指劳动者在法定或劳动合同约定的工作时间内从事的劳动。劳动者依法享受带薪年休假、探亲假、婚丧假、生育（产）假、节育手术假等国家规定的假期间，以及法定工作时间内依法参加社会活动期间，视为提供了“正常劳动”。

最低工资标准适用于全日制就业劳动者和非全日制就业劳动者，全日制就业劳动者适用月最低工资标准，非全日制就业劳动者适用小时最低工资标准。最低工资标准每两年最少调整一次，由各省、自治区、直辖市劳动保障行政部门报经人民政府批准后对外发布，对于同一省内的不同地区可以根据当地经济社会发展水平制定和实施不同的最低工资标准。

（二）最低工资标准的剔除项目

1. 最低工资的剔除项目

根据《最低工资规定》第12条规定，用人单位应支付给劳动者的最低工资不包括：第一，延长工作时间工资。包括延时加班工资、休息日加班工资和法定节假日加班工资。第二，特殊工作环境津贴。包括中班、夜班、高温、低温、井下、有毒有害等特殊工作环境、条件下的津贴。第三，法律、法规和国家规定的福利待遇。包括培训费、计划生育补贴医疗卫生费、丧葬抚恤救济金，探路费等。各地区根据当地需要对“福利待遇”做了细化的规定。例如，上海、甘肃规定了伙食补贴、交通费补贴、住房补贴，广东规定了夜餐费，重庆规定了非货币性补贴，江苏除规定了伙食、住房补贴外，还增加了劳动者进行发明创造、技术改造、技术革新以及其他获取的非经常性专项奖金。安徽和湖南除规定了伙食、交通、通讯、培训、住房补贴外，还包括用人单位支付给劳动者的奖励性工资。

2. 最低工资是否包括社会保险费和住房公积金？

《最低工资规定》中明确确定最低工资标准应考虑的因素包括劳动者个人应当缴纳的社会保险费和住房公积金。但是，因各地区的最低工资政策不统一，当地发布的

---

① 《最低工资规定》第3条规定，本规定所称最低工资标准，是指劳动者在法定工作时间或依法签订的劳动合同约定的工作时间内提供了正常劳动的前提下，用人单位依法应支付的最低劳动报酬。本规定所称正常劳动，是指劳动者按依法签订的劳动合同约定，在法定工作时间或劳动合同约定的工作时间内从事的劳动。劳动者依法享受带薪年休假、探亲假、婚丧假、生育（产）假、节育手术假等国家规定的假期间，以及法定工作时间内依法参加社会活动期间，视为提供了正常劳动。

最低工资标准是否包括社会保险费和住房公积金也存在差异，一般存在三种情形。

第一，最低工资标准不包括劳动者个人应缴纳的社会保险费和住房公积金，如北京、上海、安徽。因此，用人单位向劳动者发放最低工资后，还需另行承担劳动者个人应缴纳的社会保险费和住房公积金。值得注意的是，江苏规定了最低工资标准不包括劳动者个人应缴纳的住房公积金，而未提及社会保险费部分。因此，用人单位向劳动者发放最低工资后，还需另行承担劳动者个人应缴纳的住房公积金。

第二，最低工资标准包括劳动者个人应缴纳的社会保险费和住房公积金，如福建、山东青岛、浙江、四川、云南、贵州、内蒙古、广西和河北。因此，用人单位支付劳动者的最低工资标准中可以扣除劳动者个人应缴纳的社会保险费和住房公积金。值得注意的是，广东、湖南、宁夏、江西仅规定最低工资标准包括劳动者个人应当缴纳的社会保险费。因此，用人单位仅可以扣除劳动者个人应当缴纳的社会保险费。

第三，双向标准，如新疆。新疆对全日制就业劳动者月最低工资标准分为包含“三险一金”和不包含“三险一金”两类，每类规定四个档次。在全日制就业劳动者提供正常劳动的情况下，用人单位应按不低于当地含“三险一金”的月最低工资标准支付劳动者工资，并按规定对劳动者个人应缴纳的“三险一金”代扣代缴，劳动者实得工资不得低于当地不含“三险一金”的月最低工资标准。

（三）最低工资标准的应用事项

1. 最低工资标准是底线

最低工资是劳动者正常劳动时用人单位支付给劳动者的工资底线，用人单位不得拒绝执行最低工资制度，支付给劳动者的工资不得低于最低工资标准，用人单位与劳动者双方也不得在劳动合同中另行约定可低于最低工资标准支付工资的条款。我国《劳动合同法》《劳动合同法实施条例》以及《工资支付暂行规定》等相关法律法规均明确规定了用人单位不得低于最低工资标准支付劳动者工资的具体情形。例如，（1）劳动者在试用、熟练、见习期间提供正常劳动的工资不得低于最低工资标准①；（2）非因劳动者原因造成单位停工、停产超过一个工资支付周期，劳动者提供正常劳动的工资不得低于最低工资标准②；（3）用人单位实行计件工资或提成工资等工资形

---

① 《劳动合同法实施条例》第 15 条规定，劳动者在试用期的工资不得低于本单位相同岗位最低档工资的 80%或者不得低于劳动合同约定工资的 80%，并不得低于用人单位所在地的最低工资标准。

② 《工资支付暂行规定》第 12 条规定，非因劳动者原因造成单位停工、停产在一个工资支付周期内的……若劳动者提供了正常劳动，则支付给劳动者的劳动报酬不得低于当地的最低工资标准；若劳动者没有提供正常劳动，应按国家有关规定办理。

式，通过合理确定劳动定额和计件单价，支付给劳动者提供正常劳动的工资不得低于最低工资标准①；（4）企业工资总额与经济效益相联系，经济效益下浮导致劳动者工资必须下浮时，用人单位支付给劳动者工资不得低于最低工资标准②；（5）用人单位支付给劳动者的法定或约定的加班工资计算基数不得低于最低工资标准。

2. 直接按照最低工资标准计算

根据相关法律规定，劳动者的工资低于最低工资标准的，在计算相关项目时用人单位应当按照当地最低工资标准执行。例如，（1）在涉及劳动合同解除/终止经济补偿的计算中，劳动者在劳动合同解除或者终止前 12 个月的平均工资低于当地最低工资标准的，按照当地最低工资标准计算③。（2）劳动者履行了竞业限制义务，按照劳动者在劳动合同解除或者终止前十二个月平均工资的 30%按月支付经济补偿金低于劳动合同履行地最低工资标准的，用人单位应按照劳动合同履行地最低工资标准支付④。（3）职工因工致残被鉴定为一级至四级伤残的，伤残津贴实际金额不得低于当地最低工资标准，低于当地最低工资标准的部分由工伤保险基金补足。职工因工致残被鉴定为五级、六级伤残的，伤残津贴实际金额不得低于当地最低工资标准，低于当地最低

① 《最低工资规定》第 12 条第 2 款规定，实行计件工资或提成工资等工资形式的用人单位，在科学合理的劳动定额基础上，其支付劳动者的工资不得低于相应的最低工资标准。《劳动和社会保障部关于进一步健全最低工资制度的通知》（二）、实行计件工资形式的用人单位，要通过平等协商合理确定劳动定额和计件单价，保证劳动者在法定工作时间内提供正常劳动的前提下，应得工资不低于当地的最低工资标准……

② 原劳动部《对〈工资支付暂行规定〉有关问题的补充规定》第 15 条规定，……不包括以下减发工资的情况：(1) 国家的法律、法规中有明确规定的；(2) 依法签订的劳动合同中有明确规定的；(3) 用人单位依法制定并经职代会批准的厂规、厂纪中有明确规定的；(4) 企业工资总额与经济效益相联系，经济效益下浮时，工资必须下浮的（但支付给劳动者工资不得低于当地的最低工资标准）。

③ 《劳动合同法实施条例》第 27 条规定，《劳动合同法》第 47 条规定的经济补偿的月工资按照劳动者应得工资计算，包括计时工资或者计件工资以及奖金、津贴和补贴等货币性收入。劳动者在劳动合同解除或者终止前 12 个月的平均工资低于当地最低工资标准的，按照当地最低工资标准计算。劳动者工作不满 12 个月的，按照实际工作的月数计算平均工资。

④ 《最高人民法院关于审理劳动争议案件适用法律问题的解释（一）》第 36 条规定，当事人在劳动合同或者保密协议中约定了竞业限制，但未约定解除或者终止劳动合同后给予劳动者经济补偿，劳动者履行了竞业限制义务，要求用人单位按照劳动者在劳动合同解除或者终止前十二个月平均工资的 30%按月支付经济补偿的，人民法院应予支持。前款规定的月平均工资的 30%低于劳动合同履行地最低工资标准的，按照劳动合同履行地最低工资标准支付。

工资标准的由用人单位补足差额①。（4）因劳动者原因给用人单位造成经济损失，用人单位扣除劳动者工资后的剩余工资部分低于当地月最低工资标准，按最低工资标准支付②。（5）被派遣劳动者在无工作期间，劳务派遣单位应当按照所在地的最低工资标准支付劳动者报酬③。

参考案例：派遣员工被退回无工作期间，劳务派遣单位应当按照最低工资标准支付报酬

在范某与某网络公司、某商业贸易公司劳务派遣合同纠纷一案中④，范某与某网络公司签订期限从 2015 年 3 月 19 日至 2018 年 3 月 18 日的劳动合同，之后，范某被派遣至某商业贸易公司处工作。2018 年 2 月 22 日，某商业贸易公司因破产将范某退回某网络公司。2018 年 4 月 25 日范某生育子女，产假从 2018 年 4 月 13 日至 2018 年 9 月 2 日，双方劳动合同顺延至 2019 年 4 月 24 日范某哺乳期终止。范某要求某网络公司支付其 2018 年 9 月 3 日至 2019 年 4 月 24 日的哺乳期工资。

法院认为，范某于 2018 年 2 月 12 日被某商业贸易公司退回，至 2018 年 9 月 2 日期间处于孕期和产期的休假，某网络公司无须安排范某工作。但范某产假结束后处于哺乳期，双方劳动合同期限应顺延至范某哺乳期结束即 2019 年 4 月 24 日，某网络公司在此期间应安排但未安排范某新的上岗机会，导致范某在哺乳期期间未提供正常劳动，责任在于某网络公司。某网络公司应支付范某哺乳期的工资。根据《劳务派遣暂行规定》的相关规定，被派遣劳动者退回后在无工作期间，劳务派遣单位应按不低于所在地人民政府规定的最低工资标准支付劳动者报酬，故某网络公司作为派遣单位应

---

① 《工伤保险条例》第 35 条规定，职工因工致残被鉴定为一级至四级伤残的，保留劳动关系，退出工作岗位，享受以下待遇：……（二）从工伤保险基金按月支付伤残津贴，标准为：一级伤残为本人工资的 90%，二级伤残为本人工资的 85%，三级伤残为本人工资的 80%，四级伤残为本人工资的 75%。伤残津贴实际金额低于当地最低工资标准的，由工伤保险基金补足差额。第 36 条第 1 款，职工因工致残被鉴定为五级、六级伤残的，享受以下待遇：……（二）保留与用人单位的劳动关系，由用人单位安排适当工作。难以安排工作的，由用人单位按月发给伤残津贴，标准为：五级伤残为本人工资的 70%，六级伤残为本人工资的 60%，并由用人单位按照规定为其缴纳应缴纳的各项社会保险费。伤残津贴实际金额低于当地最低工资标准的，由用人单位补足差额。

② 《工资支付暂行规定》第 16 条规定，因劳动者本人原因给用人单位造成经济损失的，用人单位可按照劳动合同的约定要求其赔偿经济损失。经济损失的赔偿，可从劳动者本人的工资中扣除。但每月扣除的部分不得超过劳动者当月工资的 20%。若扣除后的剩余工资部分低于当地月最低工资标准，则按最低工资标准支付。

③ 《劳动合同法》第 58 条第 2 款规定，劳务派遣单位应当与被派遣劳动者订立二年以上的固定期限劳动合同，按月支付劳动报酬；被派遣劳动者在无工作期间，劳务派遣单位应当按照所在地人民政府规定的最低工资标准，向其按月支付报酬。

④ 案号：（2020）沪 01 民终 6620 号。

按同期上海市最低工资标准支付范某2018年9月3日至2019年4月24日哺乳期的工资18992元。

3. 可以低于最低工资标准支付工资的情形

因最低工资标准以劳动者在法定或劳动合同约定的工作时间内提供了正常劳动为前提，故劳动者因个人原因未向用人单位提供正常劳动的报酬不适用最低工资规定①，用人单位当然可以低于最低工资标准支付劳动者工资。若劳动者请病假、事假、旷工、缺勤时，其实发工资可以低于最低工资标准。值得注意的是，根据相关法律规定，在特殊情形下以最低工资标准为参考，用人单位需支付劳动者的工资不得低于最低工资标准的一定比例。例如，企业下岗待工人员的生活费可以低于最低工资标准②；职工患病或非因工负伤治疗期间的病假工资或疾病救济费，可以低于当地最低工资标准支付，但不能低于最低工资标准的80%③；内退人员的生活费标准不得低于本地区最低工资标准的70%④。

4. 异地用工最低工资标准的适用

异地用工的最低工资标准应当执行劳动合同履行地标准及就高保护原则。当劳动合同履行地与用人单位注册地不一致时，劳动者的最低工资标准原则上按照劳动合同履行地的相关规定执行。但是，如果用人单位注册地的标准高于劳动合同履行地的标准，且用人单位与劳动者约定按照用人单位注册地标准执行的，按照双方的约定执行⑤。

---

①《最低工资规定》第12条规定，劳动者由于本人原因造成在法定工作时间内或依法签订的劳动合同约定的工作时间内未提供正常劳动的，不适用于本条规定。

② 原劳动部《关于贯彻执行〈中华人民共和国劳动法〉若干问题的意见》第58条第1款规定，企业下岗待工人员，由企业依据当地政府的有关规定支付其生活费，生活费可以低于最低工资标准，下岗待工人员中重新就业的，企业应停发其生活费。

③ 原劳动部《关于贯彻执行〈中华人民共和国劳动法〉若干问题的意见》第59条规定，职工患病或非因工负伤治疗期间，在规定的医疗期间内由企业按有关规定支付其病假工资或疾病救济费，病假工资或疾病救济费可以低于当地最低工资标准支付，但不能低于最低工资标准的80%。

④ 财政部《关于企业重组有关职工安置费用财务管理问题的通知》第4条规定，企业重组过程中，对符合法律、行政法规以及国务院劳动保障部门规定条件的内退人员，其内退期间的生活费和社会保险费，经批准可以从重组前企业净资产中预提。内退人员的生活费标准不得低于本地区最低工资标准的70%，同时不得高于本企业平均工资的70%，并应与企业原有内退人员待遇条件相衔接，经职工代表大会审议后，在内退协议中予以明确约定。

⑤《劳动合同法实施条例》第14条规定，劳动合同履行地与用人单位注册地不一致的，有关劳动者的最低工资标准、劳动保护、劳动条件、职业危害防护和本地区上年度职工月平均工资标准等事项，按照劳动合同履行地的有关规定执行；用人单位注册地的有关标准高于劳动合同履行地的有关标准，且用人单位与劳动者约定按照用人单位注册地的有关规定执行的，从其约定。

二、停工停产期间的工资支付

实践中，用人单位可能由于不可抗力、企业经营困难、劳动者拒绝工作等各种原因不能正常生产经营，造成用人单位在一段时间内全部或部分停工、停产，那么在此期间用人单位应当如何向劳动者支付工资呢？对此《工资支付暂行规定》第12条作出了规定，即非因劳动者原因造成单位停工、停产在一个工资支付周期内的，用人单位应按劳动合同规定的标准支付劳动者工资。超过一个工资支付周期的，若劳动者提供了正常劳动，则支付给劳动者的劳动报酬不得低于当地的最低工资标准；若劳动者没有提供正常劳动，应按国家有关规定办理。但是，实际执行中对于如何理解执行一个工资支付周期、劳动合同规定的工资标准、未提供正常劳动的生活费标准等问题，容易产生争议。

（一）如何理解"一个工资支付周期"

对于"一个工资支付周期"的理解，关系到发放正常工资的分界点。根据法律规定，用人单位可以按照小时、日、周、月为周期支付工资，并且用人单位应当至少每月向劳动者支付一次工资。实践中，很多用人单位执行月薪制，每个月支付一次工资，但是各个用人单位的发薪日期不同，造成每个用人单位的工资支付周期起止时间不同。因此，有观点认为，"一个工资支付周期"期满应为每个用人单位的发薪周期截止日或发薪日。但是，主流观点认为，"一个工资支付周期"是指用人单位按规定支付劳动者工资的时间间隔，应理解为缓冲期，是一个固定时间长度，以月为周期发放工资，"一个工资支付周期"即为一个月（30天），从实际停工、停产当日起连续计算，多次停工、停产不得累加计算。

（二）如何执行"劳动合同规定的工资标准"

根据法律规定，非劳动者原因停工、停产期间，不超过一个工资支付周期的，应当按照劳动合同规定的标准支付工资；劳动者正常劳动时实际发放的工资标准高于原约定工资标准，或者劳动合同没有明确约定工资数额，或者合同约定不明确时，应当以实际发放的工资标准支付。但是，劳动者的工资构成往往比较复杂，可能包括基本工资、岗位工资、绩效工资、提成工资、奖金、补贴等固定发放和浮动发放两部分。用人单位停工、停产期间，劳动者毕竟没有提供劳动，要求企业继续支付绩效、提成、奖金以及应当按照实际出勤支付的各种补贴，对企业不公平也会进一步加剧企业负担。

（三）未正常劳动的生活费标准

根据法律规定，停工、停产超过一个工资支付周期后，用人单位安排劳动者工作的，双方可以重新协商确定不低于最低工资标准的工资；用人单位没有安排劳动者工作的，可以不再支付工资，但是对如何支付生活费并没有作出规定。实践中，各地对生活费的标准作出了不同规定。北京、山东[①]等地规定，应当按照不低于当地最低工资标准的70%支付劳动者基本生活费。江苏、广东[②]等地规定，应当按照不低于当地最低工资标准的80%支付劳动者基本生活费。上海[③]等地则规定，用人单位因经营、管理不善导致停工停产，超过一个工资支付周期，支付的工资不得低于本市规定的最低工资标准。[④]

（四）用人单位部分停工、停产的法律适用

实践中，用人单位可能全部停工、停产，也可能仅部分部门或生产线停工、停产，对于后者是否可以适用《工资支付暂行规定》关于停工、停产工资待遇的规定，有不同的观点。主流观点认为，法律规定只对用人单位停工停产期间劳动者能够提供正常劳动和无法提供正常劳动如何支付工资待遇分别予以明确，但并未将适用条件局限于用人单位是否全部停工停产。况且，既然存在同一用人单位的劳动者有提供正常劳动和未能提供正常劳动的不同情况，说明实际上用人单位就是存在部分停工、停产的情形，应当适用停工、停产的法律规定。

---

① 《山东省企业工资支付规定》第31条规定，非因劳动者原因造成企业停工、停产、歇业且企业未与劳动者解除劳动合同，停工、停产、歇业在一个工资支付周期内的，企业应当视同劳动者提供正常劳动并支付该工资支付周期的工资；超过一个工资支付周期的，企业另行安排劳动者从事其他工作的，按照双方新约定的标准支付工资，但不得低于当地最低工资标准；企业没有安排劳动者工作的，应当按照不低于当地最低工资标准的70%支付劳动者基本生活费。国家和省另有规定的，依照其规定执行。

② 《广东省工资支付条例》第39条规定，非因劳动者原因造成用人单位停工、停产，未超过一个工资支付周期（最长三十日）的，用人单位应当按照正常工作时间支付工资。超过一个工资支付周期的，可以根据劳动者提供的劳动，按照双方新约定的标准支付工资；用人单位没有安排劳动者工作的，应当按照不低于当地最低工资标准的百分之八十支付劳动者生活费，生活费发放至企业复工、复产或者解除劳动关系。

③ 《上海市企业工资支付办法》第12条规定，企业停工、停产在一个工资支付周期内的，应当按约定支付劳动者工资。超过一个工资支付周期的，企业可根据劳动者提供的劳动，按双方新的约定支付工资，但不得低于本市规定的最低工资标准。

④ 《北京市高级人民法院、北京市劳动人事争议仲裁委员会关于审理劳动争议案件的解答（一）》第55条第2项规定，用人单位与劳动者在劳动合同中约定了工资标准的，以该约定为准。劳动合同没有约定的，按照集体合同约定的工资标准确定。劳动合同、集体合同均未约定的，按照劳动者本人正常劳动实际发放的工资标准确定。依照本款确定的工资标准不得低于本市规定的最低工资标准。

三、进城务工人员的工资支付

进城务工人员劳动权益经常受到侵犯。尤其是前些年工程建筑领域，进城务工人员的劳动报酬权无法得到保障，经常因进城务工人员工资拖欠引发社会治安案件。党中央、国务院历来高度重视解决拖欠农民工工资问题，为了规范进城务工人员工资支付行为，保障进城务工人员按时足额获得工资，2019 年 12 月 4 日国务院制定通过了《保障农民工工资支付条例》（以下简称《条例》），并且已经自 2020 年 5 月 1 日起施行。《条例》是我国第一部保障进城务工人员工资权益的专门性法规，立法目的是依法根治农民工工资的拖欠问题。《条例》通过对用人单位与进城务工人员签订劳动合同、工资支付以及工程建设项目实行进城务工人员实名制管理、进城务工人员工资专用账户管理、施工总承包单位代发工资、工资保证金存储、维权信息公示、法律责任等方面进行明确规定，预防和减少拖欠进城务工人员工资行为的发生。

（一）农民工的界定

《条例》规定，农民工是指为用人单位提供劳动的农村居民。农村居民一般是指持有农业户口的居民。在取消农业户口与非农业户口性质区分，统一登记为居民户口的地区，农村居民是指在农村拥有合法稳定住所和合法土地承包经营权，或者投靠农村籍父母、子女、配偶生活，实际居住在农村，具有农村户籍或户口迁入农村的居民。

（二）劳动合同签订和农民工实名制管理

实践中，有些用人单位将进城务工人员作为临时工对待，不与其签订劳动合同也不为其缴纳社会保险。尤其在工程建设领域，存在大量使用进城务工人员的情况，但是一般农民工并不属于施工单位的职工，而是由包工头直接招用到工地并在包工头的管理下进行工作，工资也是由包工头进行结算，一般不会签订书面协议更不用说签订劳动合同。由此造成进城务工人员劳动权益受损时，很难举证谁是用人单位以及和谁存在劳动关系。

《条例》规定，用人单位实行农民工劳动用工实名制管理，与招用的农民工书面约定或者通过依法制定的规章制度规定工资支付标准、支付时间、支付方式等内容。[①] 因此，用人单位应当根据《劳动合同法》的规定与进城务工人员签订劳动合同，并纳入职工名册管理。《条例》还规定，在工程建筑领域，应当由施工总承包单位或者分包单位依法与所招用的农民工订立劳动合同并进行用工实名登记，未与施工总承包单位或者分包单位订立劳动合同并进行用工实名登记的人员，不得进入项目现场施工。

---

① 《条例》第 6 条。

施工总承包单位还应当在工程项目部配备劳资专管员，对分包单位劳动用工实施监督管理，掌握施工现场用工、考勤、工资支付等情况，审核分包单位编制的农民工工资支付表，分包单位应当予以配合。施工总承包单位、分包单位应当建立用工管理台账，并保存至工程完工且工资全部结清后至少 3 年。① 农民工与用人单位就拖欠工资存在争议，用人单位应当提供依法由其保存的劳动合同、职工名册、工资支付台账和清单等材料；不提供的，依法承担不利后果。②

（三）工资支付台账保存时间

用人单位应当按照与进城务工人员书面约定或者依法制定的规章制度规定的工资支付周期和具体支付日期足额支付工资。《工资支付暂行规定》规定，用人单位应当至少保存 2 年的工资支付记录，而《条例》对农民工的工资支付台账规定了更高的保存期限，即用人单位应当至少保存 3 年书面工资支付台账，并且书面工资支付台账应当包括用人单位名称，支付周期，支付日期，支付对象姓名、身份证号码、联系方式，工作时间，应发工资项目及数额，代扣、代缴、扣除项目和数额，实发工资数额，银行代发工资凭证或者农民工签字等内容。③

（四）拖欠进城务工人员工资时的清偿主体

一般情况下，用人单位负有足额支付工资的义务，未及时足额支付劳动者工资时应由用人单位清偿，但是根据《条例》规定，拖欠农民工工资的，下列主体具有清偿义务：

1. 用工单位使用个人、不具备合法经营资格的单位或者未依法取得劳务派遣许可证的单位派遣的农民工，拖欠农民工工资的，由用工单位清偿，并可以依法进行追偿。④

2. 用人单位允许个人、不具备合法经营资格或者未取得相应资质的单位以用人单位的名义对外经营，导致拖欠所招用农民工工资的，由用人单位清偿，并可以依法进行追偿。⑤

3. 合伙企业、个人独资企业、个体经济组织等用人单位拖欠农民工工资的，应当依法予以清偿；不清偿的，由出资人依法清偿。⑥

---

① 《条例》第 28 条。
② 《条例》第 50 条。
③ 《条例》第 15 条。
④ 《条例》第 18 条。
⑤ 《条例》第 19 条。
⑥ 《条例》第 20 条。

4. 用人单位合并或者分立时，应当在实施合并或者分立前依法清偿拖欠的农民工工资；经与农民工书面协商一致的，可以由合并或者分立后承继其权利和义务的用人单位清偿。①

5. 用人单位被依法吊销营业执照或者登记证书、被责令关闭、被撤销或者依法解散的，应当在申请注销登记前依法清偿拖欠的农民工工资。未依据前款规定清偿农民工工资的用人单位主要出资人，应当在注册新用人单位前清偿拖欠的农民工工资。②

6. 分包单位拖欠农民工工资的，由施工总承包单位先行清偿，再依法进行追偿。工程建设项目转包，拖欠农民工工资的，由施工总承包单位先行清偿，再依法进行追偿。③

7. 建设单位或者施工总承包单位将建设工程发包或者分包给个人或者不具备合法经营资格的单位，导致拖欠农民工工资的，由建设单位或者施工总承包单位清偿。施工单位允许其他单位和个人以施工单位的名义对外承揽建设工程，导致拖欠农民工工资的，由施工单位清偿。④

参考案例：施工单位将建设工程分包给个人，导致拖欠进城务工人员工资应当负责清偿

杨某与浙江 A 生态建设有限公司（以下简称 A 公司）、天津 B 投资发展有限公司（以下简称 B 公司）劳务合同纠纷一案中⑤，法院查明：A 公司与 B 公司系施工方与建设方的关系，工程项目为成功游艇湾项目室外景观工程，后 A 公司将工程项目成功游艇湾绿化工程分包给了杨某某，由杨某某负责支付工人工资。涉诉工程尚未结算。

法院认为：一、关于原告杨某主张拖欠的工资是否有事实和法律依据。原告杨某与杨某某之间虽然没有签订书面的劳务合同，但被告杨某某承认原告杨某为工程建设付出了劳动，对欠款事实和欠款数额没有异议。故，原告杨某与被告杨某某之间存在事实上的劳务合同关系，依法成立的合同受法律保护，对当事人具有法律约束力。故，原告主张工资 41160 元应予支持。二、关于杨某某、A 公司和 B 公司是否应当承担责任及责任如何分配。1. 首先杨某某作为案涉项目的承包人，其承认与杨某之间存在事实上的劳务关系，且承认拖欠工资的数额，故杨某某有支付杨某工资的义务。2. 被告 A 公司虽已将其承包的案涉工程转包给了杨某某，并与杨某某约定了由杨某某负责招工，工资由杨某某发放。但是根据《保障农民工工资支付条例》第 30 条、第 36 条的

① 《条例》第 21 条。
② 《条例》第 22 条。
③ 《条例》第 30 条。
④ 《条例》第 36 条。
⑤ 案号：天津市滨海新区人民法院（2020）津 0116 民初 888 号。

规定，A公司将涉诉工程转包给个人，应当承担给付农民工工资的责任。A公司虽提供工资发放明细等证据，但只能证明其代替杨某某向部分农民工支付了工资，并不能证明杨某某已支付全部农民工工资。A公司与杨某某尚未进行工程结算，A公司应承担连带给付杨某工资的责任。3. 本案是劳务合同纠纷，B公司是否向A公司支付工程款是建设工程合同法律关系，与本案不属于同一法律关系，主张B公司承担连带偿还的责任不予支持。法院判决被告杨某某在十日内给付原告杨某工资41160元；被告浙江A生态建设有限公司承担连带责任。

8. 工程建设项目违反国土空间规划、工程建设等法律法规，导致拖欠农民工工资的，由建设单位清偿。①

此外，《条例》还规定，用人单位一时难以支付拖欠的农民工工资或者拖欠农民工工资逃匿的，县级以上地方人民政府可以动用应急周转金，先行垫付用人单位拖欠的农民工部分工资或者基本生活费。对已经垫付的应急周转金，应当依法向拖欠农民工工资的用人单位进行追偿。② 上述清偿措施强有力的保障了进城务工人员工资被拖欠时，可以依法及时获得工资清偿。

（五）进城务工人员工资专用账户和工资保证金制度

建设工程涉及的单位主体和环节众多，工程款纠纷多发，由此导致进城务工人员工资时常被拖欠。为了保障及时优先支付进城务工人员的工资，《条例》规定了工程建设领域农民工工资专用账户和工资保证金制度，并且除法律另有规定外，农民工工资专用账户资金和工资保证金不得因支付为本项目提供劳动的农民工工资之外的原因被查封、冻结或者划拨。③

1. 专用账户开设主体

《条例》规定，施工总承包单位应当按照有关规定开设农民工工资专用账户，专项用于支付该工程建设项目农民工工资。开设、使用农民工工资专用账户有关资料应当由施工总承包单位妥善保存备查。④

2. 建设单位的监督和垫付义务

《条例》规定，建设单位应当按照合同约定及时拨付工程款，并将人工费用及时足额拨付至农民工工资专用账户，加强对施工总承包单位按时足额支付农民工工资的监督。因建设单位未按照合同约定及时拨付工程款导致农民工工资拖欠的，建设单位

① 《条例》第37条。
② 《条例》第63条。
③ 《条例》第33条。
④ 《条例》第26条。

应当以未结清的工程款为限先行垫付被拖欠的农民工工资。[①]

3. 施工总承包单位代发工资制度

《条例》规定，工程建设领域推行分包单位农民工工资委托施工总承包单位代发制度。分包单位应当按月考核农民工工作量并编制工资支付表，经农民工本人签字确认后，与当月工程进度等情况一并交施工总承包单位。施工总承包单位根据分包单位编制的工资支付表，通过农民工工资专用账户直接将工资支付到农民工本人的银行账户，并向分包单位提供代发工资凭证。用于支付农民工工资的银行账户所绑定的农民工本人社会保障卡或者银行卡，用人单位或者其他人员不得以任何理由扣押或者变相扣押。[②]

4. 工资保证金制度

《条例》规定，施工总承包单位应当按照有关规定存储工资保证金，专项用于支付为所承包工程提供劳动的农民工被拖欠的工资。工资保证金实行差异化存储办法，对一定时期内未发生工资拖欠的单位实行减免措施，对发生工资拖欠的单位适当提高存储比例。工资保证金可以用金融机构保函替代。[③]

（六）信息公示制度

为了保障进城务工人员的合法权益，《条例》规定，施工总承包单位应当在施工现场醒目位置设立信息告示牌，明示下列事项[④]：

1. 建设单位、施工总承包单位及所在项目部、分包单位、相关行业工程建设主管部门、劳资专管员等基本信息；

2. 当地最低工资标准、工资支付日期等基本信息；

3. 相关行业工程建设主管部门和劳动保障监察投诉举报电话、劳动争议调解仲裁申请渠道、法律援助申请渠道、公共法律服务热线等信息。

（七）违反进城务工人员工资支付规定的法律责任

《条例》规定了用人单位、施工总承包单位、分包单位、建设单位违反农民工工资支付规定的相关法律责任：

1. 罚款、责令项目停工、限制施工单位承接新工程、降低资质等级、吊销资质证

---

① 《条例》第 29 条。

② 《条例》第 31 条。

③ 《条例》第 32 条。

④ 《条例》第 34 条。

书等行政责任①。

2. 人力资源社会保障行政部门作出责令支付被拖欠的农民工工资的决定，相关单位不支付的，可以依法申请人民法院强制执行。

3. 拖欠农民工工资的违法行为涉嫌构成拒不支付劳动报酬罪的，依法追究刑事责任。

4. 用人单位拖欠农民工工资，情节严重或者造成严重不良社会影响的，有关部门应当将该用人单位及其法定代表人或者主要负责人、直接负责的主管人员和其他直接责任人员列入拖欠农民工工资失信联合惩戒对象名单，在政府资金支持、政府采购、招投标、融资贷款、市场准入、税收优惠、评优评先、交通出行等方面依法依规予以限制。②

此外，需要注意的是，《条例》主要是对建设工程领域进城务工人员的工资支付责任进行了明确，但是在实践中，物流运输、家政服务等其他领域也存在多层转包、分包、挂靠经营等非规范用工模式，劳动者也不仅仅限于进城务工人员。因此，《最高人民法院关于审理劳动争议案件适用法律问题的解释（二）》第 1 条、第 2 条进一步扩大适用范围，对于具备合法经营资格的承包人将承包业务转包或者分包给不具备合法经营资格的组织或者个人，以及不具备合法经营资格的组织或者个人挂靠具备合法经营资格的单位对外经营，该组织或者个人招用的劳动者可以请求确认承包人、被挂靠单位为承担用工主体责任单位，并承担支付劳动报酬等责任。上述用工主体责任不需要以存在劳动关系为前提，劳动者可以直接要求承包人或被挂靠单位支付工资、加班费等劳动报酬。

四、关联单位混同用工时的支付责任

关联单位交替或同时用工，也称为混同用工，一方面可能是为了规避无固定期限劳动合同的法律责任，另一方面也可能是成本考虑。一旦发生争议，劳动关系归属的认定以及工资支付责任是争议焦点和难点。《最高人民法院关于审理劳动争议案件适用法律问题的解释（二）》第 3 条规定确定了混同用工的劳动关系认定标准和支付责任：

1. 根据劳动合同认定劳动关系。劳动者与多个存在关联关系的单位存在用工事实，如果劳动者与其中一家或多家用人单位签订了劳动合同，且劳动者请求按劳动合同认定劳动关系的，应按劳动合同认定劳动关系。如果劳动者未主张按劳动合同确认劳动关系，该条没有对如何认定劳动关系作出规定。

---

① 《条例》第 54 条至第 57 条。

② 《条例》第 48 条。

2. 根据实际履行认定劳动关系。在劳动者与多家关联关系单位都没有签订劳动合同的情况下，需要根据用工管理行为，综合考虑工作时间、工作内容、劳动报酬支付、社会保险费缴纳等因素确认劳动关系，由于这些因素可能是各自独立分散在不同的关联关系单位，在认定时应遵从有利于劳动者权益保护的原则，避免将劳动关系认定在没有实际承担能力的用人单位，导致劳动者权益无法实现。

3. 关于劳动报酬、福利待遇的责任承担问题。根据劳动合同认定劳动关系的情况下，应由劳动关系的用人单位承担责任。根据实际履行情况认定劳动关系的情况下，劳动者有权主张关联单位共同承担责任。但是如果关联单位之间有约定且内容合法，劳动者也同意的，按约定执行。

参考案例：关联企业混同用工，人民法院可根据劳动者主张并结合案情认定劳动关系①

王某与某数字公司劳动合同纠纷案中，某数字公司系一人公司，其法定代表人、股东均为梁某。某科技公司的法定代表人为梁某，股东为梁某（持股比例60%）、胡某（持股比例40%）。两公司系关联企业，营业执照记载的经营范围重合。某科技公司发布招聘启事，王某应聘后于2022年8月1日入职并工作至2023年2月22日。工作期间，王某的工作地点悬挂有“某数字公司”名牌，日常工作沟通使用的微信、QQ聊天软件有“某数字公司”字样。两公司均未与王某订立书面劳动合同、亦未缴纳社会保险费与办理招退工手续，王某工资系通过梁某个人账户发放。王某认为，某数字公司与某科技公司合署办公、业务相同、人员混同，两公司已对其形成混同用工，遂择一向某劳动人事争议仲裁委员会申请仲裁，提出确认其与某数字公司存在劳动关系并支付欠发工资等请求。某劳动人事争议仲裁委员会不予支持。王某不服，诉至人民法院。

审理法院认为，某数字公司、某科技公司属关联企业，经营业务存在重合，梁某同时担任两公司股东及法定代表人，王某难以确定实际用人单位。王某虽通过某科技公司名义应聘入职，但是其工作场所张贴有“某数字公司”名牌、工作沟通使用的通讯软件冠以“某数字公司”名称，王某的工作内容包含某数字公司经营业务，其有理由相信是为某数字公司提供劳动。审理法院判决支持王某要求确认与某数字公司存在劳动关系并支付欠发工资等诉讼请求。

合规建议

1. 用人单位与劳动者签订劳动合同或者制定规章制度时，应当注意不得约定或规定劳动者正常劳动时用人单位可以低于最低工资标准支付劳动者工资，用人单位支付

① 参见《最高法发布劳动争议典型案例》案例二，载中华人民共和国最高人民法院官网，网址：https：//www. court. gov. cn/zixun/xiangqing/472681. html，最后访问日期2025年8月8日。

的工资不得低于当地规定的最低工资标准，需要及时关注本地区最低工资标准的调整，尤其要注意最低工资标准剔除项目的规定以及劳动者个人应当缴纳的社会保险费和住房公积金是否包含在内，依法正确计发劳动者工资报酬。

2. 最低工资标准影响着劳动者解除/终止劳动合同经济补偿、竞业限制补偿金、加班工资基数、病假工资、生活费等项目的计算，用人单位应当正确应用最低工资标准进行计算发放，避免因违反法律强制性规定引发不必要诉争成本。

3. 用人单位停工、停产时，正确理解“一个工资支付周期”和“正常工资”的内涵，停工、停产超过一个工资支付周期，劳动者提供劳动的，双方可以按照重新协商确定的标准支付工资，但不得低于最低工资标准；未提供劳动的，应当按照当地规定的生活费标准发放生活费。

4. 用人单位应当依法与进城务工人员签订劳动合同、进行实名制用工管理，并依据书面约定或通过规章制度规定进城务工人员工资支付标准、支付时间、支付方式等内容。用人单位应当按照书面约定或制度规定，依法及时足额支付进城务工人员工资，编制工资支付台账并应当至少保存 3 年。

5. 用人单位不应允许个人、不具备合法经营资格或者未取得相应资质的单位以用人单位的名义对外经营或者进行违法转包、分包。施工总承包单位应当依法设立进城务工人员工资专用账户、存储工资保证金，为分包单位代发工资、进行劳动用工监督管理，依法公示维权信息。

第四节　年终奖与提成工资的计算与发放

一、年终奖的考核与发放

相较于每月发放的工资，年终奖具有考核周期长、计发金额不固定等特点。基于此，用人单位与劳动者之间有时会就年终奖是否应当发放以及发放金额产生争议。

（一）年终奖的性质及仲裁时效

根据《国家统计局关于工资总额组成的规定》第 4 条、第 7 条，奖金是指支付给职工的超额劳动报酬和增收节支的劳动报酬，年终奖属于生产（业务）奖的一种，是劳动报酬的一部分，亦是工资总额的组成部分。

既然年终奖属于劳动报酬，根据《劳动争议调解仲裁法》第 27 条规定，劳动关系存续期间因拖欠年终奖发生争议的，劳动者申请仲裁不受一年仲裁时效期间的限制，但是劳动关系终止的，应当自劳动关系终止之日起一年内提出，且仲裁时效期间从当事人知道或者应当知道其权利被侵害之日起计算。也就是说，劳动者申请仲裁要求用人单位支付年终奖的，至迟应于解除/终止劳动合同后一年内提出。

（二）年终奖的设定方式

法律对于年终奖的设定，包括是否发放、发放条件、计算方式、发放金额等并无明确规定，仅在《劳动法》第 47 条对劳动报酬的分配做了原则性的表述，即用人单位可根据本单位的生产经营特点和经济效益，依法自主确定工资分配方式和水平。司法实践中一般认为，年终奖是用人单位对劳动者的一种激励，用人单位对年终奖的设定享有自主决定权，可结合经营情况以及劳动者表现等因素综合确定。

通常用人单位可通过两种方式与劳动者确定年终奖，第一种为协商确定，即用人单位就年终奖事宜与劳动者进行协商，并通过录用通知、劳动合同或薪酬协议等形式加以体现，该方式灵活性较强，可有针对性地对特定劳动者进行年终奖约定。第二种为制度规定，即用人单位采用规章制度的形式对年终奖进行规定，该方式较第一种适用对象更为广泛，能普遍适用于制度规定的劳动者。年终奖的制度应符合《劳动合同法》第 4 条规定，经职工代表大会或者全体职工讨论，提出方案和意见，与工会或者职工代表平等协商确定，公示或者告知劳动者。

需要注意的是，若年终奖既不在劳动合同中约定，亦不在规章制度中规定，但又存在实际发放的事实，甚至已成为一种惯例，那么就存在年终奖约定/规定不明的风险。劳动者已经形成每年可以获得年终奖的合理预期，本年度未发或少发年终奖时依据往年年终奖的发放情况主张本年度年终奖的，用人单位应就本年度年终奖发放条件、发放标准、该劳动者不符合发放条件等进行举证，从而证明未发或少发年终奖存在合法依据，否则用人单位应承担举证不能的不利后果，即裁审机构支持劳动者主张的可能性较大。

参考案例：双方对年终奖没有书面约定但是往年存在发放惯例，用人单位应当发放年终奖

在胡某与船舶公司劳动争议纠纷案中①，胡某系船舶公司的电工，2014 年 1 月 14 日发放了 2013 年的年终奖 13868.34 元，2015 年 2 月 11 日发放了 2014 年的年终奖 14800 元，2016 年 2 月 2 日发放了 2015 年的年终奖 19905 元，2017 年 1 月 19 日发放了 2016 年的年终奖 19614.04 元，船舶公司未向胡某发放 2017 年的年终奖。双方对于是否应支付胡某 2017 年的年终奖存在分歧，胡某主张其入职时经理告知其每年年底都会有年终奖，但其并不知道标准，且船舶公司已经为另一名电工牛某发放了 2017 年的年

---

① 案号：（2019）京 01 民终 2822 号。

终奖。船舶公司则主张双方对于年终奖没有书面及口头的约定，2013 年年底根据经济效益情况开始发放，2017 年船舶公司因装修停业，其单位没有效益，无须支付年终奖，其他员工年终奖的发放情况对胡某不具有参考性。

法院认为，本案中虽然双方对年终奖没有书面约定，但胡某至少从 2013 年起便享受年终奖待遇。船舶公司主张 2017 年因单位没有效益，不予发放年终奖，但并未就此提交证据证明，且船舶公司已向部分员工发放 2017 年的年终奖，但未就发放条件、发放标准以及胡某不符合发放条件等情况提交证据证明，亦未作出合理解释，应承担举证不能的不利后果，胡某应享受 2017 年的年终奖。法院综合举证责任分配原则及胡某往年年终奖发放数额，认定船舶公司支付胡某 2017 年的年终奖 19600 元。

（三）年终奖的考核

年度考核虽然不是发放年终奖的必备条件，但很多用人单位仍将其与劳动者是否享有以及享有年终奖的金额挂钩，尤其是发放绩效类年终奖的时候，发放金额需结合用人单位经营业绩以及劳动者工作表现等因素综合确定，年度考核就成为衡量劳动者一年工作表现的重要体现，亦是确定年终奖是否发放以及发放金额的重要依据。用人单位的年度考核，既属于自主经营权的范畴，又与劳动者切身利益相关，相关绩效考核制度应经职工代表大会或者全体职工讨论，提出方案和意见，与工会或者职工代表平等协商确定，公示或者告知劳动者。

针对年度考核，用人单位具有自主决定权，其中包括考核时间、考核方式、考核项目、考核标准、考核等级、结果应用等。用人单位在对劳动者进行年度考核时应注意如下问题：（1）年度考核周期要明确，一般以自然年度为单位；（2）年度考核指标要具有合理性和客观性，考核标准尽量采用量化的方式，主观因素不宜过多；（3）年度考核程序要严格按照提前设定的考核时间、考核项目、考核方式有步骤地进行，并留存考核原始材料待查；（4）考核结果应告知劳动者本人，亦可设定考核结果的申诉程序，若劳动者对考核结果有异议的，可通过申诉程序向用人单位提出；（5）考核结果应用于年终奖时，应当符合劳动合同的约定或规章制度的规定。

（四）经营亏损时的年终奖

虽然年终奖属于超额劳动报酬，但是支付年终奖不是企业的法定义务，企业有权根据自己的生产经营状况及员工工作业绩等，自主决定是否向员工发放。有企业据此认为，当存在亏损时，当然可以不向劳动者发放年终奖。但是，由于理论上对年终奖的性质本身存有争议，实践中各地的裁审尺度不一，司法机关会结合企业亏损的事实、年终奖发放的制度依据、发放惯例等因素综合判断。因此，企业能否以经营亏损为由拒绝发放年终奖，应视不同情形区别对待，在下列情形中，企业的主张通常不会被裁审机关支持。

1. 企业无充分证据证明存在亏损时，抗辩理由不成立，仍需发放年终奖

企业以经营亏损为由拒发年终奖时，首先应确保有充分的证据证明存在亏损，否则抗辩理由不成立，仍需支付年终奖。在具体证据上，第三方会计机构的审计报告、经济性裁员的相关文件、员工的认可等被裁审机关采纳的概率较高。但需注意的是，由于公司财务报表具有一定的主观性，因此，企业还需提供其他证据以证明自己的主张。

参考案例：公司提交的财务报表尚不足以证明经营亏损，应当支付该年度绩效奖金

在郭某与 A 公司劳动争议一案中①，法院认为，A 公司主张因其公司 2015 年亏损严重、未达成经营业绩目标，故依据集团公司的相关文件，取消 2015 年年度绩效奖金，但仅凭其提交的财务报表尚不足以证明其公司经营状况。鉴于公司与郭某约定了绩效工资的发放方式和金额，2015 年 2 月 1 日至 12 月 31 日郭某向公司提供了正常劳动，二审法院判令 A 公司支付郭某上述期间的绩效工资，符合法律规定，处理并无不当。

2. 劳动合同约定或规章制度规定的年终奖发放条件与盈亏状况无关，企业仍可能需支付年终奖

合法的劳动合同约定和企业规章制度规定是裁审机关审理年终奖争议的重要依据。如果企业通过劳动合同或规章制度明确了年终奖的发放条件、发放标准，且规章制度经过了民主程序并已向劳动者公示，但年终奖的发放条件未包含企业盈亏状况，企业以亏损为由拒绝支付年终奖的，裁审机关会以缺乏制度依据等为由不予支持。

参考案例：公司未提交亏损状态不符合年终奖发放条件的规章制度，应支付年终奖

在林某与某公司劳动争议一案中②，关于 2018 年 1 月 1 日至 2018 年 12 月 31 日年终奖的请求，法院认为，根据林某提交的《2018 年营收任务计划及奖励制度说明》中“四、年终奖 1. 个人超额完成年任务 20%—50%的，奖励个人 5000 元；超额完成 50%以上的，奖励 10000 元”，以及林某所主张的计算方式，林某已达到超额完成 50%以上任务量的要求，故法院对其要求公司支付其年终奖励 10000 元的请求予以支持。公司虽抗辩称其目前处于亏损状态不符合发放年终奖前提条件，但其未能就其该项主张提交相应的规章制度依据，故其该项抗辩意见缺乏依据，法院不予采信。

---

① 案号：(2018) 京民申 3775 号。

② 案号：(2020) 京 02 民终 2781 号。

3. 规章制度虽明确规定企业可依据盈亏状况向劳动者支付年终奖，但未实际执行时，企业也有可能被判决向劳动者支付年终奖

实务中，一些企业虽然在规章制度中明确可依据生产经营状况，向劳动者发放年终奖，但却未实际执行规章制度的规定，如在经营亏损的情况下，仍然向部分劳动者发放了年终奖，或者在历史亏损年份有发放年终奖的惯例，裁审机关也有可能据此认定企业不得以亏损为由拒绝支付年终奖。

参考案例：制度规定公司亏损不发放年终奖但是未实际执行，应当支付年终奖

在胡某与B公司劳动争议一案中①，B公司2018年度存在亏损，法院认为，B公司一审提交的《绩效考核管理制度》中虽规定“年度绩效考核、年度绩效奖金发放方案均以公司经营目标达成为基础，若公司年度亏损，可不予发放”，但其2018年仍发放了大部分员工年终奖，据此可见《绩效考核管理制度》并非实际执行，B公司再以《绩效考核管理制度》的规定为由主张不予发放胡某2018年年终绩效奖金，缺乏法律依据。

4. 以“十三薪”、固定金额形式按期发放的年终奖，企业通常不得以亏损为由拒绝支付

以“十三薪”或固定金额形式按期发放的年终奖，由于与一般激励性奖金不同，数额和发放周期固定，因此易被裁审机关认定为属于普通劳动报酬，在劳动者提供了正常劳动的前提下，企业不得以亏损为由拒绝支付。

参考案例：年终奖为固定金额且不与公司盈亏关联，应按在职时间予以折算

在某年终奖争议案件判决中②，公司主张因存在亏损，不符合发放年终奖的客观条件。法院认为，根据查明的事实，双方当事人在劳动合同中约定，“税前基本工资20000元、税前岗位津贴4000元、税前保密费1000元，全年发放13个月。税后全年季度奖金100000元。年终奖金税前标准额为2个月月薪，实际发放额根据年度工作表现评估结果发放”。根据前述约定的文义，本案所指“十三薪”、季度奖与一般观念不同，系数额固定部分，年终奖亦可以确定，且不与公司盈亏及劳动关系存续与否关联。故此，仲裁、一审支持系争款项按照在职时间予以折算，亦属合理，本院对此予以确认。

最后，需要注意的是，尽管主流观点认为，符合特定条件时，企业可以经营亏损为由拒绝发放年终奖，但也有少数观点认为，年终奖属于劳动报酬，企业应依法支付，且企业经营亏损属于企业应当承担的商业经营风险，不应转嫁给劳动者，因此，企业不得以亏损为由拒绝发放年终奖。

综上，企业能否以经营亏损为由拒绝发放年终奖，应综合考量亏损的证据是否充

---

① 案号：(2020) 苏01民终8527号。

② 案号：(2019) 沪01民终10888号。

分、规章制度的规定或劳动合同的约定是否明确、是否有经营亏损仍发放年终奖的惯例、是否已向部分劳动者发放年终奖等多方面的因素做出判断。

（五）离职员工的年终奖

年终奖的发放时间可由用人单位自主决定，一般是在第二年的年初进行发放，但是也有部分用人单位为了防止劳动者领取年终奖后立即离职而在第二年下半年才进行发放，有的用人单位还规定发放年终奖时劳动者已经离职的不再发放。劳动者在年度内或发放年终奖前离职不享有年终奖的规定是否有效，对此法律并无明确规定，司法实践中的裁审尺度亦不统一，存在如下几种观点：

观点一：离职员工不享有年终奖的规定无效。该观点认为，年终奖的发放应和劳动者付出的劳动相关联，根据《劳动合同法》第 26 条的规定，对一年中贡献过劳动的劳动者，用人单位不能单方免除支付年终奖的义务、排除劳动者获得年终奖的权利，否则该排除劳动者权利的条款无效。劳动者在年度内已经完成了部分工作的，年终奖按照劳动者实际工作时间折算计发，具体折算可以按照劳动者实际工作时间占全年工作时间的比例确定，这也是同工同酬原则的体现。例如，天津①持类似的裁审观点。

观点二：离职员工不享有年终奖的规定有效。该观点认为，用人单位就离职员工不享有年终奖已在劳动合同中与劳动者进行了约定或已在规章制度中做了明确规定，且年终奖属于激励性质，并非用人单位的法定义务。用人单位有权对离职员工的年终奖发放进行限定，其属于经营以及用工自主权的范畴，并未违反法律强制性规定。例如，广州②、深圳③持类似的裁审观点。

---

① 天津市高级人民法院《劳动争议审理指南》（津高法〔2017〕246 号）第 37 条规定，用人单位以规章制度、通知、会议纪要等规定有权利领取年终奖的劳动者范围为年终奖实际发放之日仍然在职的劳动者为由，拒绝向考核年度内已经离职的劳动者发放年终奖的，如该年终奖属于劳动报酬性质，劳动者请求给付年终奖的，应予支持。劳动者在年终奖对应的考核年度工作不满一年的，用人单位应当按照劳动者实际工作时间占全年工作时间的比例确定发放年终奖的比例。

② 《广州市中级人民法院民事审判若干问题的解答》（2010 年 4 月）规定，用人单位就年终奖问题规定以某个时间点为分界线，如规定三月份在职的职工可以领取上一年度的年终奖，现在该时间点之前离职的劳动者主张上年度的年终奖，应否支持？答：关于年终奖的问题，用人单位与劳动者有约定的，从其约定；在没有约定的情况下，年终奖的性质更属于一种激励机制，用人单位根据其经营状况决定是否发放年终奖以及如何发放年终奖，是其企业的经营自主权的合理范围，应当予以尊重。

③ 《深圳市员工工资支付条例》（2022 年修正）第 14 条规定，员工工资应当从用人单位与员工建立劳动关系之日起计发至劳动关系解除或者终止之日。劳动关系解除或者终止时，支付周期未满的员工月度奖、季度奖、年终奖，按照劳动合同的约定计发；劳动合同没有约定的，按照集体合同的约定计发；劳动合同、集体合同均没有约定的，按照依法制定的企业规章制度的规定计发；没有约定或者规定的，按照员工实际工作时间折算计发。

观点三：离职员工不享有年终奖的规定需结合员工离职原因分情形适用。（1）劳动者辞职的情形。劳动者因个人原因向用人单位主动提出辞职的，属于劳动者在明知离职不享受年终奖的情况下仍然选择辞职，说明劳动者对其不享有年终奖已有预期，用人单位无须支付年终奖。（2）用人单位违法解除或者非劳动者原因解除情形。用人单位违法解除劳动合同，或者因客观情况发生重大变化等非劳动者原因导致劳动合同提前解除，致使劳动者无法满足年终奖发放条件的原因在用人单位，劳动者应享有年终奖。（3）劳动者存在严重过错情形。用人单位以劳动者严重违纪等为由合法解除劳动合同的，属于因劳动者过错原因提前离职，离职并非用人单位原因造成，用人单位无须支付年终奖。但亦有部分裁审机构认为用人单位对严重违纪劳动者给予解除劳动合同处罚的同时再扣除年终奖属于重复或加重处罚，故用人单位应当支付年终奖。（4）针对绩效类的年终奖，若用人单位将年度考核设定为年终奖的发放条件之一，因劳动者提前离职无法完成年度考核的，是否享有年终奖亦应结合劳动者离职原因综合判断。一般情况下，因劳动者原因造成用人单位无法完成年度考核的，不享有年终奖，因用人单位原因造成劳动者无法完成年度考核的，应按照劳动者工作完成情况享有相应的年终奖。

参考案例：离职员工是否享有年终奖，应结合离职原因、时间、工作表现和对单位的贡献程度等多方面因素综合考量

在房某与大都会公司劳动争议一案中①，房某于2011年1月至大都会公司工作，双方之间签订的最后一份劳动合同履行日期为2015年7月1日至2017年6月30日，约定房某担任战略部高级经理一职。2017年10月，大都会公司对其组织架构进行调整，决定撤销战略部，房某所任职的岗位因此被取消。双方就变更劳动合同等事宜展开了近两个月的协商，未果。12月29日，大都会公司以客观情况发生重大变化、双方未能就变更劳动合同协商达成一致，向房某发出《解除劳动合同通知书》。房某对解除决定不服，经劳动仲裁程序后起诉要求恢复与大都会公司之间的劳动关系并诉求2017年8月—12月未签劳动合同二倍工资差额、2017年年度奖金等。大都会公司《员工手册》规定：年终奖金根据公司政策，按公司业绩、员工表现计发，前提是该员工在当年度10月1日前已入职，若员工在奖金发放月或之前离职，则不能享有。据查，大都会公司每年度年终奖会在次年3月份左右发放。

法院生效裁判认为：本案的争议焦点系用人单位以客观情况发生重大变化为依据解除劳动合同，导致劳动者不符合员工手册规定的年终奖发放条件时，劳动者是否可以获得相应的年终奖。对此，一审法院认为，大都会公司的《员工手册》明确规定了

---

① 最高人民法院第32批指导性案例183号《房某诉中美联泰大都会人寿保险有限公司劳动合同纠纷案》。

奖金发放情形，房某在大都会公司发放 2017 年年度奖金之前已经离职，不符合奖金发放情形，故对房某要求 2017 年年度奖金之请求不予支持。二审法院经过审理后认为，现行法律法规并没有强制规定年终奖应如何发放，用人单位有权根据本单位的经营状况、员工的业绩表现等，自主确定奖金发放与否、发放条件及发放标准，但是用人单位制定的发放规则仍应遵循公平合理原则，对于在年终奖发放之前已经离职的劳动者可否获得年终奖，应当结合劳动者离职的原因、时间、工作表现和对单位的贡献程度等多方面因素综合考量。本案中，大都会公司对其组织架构进行调整，双方未能就劳动合同的变更达成一致，导致劳动合同被解除。房某在大都会公司工作至 2017 年 12 月 29 日，此后两日系双休日，表明房某在 2017 年度已在大都会公司工作满一年；在大都会公司未举证房某的 2017 年度工作业绩、表现等方面均不符合规定的情况下，可以认定房某在该年度为大都会公司付出了一整年的劳动且正常履行了职责，为大都会公司做出了应有的贡献。基于上述理由，大都会公司关于房某在年终奖发放月之前已离职而不能享有该笔奖金的主张缺乏合理性。故对房某诉求大都会公司支付 2017 年度年终奖，应予支持。

二、提成工资的计算与发放

为了调动劳动者积极性，提升用人单位的营业额和利润，越来越多的用人单位对部分岗位结合按劳分配原则，采用提成工资的方式计发劳动报酬。提成工资是用人单位激励劳动者创造更多劳动价值的奖励，该奖励因人而异，具有计发金额不固定的特点。提成纠纷中裁审机关审查的重点包括：是否存在提成工资的约定或规定、提成工资的计算方式、发放条件、是否足额发放等。

（一）提成工资的性质与仲裁时效

根据《国家统计局关于工资总额组成的规定》第 4 条、第 6 条规定，计件工资是指对劳动者所做工作按计件单价支付的劳动报酬，其中包括按营业额提成或利润提成办法支付给劳动者的提成工资。由此不难看出，提成工资属于计件工资，是劳动报酬的一部分，亦是工资总额的组成部分。

既然提成工资属于劳动报酬，根据《劳动争议调解仲裁法》第 27 条规定，劳动关系存续期间因拖欠提成工资发生争议的，劳动者申请仲裁不受一年仲裁时效期间的限制，但是劳动关系终止的，应当自劳动关系终止之日起一年内提出，且仲裁时效期间从当事人知道或者应当知道其权利被侵害之日起计算。也就是说，劳动者申请仲裁要求用人单位支付提成工资的，至迟应于解除/终止劳动合同后一年内提出。

（二）提成工资的设定方式

与年终奖类似，法律对于提成工资的设定，包括是否发放、发放条件、计算方式、发放金额等并无明确规定，仅在《劳动法》第 47 条对劳动报酬的分配做了原则性的表述，即用人单位可根据本单位的生产经营特点和经济效益，依法自主确定工资分配方式和水平。用人单位对提成工资的设定享有自主决定权，可结合行业特点、经营情况、劳动者岗位、业绩表现等因素综合确定。通常用人单位可通过两种方式与劳动者确定提成工资，第一种为协商确定，即用人单位就提成工资事宜与劳动者进行协商，并通过录用通知、劳动合同或提成协议等形式加以体现，该种方式灵活性较强。第二种为制度规定，即用人单位采用规章制度的形式对提成工资进行规定，该种方式较之前种适用对象更为广泛。但需要注意的是，提成工资的制度应符合《劳动合同法》第 4 条规定，经职工代表大会或者全体职工讨论，提出方案和意见，与工会或者职工代表平等协商确定，公示或者告知劳动者。若劳动者初步能够证明存在提成工资并向用人单位主张的，用人单位应就提成工资制度、发放条件、计算标准、是否足额发放等承担举证责任。

（三）提成工资的计算

用人单位规定或与劳动者约定提成工资时，必须明确提成基数、提成比例以及计算方式等，否则一旦发生争议，用人单位无法就提成工资的计算进行举证，将面临举证不能的法律风险，届时裁审机构采信劳动者主张提成金额的可能性很大。

1. 确定提成工资的计算方式需注意的问题

（1）提成适用范围明确，一般可分为部门提成和企业提成，营业额或利润额能够单独以部门计算的可以实行部门提成，比较常见的是销售部门；按用人单位整体计算的，则可以实行企业提成。部门提成范围小针对性强，更能调动劳动者的积极性；企业提成范围广适用性强，更能立足于企业整体规划。

（2）提成基数明确，一般以利润额或营业额为提成基数，根据劳动者工作业绩、劳动成果进行计提，是按劳分配原则的体现。提成基数既可以是具体数字亦可以是计算公式（如提成基数=回款额-采购成本-税负-商务费用），不论采用哪种表现形式，提成基数均需指向明确、具体、清楚，不宜模糊不清或容易产生歧义。

（3）提成方式恰当，一般可分为全额提成和超额提成两种，两者的区别在于劳动者除提成工资外是否还享有基本工资。全额提成是指劳动者不再享有基本工资，仅享有提成工资，此种提成方式将劳动者的工资全部与业绩挂钩，但应在保障最低工资的基础上浮动发放；超额提成是指劳动者保留基本工资，仅对超额完成工作的部分计发提成工资。

（4）提成比例合理，一般可分为固定比例和分档累进比例两种，用人单位可根据自身的行业特点选择适用，分档累进比例较之固定比例灵活性更强，更能激发劳动者的工作潜能。所谓合理是指在用人单位经营条件正常的情况下，劳动者努力提高工作质量、完成各项指标，收入随之适当提高。

2. 常见的提成工资计算方式

提成工资是用人单位根据劳动者工作成果以一定比例计发的，其具体计算需用人单位结合自身生产经营情况设定，以下简单介绍几种提成工资的计算方式：

方式1：按照项目毛利率计算提成工资，如项目毛利率（明确项目毛利率的计算方式）的5%作为项目组的提成工资，则按销售人员3%、技术支持2%的计算方式发放项目组每名劳动者的提成工资。

方式2：按照当月销售额计算提成工资，如当月销售额不超过5万元，则按照销售额的5%计算提成工资；若当月销售额在5万元至10万元，则按照销售额的7%计算提成工资。

方式3：按照产品价格计算提成工资，如原材料2万元/吨，按2%计发提成工资，若产品价格下浮，价格每下浮1%，提成工资降低0.1%；价格每上浮1%，提成工资提高0.03%。

方式4：按实际销售收入与成本开支差计算提成工资，如季度提成工资=（季度回款额-季度采购成本-季度税负-季度商务费用）×提成比例。

方式5：按回款额计算提成工资，如销售货物回款额达到80%时，以货物货款金额为基数，按2%计发提成工资。

方式6：按固定金额计算提成工资，如房屋销售的提成工资为销售办公房屋为6000元/套，商铺为8000元/套。

方式7：按销售流程分阶段计算提成工资，如售前提成工资是在销售完成后计提销售额的1%，售后提成工资是在安装完成后再计提销售额的1%。

（四）提成工资的发放

提成工资的发放周期、发放时间可由用人单位自主决定，分为固定周期发放和非固定周期发放两种。固定周期发放是指发放周期较为固定，可按月、季度、半年或一年度计发；非固定周期发放是指发放周期不确定、不固定，无法准确预估，在条件成就时予以发放。

针对非固定周期发放的提成工资，尤其是根据回款时间发放的，部分用人单位在规章制度中规定回款时劳动者已经离职的不再享有该回款提成。离职劳动者是否不再享有离职后的回款提成，对此法律并无明确规定，司法实践中的裁审尺度亦不统一，存在如下几种观点：

观点一：离职员工不享有回款提成的规定无效。该观点认为，该部分提成的发放应和劳动者付出的劳动相关联，根据《劳动合同法》第26条的规定，对贡献过劳动的劳动者，用人单位不能单方免除支付提成的义务、排除劳动者获得提成的权利，否则该排除劳动者权利的条款无效。

参考案例：提成协议约定中途离职不再发放提成无效，应当按照提成工资条件计算发放

在张某与甲公司、装饰集团劳动争议纠纷案中①，张某于2014年11月入职装饰集团，工作岗位为设计师，2017年1月1日张某转入甲公司工作，岗位不变。张某从装饰集团离职转入甲公司时，装饰集团与张某未办理解除劳动合同的手续，亦未向张某支付经济补偿。2020年1月15日，甲公司与张某签订《项目提成发放协议》。该协议约定："截至2019年12月31日甲方（甲公司）应向乙方（张某）支付项目提成45083.28元，本次付项目提成6762元，剩余项目提成38321.28元，分12个月支付，分期支付时间从2020年4月1日起。"2020年8月3日，甲公司向张某发放了提成3642元，2019年协议提成尚余34679.28元未支付。2020年7月20日，张某以拖欠工资为由向装饰集团及甲公司发出《解除劳动合同通知书》。还查明，装修工程完工后，甲公司安排监理、项目经理与客户一起进行现场验收，项目经理将验收相关资料交公司评分人员，评分人员办理结账后对项目进行评分，根据评分向设计师结算提成款。评分分为三档：C档按实收款的3%计算提成；B档按实收款的4%计算提成；A档按实收款的5%计算提成。现张某向装饰集团及甲公司主张连带支付拖欠的项目提成49943.03元。

法院认为，《工资支付暂行规定》第9条规定，劳动关系双方依法解除或终止劳动合同时，用人单位应在解除或终止劳动合同时一次付清劳动者工资。因此甲公司与张某签订的《项目提成发放协议》中关于分期支付项目提成的约定，违反相关法律规定，应属无效。《事业合伙人签约书》第7条6款约定："若IP小组成员中途离职……其负责的所有未交付由事业合伙人全盘负责，直至结算。"第7条7款约定："若事业合伙人中途离职……其个人未发提成项目停止发放，待其负责的所有项目合格交付后，进行相关费用的清算，同时取消事业合伙人及其分红资格。"上述约定对劳动者明显不公，违反法律强制性规定，应属无效。同时，项目提成工资的支付条件是否成就由甲公司掌握管理，而不是由已经离职的张某控制和掌握。因此，在张某已举证证明项目提成工资条件已成就即项目已完全回款的前提下，甲公司应就验收及评分进行举证并作出合理解释，其仅以"项目未完工验收结算、尾款未收回"等理由拒绝发放项目提成工资显属不当。因此，本院对甲公司主张不必支付项目提成工资的请求不予支持。根据张某与甲公司签订的《项目提成发放协议》确认，2019年张某未发放提成金额为38321.28元，2020年张某新增项目提成工资为23140.83元，上述客户项目均评分为A

---

① 案号：(2020) 鄂0114民初2900号。

档，应按实收款的 5%计算提成。2020 年甲公司支付提成工资 3642 元，法院最终判决张某应发未发提成工资总计 57820. 16 元。

观点二：离职员工不享有提成的规定有效。该观点认为，用人单位就离职员工不享有提成已在劳动合同中与劳动者进行了约定或已在规章制度中做了明确限定，其属于经营以及用工自主权的范畴，并未违反法律强制性规定。

观点三：离职员工不享有提成的规定需结合员工离职原因分情形适用。（1）劳动者辞职的情形。劳动者因个人原因向用人单位主动提出辞职的，属于劳动者在明知离职不享受提成的情况下仍然选择辞职，说明劳动者对其不享有提成已有预期，用人单位无须支付提成工资。（2）用人单位违法解除或者非劳动者原因解除情形。用人单位违法解除劳动合同，或者因客观情况发生重大变化等非劳动者原因导致劳动合同提前解除，致使劳动者无法满足提成发放条件的原因在用人单位，劳动者应享有提成工资。（3）劳动者存在严重过错情形。用人单位以劳动者严重违纪等为由合法解除劳动合同的，属于因劳动者过错原因提前离职，离职并非用人单位原因造成，用人单位无须支付提成工资。

合规建议

1. 用人单位应完善年终奖及绩效考核制度，妥善留存民主和公示程序的相关证据，作为年终奖发放的合法依据，未经民主和公示程序的年终奖制度对劳动者不具有拘束力。

2. 用人单位应在劳动合同或规章制度中明确规定年终奖的发放对象、发放时间、发放条件、发放标准以及不享受年终奖的情形等，避免因约定或规定不明承担不利后果。针对年度考核应明确考核时间、考试方法、考核标准、考核结果应用以及考核结果申诉程序，其中的考核标准尽量具体、细致、可量化。在考核过程中，严格按照考核制度进行，确保公平、公证，并保留考核的相关证据材料。

3. 用人单位和劳动者均应了解年终奖案件的举证责任，并注意留存相关证据，在仲裁或诉讼时积极举证。劳动者对于存在年终奖金的基本事实承担初步的举证责任，用人单位在劳动者完成初步举证的情况下，对于拒发或减发年终奖承担举证责任。

4. 用人单位对部分岗位实行提成工资的，应当通过书面约定或制度规定明确提成工资的适用对象、计算方式、发放条件、发放周期等，避免约定或规定不明时产生争议。合理设计提成工资计算方式，防止劳动者为获得提成工资片面追求业绩或弄虚作假。实行利润提成的，可采取相应的措施，保证产品和服务质量；实行营业额提成的，可制定合理的原材料消耗定额，以防止单纯追求高营业额而不计成本。

5. 用人单位应当按照书面约定或制度规定及时足额发放提成工资，在劳动者离职时，应对符合发放条件的提成工资进行结算。双方发生提成工资争议的，劳动者对于存在提成工资的基本事实承担初步的举证责任，用人单位在劳动者完成初步举证的情况下，对于已足额发放、不发或减发提成工资承担举证责任。

第五节　未依法支付工资的法律责任及争议处理

一、未及时足额支付工资的法律责任

用人单位应当按照劳动合同约定和法律规定，向劳动者及时足额支付工资。为保障劳动者的合法权益，国家针对用人单位未及时足额支付工资的情况，向劳动者提供了劳动监察投诉、仲裁诉讼等救济途径，甚至在2011年的《刑法修正案（八）》中引入“拒不支付劳动报酬罪”①，自此，“欠薪”的用人单位将可能面临民事、行政、刑事三个方面的法律责任。将“欠薪入刑”是国家前所未有的打击手段，终极目标还是为了促进劳动关系的和谐稳定与社会的公平正义。

（一）民事法律责任

1. 补发工资（差额）

用人单位不及时足额支付工资的，劳动者可以向劳动行政部门投诉②，由其责令用人单位限期支付工资，或者劳动者也可以申请劳动仲裁要求用人单位补发工资。如果用人单位欠薪属实，则需要依法足额支付劳动者工资（差额）。

2. 加付赔偿金

在劳动者投诉后，劳动行政部门会责令用人单位限期支付工资，逾期不支付的，劳动行政部门可责令用人单位按应付金额百分之五十以上百分之一百以下的标准向劳动者加付赔偿金。③

劳动者依据《劳动合同法》第85条规定，要求用人单位支付加付赔偿金发生的纠纷，属于劳动争议。④ 如果劳动者未向劳动监察部门投诉，而是直接申请劳动仲裁或提起诉讼要求用人单位支付工资，同时要求支付加倍赔偿金的，即便用人单位欠薪属实，劳动者也将面临加倍赔偿金的请求无法获得支持的后果。因为获得支持的前提是，针对用人单位的欠薪行为必须先经过劳动行政部门的处理。北京规定，劳动者依据《劳动合同法》第85条向仲裁委、法院主张加付赔偿金的，仲裁委、法院也会要求劳动者提供已经依法先经劳动行政部门处理的证据，包括提供劳动行政部门责令用人

---

① 《刑法修正案（八）》第41条。

② 《劳动争议调解仲裁法》第9条、《劳动保障监察条例》第11条第6项。

③ 《劳动合同法》第85条、《劳动保障监察条例》第26条。

④ 《最高人民法院关于审理劳动争议案件适用法律问题的解释（一）》第1条。

单位限期支付工资等的限期整改证据，以及用人单位逾期不履行上述义务的证据。[①]当然，劳动行政部门已经责令用人单位加付赔偿金的，由劳动行政部门处理，仲裁委、法院不再重复处理。

此外，实践中，劳动行政部门或人民法院要求用人单位支付劳动者加倍赔偿金时，应当考虑以下几个方面的因素：

（1）用人单位违法行为严重性及过错程度；

（2）劳动者因用人单位违法行为所受损害大小；

（3）用人单位因违法行为获利情况；

（4）用人单位接受其他处罚情况。

参考案例：用人单位拖欠员工工资，劳动监察部门有权作出加付赔偿金处理

在某科技北京分公司与某区人力资源和社会保障局（以下简称区人社局）、某区政府劳动监察行政处理决定一案中[②]，法院查明：2018 年 11 月，某科技北京分公司的 11 名员工先后分三批向区人社局投诉公司拖欠 2018 年 8 月至 10 月期间的工资。经调查，除了投诉人，公司还拖欠郑某等 16 名员工的工资，2018 年 12 月 24 日，区人社局向该公司送达了《责令（限期）改正通知书》，要求公司于 2019 年 1 月 9 日前改正拖欠工资的行为；逾期未改正，且无员工启动仲裁和诉讼程序；后经告知等法定程序后，2019 年 1 月 21 日，区人社局作出《行政处理决定书》（以下简称《处理决定》），要求公司向郑某等 16 名员工支付 2018 年 8 月至 11 月工资及 50%的加付赔偿金，合计 1738821.06 元；同日区人社局作出《行政处罚决定书》对公司处以 2 万元罚款。公司对《处理决定》不服，向某区政府申请行政复议，请求撤销该决定书，该区政府作出《行政复议决定书》（以下简称《复议决定》），维持了区人社局的《处理决定》。后该公司提起行政诉讼，认为郑某等 16 人本就未向劳动行政部门投诉，且已通过劳动仲裁、诉讼解决纠纷，要求撤销《处理决定》及《复议决定》。

法院经审理认为：区人社局作为本行政区域内的劳动保障行政主管部门，具有对用工所在地在其辖区内的用人单位进行劳动保障监察的法定职权。举报投诉是启动劳动监察的一种方式，但不是唯一方式，监察的范围也以劳动者的举报内容为限，监察的内容是用人单位执行劳动方面法律法规的情况，劳动监察职责的履行并非行政主体居中处理劳动者与用人单位之间的劳动争议。公司关于被诉处理决定涉及的员工并未提出维权意见，区人社局不应当启动监察予以处理的意见，不予支持。《劳动合同法》第 85 条并未规定劳动者与用人单位达成事后和解的，劳动行政部门应当免除用人单位

---

① 《北京市高级人民法院、北京市劳动人事争议仲裁委员会关于审理劳动争议案件解答（一）》第 6 条。

② 案号：（2019）京 03 行终 1058 号。

加付赔偿金的义务。从立法规定本旨上看，强调的是对用人单位不及时支付行为的否定评价，并给予其经济上的不利负担，督促其履行劳动合同约定的义务，以便更好地维护劳动者的合法权益。劳动者事后自愿放弃获得用人单位应支付的加付赔偿金系自愿处分其财产权利的行为，并不能否定行政执法行为的合法性，也不能否认公司确有拖欠支付员工工资的行为，且在区人社局发出责令改正通知要求公司支付拖欠员工工资后，其仍未在通知要求期限内及时纠正违法行为。在区人社局的调查过程中，公司认可"截至2019年1月10日涉案员工没有申请劳动仲裁与诉讼"，因此，公司以被诉决定作出后提交的和解协议否定被诉决定合法性，不予以支持。区人社局责令公司加付赔偿金579607.02元，符合《劳动合同法》第85条规定的幅度，并不属于明显畸重不适当。关于区人社局履行劳动监察程序以及区政府复议程序的合法性，同意一审法院的相关认定。

3. 支付经济补偿

根据《劳动合同法》第38条规定，如果用人单位不及时足额支付工资，劳动者可以据此提出解除劳动合同，在要求用人单位补足工资的同时，支付解除劳动合同经济补偿。实践中，劳动者何时、以何种方式提出解除劳动合同通常会有不同的做法：一种表现为，劳动者先以口头或书面形式向用人单位作出被迫解除劳动合同的通知，然后提起劳动仲裁申请，要求公司支付工资差额及解除劳动合同经济补偿金；另一种表现为，劳动者虽未直接向用人单位提出解除劳动合同，但直接向劳动仲裁机构提交申请，要求支付工资，同时提出因用人单位未及时足额支付工资而被迫提出解除劳动合同并要求支付经济补偿，亦符合被迫解除获得经济补偿的情形。当然不管采用何种方式，劳动者提出解除劳动合同的理由必须有用人单位未及时足额支付工资，如果在已经向用人单位表达了因个人原因等解除劳动合同的意思表示后，在劳动仲裁环节又以未及时足额发放工资为由，要求支付经济补偿，则经济补偿的请求将很难被支持。在用人单位不及时足额支付工资而导致劳动者被迫提出解除后，劳动者也可以先向劳动行政部门投诉，如果用人单位拒不支付经济补偿，劳动者同样可以在后续的仲裁、诉讼中要求用人单位加倍支付赔偿金。①

（二）行政法律责任

1. 罚款

劳动者就用人单位不及时足额支付工资的行为向劳动行政部门投诉后，经查证属实，劳动行政部门要求用人单位限期支付工资，用人单位逾期未支付；劳动行政部门

---

① 《最高人民法院关于审理劳动争议案件适用法律问题的解释（一）》第45条。

可依法责令改正或者作出相应的行政处理决定；[①] 经劳动行政部门责令改正拒不改正，或者拒不履行劳动行政部门的行政处理决定的，可以对用人单位处 2000 元以上 2 万元以下的罚款。[②]

2. 治安管理处罚

用人单位经劳动行政部门责令改正拒不改正，或者拒不履行劳动行政部门的行政处理决定的，构成违反治安管理行为的（如阻碍国家机关工作人员依法执行职务[③]），由公安机关依法给予治安管理处罚。[④]

3. 列入失信联合惩戒名单

用人单位拖欠农民工工资，情节严重或者造成严重不良社会影响的，该用人单位及其法定代表人或者主要负责人、直接负责的主管人员和其他直接责任人员将可能被有关部门列入拖欠农民工工资失信联合惩戒对象名单，在政府资金支持、政府采购、招投标、融资贷款、市场准入、税收优惠、评优评先、交通出行等方面依法依规予以限制。[⑤] 如果劳动者在获得生效法律文书后申请人民法院强制执行，但用人单位暂无可执行财产时，在暂时终结本次执行程序后，用人单位的法定代表人也将被列入失信联合惩戒名单，受到社会的综合制约。

（三）刑事法律责任

1. 可能入刑的欠薪行为表现

（1）以转移财产、逃匿等方法逃避支付劳动者的劳动报酬[⑥]

隐匿财产、恶意清偿、虚构债务、虚假破产、虚假倒闭或者以其他方法转移、处分财产的；

逃跑、藏匿的；

隐匿、销毁或者篡改账目、职工名册、工资支付记录、考勤记录等与劳动报酬相关的材料的；

以其他方法逃避支付劳动报酬的。[⑦]

用人单位拖欠工资的行为被投诉后，劳动行政部门通过书面、电话、短信等能够确认其收悉的方式，通知其在指定的时间内到指定的地点配合解决问题，但用人单位

---

① 《劳动保障监察条例》第 18 条第 2 项。

② 《劳动保障监察条例》第 30 条第 1 款第 3 项。

③ 《治安管理处罚法》第 50 条。

④ 《劳动保障监察条例》第 30 条第 2 款。

⑤ 《条例》第 48 条。

⑥ 《刑法》（2023 年修正）第 276 条之一。

⑦ 《最高人民法院关于审理拒不支付劳动报酬刑事案件适用法律若干问题的解释》第 2 条。

在指定的时间内未到指定的地点配合解决问题或明确表示拒不支付劳动报酬的，视为“以逃匿方法逃避支付劳动者的劳动报酬”。[①]

（2）有能力支付而不支付劳动者的劳动报酬

从客观方面讲，用人单位其实有能力支付劳动者的工资报酬却不支付，从主观方面讲，用人单位属于恶意不支付。对于确实因经营困难而无法及时足额支付劳动者工资的用人单位，并非刑法打击的欠薪对象。

2. 欠薪入刑的“数额较大”要求[②]

用人单位的欠薪行为并非一定会触犯刑法，构成刑事犯罪，还需要欠薪的“数额较大”，最高人民法院的司法解释从欠薪人数、欠薪时间及欠薪金额三个方面进行规制：

（1）拒不支付一名劳动者三个月以上的劳动报酬且数额在五千元至二万元的；

（2）拒不支付十名以上劳动者的劳动报酬且数额累计在三万元至十万元的。

由于各地经济水平差异，各省、自治区、直辖市高级人民法院可以根据本地区经济社会发展状况，在前款规定的数额幅度内，研究确定本地区执行的具体数额标准，报最高人民法院备案。比如，河南省高级人民法院明确拒不支付劳动报酬罪在河南省的定罪标准为：拒不支付1名劳动者3个月以上的劳动报酬且数额在8000元以上，或者拒不支付10名以上劳动者的劳动报酬且数额累计在4万元以上。[③] 江苏省高级人民法院明确拒不支付劳动报酬罪在江苏省的定罪标准为：拒不支付1名劳动者3个月以上的劳动报酬且数额在1万元以上或者拒不支付10名以上劳动者的劳动报酬且数额累计在6万元以上。[④]

3. 行政部门先行处理：经政府有关部门责令支付仍不支付[⑤]

（1）经人力资源社会保障部门或者政府其他有关部门依法以限期整改指令书、行政处理决定书等文书责令支付劳动者的劳动报酬后，在指定的期限内仍不支付的；

（2）行为人逃匿，无法将责令支付文书送交其本人、同住成年家属或者所在单位负责收件的人的，如果有关部门已通过在行为人的住所地、生产经营场所等地张贴责令支付文书等方式责令支付，并采用拍照、录像等方式记录的，应当视为“经政府有关部门责令支付”。

---

① 《最高人民法院、最高人民检察院、人力资源和社会保障部、公安部关于加强涉嫌拒不支付劳动报酬犯罪案件查处衔接工作的通知》。

② 《最高人民法院关于审理拒不支付劳动报酬刑事案件适用法律若干问题的解释》第3条。

③ 《河南省高级人民法院关于我省拒不支付劳动报酬犯罪数额认定标准的规定》。

④ 《江苏省高级人民法院关于我省执行拒不支付劳动报酬罪数额标准的意见》。

⑤ 《最高人民法院关于审理拒不支付劳动报酬刑事案件适用法律若干问题的解释》第4条。

4. 定罪处罚

（1）对用人单位的实际控制人、直接负责的主管人员和其他直接责任人员定罪处罚①

处三年以下有期徒刑或者拘役，并处或者单处罚金；造成严重后果的，处三年以上七年以下有期徒刑，并处罚金。此处的“严重后果”包括以下情形：②

造成劳动者或者其被赡养人、被扶养人、被抚养人的基本生活受到严重影响、重大疾病无法及时医治或者失学的；

对要求支付劳动报酬的劳动者使用暴力或者进行暴力威胁的；

造成其他严重后果的。

（2）对用人单位的定罪处罚③

用人单位拒不支付劳动报酬，构成犯罪的，除对直接负责的主管人员和其他直接责任人员定罪处罚外，并对单位判处罚金。

（3）免予刑事处罚的——予以训诫、责令具结悔过或者赔礼道歉④

对于在提起公诉前支付劳动者的工资，并依法承担相应赔偿责任的用人单位，可以减轻或者免除刑事处罚，但对于免除刑事处罚的，可以根据案件的不同情况，予以训诫、责令具结悔过或者赔礼道歉。

（4）情节显著轻微，不认为是刑事犯罪⑤

用人单位拒不支付劳动者的劳动报酬，尚未造成严重后果，在刑事立案前支付，并依法承担相应赔偿责任的，可以认定为情节显著轻微危害不大，不认为是犯罪。

二、工资争议的解决途径

用人单位如果未及时足额支付工资，劳动者可以通过多种途径解决工资争议问题⑥：可以向劳动行政部门投诉，或者申请劳动仲裁，对仲裁裁决不服的情况下向人民法院起诉，或者在特殊情况下可以不经过劳动仲裁前置程序而直接向法院提起民事诉讼。具体在工资争议的个案中，劳动者如何选择解决途径，需要综合考虑时间、经

---

① 《最高人民法院关于审理拒不支付劳动报酬刑事案件适用法律若干问题的解释》第8条和第9条。

② 《最高人民法院关于审理拒不支付劳动报酬刑事案件适用法律若干问题的解释》第5条。

③ 《最高人民法院关于审理拒不支付劳动报酬刑事案件适用法律若干问题的解释》第9条。

④ 《最高人民法院关于审理拒不支付劳动报酬刑事案件适用法律若干问题的解释》第6条第2款。

⑤ 《最高人民法院关于审理拒不支付劳动报酬刑事案件适用法律若干问题的解释》第6条第1款。

⑥ 《劳动合同法》第77条。

济、精力等多个因素，选择最优的解决途径或者最优组合的解决途径。

（一）劳动监察

在劳动者遭遇拖欠或克扣工资的情况下，如果劳动关系明确、争议事实相对比较简单，劳动者可以向劳动行政部门投诉①，启动劳动监察程序；劳动行政部门进行立案、调查，核实用人单位待支付的工资金额后，可以要求用人单位限期改正；对应当改正未改正的，依法责令改正或者作出相应的行政处理决定②。

劳动监察这一解决途径具有以下优势：

1. 劳动监察大队调查处理周期短，投诉一般要在60个工作日内完成调查，调查结束后15个工作日内要作出处理，因此周期较短、效率较高。

2. 劳动监察大队可以主动对用人单位履行劳动法律法规的行为进行全面的调查和检查，并不限于劳动者投诉的事项，“由点及面”对用人单位有很大的威慑力，还可以采取进场、书面审查、委托审计等各种措施主动进行调查取证，减少甚至免除了劳动者的举证责任。

3. 用人单位发生在2年内的违法行为，劳动监察大队都可以查处，并且如果违法行为有连续或者继续状态的，自行为终了之日起计算2年。因此，对于离职后已经超过1年仲裁时效但是未超过2年查处期限的拖欠工资争议，劳动者可以向劳动监察大队投诉。

4. 劳动监察大队具有行政执法权，责令用人单位限期改正，逾期不改正的，可以处以一定数额的罚款，使用人单位迫于压力尽快为劳动者补发工资，即便用人单位未及时改正违法行为，还可以责令用人单位向劳动者加付赔偿金③。

5. 在劳动监察大队作出责令用人单位支付劳动者工资的行政处理决定后，如果用人单位在法定期限内既不履行又不申请行政复议或者提起行政诉讼的，劳动监察大队可以依法申请人民法院强制执行④。

（二）劳动仲裁

在劳动者与用人单位因工资发放产生争议后，劳动者也可以直接向有管辖权的劳动（人事）争议仲裁委员会申请仲裁⑤，对仲裁裁决不服的，除一裁终局用人单位无

---

① 《劳动保障监察条例》第11条第6项。

② 《劳动保障监察条例》第18条。

③ 《劳动合同法》第85条。

④ 《广东省工资支付条例》（2016年修正）第53条。

⑤ 《劳动争议调解仲裁法》第2条。

权起诉、劳动者可以起诉外，双方均可以向人民法院提起诉讼①。这也决定了，劳动仲裁是劳资双方向人民法院起诉的法定前置程序。

有管辖权的仲裁机构具体是指劳动合同履行地或者用人单位所在地的劳动争议仲裁委员会。劳资双方分别向劳动合同履行地和用人单位所在地的劳动争议仲裁委员会申请仲裁的，由劳动合同履行地的劳动争议仲裁委员会管辖②。案件受理后，劳动合同履行地或者用人单位所在地发生变化的，不改变争议仲裁的管辖③。

如果劳动者追索劳动报酬不超过当地月最低工资标准十二个月金额，仲裁机构可以作出终局裁决④。在劳动者对终局裁决无异议的前提下，如果用人单位不服该裁决，只能向仲裁机构所在地的中级人民法院申请撤销仲裁裁决⑤，而且只有符合法定情形（如适用法律法规错误、程序违法、伪造证据、仲裁员徇私舞弊、枉法裁判等），才可能撤销该终局裁决，一旦裁决被撤销，劳动者只能再向基层法院起诉要求用人单位支付工资；反之，法院将驳回用人单位的撤仲申请，该终局裁决生效，劳动者可依据该生效文书要求用人单位履行工资支付义务，无须经历一审、二审的法院诉讼程序。因此，对于工资争议标的金额不大（未超过当地最低月工资十二个月的工资金额）的案子通过一裁终局快速定分止争，是劳动者维护自身合法权益的相对理想的解决途径。当然，如果劳动者不服终局裁决，可以向有管辖权的基层人民法院提起诉讼⑥，案件可能需要经历劳动仲裁、一审、二审三个法定程序才能获得生效判决。

（三）民事诉讼

一般情况下，发生工资争议，如果未经劳动仲裁程序而直接向人民法院起诉的，人民法院不予受理。但也有例外情况：

1. 仲裁机构以无管辖权为由不予受理的⑦

劳动者申请劳动仲裁后，仲裁机构以无管辖权为由，不予受理，劳动者向人民法院提起诉讼，人民法院经审查认为该劳动争议仲裁机构有管辖权的，应当告知当事人申请仲裁，并将审查意见书面通知该劳动争议仲裁机构；仲裁机构仍不受理，当事人就该劳动争议事项提起诉讼的，人民法院应予受理。

---

① 《劳动争议调解仲裁法》第 5 条。

② 《劳动争议调解仲裁法》第 21 条。

③ 《劳动人事争议仲裁办案规则》（2017）第 8 条。

④ 《劳动争议调解仲裁法》第 47 条第 1 项。

⑤ 《劳动争议调解仲裁法》第 49 条第 3 款。

⑥ 《劳动争议调解仲裁法》第 48 条。

⑦ 《最高人民法院关于审理劳动争议案件适用法律问题的解释（一）》第 5 条第 2 项。

2. 劳动者以工资欠条为证据起诉的①

劳动者以用人单位的工资欠条为证据直接提起诉讼，诉讼请求不涉及劳动关系其他争议的，视为拖欠劳动报酬争议，人民法院按照普通民事纠纷受理，适用3年诉讼时效。此种情况下，无须经过劳动仲裁的前置程序，但需注意的是，普通民事诉讼的案件受理费与诉讼标的额有关，而劳动争议为案由的法院诉讼受理费只有10元（调解或撤诉结案，则减半收取），因此，直接起诉法院的案件受理费比劳动争议的受理费高；如果用人单位拖欠的工资金额较高，劳动者需要先行支付的案件受理费对其而言也是笔不小的支出。因此，劳动者在选择该项解决途径时，不得不考虑现实的经济问题。

参考案例：用人单位为劳动者出具工资欠条，按照普通民事纠纷受理应适用3年诉讼时效

在某物资服务中心与弭某追索劳动报酬纠纷一案②中，法院查明：某物资局已更名为某物资服务中心，弭某在某物资服务中心从事出纳工作，在职期间，某物资服务中心拖欠弭某工资63000元。2018年9月1日，弭某因某物资局欠薪辞职，某物资局于2018年9月10日向弭某出具了欠条一张，负责人贾某签字并加盖公章，欠条载明："欠工资2015年8月至2018年2月，31个月×1800=55800元；2018年5月11日至9月11日，4个月×1800元=7200元。2017年度、2018年度养老保险10810×2=21620元。总计84620元"。2020年7月30日，弭某以某物资服务中心拖欠其工资63000元为由申请仲裁，仲裁委以弭某的仲裁请求已超出仲裁时效为由，裁决驳回其仲裁请求。后弭某不服该裁决，诉至法院。

法院经审理认为：因某物资服务中心对于欠付弭某工资63000元的事实予以认可，弭某虽以物资服务中心2018年9月10日出具的欠条为证据，但其诉讼请求仅主张劳动报酬请求权，并不涉及劳动关系其他争议，根据《最高人民法院关于审理劳动争议案件适用法律问题的解释（一）》第15条规定："劳动者以用人单位的工资欠条为证据直接提起诉讼，诉讼请求不涉及劳动关系其他争议的，视为拖欠劳动报酬争议，人民法院按照普通民事纠纷受理。"以及民法典施行前的《民法总则》第188条和《民法典》第188条内容相一致的规定，即向人民法院请求保护民事权利的诉讼时效期间为三年，本案无论弭某是否诉前申请劳动仲裁，一审按照普通民事纠纷受理并依法作出判决，适用法律正确。对于某物资服务中心称已超时效的辩解，一审不予采纳，于法有据，并无不当。

---

① 《最高人民法院关于审理劳动争议案件适用法律问题的解释（一）》第15条。

② 案号：（2021）鲁14民终87号。

3. 劳资双方仅就劳动报酬争议达成调解协议，用人单位不履行给付义务的[①]

劳资双方发生工资争议后，通过企业劳动争议调解委员会、依法设立的基层人民调解组织或在乡镇、街道设立的具有劳动争议调解职能的组织[②]达成调解协议，用人单位不履行调解协议确定的给付义务，劳动者直接提起诉讼的，人民法院可以按照普通民事纠纷受理。

虽然上述调解组织调解达成的调解协议，不同于在仲裁机构和法院主持下达成的调解协议，不具有强制执行效力，但可以作为证据使用，类似于拖欠工资的欠条，劳动者可以不经过劳动仲裁程序，直接按普通民事纠纷向法院提起诉讼，在选择该解决途径时同样需要考虑上述提到的案件受理费的问题。

三、工资争议的举证责任与仲裁时效

劳动者与用人单位之间如果因工资发放产生争议而对簿公堂，双方都不得不面对举证责任的问题，如果对自身主张所提供的证据不足或者反驳对方主张而无证据支撑时，都将面临举证不能的法律后果。当然如果一方在仲裁、诉讼过程中，对部分事实进行自认，如员工的工资标准、加班天数、公司的规章制度等，则将免除负有举证义务一方相应的举证责任。同时，仲裁时效也是劳资双方不容忽视的法律问题，对于劳动者超过仲裁时效期间提起仲裁申请，已丧失胜诉权，很有可能面临败诉的结果。但是这种情况下，对于用人单位而言，如果在仲裁阶段缺席或者没有进行时效抗辩，仲裁委不会主动适用仲裁时效，在之后的法院诉讼阶段即使用人单位再提出时效抗辩法院也不再进行审查[③]，劳动者的请求则可能得到支持。

（一）举证责任

1. 一般规则

一般情况下，发生民事诉讼需遵循“谁主张，谁举证”的证明责任规则，即当事人对自己提出的诉讼请求所依据的事实或者反驳对方诉讼请求所依据的事实，应当提供证据加以证明，但法律另有规定的除外[④]。具体到劳动争议，当事人对自己提出的主张，有责任提供证据。与争议事项有关的证据属于用人单位掌握管理的，用人单位应当提供；用人单位不提供的，应当承担不利后果[⑤]。

---

① 《最高人民法院关于审理劳动争议案件适用法律问题的解释（一）》第 51 条第 2 款。

② 《劳动争议调解仲裁法》第 10 条。

③ 《最高人民法院第八次全国法院民事商事审判工作会议（民事部分）纪要》第 27 条。

④ 《最高人民法院关于适用〈中华人民共和国民事诉讼法〉的解释》（2022 年修正）第 90 条第 1 款。

⑤ 《劳动争议调解仲裁法》第 6 条。

在工资争议中，劳动者主张用人单位未及时足额发放工资，首先需要证明双方存在的劳动关系以及工资标准，其次提供银行交易明细等工资发放证据证明用人单位存在克扣工资或未按约定发放工资的情况。如果双方未签署劳动合同，劳动者亦无法提供其他充足有效的证据证明双方存在劳动关系，而用人单位否认双方存在劳动关系，劳动者可能会面临讨薪无门的结果。而在加班工资、提成工资、年终奖等争议中，劳动者还需要对存在加班事实、提成制度、年终奖约定等承担举证责任。

2. 特殊规则

（1）因用人单位作出的减少劳动报酬决定而发生的劳动争议，用人单位负举证责任[①]。

在工资争议中，用人单位应当就已经及时足额发放工资承担举证责任。根据工资支付相关法律规定，用人单位应当按照工资支付周期编制工资支付记录表，并至少保存二年备查。劳动者与用人单位因劳动报酬问题产生争议时，在二年保存期间内，由用人单位承担举证责任。超出这一期间的则应适用“谁主张，谁举证”的证明责任分配规则[②]。北京还规定，涉及农民工工资支付的，工资支付记录表应当至少保存三年，从劳动者申请仲裁之日起往前推算。

如果用人单位主张，扣减工资或缓发工资具有合理、合法理由，如因为劳动者存在违纪行为而对其进行降薪处理，此时，裁审机构将会要求用人单位就劳动者的违纪行为、处罚制度依据及其民主公示程序等进行举证，同时还会就处罚规定的合理性进行审查。

（2）法律没有具体规定、按照劳动争议的一般举证责任规则无法确定举证责任承担方的，仲裁庭可以根据公平原则和诚实信用原则，综合当事人举证能力等因素确定举证责任的承担[③]。

在具体的个案仲裁、诉讼中，也会随着案件的审理和双方的不断攻守交锋，发生举证责任的转移，在对于工资争议的焦点问题上，裁审人员也可能需要综合判断举证责任的承担方，如果无法举证、拒绝举证或举证不足，都将面临举证不力的后果。

（二）仲裁时效

1. 拖欠劳动报酬的仲裁时效

劳动争议仲裁时效分为一般时效和特殊时效，前者应当从当事人知道或者应当知道其权利被侵害之日起一年内申请仲裁；后者是劳动关系存续期间因拖欠劳动报酬发

---

① 《最高人民法院关于审理劳动争议案件适用法律问题的解释（一）》第44条。

② 《北京市高级人民法院、北京市劳动人事争议仲裁委员会关于审理劳动争议案件解答（一）》第53条。

③ 《劳动人事争议仲裁办案规则》（2017）第14条。

生争议的，劳动者申请仲裁不受一年仲裁时效期间的限制。但是，劳动关系终止（包括劳动合同解除和终止）的，应当自劳动关系终止之日起一年内提出仲裁申请。

参考案例：低于最低工资标准发放工资构成拖欠劳动报酬，应当适用特殊时效

在某交通公司滨州分公司与王某劳动争议一案①中，法院查明：2004 年 9 月，王某到某管理处工作，岗位为保洁员；2015 年 5 月，某管理处资产被划归某交通公司；2016 年 2 月，某交通公司滨州分公司成立，负责某管理处的业务；2016 年 5 月，某交通公司滨州分公司将保洁业务承包给某绿业公司，王某的工资由某交通公司滨州分公司发放至 2016 年 5 月 3 日，此后由某绿业公司发放。2017 年 4 月 26 日王某提起劳动仲裁，要求某交通公司滨州分公司补发 2004 年 9 月至 2017 年 5 月 17 日的工资等，仲裁委及一审法院均裁决支付王某低于最低工资标准差额 55033 元，后二审法院改判支付王某工资差额 850 元；山东高院再审撤销二审判决，维持一审判决。

二审法院经审理认为，关于双方争议的最低工资差额能否适用特殊仲裁时效，《劳动争议调解仲裁法》第 27 条规定的拖欠劳动报酬并不能涵盖所有与劳动报酬有关的争议。事实上，《劳动争议调解仲裁法》第 9 条、《劳动合同法》第 30 条均将拖欠劳动报酬和未足额支付劳动报酬并列为用人单位违法情形。而本案中，某交通公司滨州分公司按照合同约定的工资数额和时间向劳动者支付了工资报酬，仅是所支付的工资报酬未达到最低工资标准，该违法情形应属于未足额支付劳动报酬，而不属于拖欠劳动报酬；应当适用一般仲裁时效，而不适用特殊仲裁时效。一审判决认定本案适用特殊仲裁时效，未严格区分两种违法情形，属适用法律不当，依法应予纠正。

山东高院经审理认为：某交通公司滨州分公司主张王某主张的权利已超仲裁时效。经查，尽管《劳动争议调解仲裁法》第 9 条和《劳动合同法》第 30 条的规定，将拖欠劳动报酬与未足额支付劳动报酬作为并列情形予以规范，但从文意解释的角度分析，拖欠劳动报酬应既包括拖欠全部劳动报酬，也包括拖欠部分劳动报酬。两者虽存在拖欠数额上的差异，但在拖欠的性质上并无差异，并非可截然区分的不同违法情形；从《劳动争议调解仲裁法》第 27 条第 4 款"劳动关系存续期间因拖欠劳动报酬发生争议的，劳动者申请仲裁不受本条第一款规定的仲裁时效期间的限制"的立法意旨分析，是为了避免出现劳动者在劳动关系存续期间无法自由、平等地向用人单位主张权利现象的出现，从实质上保护劳动者的权益。而用人单位无论是否足额支付劳动者工资，对劳动者而言都构成工资的欠付，尤其是用人单位存在低于最低工资标准发放工资的情况下，劳动者在劳动关系存续期间都无法自由、平等地向用人单位主张权利。据此，某交通公司滨州分公司低于当地最低工资标准向王某支付工资的情形也应当适用《劳

① 案号：(2020) 鲁民再 297 号。

动争议调解仲裁法》第 27 条关于特殊仲裁时效的规定。二审法院仅以《劳动合同法》第 30 条、《劳动争议调解仲裁法》第 9 条将拖欠劳动报酬和未足额支付劳动报酬并列为用人单位的违法情形为由，认为未足额支付劳动报酬应当适用一般仲裁时效不当，本院依法予以纠正。

需要注意的是，并不是所有“工资”都属于劳动报酬，如未签劳动合同二倍工资差额、200%未休年休假工资等，主流观点认为属于赔偿、补偿性质，因此不适用特殊时效而是一年仲裁时效。还有地区认为待岗工资（生活费）、产假工资（生育津贴）等也不适用特殊时效。比如山东认为，待岗工资即基本生活费并非劳动者付出劳动的对价，不属于劳动报酬，而是用人单位依法应当承担的社会责任，应当适用一年的普通仲裁时效，不能因为涉及工资支付的有关规章政策等对基本生活费作出规定，就认为基本生活费属于劳动报酬①。生育津贴属于劳动者的社会保险待遇，也不属于劳动报酬，应当适用一年的普通仲裁时效②。

2. 仲裁时效中断、中止

在劳动者与用人单位因工资争议申请劳动仲裁时，如果超过仲裁时效，但是劳动者主张存在时效中断或中止的情形，裁审机关将会审查劳动者申请仲裁时是否超过仲裁时效，则还是有胜诉的可能。

（1）时效中断：在申请仲裁的时效期间内，发生下列情形之一的，时效中断，从中断时起，仲裁时效期间重新计算③：

劳动者通过协商、申请调解等方式向用人单位主张权利的；

劳动者通过向有关部门投诉，向仲裁委员会申请仲裁，向人民法院起诉或者申请支付令等方式请求权利救济的；

用人单位同意履行义务的。

（2）时效中止：符合下列情形之一的，导致劳动者无法在仲裁时效期间内申请仲裁的，时效中止，从中止时效的原因消除之日起，仲裁时效期间继续计算④：

不可抗力；

无民事行为能力或者限制民事行为能力劳动者的法定代理人未确定；

有其他正当理由。

---

① 《山东省高级人民法院、山东省人力资源和社会保障厅关于审理劳动人事争议案件若干问题会议纪要》第 19 条。

② 《山东省高级人民法院、山东省人力资源和社会保障厅关于审理劳动人事争议案件若干问题会议纪要》第 20 条。

③ 《劳动人事争议仲裁办案规则》（2017）第 27 条。

④ 《劳动人事争议仲裁办案规则》（2017）第 28 条。

合规建议

1. 用人单位应按照法律规定和双方约定，及时足额支付工资，扣减工资或缓发工资应当合理合法。用人单位应依法编制工资支付记录表，并定期与劳动者进行核实、确认，同时至少保存 2 年备查，国家或地方有特殊规定的，应当执行特殊规定。

2. 用人单位在与劳动者发生工资争议后，劳动者可以选择采取不同的解决途径，用人单位需要积极应对。如果员工向劳动行政部门投诉或申请劳动仲裁主张用人单位存在未及时足额发放工资的情况，用人单位应积极配合调查、询问、举证等。如果劳动行政部门或仲裁法院等已经作出生效法律文书，用人单位应尽快在规定期限内向劳动者支付工资。用人单位如果因工资发放问题涉嫌刑事犯罪，应积极补发劳动者工资，并主动承担相应的赔偿责任，争取从轻、减轻或免予刑事处罚等宽大处理结果。

3. 如果用人单位确实存在未及时足额支付工资的情形，可以考虑在争议解决过程中，充分利用各个环节的调解机会，积极与劳动者就支付金额和支付期限等达成调解协议，尽早解决工资争议降低对用人单位的影响。

4. 在仲裁和诉讼过程中，用人单位需注意结合裁审机构当地的有关规定，针对劳动者的请求在仲裁阶段主动进行时效抗辩，即使无法准确判定劳动者的请求是否超过仲裁时效，也应进行时效抗辩。

第三章　工伤认定与工伤保险责任实务指引

本章导读

用人单位应当依法为劳动者缴纳工伤保险。用人单位与劳动者约定或者劳动者向用人单位承诺无需缴纳社会保险费的，该约定或者承诺无效。劳动者发生工伤或者患职业病时，用人单位或劳动者及其近亲属可以在法定期限内申请工伤认定，认定为工伤的劳动者或死亡职工的近亲属有权依法享受工伤保险待遇。用人单位未依法缴纳工伤保险的，应当承担工伤保险赔偿责任。

第一节　认定工伤及视同工伤的情形

一、职工发生哪些情形应当认定为工伤

工伤认定是职工享受工伤保险待遇的前提，我国《工伤保险条例》第 14 条①列举式地规定了应当认定为工伤的七种情形，由于上述情形中许多概念具有不确定性，因此在实务中经常引发争议。

（一）在工作时间和工作场所内，因工作原因受到事故伤害的

本项规定确立了工伤认定基本的“三工”因素——“工作时间”“工作场所”及“工作原因”，实践中我国工伤认定争议也主要围绕“三工”进行界定。《工伤保险条例》第 14 条各项基本都涉及了“三工”，其他项的规定是在本项的基础上演变而来，是对本项规定中“三工”因素的拓展。

---

①《工伤保险条例》第 14 条规定，职工有下列情形之一的，应当认定为工伤：（一）在工作时间和工作场所内，因工作原因受到事故伤害的；（二）工作时间前后在工作场所内，从事与工作有关的预备性或者收尾性工作受到事故伤害的；（三）在工作时间和工作场所内，因履行工作职责受到暴力等意外伤害的；（四）患职业病的；（五）因工外出期间，由于工作原因受到伤害或者发生事故下落不明的；（六）在上下班途中，受到非本人主要责任的交通事故或者城市轨道交通、客运轮渡、火车事故伤害的；（七）法律、行政法规规定应当认定为工伤的其他情形。

1. 工作时间

工作时间通常是指劳动者在用人单位指挥命令下提供劳动给付义务的时间，与休息时间相对应。但是在目前的工伤认定案件中，“工作时间”并非仅限于用人单位指挥命令下的上班时间，上班时间合理向外延伸的时间也可能会被认定为工作时间。例如，员工确因工作需要主动进行加班加点的工作时间、在工作间隙短暂的休息时间、为满足合理生理需求的正常用餐或如厕时间、上班前后进行预备或收尾性工作的合理时间等。部分地区的裁审文件也曾对工伤认定中的“工作时间”作出界定，如北京①。

2. 工作场所

工作场所是指与工作行为紧密关联的区域或场所，通常较为固定。《江苏省高级人民法院关于审理劳动保障监察、工伤认定行政案件若干问题的意见》第 19 条将工作场所界定为，“用人单位能够对从事日常生产经营活动进行有效管理的区域和职工为完成某项特定工作所涉及的单位内或单位以外的相关区域”。

工作场所并非限定于固定区域，随着互联网技术的广泛应用，居家办公、移动办公成为一种新潮流，劳动者的工作场所越来越具有不确定性。此外，对于销售、家政服务人员、快递小哥等特定职业的人员，其工作场所亦不固定，这些为工作场所的认定带来了困难。

实践中与工作职责相关是认定工作场所的主要标准，如依据《最高人民法院关于审理工伤保险行政案件若干问题的规定》（法释〔2014〕9 号）第 4 条第 3 项、第 4 项的规定，职工来往于多个与其工作职责相关的工作场所之间的合理区域、其他与履行工作职责相关的合理区域均可能被认定为工作场所的延伸。

3. 工作原因

工作原因是指职工遭受事故伤害与履行职务之间存在因果关系。实践中主要对员工是否属于履行职务存在争议。如职工在用人单位组织的体育竞技、社交娱乐等活动中遭受伤害，是否属于“工作原因”，实践中存在较大争议。

工作原因是工伤认定中的核心因素，工作原因的判定需结合职工工作性质、工作时间、工作场所等因素综合判断，缺乏工作原因的因素，则较难被认定为工伤。

依据《最高人民法院关于审理工伤保险行政案件若干问题的规定》（法释〔2014〕9 号）第 4 条第 1 项的规定，职工在工作时间和工作场所内受到伤害，用人单位或者社会保险行政部门没有证据证明是非工作原因导致的，则可推定属于工作原因进而认定工伤；该条第 2 项还规定，职工参加用人单位组织或者受用人单位指派参加其他单位组织的活动受到伤害的，也有可能被认定为“因工作原因受伤”。

---

① 《北京市高级人民法院关于印发〈关于审理工伤认定行政案件若干问题的意见〉（试行）的通知》（京高法发〔2007〕112 号）第 7 条。

（二）工作时间前后在工作场所内，从事与工作有关的预备性或者收尾性工作受到事故伤害的

本项规定拓展了认定为工伤的时间范围，受到事故伤害的时间不再限制在用人单位或劳动合同规定的上下班时间内，而是工作时间前后。

同时将工作原因的范围也进行了拓展，不仅限于履行本职工作，关于“从事与工作有关的预备性或收尾性工作”，标准相对明确，如进出场地、换工作服、准备或收拾工具、清理卫生、账目日结等工作。在这些工作中受到伤害时，亦应认定为工伤。

（三）在工作时间和工作场所内，因履行工作职责受到暴力等意外伤害的

本项规定拓展了工作原因的范围。关于“因履行工作职责受到暴力等意外伤害”，通常是指职工遭受暴力等意外伤害与履行工作职责相关，实践中有地区对此做出了界定，如安徽①。在工作时间、工作场所、履行工作职责但是受到暴力伤害与履行职责无关，是否可以认定工伤实务中有不同的观点。

（四）患职业病的

职业病本身就是一种职业伤害，《工伤保险条例》将其纳入工伤保障范围理所应当。但需注意的是，此处的“职业病”仅是指纳入《职业病分类和目录》中的病种，且患病应因职业活动引起，否则不属于《工伤保险条例》中所称的“职业病”。职工依法取得职业病诊断证明书或者职业病诊断鉴定书的，一般可直接认定工伤。需要注意的是，根据《劳动合同法》第42条第1项规定，从事接触职业病危害作业的劳动者未进行离岗前职业健康检查，或者疑似职业病病人在诊断或者医学观察期间的，用人单位不得对劳动者进行非过错性解除或经济裁员。

同时，根据《最高人民法院关于审理劳动争议案件适用法律问题的解释（二）》第17条规定，用人单位未按照国务院安全生产监督管理部门、卫生行政部门的规定组织从事接触职业病危害作业的劳动者进行离岗前的职业健康检查，劳动者可以在双方解除劳动合同后请求继续履行劳动合同。但有下列情形之一的除外：（1）一审法庭辩论终结前，用人单位已经组织劳动者进行职业健康检查且经检查劳动者未患职业病的；（2）一审法庭辩论终结前，用人单位组织劳动者进行职业健康检查，劳动者无正当理由拒绝检查的。

---

① 《安徽省劳动厅关于工伤认定中因履行工作职责受到暴力等意外伤害界定问题的复函》（劳社秘〔2007〕157号）规定。

（五）因工外出期间，由于工作原因受到伤害或者发生事故下落不明的

本项规定的理解和应用主要涉及“因工外出期间”的理解。

依据《人力资源和社会保障部关于执行〈工伤保险条例〉若干问题的意见》，“因工外出期间”的认定，应当考虑职工外出是否属于用人单位指派的因工作外出，遭受的事故伤害是否因工作原因所致。

此外，根据《最高人民法院关于审理工伤保险行政案件若干问题的规定》（法释〔2014〕9号）第5条的规定，下列情形可能被认定为“因工外出期间”：（1）职工受用人单位指派或者因工作需要在工作场所以外从事与工作职责有关的活动期间；（2）职工受用人单位指派外出学习或者开会期间；（3）职工因工作需要的其他外出活动期间。职工因工外出期间从事与工作或者受用人单位指派外出学习、开会无关的个人活动受到伤害，较难被认定为工伤。

最后，根据最高人民法院行政审判庭〔2014〕行他字第9号答复，职工受单位指派外出学习期间，在学习单位安排的休息场所休息时受到他人伤害的，应当认定为工伤。

（六）在上下班途中，受到非本人主要责任的交通事故或者城市轨道交通、客运轮渡、火车事故伤害的

本项规定的理解主要涉及“上下班途中”“非本人主要责任”“事故伤害”等概念。

1.“上下班途中”的认定

关于“上下班途中”的认定，依据《人力资源社会保障部关于执行〈工伤保险条例〉若干问题的意见（二）》（人社部发〔2016〕29号）第6条规定，职工以上下班为目的、在合理时间内往返于工作单位和居住地之间的合理路线，视为上下班途中。

依据《最高人民法院关于审理工伤保险行政案件若干问题的规定》（法释〔2014〕9号）第6条的规定，下列情形应属于“上下班途中”：（1）在合理时间内往返于工作地与住所地、经常居住地、单位宿舍的合理路线的上下班途中；（2）在合理时间内往返于工作地与配偶、父母、子女居住地的合理路线的上下班途中；（3）从事属于日常工作生活所需要的活动，且在合理时间和合理路线的上下班途中；（4）在合理时间内其他合理路线的上下班途中。

2.“非本人主要责任”的认定

根据《人力资源和社会保障部关于执行〈工伤保险条例〉若干问题的意见》（人社部发〔2013〕34号）第2条的规定，“非本人主要责任”的认定，应当以有关机关出具的法律文书或者人民法院的生效裁决为依据。

依据《最高人民法院关于审理工伤保险行政案件若干问题的规定》（法释〔2014〕9号）第1条的规定，人民法院审理工伤认定行政案件，在认定是否存在《工伤保险条例》第14条第6项“本人主要责任”时，应当以有权机构出具的事故责任认定书、结论性意见和人民法院生效裁判等法律文书为依据，但有相反证据足以推翻事故责任认定书和结论性意见的除外。前述法律文书不存在或者内容不明确，社会保险行政部门就前款事实作出认定的，人民法院应当结合其提供的相关证据依法进行审查。

3. “事故伤害”的范围

本项规定的“事故伤害”，仅限交通事故或者城市轨道交通、客运轮渡、火车事故伤害，不包括其他意外事故，如前述事故原因以外的摔伤、砸伤、溺水、电击、坠井等造成的伤亡。

（七）法律、行政法规规定应当认定为工伤的其他情形

本项是兜底性的规定。需注意的是，依据本项规定，只有法律及国务院颁布的行政法规才可对应当认定为工伤的其他情形做出规定，而司法解释、各部委制定的规章、地方性法规或规范性文件均不可以做出有违《工伤保险条例》的相关规定，否则会因违反上位法而无效。

二、职工发生哪些情形应当视同工伤

“视同工伤”是指不符合严格意义上因工伤亡的工伤认定标准，但法律法规为了倾斜保护劳动者或者弘扬集体主义价值观、体现人道主义精神，将非典型工伤视为工伤对待，享受工伤待遇的情形。《工伤保险条例》第15条第1款[①]规定了三种视同工伤的情形，实践中对此争议不断，社保行政部门同裁审机关在许多问题上也未形成统一的意见。

（一）在工作时间和工作岗位，突发疾病死亡或者在48小时之内经抢救无效死亡的

本项规定在实践操作中主要面临以下问题：第一，如何确定“工作时间和工作岗位”；第二，“突发疾病”的理解；第三，死亡的认定标准；第四，48小时如何计算。

1. 工作时间和工作岗位的认定

工作时间通常是指劳动者在用人单位指挥命令下提供劳动给付义务的时间，以及

---

① 《工伤保险条例》第15条第1款规定，职工有下列情形之一的，视同工伤：（一）在工作时间和工作岗位，突发疾病死亡或者在48小时之内经抢救无效死亡的；（二）在抢险救灾等维护国家利益、公共利益活动中受到伤害的；（三）职工原在军队服役，因战、因公负伤致残，已取得革命伤残军人证，到用人单位后旧伤复发的。

工作前后从事准备性工作或收尾性工作所需的合理时间。关于工作时间的认定，在本专题“职工发生哪些情形应当认定为工伤”中已有论述，此处不再展开。

我国法律法规未对工伤认定中的“工作岗位”做出界定，在学理上普遍将“工作岗位”与《工伤保险条例》第 14 条规定中的“工作场所”相区分。一般来讲，“工作岗位”更加强调岗位职责、工作任务，而“工作场所”强调工作的处所和位置。

实践中，工伤发生的情形极为复杂，裁审机关对“工作时间和工作岗位”的判定有扩大化的趋势，以下情形可能被认定为“在工作时间和工作岗位”：（1）从事劳动合同约定的工作；（2）从事与工作有关的预备性、收尾性工作；（3）从事领导指派的临时性工作；（4）接受用人单位指派参加用人单位或者其他单位组织的的活动等。

2. “突发疾病”的理解

依据原《劳动和社会保障部关于实施〈工伤保险条例〉若干问题的意见》（劳社部函〔2004〕256 号）的规定，这里的“突发疾病”包括各类疾病，但对于员工本身患有癌症等严重的基础慢性疾病的，大都不会被认定为“突发疾病”。对于“突发”，实践中一般理解为突然发作，情况危急，导致突然死亡或者需要立即送往医院急救。

3. 关于“死亡”的认定

实践中对于“死亡”的认定多以医疗机构出具的死亡证明为准。但医学上对死亡的认定标准存有争议，主要存在“心肺死亡说”“脑死亡说”两种观点。“心肺死亡说”认为死亡的标准是呼吸、心跳的停止，血压、脉搏的消失；而“脑死亡说”是指包括大脑、小脑和脑干在内的全脑功能不可逆地停止，此时尽管有被动心跳、呼吸的存在，仍可宣告死亡。

目前，医疗机构主要依据“心肺死亡”来认定死亡，这也使得本项规定在具体适用中产生了争议。不过，实践中有裁审机关支持脑死亡应当属于“48 小时之内经抢救无效死亡”的观点①。

此外，需注意的是，本项规定是“在 48 小时内经抢救无效死亡”，实践中对于“经抢救无效死亡”还是“放弃治疗导致死亡”也是常见的争议点，在医疗机构认定已无存活可能的情况下，家属放弃治疗的，裁审机关通常也会认定为属于“经抢救无效死亡”。

参考案例：员工在工作岗位突发疾病，医院救治后家属决定放弃治疗在 48 小时内死亡视同工亡

在王某家属与某矿业公司、某人社局工伤认定行政诉讼案件中②，王某系某矿业公司员工，2015 年 9 月 20 日王某在工作过程中突发疾病，被送往医院救治，经

① 案号：（2017）鲁行申 127 号。

② 案号：（2021）辽 06 行终 15 号。

诊断，王某为蛛网膜下腔出血、脑室积血、高血压Ⅲ级（极高危）、脑功能障碍、低钾血症、心功能不全、呼吸衰竭，据该院住院病案记载“……患者病情危重，反复向家属告知，家属决定放弃治疗，退院回家，予以办理”。2015年9月20日，王某于家中死亡。

2016年7月15日，王某家属向某人社局提出工伤认定申请，某人社局不予认定工伤，王某家属不服，向法院提起诉讼，法院判决撤销某人社局所作的认定工伤决定并责令重做。2018年5月29日，某人社局作出工伤认字2018第21号认定工伤决定书，认定王某受到的事故伤害视同工伤。某矿业公司不服，向法院起诉。

2019年11月25日，中级人民法院判决撤销某人社局作出的工伤认字2018第21号认定工伤决定书并责令其重做，2020年1月20日某人社局作出不予认定王某视同工亡的决定。王某家属不服，向法院提起诉讼。

一审法院认为，王某在工作时间和工作岗位突发疾病，经医疗机构抢救，其家属在医疗机构向其告知病情后作出的放弃治疗的决定，不同于未经抢救即主动放弃治疗或拒绝治疗的情形，因此，王某的死亡，符合视同工亡的情形，现某人社局不予认定视同工亡，系对法律适用理解错误所致，应予撤销。

某矿业公司不服一审判决，认为王某系在放弃抢救后回家死亡，依据《工伤保险条例》第15条的规定，王某不能视同工伤。原审判决将“48小时之内经抢救无效死亡的”扩大解释为在医疗机构向家属告知病情后作出放弃治疗的视同工伤，原审法院的扩大解释没有法律依据，因此，向中院提起上诉。二审法院支持了一审法院的观点，维持原判。

4. “48小时”的计算

依据原《劳动和社会保障部关于实施〈工伤保险条例〉若干问题的意见》（劳社部函〔2004〕256号）规定，“48小时”的起算时间，以医疗机构的初次诊断时间作为突发疾病的起算时间，但也有地方规定以医疗机构初次抢救时间为准，如天津①、重庆②等地。

需注意的是，实践中对于视同工伤的判定是较为严格的，在认定是否符合本项规定的情形时，还会考虑工作时间、工作岗位、突发疾病死亡或者经抢救无效48小时之

---

① 《天津市工伤保险若干规定》（2019）第18条第2项规定，……48小时的起算时间为医疗机构初次抢救时间。

② 《重庆市高级人民法院关于社会保险领域涉诉相关法律适用问题的会议纪要》第1条规定。

内死亡的连贯性①，如果不具有连续性，如职工感觉不适后离岗处理了工作以外的事务，之后发病经抢救无效死亡的，虽在 48 小时之内，但可能不会被认定为视同工伤。

（二）在抢险救灾等维护国家利益、公共利益活动中受到伤害的

本项规定将非工作原因的伤害扩大到了工伤的范围，具有社会优抚的性质，再加上“国家利益”“公共利益”都是不确定的概念，在不同的部门法中可能有不同的内涵，因此也引发了争议。

首先，关于“国家利益”和“公共利益”的判定，实践中如果抢险救灾活动是为了特定人群的利益或者主要为了个人利益（如为了保护特定亲友而制止违法犯罪行为时受到伤害），则较难被认定为视同工伤。

其次，根据最高人民法院 2018 年 6 月 20 日发布的第 94 号指导案例，职工见义勇为，为制止违法犯罪行为而受到伤害的，属于本项规定中为维护公共利益受到伤害的情形，应当视同工伤。因此，实践中，取得民政部门或其他行政机关授予的“见义勇为”或者“精神文明先进个人”等荣誉称号时，则有较大的可能被认定为符合本项规定的情形，视同工伤。

（三）职工原在军队服役，因战、因公负伤致残，已取得革命伤残军人证，到用人单位后旧伤复发的

本项规定体现了对军人的优待，涉及军人的优抚，也是对工伤范围的扩大。关于“旧伤复发”，通常应以劳动能力鉴定委员会的鉴定意见为准。

另外，对于军人多次旧伤复发可否视同工伤，实践中也存有争议。有地区对此做出了明确的规定，如依据《江苏省人力资源和社会保障厅关于实施〈工伤保险条例〉若干问题的处理意见》第 19 条规定，职工原在部队服役，因战、因公负伤致残，到用人单位后旧伤复发，被认定视同为工伤的人员，与用人单位解除或终止劳动人事关系时，按照《条例》规定享受一次性工伤医疗补助金和一次性伤残就业补助金，以后再旧伤复发的，不再认定视同为工伤和享受工伤保险待遇。

（四）其他情形

除以上三种情形外，有的地方还规定了受用人单位指派前往依法宣布为疫区的地

---

① 《湖南省人力资源和社会保障厅关于执行〈工伤保险条例〉第十五条第（一）项有关问题的意见》（湘人社发〔2017〕65 号）第 1 条规定，该条款是职工因病被认定为视同工伤的唯一情形，应当严格按照工作时间、工作岗位、突发疾病死亡（或突发疾病径直送医疗机构抢救并在 48 小时内死亡）并重，且具有同时性、连贯性来掌握。

方工作而感染疫病等其他视同工伤的情形，如广东[①]、辽宁[②]、河南[③]等地，若符合地方性法规的相关规定，亦可视同工伤。

三、不得认定为工伤或视同工伤的情形

《社会保险法》第37条[④]和《工伤保险条例》第16条[⑤]规定了认定工伤的三种除外情形，即（1）故意犯罪；（2）醉酒或者吸毒；（3）自残或者自杀。职工具有上述情形时，即使符合《工伤保险条例》第14条、第15条认定工伤或者视同工伤的情形，也不予认定工伤。

（一）故意犯罪

依据《最高人民法院关于审理工伤保险行政案件若干问题的规定》（法释〔2014〕9号）第1条规定，“故意犯罪”的认定，应当以刑事侦查机关、检察机关和审判机关的生效法律文书或者结论性意见为依据。此处的“故意犯罪”，主要是指职工因故意犯罪行为受伤时不得认定工伤（如司机在执行职务的过程中危险驾驶导致自己受伤，虽符合“三工”要素，但由于构成危险驾驶罪，通常不会认定工伤）。由于故意犯罪

---

① 《广东省工伤保险条例》（2019年修正）第10条第1款规定，职工有下列情形之一的，视同工伤：（1）在工作时间和工作岗位，突发疾病死亡或者在四十八小时之内经抢救无效死亡的；（2）在抢险救灾等维护国家利益、公共利益活动中受到伤害的；（3）因工作环境存在有毒有害物质或者在用人单位食堂就餐造成急性中毒而住院抢救治疗，并经县级以上卫生防疫部门验证的；（4）由用人单位指派前往依法宣布为疫区的地方工作而感染疫病的；（5）职工原在军队服役，因战、因公负伤致残，已取得残疾军人证，到用人单位后旧伤复发的。

② 《辽宁省工伤保险实施办法（2017年）》第12条第1款规定，有下列情形之一的，应当视同工伤：（1）在工作时间、工作场所内且在紧急情况下，为维护用人单位正当利益，实施超出本岗位职责范围的行为受到伤害的；（2）受指派参加抢险救灾、防治疫病，或者因见义勇为等维护国家利益、社会公共利益行为受到伤害或者感染疫病的；（3）在工作时间和工作岗位突发疾病当场死亡，或者在工作岗位突发疾病，且情况紧急，直接送医疗机构抢救并在48小时内死亡的；（4）在工作时间，虽不在本岗位劳动，但由于单位的安全设施不健全，劳动条件和作业环境不良，或者存在禁止警示标识不明等管理不善情况，发生人身事故伤害或者急性中毒事故的。

③ 《河南省工伤保险条例》第13条第2款规定，职工受用人单位指派前往疫区工作而感染该疫病的，视同工伤。

④ 《社会保险法》第37条规定，职工因下列情形之一导致本人在工作中伤亡的，不认定为工伤：（1）故意犯罪；（2）醉酒或者吸毒；（3）自残或者自杀；（4）法律、行政法规规定的其他情形。

⑤ 《工伤保险条例》第16条规定，职工符合本条例第14条、第15条的规定，但是有下列情形之一的，不得认定为工伤或者视同工伤：（1）故意犯罪的；（2）醉酒或者吸毒的；（3）自残或者自杀的。

的主观恶意较大，社会危害性强，实践中对此争议相对较小。不过需注意的是，对于因工作因素引发的打架斗殴行为是否因构成故意伤害罪而不认定工伤，实践中对此仍存有争议。

另外，故意犯罪行为不同于违反《治安管理处罚法》的违法行为，即便职工有无证驾驶、饮酒驾驶等违反治安管理的行为，不构成犯罪时，仍不得因此排除认定工伤。

（二）醉酒或吸毒

1. 是否存在“醉酒或吸毒”的认定

对于职工是否存在“醉酒或吸毒”，依据《最高人民法院关于审理工伤保险行政案件若干问题的规定》（法释〔2014〕9 号）第 1 条规定，应当以有权机构出具的事故责任认定书、结论性意见和人民法院生效裁判等法律文书为依据。

对于“醉酒”的认定，根据《人力资源和社会保障部实施〈中华人民共和国社会保险法〉若干规定》第 10 条和《社会保险法》第 37 条第 2 项中规定的醉酒标准，按照《车辆驾驶人员血液、呼气酒精含量阈值与检验》（GB19522-2024）执行，也就是血液中的酒精含量大于或者等于 80mg/100mL。实践中，主要以交通管理部门、医疗机构等依法出具的检测结论、诊断证明为依据。

2. 实践中的主要争议

实践中对“醉酒排除工伤”的争议较大，主要表现在以下两个方面：第一，醉酒与伤亡之间是否必须有因果关系；第二，因公醉酒时是否构成工伤。

第一，关于醉酒与伤亡之间的因果关系。由于《社会保险法》和《工伤保险条例》的规定略有不同，《社会保险法》第 37 条强调了醉酒与伤亡之间的因果关系，规定“职工因下列情形之一导致本人在工作中伤亡的，不认定为工伤……”，但是依据《工伤保险条例》第 16 条规定，员工只要存在醉酒等情形，就应排除认定工伤。这使得实践中在适用法律规定时出现了矛盾，适用不同的法律规定会有不同的效果。由于《社会保险法》属于法律，而《工伤保险条例》属于行政法规，目前在相关案件中，主流观点多依据法规位阶的高低，适用《社会保险法》的规定，认定醉酒需与伤亡之间具有因果关系，否则不得仅因醉酒排除认定工伤。

第二，因公醉酒时是否构成工伤。因公醉酒是指因工作性质需要、工作应酬、领导指派等原因饮酒后导致醉酒，对于因公醉酒是否应排除认定工伤，实践中有不同的观点，也需具体问题具体分析。有观点认为饮酒是个人可以控制的行为，理应由自己担责；但也有观点认为因公醉酒情节显著低于排除认定工伤的其他情形，从保护劳动者权益的角度出发，应当纳入工伤认定的范围。

（三）自残或者自杀

对于是否存在“自残或自杀”的认定，依据《最高人民法院关于审理工伤保险行政案件若干问题的规定》（法释〔2014〕9号）第1条规定，也应当以有权机构（如公安机关、医疗机构）出具的结论性意见或人民法院生效裁判等法律文书为依据。对于前述法律文书不存在或者内容不明确，社会保险行政部门就前款事实作出认定的，人民法院应当结合其提供的相关证据依法进行审查。比如，职工发生坠亡或溺亡，公安机关的结论性意见为“排除他杀”，无法查明死因是否为“自杀”时，法院一般会根据《工伤保险条例》第19条第2款的规定，“职工或者近亲属认为是工伤，用人单位不认为是工伤的，由用人单位承担举证责任。”《最高人民法院关于审理工伤保险行政案件若干问题的规定》第4条第1项规定人民法院应予支持社会保险行政部门认定为工伤的情形：“职工在工作时间和工作场所内受到伤害，用人单位或者社会保险行政部门的没有证据证明是非工作原因导致的”之规定，支持应认定工伤的结论。

另外，实践中对于“自残或自杀”的争议还包括当员工因工作原因自残、自杀，或者因精神疾病导致非自主性自残、自杀时是否构成工伤。对此，社保行政部门及裁审机关尚较谨慎，仅有少数案例被认定为工伤。

参考案例：员工发生工伤导致创伤后应激障碍诱发自杀，应当认定工伤

在陈某家属与某中学、某人力资源和社会保障局（以下简称人社局）工伤认定行政诉讼案件中①，陈某系中学教师，2012年3月陈某在值班时发现学生傅某殴打老师，在劝阻过程中被学生周某打伤，造成嘴部受伤事故，2012年4月底治愈出院。2012年5月至7月，陈某因出现被殴打后应激障碍，先后到医院治疗抑郁症。2012年7月6日早上，在前往医院就诊时走失，后尸体被发现，经公安局法医鉴定陈某为自杀。2013年6月26日，经公安局委托，某司法鉴定所作出《法医精神病鉴定文证审查意见书》，其鉴定意见为：陈某生前精神状态与2012年3月30日被殴打事件之间存在直接因果关系。

2012年7月26日，陈某所在学校向人社局申请工伤认定，人社局认定陈某在值班过程中受到的伤害为工伤。2013年7月5日，陈某妻子因陈某死亡向人社局申请工伤认定。2013年7月16日，人社局认定陈某的自杀行为，不符合《工伤保险条例》第14条、第15条认定工伤或视同工伤的情形，不予认定为工伤或视同工伤，后陈某妻子诉至法院。

一审法院认为，虽然根据《工伤保险条例》第16条第3项的规定，自残或者自杀不得认定为工伤。但本案中，陈某于2012年3月在学校值班过程中被学生用石块砸伤已认定为工伤。因陈某在自杀时系处于创伤后应激障碍的影响之中，在这种情况下诱发的自杀，是患者精神障碍影响下的病态自杀，这与《工伤保险条例》中工伤排除的

① 案号：（2019）闽04行终13号。

“自残与自杀”中的与工作没有必然联系的故意自杀非同一性质。对工伤直接导致的创伤后应激障碍诱发的自杀，是工伤伤情进一步的延续和发展，认定该情况为工伤，符合“为了保障因工作遭受事故伤害或者患职业病的职工获得医疗救治和经济补偿，促进工伤预防和职业康复，分散用人单位的工伤风险，制定本条例”的立法精神。因此，判决撤销人社局所作《工伤认定决定书》，并责令人社局重新作出行政行为。二审法院支持了一审法院的观点，维持原判。

合规建议

1. “三工”因素是认定工伤的核心因素，也是工伤认定争议中主要的争议焦点，在职工发生事故或受到暴力伤害后，用人单位应首先依据“三工”因素初步判断其是否构成工伤，若不符合严格意义上的“三工”标准，则应结合《工伤保险条例》第 14 条的规定，判断是否符合其他应予认定工伤的情形。

2. 视同工伤相关规定的适用在实践中争议较大，用人单位应及时关注当地社保行政部门及裁审机关的口径，依据当地的具体规定作出判定。此外，有部分地区在《工伤保险条例》第 15 条的规定之外列举了其他可视同工伤的情形，也应当予以关注。

3. 职工遭受工伤后，应及时判断是否存在故意犯罪、醉酒或吸毒、自残或自杀等排除认定工伤的情形，若可能存在上述情形，应当及时采取报警、送医等措施，以便取得相关部门的事故责任认定书或结论性意见等材料。职工存在醉酒或吸毒、自杀或自残等行为时不必然被排除认定工伤，还需结合醉酒或自杀与伤亡之间的因果关系，以及醉酒或自杀的具体情形进行具体分析。

4. 职工违规操作或者违反治安管理的行为与职工故意犯罪性质不同，前者不属于法定的排除工伤认定的情形，职工行为尚不构成犯罪时，不能排除认定工伤，用人单位应当依法为职工申请工伤认定。

第二节　工伤认定程序与劳动能力鉴定

一、申请工伤认定的程序

工伤认定需向社保行政部门提出申请，由社保行政部门根据不同的情形作出认定工伤、视同工伤或者不予认定工伤的决定，性质上属于一种行政确认行为，需履行法定的程序。

（一）申请主体、申请期限及受理部门

《工伤保险条例》第 17 条第 1 款、第 2 款[①]、《工伤认定办法》（人力资源和社会保障部令第 8 号）第 4 条第 1 款[②]、第 5 条[③]对申请工伤认定的主体、期限、受理部门作了规定，具体如下：

1. 申请主体

申请工伤认定的主体包含以下三类：（1）职工所在用人单位；（2）受伤害职工或者其近亲属；（3）工会组织。

首先，需注意的是，上述申请工伤认定的主体有顺序要求，职工所在用人单位未在法定期限内提出申请时，受伤害职工或者其近亲属、工会组织才可提起工伤认定申请。

其次，“所在用人单位”并非仅限于职工伤病发生时所在单位，根据 2020 年第 12 期最高人民法院公报案例[④]，职工受伤或者被诊断为职业病后变更工作单位的，虽未在新单位发生伤病，但新单位仍可提出工伤认定申请。

最后，关于“近亲属”的范围，民法、行政法、刑法的规定各不相同。由于工伤认定的救济途径是行政复议及行政诉讼，参照《最高人民法院关于适用〈中华人民共和国行政诉讼法〉的解释》第 14 条的规定，“近亲属”包括配偶、父母、子女、兄弟姐妹、祖父母、外祖父母、孙子女、外孙子女和其他具有扶养、赡养关系的亲属。

2. 申请期限

（1）单位提出申请

职工发生事故伤害或者按照职业病防治法规定被诊断、鉴定为职业病，所在单位

---

① 《工伤保险条例》第 17 条第 1 款、第 2 款规定，职工发生事故伤害或者按照职业病防治法规定被诊断、鉴定为职业病，所在单位应当自事故伤害发生之日或者被诊断、鉴定为职业病之日起 30 日内，向统筹地区社会保险行政部门提出工伤认定申请。遇有特殊情况，经报社会保险行政部门同意，申请时限可以适当延长。用人单位未按前款规定提出工伤认定申请的，工伤职工或者其近亲属、工会组织在事故伤害发生之日或者被诊断、鉴定为职业病之日起 1 年内，可以直接向用人单位所在地统筹地区社会保险行政部门提出工伤认定申请。

② 《工伤认定办法》第 4 条第 1 款规定，职工发生事故伤害或者按照职业病防治法规定被诊断、鉴定为职业病，所在单位应当自事故伤害发生之日或者被诊断、鉴定为职业病之日起 30 日内，向统筹地区社会保险行政部门提出工伤认定申请。遇有特殊情况，经报社会保险行政部门同意，申请时限可以适当延长。

③ 《工伤认定办法》第 5 条规定，用人单位未在规定的时限内提出工伤认定申请的，受伤害职工或者其近亲属、工会组织在事故伤害发生之日或者被诊断、鉴定为职业病之日起 1 年内，可以直接按照本办法第 4 条规定提出工伤认定申请。

④ 案号：（2015）深中法行终字第 1112 号。

应当自事故伤害发生之日或者被诊断、鉴定为职业病之日起 30 日内提出工伤认定申请，遇有特殊情况，经报社会保险行政部门同意，申请时限可以适当延长。

（2）职工、近亲属或工会组织提出申请

用人单位未在规定的时限内提出工伤认定申请的，受伤害职工或者其近亲属、工会组织在事故伤害发生之日或者被诊断、鉴定为职业病之日起 1 年内可以提出工伤认定申请。依据《最高人民法院关于审理工伤保险行政案件若干问题的规定》（法释〔2014〕9号）第 7 条规定，由于不属于职工或者其近亲属自身原因超过工伤认定申请期限的，被耽误的时间不计算在工伤认定申请期限内。有下列情形之一耽误申请时间的，应当认定为不属于职工或者其近亲属自身原因：（1）不可抗力；（2）人身自由受到限制；（3）属于用人单位原因；（4）社会保险行政部门登记制度不完善；（5）当事人对是否存在劳动关系申请仲裁、提起民事诉讼。

参考案例：员工超期申请工伤认定未证明是用人单位原因造成的，不予认定工伤符合法律规定

在张某与 YF 公司、某人力资源和社会保障局（以下简称人社局）工伤认定行政诉讼案件中[①]，张某系 YF 公司的员工，于 2015 年 9 月 27 日上午在按照 YF 公司的安排给客户安装宽带时摔伤，后被医院诊断为右跟骨骨折。2019 年 4 月 25 日，张某向人社局提起工伤认定申请，人社局当场口头询问张某超期提出工伤认定申请的理由，张某遂向人社局告知，由于 YF 公司曾承诺为张某办理工伤认定，但此后并未履行承诺等情况。人社局于当日作出并向张某送达了《工伤认定申请不予受理决定书》，张某不服，向法院提起行政诉讼。

法院另查明，张某曾于 2018 年 11 月 19 日提出劳动仲裁申请，请求确认 YF 公司、FZ 公司与张某自 2014 年 2 月 1 日至 2018 年 3 月 1 日存在劳动关系。2019 年 3 月 12 日，劳动仲裁委作出裁决书，确认 YF 公司与张某于 2014 年 2 月 1 日至 2018 年 3 月 1 日存在劳动关系。

法院认为，本案主要争议焦点在于张某申请工伤认定的时间是否超过了法定申请时间。根据《工伤保险条例》第 17 条第 2 款、《最高人民法院关于审理工伤保险行政案件若干问题的规定》第 7 条的规定，张某若不存在不计算在工伤认定申请期限内的法定情形，其应当自事故伤害发生之日起 1 年内，向人社局提出工伤认定申请。本案中，张某称其于 2015 年 9 月 27 日受到事故伤害，于 2019 年 4 月 25 日方向人社局提起工伤认定申请，显然已超过《工伤保险条例》规定的申请工伤认定时效。张某虽针对其是否与用人单位存在劳动关系于 2018 年 11 月 19 日申请过劳动仲裁，但其申请劳动

---

① 案号：（2019）京 01 行终 857 号。

仲裁时已经超过了工伤认定申请期限。张某上诉虽主张其不能在事故发生之日起1年内申请工伤认定，系用人单位原因造成，但其未能提交充分有效证据予以证明，故对其该项诉讼主张本院亦不予支持。据此，人社局认定张某工伤认定申请超过申请时效，并作出被诉不予受理决定书符合法律规定，本院予以支持。

此外需注意的是，用人单位未在规定的时限内提交工伤认定申请，在此期间发生的工伤待遇等有关费用由用人单位负担。

3. 受理部门

工伤认定应当向用人单位所在地统筹地区社会保险行政部门提出，也就是人力资源和社会保障局工伤科。

（二）申请材料

依据《工伤保险条例》第18条、《工伤认定办法》第6条的规定，提出工伤认定申请应当提交下列材料：

1. 工伤认定申请表，包括事故发生的时间、地点、原因以及职工伤害程度等基本情况；

2. 与用人单位存在劳动关系（包括事实劳动关系）的证明材料，如劳动合同、工资支付凭证或记录、社保缴费记录、工作证、入职登记表等；

3. 医疗诊断证明或者职业病诊断证明书（或者职业病诊断鉴定书）。

（三）举证责任

依据《工伤保险条例》第19条、《工伤认定办法》第17条的规定，社会保险行政部门受理工伤认定申请后，根据审核需要可以对事故伤害进行调查核实，用人单位、职工、工会组织、医疗机构以及有关部门应当予以协助。职工或者其近亲属认为是工伤，用人单位不认为是工伤的，由该用人单位承担举证责任。用人单位拒不举证的，社会保险行政部门可以根据受伤害职工提供的证据或者调查取得的证据，依法作出工伤认定决定。

（四）认定期限及中止情形

1. 认定期限

依据《工伤保险条例》第20条，《工伤认定办法》第18条、第21条的规定，社会保险行政部门应当自受理工伤认定申请之日起60日内作出工伤认定的决定，并书面通知申请工伤认定的职工或者其近亲属和该职工所在单位。社会保险行政部门对受理的事实清楚、权利义务明确的工伤认定申请，应当在15日内作出工伤认定的决定。

依据《工伤认定办法》第22条的规定，社会保险行政部门应当自工伤认定决定作出之日起 20 日内，将《认定工伤决定书》或者《不予认定工伤决定书》送达受伤害职工（或者其近亲属）和用人单位，并抄送社会保险经办机构。

2. 中止情形

作出工伤认定决定需要以司法机关或者有关行政主管部门的结论为依据（如确认劳动关系的仲裁裁决或者法院判决），在司法机关或者有关行政主管部门尚未作出结论期间，作出工伤认定决定的时限中止。

（五）救济途径

依据《工伤保险条例》第 55 条、《工伤认定办法》第 23 条的规定，职工或者其近亲属、用人单位对不予受理决定不服或者对工伤认定决定不服的，可以依法申请行政复议或者提起行政诉讼。

二、职工工伤劳动能力鉴定程序

职工在遭受工伤后，部分职工经过治疗即使能够康复亦可能会留下相关后遗症，严重的可能因此落下残疾，针对这部分工伤职工，在其伤情相对稳定后，或者停工留薪期满，需对存在残疾、影响劳动能力的情况进行劳动能力鉴定[①]。

（一）鉴定事项

工伤劳动能力的鉴定，主要是针对劳动功能障碍程度和生活自理障碍的程度进行等级划分，据此来确定职工的伤残待遇和后续的护理安排。

劳动能力障碍分为十个伤残等级，最重的为一级，最轻的为十级。其中，一级至四级为全部丧失劳动能力，五级至六级为大部分丧失劳动能力，七级至十级为伤残部分丧失劳动能力。

生活自理障碍分为三个等级：生活完全不能自理、生活大部分不能自理和生活部分不能自理。[②]

此外，工伤职工因日常生活或者就业需要，安装假肢、矫形器、假眼、假牙和配置轮椅等辅助器具，也应经劳动能力鉴定委员会确认。[③] 工伤职工伤情严重或者情况特殊，需要延长停工留薪期的，需经设区的市级劳动能力鉴定委员会确认后可以适当延长，但延长不得超过 12 个月。[④]

---

① 《工伤职工劳动能力鉴定管理办法》第 7 条。

② 《工伤保险条例》第 22 条第 3 款。

③ 《工伤保险条例》第 32 条。

④ 《工伤保险条例》第 33 条第 2 款。

(二) 申请主体

用人单位、工伤职工或其近亲属均有权向设区的市级劳动能力鉴定委员会提出劳动能力鉴定的申请。① 工伤职工拒不接受劳动能力鉴定的，停止享受工伤保险待遇。②劳动能力鉴定费从工伤保险基金中支付。

(三) 申请材料

申请劳动能力鉴定应当提供工伤认定决定和职工工伤医疗的有关资料，填写劳动能力鉴定申请表，并提交下列材料：

1. 有效的诊断证明、按照医疗机构病历管理有关规定复印或者复制的检查、检验报告等完整病历材料；

2. 工伤职工的居民身份证或者社会保障卡等其他有效身份证明原件。③

(四) 作出鉴定结论的期限

劳动能力鉴定委员会收到劳动能力鉴定申请后，应当及时对提交的材料进行审核；提供材料不完整的，劳动能力鉴定委员会应当自收到劳动能力鉴定申请之日起 5 个工作日内一次性书面告知需要补正的全部材料。

申请人提供材料完整的，劳动能力鉴定委员会应当及时组织鉴定，并在收到劳动能力鉴定申请之日起 60 日内作出劳动能力鉴定结论。伤情复杂、涉及医疗卫生专业较多的，作出劳动能力鉴定结论的期限可以延长 30 日。④

劳动能力鉴定委员会应当自作出鉴定结论之日起 20 日内将劳动能力鉴定结论及时送达工伤职工及其用人单位，并抄送社会保险经办机构。⑤

(五) 再次鉴定及复查鉴定

工伤职工或者其用人单位对初次鉴定结论不服的，可以在收到该鉴定结论之日起 15 日内向省、自治区、直辖市劳动能力鉴定委员会申请再次鉴定。省、自治区、直辖市劳动能力鉴定委员会作出的劳动能力鉴定结论为最终结论。⑥

自劳动能力鉴定结论作出之日起 1 年后，工伤职工、用人单位或者社会保险经办

---

① 《工伤保险条例》第 23 条。
② 《工伤保险条例》第 42 条。
③ 《工伤职工劳动能力鉴定管理办法》第 8 条。
④ 《工伤职工劳动能力鉴定管理办法》第 9 条。
⑤ 《工伤职工劳动能力鉴定管理办法》第 15 条。
⑥ 《工伤职工劳动能力鉴定管理办法》第 16 条。

机构认为伤残情况发生变化的，可以向设区的市级劳动能力鉴定委员会申请劳动能力复查鉴定。对复查鉴定结论不服的，可以在收到该鉴定结论之日起 15 日内向省、自治区、直辖市劳动能力鉴定委员会申请再次鉴定。省、自治区、直辖市劳动能力鉴定委员会作出的劳动能力鉴定结论为最终结论。①

再次鉴定和复查鉴定的程序、期限等与初次鉴定是一致的。②

同时需要注意的是，劳动能力鉴定委员会作出的劳动能力鉴定结论并非具体的行政行为，其在性质上属于专业鉴定，不是行政决定，不属于行政诉讼受案范围，对鉴定结论不服的，不能提起行政诉讼。劳动者对劳动能力鉴定委员会的伤残等级鉴定结论的异议纠纷，也不属于劳动争议。③

参考案例：对劳动能力鉴定不服不能提起行政诉讼，应申请再次鉴定

在 YA 公司与某劳动能力鉴定委员会行政纠纷案中④，YA 公司主张其在未收到工伤认定结论书的情况下，某劳动能力鉴定委员会作出了《劳动能力鉴定、确认结论通知书》，认定 YA 公司职工王某已达到职工工伤与职业病致残等级标准七级。YA 公司认为未收到的工伤认定结论书还未生效，某劳动能力鉴定委员会依据未生效的工伤认定结论书作出劳动能力鉴定、确认结论通知书，认定事实不清并违反法定程序，因此请求法院撤销被《劳动能力鉴定、确认结论通知书》。

一审法院审理后认为，根据《工伤保险条例》第 24 条第 1 款、第 26 条的规定，YA 公司针对《劳动能力鉴定、确认结论通知书》提起诉讼，不符合《行政诉讼法》第 49 条规定的起诉条件，不属于行政诉讼受案范围。故裁定驳回了 YA 公司的起诉。

二审法院对上述判决予以维持，并认为《工伤保险条例》第 22 条第 1 款规定，劳动能力鉴定是指劳动功能障碍程度和生活自理障碍程度的等级鉴定。该条例第 26 条规定："申请鉴定的单位或者个人对设区的市级劳动能力鉴定委员会作出的鉴定结论不服的，可以在收到该鉴定结论之日起 15 日内向省、自治区、直辖市劳动能力鉴定委员会提出再次鉴定申请。省、自治区、直辖市劳动能力鉴定委员会作出的劳动能力鉴定结论为最终结论。"根据上述规定，劳动能力鉴定系针对劳动能力的技术鉴定，并未直接设定行政法上的权利义务，不属于行政行为。对劳动能力鉴定不服的，应按照该条例规定的途径申请再次鉴定。

合规建议

1. 职工发生工伤或者被鉴定、诊断为职业病后，用人单位应当在法定期限内向所

---

① 《工伤职工劳动能力鉴定管理办法》条 16 条、第 17 条。

② 《工伤职工劳动能力鉴定管理办法》第 19 条。

③ 《最高人民法院关于审理劳动争议案件适用法律问题的解释（一）》第 2 条。

④ 案号：(2015) 一中行终字第 1989 号。

在地的社保行政部门提起工伤认定申请，以避免需承担职工在未提起工伤认定申请期间工伤待遇的风险。

2. 用人单位认为职工构成工伤时，应当注意搜集提起工伤认定申请所需的材料，包括劳动合同、医疗诊断证明、职业病诊断证明等；在认为职工不构成工伤时，应当注意搜集并提交职工伤亡不符合《工伤保险条例》第 14 条、第 15 条规定的认定工伤或视同工伤情形、或者双方不构成劳动关系的证据。用人单位若不服人社部门作出的认定结果，可申请行政复议或直接提起行政诉讼。

3. 工伤劳动能力鉴定关系到职工的伤残待遇和工伤职工后续的护理待遇，用人单位、工伤职工本人或者其近亲属应当重视。如实提供鉴定需要的材料，遵守劳动能力鉴定相关规定，按照要求配合劳动能力鉴定工作，避免因怠于申请或拒绝申请而无法享受工伤保险待遇所带来的法律风险。

4. 对劳动能力鉴定结论不服的，劳动者及用人单位应正确行使救济途径。应按照条例规定的途径申请再次鉴定，鉴定结论系技术鉴定，并未直接设定行政法上的权利义务，不属于行政诉讼的受案范围。

第三节 工伤职工可以享受的工伤保险待遇

一、工伤职工停工留薪期的确认及待遇

一提到工伤职工的处理，停工留薪期是无法避开的问题，那么停工留薪期应当如何确定？期限有多长、可否延期？在此期间又享有哪些待遇？

（一）什么是停工留薪期

停工留薪期一般是指职工因工作遭受事故伤害或者患职业病需要暂停工作接受工伤医疗、继续享受原工资福利待遇的期间。[①] 可见停工留薪期的前提是职工因工负伤或者患病，即只有发生工伤后才可能进入停工留薪期。这也是停工留薪期与职工患病或非因工负伤医疗期的根本性区别，在实务中要注意区分，二者在期限、待遇、期满

---

① 《工伤保险条例》第 33 条规定，职工因工作遭受事故伤害或者患职业病需要暂停工作接受工伤医疗的，在停工留薪期内，原工资福利待遇不变，由所在单位按月支付。停工留薪期一般不超过 12 个月。伤情严重或者情况特殊，经设区的市级劳动能力鉴定委员会确认，可以适当延长，但延长不得超过 12 个月。工伤职工评定伤残等级后，停发原待遇，按照本章的有关规定享受伤残待遇。工伤职工在停工留薪期满后仍需治疗的，继续享受工伤医疗待遇。生活不能自理的工伤职工在停工留薪期需要护理的，由所在单位负责。

后的处理均是不同的。

（二）停工留薪期的确定

《工伤保险条例》规定，停工留薪期一般不超过 12 个月。伤情严重或者情况特殊，经设区的市级劳动能力鉴定委员会确认，可以适当延长，但延长不得超过 12 个月。工伤职工在停工留薪期满后仍需治疗的，继续享受工伤医疗待遇。

由此可见，工伤职工可以享受停工留薪期待遇的期限最长为 24 个月，超过 24 个月仍需治疗，无法提供正常劳动的，可以享受工伤医疗待遇，而无法继续享受原工资福利待遇，如湖北等地区规定是由用人单位发给病假工资。①

实务中尤为重要的问题是，员工发生工伤后其停工留薪期的期限是如何确定的，各地一般对此问题会作出专门规定。例如，在北京地区，是由用人单位根据工伤医疗机构的诊断证明，按照停工留薪期目录确定停工留薪期的期限。② 而在江苏地区，则根据职工就诊的签订服务协议的医疗机构，或者签订服务协议的工伤康复机构出具的休假证明来确定。③

对于用人单位确定的停工留薪期期限有异议或者是否需要延长停工留薪期有争议的，各地一般规定可以申请劳动能力鉴定委员会进行确认。比如，云南省规定，工伤职工达到《目录》规定的停工留薪期时间，需延长或有争议的，工伤职工或者用人单位应在停工留薪期满前 7 个工作日内向统筹区劳动能力鉴定委员会提出延长停工留薪期的确认申请。工伤职工或者用人单位，未在规定的时间内提出延长停工留薪申请的，

---

① 《湖北省工伤职工停工留薪期管理办法》第 11 条规定，停工留薪期（含延长期）满或者终止，工伤职工停止享受停工留薪期待遇，由用人单位安排适当工作。确因伤情不能工作需要继续治疗的，工伤职工或者其近亲属必须在停工留薪期（含延长期）满或者终止后 5 个工作日内出具签订服务协议的医疗机构的诊断证明或者休假证明，继续享受工伤医疗待遇，不享受停工留薪期待遇，由用人单位发给病假工资。

② 《北京市工伤职工停工留薪期管理办法》第 3 条规定，工伤职工应及时将工伤医疗机构出具的诊断证明或者休假证明报送给所在单位。由用人单位根据工伤医疗机构的诊断证明，按照《停工留薪期目录》（见附件），确定工伤职工的停工留薪期，并书面通知工伤职工本人。

③ 《江苏省实施〈工伤保险条例〉办法》第 25 条第 1 款规定，工伤职工的停工留薪期应当凭职工就诊的签订服务协议的医疗机构，或者签订服务协议的工伤康复机构出具的休假证明确定。停工留薪期超过 12 个月的，需经设区的市劳动能力鉴定委员会确认。设区的市劳动能力鉴定委员会确认的停工留薪期结论为最终结论。

停工留薪期满后自然终止。[①] 而天津地区则规定，用人单位对工伤职工或其近亲属申请延长停工留薪期有异议的，应当在接到申请后 10 个工作日内，持《工伤职工延长停工留薪期申请回执单》等相关材料向管辖区劳动能力鉴定委员会申请延长停工留薪期争议确认。用人单位未在规定的时间内提出申请的，视为同意延长停工留薪期。[②]

（三）停工留薪期间享有哪些待遇

1. 工资部分

在停工留薪期内，原工资福利待遇不变，由所在单位按月支付。标准为工伤职工因工作遭受事故伤害或者患职业病前 12 个月的平均工资收入。[③] 这里涉及一个问题，即原工资福利待遇的标准是什么，除固定的基本工资外，是否包含加班费、奖金、津贴等浮动发放的部分呢？

这个在实务中各地处理还是有所不同的，如在上海地区，认为停工留薪期工资待遇性质上属于劳动者提供正常劳动所获得的报酬，而加班费是劳动者提供额外劳动获得的收入，不属于正常工作时间工资的范畴，且在停工留薪期内不可能发生加班的事

---

① 《云南省工伤职工停工留薪期管理办法（试行）》第 6 条规定，工伤职工停工留薪期的首次具体时间，由各用人单位根据《目录》与医疗机构出具的诊断证明自行确认，以书面形式通知工伤职工和经办机构。工伤职工达到《目录》规定的停工留薪期时间，需延长或有争议的，工伤职工或者用人单位应在停工留薪期满前 7 个工作日内向统筹区劳动能力鉴定委员会提出延长停工留薪期的确认申请。统筹区劳动能力鉴定委员会根据《目录》与医疗机构诊断证明按规定组织专家进行确认，以书面形式通知工伤职工、用人单位和经办机构。确认结论作出前，工伤职工继续享受工伤停工留薪期待遇；工伤职工或者用人单位，未在规定的时间内提出延长停工留薪申请的，停工留薪期满后自然终止；工伤职工停工留薪期未满，但经工伤保险协议医疗或康复机构证明工伤治愈的，经劳动能力鉴定后终止停工留薪期；停工留薪期满返回工作岗位后，用人单位应视其伤病情情况合理安排工作岗位，科学处理好伤病与工作岗位的关系；各统筹区劳动能力鉴定委员会确认结论为最终结论。

② 《天津市工伤职工停工留薪期管理办法》第 8 条规定，用人单位对工伤职工或其近亲属申请延长停工留薪期有异议的，应当在接到申请后 10 个工作日内，持《工伤职工延长停工留薪期申请回执单》（附件 4）等相关材料向管辖区劳动能力鉴定委员会申请延长停工留薪期争议确认。劳动能力鉴定委员会应按照劳动能力鉴定时限组织专家进行鉴定，作出是否延长的书面结论，并通知社会保险经办机构。劳动能力鉴定委员会作出结论前，工伤职工继续享受停工留薪期待遇。用人单位未在规定的时间内提出申请的，视为同意延长停工留薪期。

③ 《工伤保险条例》第 64 条规定，本条例所称工资总额，是指用人单位直接支付给本单位全部职工的劳动报酬总额。本条例所称本人工资，是指工伤职工因工作遭受事故伤害或者患职业病前 12 个月平均月缴费工资。本人工资高于统筹地区职工平均工资 300%的，按照统筹地区职工平均工资的 300%计算；本人工资低于统筹地区职工平均工资 60%的，按照统筹地区职工平均工资的 60%计算。

实，故停工留薪期内原工资不应包含加班工资。而在广州地区，认为原工资福利待遇，是指工伤职工在本单位受工伤前 12 个月的平均工资福利待遇，在这里是没有进行区分和剔除的，即要根据职工平均收入严格计算。① 实操中用人单位需掌握各地就该问题的把握尺度。

参考案例：停工留薪期内工资应当按照发生工伤前 12 个月平均工资计算

在李某与 ZS 公司劳动争议纠纷案中②，2015 年 2 月 13 日，李某在缅甸发生交通事故。2017 年 2 月 27 日，劳动能力鉴定委员会作出《劳动能力鉴定、确认结论通知书》，载有："被鉴定人：李某……单位名称：ZS 公司，ZS 公司于 2017 年 02 月 04 日提出劳动能力鉴定、确认申请……李某同志的鉴定、确认结论是：目前已达到职工工伤与职业病致残等级标准六级。" 2020 年 6 月 3 日，李某以 ZS 公司为被申请人提出仲裁申请，请求 ZS 公司支付一次性伤残补助金 215396 元、2015 年 2 月 13 日至 2016 年 2 月 12 日停工留薪期工资 161547 元等多项请求。

一审法院审理后认为，关于停工留薪期工资，李某于 2015 年 2 月 13 日发生交通事故，经工伤鉴定为 6 级伤残，其停工留薪期为 12 个月。在停工留薪期内，李某的原工资福利待遇不变。根据《工伤保险条例》第 64 条的规定，"本条例所称本人工资，是指工伤职工因工作遭受事故伤害或者患职业病前 12 个月平均月缴费工资"。ZS 公司称李某回国后工资为 8105.3 元，应按该标准计算停工留薪期工资和伤残津贴，缺乏依据，法院不予采纳。根据李某工资表的应发工资项，李某受伤前 12 个月的平均工资为 12651.79 元，故 ZS 公司应按每月 12651.79 元标准向李某支付停工留薪期工资 151821.48 元。根据李某工资表，ZS 公司对除社会保险、个人所得税、工会会费以外的其他扣减项目未作出合理解释，不应认定为合理扣款，不应计入李某已得收入。故法院认定 ZS 公司已向李某支付 2015 年 2 月 13 日至 2016 年 2 月 12 日工资 109319.06 元，存在 42502.42 元工资差额。仲裁裁决 ZS 公司向李某支付停工留薪期工资差额 31404.68 元，李某未提起诉讼，视为认可该裁决，法院予以确认。对于 ZS 公司要求不支付该期间工资差额的诉讼请求，法院不予支持。二审法院对上述判决内容亦予以维持。

---

① 《广东省工伤保险条例》第 64 条第 1 款规定，本条例中下列用语的含义：……（二）原工资福利待遇，是指工伤职工在本单位受工伤前十二个月的平均工资福利待遇。工伤职工在本单位工作不足十二个月的，以实际月数计算平均工资福利待遇。

② 案号：（2021）京 02 民终 13003 号。

2. 护理部分

《工伤保险条例》规定，生活不能自理的工伤职工在停工留薪期需要护理的，由所在单位负责。这里亦引申出一个问题，即根据条例规定，护理的工作原则上是由用人单位来负责的，用人单位可派人或雇用专业的护工提供护理服务，但如果用人单位未直接提供护理服务，是否可以采取支付护理费的方式来代替呢，针对这个问题各地方也出台了相应的细则进行明确。

例如，在安徽地区，规定工伤职工在停工留薪期或者工伤复发治疗期需要护理的，凭医疗机构证明，由用人单位负责护理或者按月支付护理费。护理费标准为统筹地区上年度职工月平均工资的80%。① 而浙江地区，除明确规定护理费的支付标准外，亦可采取由工伤职工的近亲属负责护理，用人单位按月支付护理费的方式进行，在操作上可谓更为灵活，也更加贴合工伤职工的实际需要。②

3. 解雇保护

比如，北京、河南等地区规定，工伤职工在停工留薪期内的，用人单位不得与之解除或者终止劳动关系。③

二、工伤职工可以享受的伤残待遇

（一）一级至四级工伤职工的工伤待遇

根据《工伤保险条例》第34条和第35条规定，职工因工致残被鉴定为一级至四级伤残的，保留劳动关系，退出工作岗位，享受以下待遇：

1. 按伤残等级享受一次性伤残补助金，由工伤保险基金一次性支付，标准为：

一级伤残，27个月的本人工资；二级伤残，25个月的本人工资；三级伤残，23个月的本人工资；四级伤残，21个月的本人工资。

---

① 《安徽省实施〈工伤保险条例〉办法》第29条第1款规定，工伤职工在停工留薪期或者工伤复发治疗期需要护理的，凭医疗机构证明，由用人单位负责护理或者按月支付护理费。护理费标准为统筹地区上年度职工月平均工资的80%。其中，已享受生活护理费的，由用人单位支付工伤复发治疗期间护理费与生活护理费的差额部分。

② 《浙江省工伤保险条例》第25条规定，生活不能自理的工伤职工在停工留薪期内需要护理的，由用人单位负责；其近亲属同意护理的，月护理费由用人单位按照不低于上年度全省职工月平均工资的标准支付。

③ 《河南省工伤职工停工留薪期管理办法》第10条规定，工伤职工在停工留薪期内或者其伤残等级经劳动能力鉴定尚未有结论的，用人单位不得与之解除或者终止劳动关系。

2. 按伤残等级享受伤残津贴，由工伤保险基金按月支付，标准为：

一级伤残，本人工资的 90%；二级伤残，本人工资的 85%；三级伤残，本人工资的 80%；四级伤残，本人工资的 75%。

工伤职工达到退休年龄并办理退休手续后，停发按月支付的伤残津贴，按照国家有关规定享受基本养老保险待遇。基本养老保险待遇低于伤残津贴的，由工伤保险基金补足差额。

3. 由用人单位和职工个人以伤残津贴为基数，缴纳基本医疗保险费。

4. 工伤职工经评定伤残等级并经劳动能力鉴定委员会确认需要生活护理的，由工伤保险基金按月支付生活护理费。生活护理费，按照生活完全不能自理、生活大部分不能自理或者生活部分不能自理 3 个不同等级支付，标准分别为统筹地区上年度职工月平均工资的 50%、40%或者 30%。

上述伤残待遇中的“本人工资”，是指工伤职工因工作遭受事故伤害或者患职业病前 12 个月平均月缴费工资。本人工资高于统筹地区职工平均工资 300%的，按照统筹地区职工平均工资的 300%计算；本人工资低于统筹地区职工平均工资 60%的，按照统筹地区职工平均工资的 60%计算。在北京地区，如果用人单位缴费不满 12 个月的，应当以实际缴费月数的缴费工资之和平均计算本人工资。新参加工作或调转到新的用人单位当月发生工伤事故的，以事故当月的缴费工资作为本人工资①。

（二）一级至四级工伤职工解除劳动关系的待遇

一级至四级工伤职工依法提出解除劳动关系的，可否将伤残津贴、生活护理费等长期待遇改为一次性支付，或要求享受一次性工伤医疗补助金和一次性伤残就业补助金，《工伤保险条例》并未规定。

《人力资源和社会保障部关于执行〈工伤保险条例〉若干问题的意见》（人社部发〔2013〕34 号）规定，由工伤保险基金支付的各项待遇应按《工伤保险条例》相关规定支付，不得采取将长期待遇改为一次性支付的办法。但是在用人单位未参加工伤保险的情况下，一级至四级伤残职工要求解除劳动关系并将长期待遇改为一次性支付的，

① 《北京市工伤保险待遇核定支付办法》（京人社工发〔2011〕377 号）第 8 条。

部分地区予以支持，如吉林[①]、浙江[②]、四川[③]。

由于一级至四级工伤职工在理论上属于完全丧失了劳动能力，意味着这些职工不能再次就业，也就不存在支付一次性伤残就业补助金的基础。因此，一级至四级工伤职工解除劳动关系要求支付一次性工伤医疗补助金和一次性伤残就业补助金缺乏法律依据。但是也有观点认为，结合《工伤保险条例》第 36 条[④]的规定，举轻以明重，若一级至四级工伤职工主动提出与用人单位解除劳动关系的，该等级工伤职工也应享有一次性工伤医疗补助金和一次性伤残就业补助金，但是不得与一次性支付长期待遇同时主张。

① 《吉林省高级人民法院关于审理劳动争议案件法律适用问题的解答（二）》第 21 条规定，劳动者因工致残被鉴定为一至四级伤残，用人单位未参加工伤保险，劳动者要求解除劳动关系并将长期待遇改为一次性支付的，如何处理？劳动者因工致残被鉴定为一至四级伤残，用人单位未参加工伤保险，劳动者要求解除劳动关系并将长期待遇改为一次性支付，经释明法律后果后仍然坚持该诉讼请求的，劳动者为农民工的，应按《吉林省农民工参加工伤保险试行办法》（吉劳社工字〔2006〕319 号）相关规定予以支持；劳动者为个体工商户雇工的，应按《吉林省个体工商户雇工工伤保险办法》（吉林省人民政府第 197 号令）相关规定予以支持；其他劳动者可以参照执行。

② 《浙江省工伤保险条例》第 34 条规定，未参加工伤保险的一级至四级工伤职工，其按照规定应当享受的工伤保险待遇，由用人单位按月或者一次性支付。一次性支付的工伤保险待遇，以工伤发生时上一年度全省职工年平均工资为基数，按照下列标准计发：一级伤残为十六倍，二级伤残为十四倍，三级伤残为十二倍，四级伤残为十倍。一级至四级工伤职工一次性领取工伤保险待遇前的工资福利、医疗费、护理费、住院治疗期间的伙食补助费及所需的交通费等费用，按照规定支付。一级至四级工伤职工按月领取工伤保险待遇后，要求变更为一次性领取的，其待遇额度为一次性待遇总额扣除已经领取的一次性伤残补助金、伤残津贴后的余额。

③ 《四川省工伤保险条例》第 33 条规定，一级至四级工伤职工保留劳动人事关系，退出工作岗位，按照国家规定享受相关待遇。未参加工伤保险的一级至四级工伤职工的工伤保险待遇，经工伤职工或者其法定代理人与用人单位协商一致，可以解除劳动人事关系，由用人单位一次性支付工伤保险待遇。一次性支付的工伤保险待遇，以工伤发生时上一年度全省城镇全部单位就业人员年平均工资为基数，按照下列标准计发：一级伤残为十六倍，二级伤残为十四倍，三级伤残为十二倍，四级伤残为十倍。一级至四级工伤职工一次性领取工伤保险待遇前的工资福利、医疗费、护理费、住院治疗期间的伙食补助费及所需的交通费等费用，按照规定支付。

④ 《工伤保险条例》第 36 条规定，职工因工致残被鉴定为五级、六级伤残的，享受以下待遇：……经工伤职工本人提出，该职工可以与用人单位解除或者终止劳动关系，由工伤保险基金支付一次性工伤医疗补助金，由用人单位支付一次性伤残就业补助金。一次性工伤医疗补助金和一次性伤残就业补助金的具体标准由省、自治区、直辖市人民政府规定。

参考案例：四级伤残职业病职工要求解除劳动关系，应享有一次性工伤医疗补助金及伤残就业补助金

在三川公司与薛某劳动争议纠纷中[①]，薛某自 2007 年 3 月开始在三川公司下属子公司赤峰矿业公司工作，工作性质为井下生产安全管理，约在 2017 年 12 月因患病不能工作，离岗休养。2018 年 1 月薛某在赤峰市职业病防治所体检，被诊断为职业性矽肺二期。2018 年 10 月根据三川公司的申请，赤峰市松山区人力资源和社会保障局认定薛某为工伤。2019 年 1 月赤峰市松山区劳动能力鉴定委员会鉴定薛某伤残等级为四级。

因三川公司未依法连续足额为薛某缴纳工伤保险，又未依据《工伤保险条例》相关规定补缴，导致薛某无法享受由工伤保险基金支付的一次性伤残补助金和按月支付的伤残津贴。自 2019 年 11 月起，三川公司每月已无法保障薛某的伤残津贴按月足额发放，故薛某依法向法院请求解除与三川公司的劳动合同关系，并要求三川公司支付解除劳动合同经济补偿金 96000 元；一次性伤残补助金 168000 元、一次性就业补助金 170708.5 元（29 个月×5886.5 元/月）、一次性医疗补助金 204850.2 元（29 个月×5886.5 元/月+170708.5 元×20%）；支付一次性伤残津贴 540000 元（6000 元/月×12 个月×7.5 年）；赔偿薛某自解除劳动关系之日起至 60 周岁（退休时）止每年应当缴纳社会保险和医疗保险的损失 132268.8 元（2019 年养老保险 13333.6 元，医疗保险 3200 元，按 8 年计算）；支付拖欠工资 12924.65 元。

法院经查，薛某月应发工资 8000 元，但三川公司未提交证据证明已发放薛某 2016 年 1 月至 3 月的工资。自 2019 年 11 月开始，三川公司为薛某发放伤残津贴，但双方均未提交证据证明每月伤残津贴具体数额。庭审中，三川公司自认从 2007 年开始为薛某缴纳社会保险费，只有 2016 年 3 月至 2016 年 11 月的社会保险费因停产未为薛某缴纳。

法院认为，薛某患职业性矽肺二期，被认定为工伤的事实清楚，证据充分，依法应享受工伤保险待遇。虽薛某构成工伤四级伤残，依法应保留劳动关系，但三川公司未依法及时为其缴纳社会保险费、未及时支付劳动报酬，考虑因工伤受到伤害的劳动者个人意愿，薛某要求解除与三川公司的劳动合同关系并要求支付经济补偿金的诉讼请求，法院予以支持。薛某请求的一次性伤残补助金是按照其 21 个月本人工资标准计算的，符合法律规定，法院予以支持。参照《工伤保险条例》及《内蒙古自治区工伤保险条例实施办法》规定的五级、六级伤残待遇标准，薛某请求的一次性工伤医疗补助金及一次性伤残就业补助金，以其提出解除劳动关系时统筹地区上年度职工月平均

---

① 案号：(2021) 内 04 民终 665 号。

工资为基数，计算四级伤残29个月为宜，因薛某系患职业病的工伤职工，其一次性工伤医疗补助金在上述基础上增加20%，故薛某请求的一次性工伤医疗补助金及一次性伤残就业补助金符合法律规定，法院予以支持。薛某将伤残津贴与一次性工伤医疗补助金及一次性伤残就业补助金同时主张缺乏法律依据，法院对其请求的伤残津贴不予支持。因劳动关系解除后，三川公司依法无义务为薛某缴纳社会保险，故薛某要求三川公司给付自劳动关系解除之日起至60周岁（退休时）止每年应当缴纳社会保险和医疗保险的损失的请求，法院不予支持。

（三）五级、六级工伤职工可以享受的伤残待遇

1. 伤残补助金

根据《工伤保险条例》第36条第1款第1项规定，职工因工致残被鉴定为五级、六级伤残的，按伤残等级享受一次性伤残补助金，由工伤保险基金一次性支付，标准为：五级伤残，18个月的本人工资；六级伤残，16个月的本人工资。

2. 保留劳动关系期间的伤残待遇

根据《工伤保险条例》第34条和第36条规定，伤残津贴实际金额低于当地最低工资标准的，用人单位补足差额。工伤职工经评定伤残等级并经劳动能力鉴定委员会确认需要生活护理的，由工伤保险基金按月支付生活护理费。生活护理费，按照生活完全不能自理、生活大部分不能自理或者生活部分不能自理3个不同等级支付，标准分别为统筹地区上年度职工月平均工资的50%、40%或者30%。职工因工致残被鉴定为五级、六级伤残，保留与用人单位的劳动关系的，享受以下待遇：由用人单位安排适当工作，对于难以安排工作的，工伤职工按伤残等级享受伤残津贴，由用人单位按月支付，标准为：五级伤残，本人工资的70%；六级伤残，本人工资的60%。同时由用人单位按照规定为其缴纳应缴纳的各项社会保险费。

3. 工伤职工提出劳动关系解除或终止时的伤残待遇

根据《劳动合同法》规定①，工伤伤残职工属于解雇保护员工，用人单位不得依据非过错性解除、经济性裁员规定等理由解除劳动合同，劳动合同的终止需按照国家有关工伤保险的规定执行。根据《工伤保险条例》规定，经五级和六级伤残工伤职工本人提出，职工可以与用人单位解除或者终止劳动关系，并由工伤保险基金支付一次性工伤医疗补助金，由用人单位支付一次性伤残就业补助金。具体标准由省、自治区、

① 《劳动合同法》第42条规定，劳动者有下列情形之一的，用人单位不得依照本法第40条、第41条的规定解除劳动合：……（二）在本单位患职业病或者因工负伤并被确认丧失或者部分丧失劳动能力的；……第45条规定，劳动合同期满，有本法第42条规定情形之一的，劳动合同应当续延至相应的情形消失时终止。但是，本法第42条第2项规定丧失或者部分丧失劳动能力劳动者的劳动合同的终止，按照国家有关工伤保险的规定执行。

直辖市人民政府规定。各地规定了不同的标准，在北京地区，五级工伤职工可享有的一次性工伤医疗补助金和一次性伤残就业补助金，分别相当于 18 个月本市上年度职工月平均工资；六级工伤职工可享有的一次性工伤医疗补助金和一次性伤残就业补助金，分别相当于 15 个月本市上年度职工月平均工资①。

参考案例：五级伤残工伤职工劳动合同期满，用人单位终止劳动合同违法需继续履行

在某保险公司（以下简称公司）与李某劳动争议纠纷案中②，2003 年 4 月 17 日，公司与李某签订劳动合同，工作岗位为保险外勤，合同期限至 2003 年 12 月 31 日。2003 年 9 月 23 日，李某发生事故伤害，后被认定为工伤且经鉴定伤残等级为五级。2008 年 1 月 3 日，双方签订劳动合同，岗位为技术岗位，合同期限至 2012 年 12 月 31 日，2012 年 12 月 4 日公司向李某送达终止劳动合同通知书，李某随即表示不同意终止双方之间的劳动关系，要求续签劳动合同。2013 年 1 月 1 日起，公司停发李某工资并不再安排工作岗位。2013 年 1 月 22 日，李某向仲裁委申请仲裁，要求撤销终止劳动合同的决定，签订无固定期限劳动合同，补发工伤津贴 8946 元。仲裁委裁决：公司补发李某 2013 年 1 月 1 日至 2013 年 1 月 22 日的伤残津贴人民币 2493.2 元，并由公司在 2013 年 1 月 22 日后按照 3399.8 元/月的标准支付李某伤残津贴至安排正常工作。公司在仲裁裁决书生效之日起 10 日内安排李某工作，因安排适当工作造成工资降低时，由公司发给在职伤残补助金，标准为工资降低部分的 90%，本人技能提高而晋升工资时，在职伤残补助金予以保留。

就劳动合同终止问题，法院认为，经再次鉴定后，李某仍为工伤五级。双方之间签订的劳动合同虽于 2012 年 12 月 31 日到期，但合同到期后双方劳动关系并非自然终止。公司无权单方终止劳动合同。2012 年 12 月 4 日，公司作出的终止劳动合同通知书违反法律规定，应予以撤销。李某在公司实际工作已满 10 年，其要求公司签订无固定期限劳动合同的请求，符合法律规定，法院予以支持。

职工在同一用人单位连续工作期间多次发生工伤的，符合《工伤保险条例》第 36 条、第 37 条规定领取相关待遇时，按照其在同一用人单位发生工伤的最高伤残级别，计发一次性伤残就业补助金和一次性工伤医疗补助金。③

---

① 《关于北京市工伤保险基金支出项目标准及相关问题的通知》第 5 条。

② 案号：(2014) 常民终字第 322 号。

③ 《人力资源和社会保障部关于执行〈工伤保险条例〉若干问题的意见》第 10 条。

（四）七级至十级伤残工伤职工可以享受的伤残待遇

1. 伤残补助金

根据《工伤保险条例》第37条规定，职工因工致残被鉴定为七级至十级伤残的，按伤残等级享受一次性伤残补助金，由工伤保险基金一次性支付，标准为：七级伤残，13个月的本人工资；八级伤残，11个月的本人工资；九级伤残，9个月的本人工资；十级伤残，7个月的本人工资。

2. 保留劳动关系期间的待遇

根据《工伤保险条例》第34条规定，职工因工致残被鉴定为七级至十级伤残的，经劳动能力鉴定委员会确认需要生活护理，由工伤保险基金按月支付生活护理费。生活护理费，按照生活完全不能自理、生活大部分不能自理或者生活部分不能自理3个不同等级支付，标准分别为统筹地区上年度职工月平均工资的50%、40%或者30%。

3. 工伤职工提出解除劳动合同或劳动合同期满终止时的伤残待遇

根据《工伤保险条例》第37条规定，职工因工致残被鉴定为七级至十级伤残的，劳动、聘用合同期满终止，或者职工本人提出解除劳动、聘用合同的，由工伤保险基金支付一次性工伤医疗补助金，由用人单位支付一次性伤残就业补助金。一次性工伤医疗补助金和一次性伤残就业补助金的具体标准由省、自治区、直辖市人民政府规定。各地规定了不同的标准，在北京地区，七级伤残职工可享有的一次性工伤医疗补助金和一次性伤残就业补助金，分别相当于12个月本市上年度职工月平均工资；八级伤残职工可享有的一次性工伤医疗补助金和一次性伤残就业补助金，分别相当于9个月本市上年度职工月平均工资；九级伤残职工可享有的一次性工伤医疗补助金和一次性伤残就业补助金，分别相当于6个月本市上年度职工月平均工资；十级伤残职工可享有的一次性工伤医疗补助金和一次性伤残就业补助金，分别相当于3个月本市上年度职工月平均工资①。

参考案例：公司未缴纳工伤保险费，十级工伤员工解除劳动合同后公司应当支付一次性工伤医疗补助金和一次性伤残就业补助金

在天津某人力资源公司（以下简称公司）与刘某劳动争议纠纷案中②，刘某与公司签订自2018年10月2日起至2018年11月2日止书面《劳动协议书》。《劳动协议书》到期后，双方均未做出终止劳动协议的意思表示，仍按原约定履行。2018年11月5日，刘某在工作中受伤，后经劳动能力鉴定委员会鉴定，构成工伤伤残十级。公司未为刘某缴纳各项社会保险，未依工伤保险条例支付刘某相关工伤待遇。刘某遂提

---

① 《关于北京市工伤保险基金支出项目标准及相关问题的通知》第5条。

② 案号：（2020）津03民终580号。

起劳动仲裁，要求公司支付工伤医疗费及康复费、一次性伤残补助金、一次性工伤医疗补助金、一次性伤残就业补助金、住院伙食补助费、停工留薪期工资、住院期间护理费若干。劳动仲裁委作出相关裁决，支持了刘某部分主张，刘某不服诉至法院。起诉后，刘某于2019年10月21日向公司邮寄送达书面《解除或终止劳动关系通知》，主要内容载明：我于2018年10月2日入职你公司，在2018年11月5日工作期间受伤，并被鉴定为十级伤残，公司未为我缴纳社会保险，未按工伤待遇解决。依据《劳动合同法》等规定，正式与公司解除或终止劳动关系，并依法维护自身权益。公司已收悉。

法院认为，本案公司作为用工单位理应依法为其员工缴纳各项社会保险，因公司未为刘某缴纳各项社会保险，导致本案刘某受到工伤后，丧失了享受工伤保险待遇救济，故公司应承担比照工伤保险待遇给付刘某工伤待遇的法律责任。据此，法院支持了刘某主张的工伤医疗费及康复费、一次性伤残补助金、停工留薪期工资、住院伙食补助费、住院期间护理费。本案中，刘某以书面邮寄送达方式通知公司要求解除双方劳动关系，其意思表示明确。根据《工伤保险条例》第37条第2项规定，职工因工致残被鉴定为七级至十级伤残的，享受以下待遇……劳动、聘用合同期满终止，或者职工本人提出解除劳动、聘用合同的，由工伤保险基金支付一次性工伤医疗补助金，由用人单位支付一次性伤残就业补助金。一次性工伤医疗补助金和一次性伤残就业补助金的具体标准由省、自治区、直辖市人民政府规定。根据《天津市工伤保险若干规定》第29条规定，一次性工伤医疗补助金的具体标准为本市上年度职工月平均工资，十级伤残为2个月；一次性伤残就业补助金的具体标准为本市上年度职工月平均工资，十级伤残为3个月。公司应支付刘某一次性工伤医疗补助金（5871元/月×2个月）、一次性伤残就业补助金（5871元/月×3个月），刘某主张数额未超出法律规定，予以支持。

（五）企业单方辞退五级至十级工伤职工的一次性待遇

对于用人单位根据过错性解除规定或单位主体资格消灭等理由，依法解除或终止五级和六级伤残工伤职工的劳动合同，或者用人单位违法解除或终止劳动合同但是五级和六级伤残工伤职工不要求继续履行而要求支付赔偿金等其他原因导致劳动关系解除或终止时，是否应当享受一次性工伤医疗补助金和一次性伤残就业补助金，法律并未作出规定。在地方层面，大多数地区的地方性法规与《工伤保险条例》的表述几乎一致，仅有少数地区的规定中涉及了用人单位解除或终止劳动合同的情形，但表述不一。

比如，《北京市实施〈工伤保险条例〉若干规定》（北京市人民政府令第242号）第24条第1款规定：“工伤职工与用人单位的劳动关系依法解除或者终止的，该用人单位应当按照《条例》的规定向该工伤职工支付一次性伤残就业补助金。”上述规定未将劳动合同解除或终止的事由限定为“职工本人提出解除劳动合同或者合同期满终止”，可以推导出用人单位单方解除劳动合同或因合同期满之外的其他原因终止劳动合同，仍需向劳动者支付一次性伤残就业补助金。

又如《陕西省实施〈工伤保险条例〉办法》（2011修订）第24条规定：“七级至十级工伤职工有下列情况之一的，由用人单位向职工支付一次性工伤医疗补助金和伤残就业补助金……（二）用人单位依据《劳动法》第二十五条规定解除劳动关系的……”上述规定将用人单位解除劳动合同的原因限定在“依据《劳动法》第二十五条规定解除劳动合同”。该办法第26条还规定：“用人单位破产、撤销、解散或者关闭的，……未达到法定退休年龄的五级至十级工伤职工，由用人单位按照本办法第二十三条、第二十四条规定的标准，支付一次性工伤医疗补助金和伤残就业补助金，并终止工伤保险关系。”

另外，上海市规定，用人单位因主体资格消灭或者劳动者拒绝签订劳动合同等原因而依法终止工伤职工的劳动关系时，除依法支付经济补偿外，还应当按工伤保险的规定支付一次性工伤医疗补助金和伤残就业补助金①。深圳规定，用人单位违法解除或终止劳动关系，劳动者有权要求支付一次性伤残就业补助金和一次性工伤医疗补助金②。

参考案例：一次性伤残就业补助金不应受劳动合同解除原因等因素的影响

在侯某诉某茂建筑装潢有限公司劳动合同纠纷案中③，上海市第一中级人民法院认为，一次性伤残就业补助金等工伤保险待遇是对职工因工作原因受到伤害而给予的补救和补偿，它不应受劳动关系解除原因等因素的影响。首先，《社会保险法》第39条第3项明确规定，终止或者解除劳动合同时，工伤职工应当享受的一次性伤残就业补助金，按照国家规定由用人单位支付。该规定仅将终止或解除劳动合同作为工伤职工享受一次性伤残就业补助金的前提条件，并未将合同解除方式与原因作为支付一次性伤残就业补助金的前提条件。其次，根据《工伤保险条例》第42条的规定，工伤职工仅在丧失享受待遇条件、拒不接受劳动能力鉴定、拒绝治疗的情况下，停止享受工伤保险待遇，用人单位解除劳动合同并不属于工伤职工停止享受工伤保险待遇的情形。

---

① 《上海市高级人民法院关于适用〈劳动合同法〉若干问题的意见》第15条。

② 《深圳市中级人民法院关于审理工伤保险待遇案件的裁判指引》第13条规定，用人单位违法解除或终止劳动关系，劳动者要求赔偿金、一次性伤残就业补助金和一次性工伤医疗补助金的，应予支持。

③ 2015年第11期《最高人民法院公报》案例，案号：（2014）沪一中民三（民）终字第546号。

最后，举轻以明重，《工伤保险条例》第 37 条第 2 项规定在工伤职工主动提出解除劳动合同及劳动合同期限终止时，用人单位尚需支付一次性伤残就业补助金，那么用人单位在主动解除劳动合同时支付一次性伤残就业补助金，更是理所当然的。因此，在用人单位解除劳动合同的情形下，用人单位仍有义务向工伤职工支付一次性伤残就业补助金。

需要注意的是，尽管上述公报案例对司法实践产生了较大的影响，大多数裁审机关都认为在用人单位单方解除或终止劳动合同时，需向工伤职工支付一次性伤残就业补助金①，但仍有少数观点认为应严格执行《工伤保险条例》第 36 条、第 37 条的规定，进而对以上问题持否定的态度②，认为用人单位单方解除劳动合同，并非劳动、聘用合同期满终止，或者职工本人提出解除劳动、聘用合同，因此，工伤职工要求享受一次性工伤医疗补助金、一次性伤残就业补助金的待遇不予支持。此外，对于与一次性伤残就业补助金支付条件相同的一次性工伤医疗补助金，由于需从社保基金支付，在社保经办中心核定工伤待遇时，仍有可能严格执行《工伤保险条例》第 36 条、第 37 条的规定，在用人单位单方解除劳动合同或因合同期满之外的其他原因终止劳动合同时，对一次性工伤医疗补助金不予支持。

三、因工死亡职工的近亲属可以享受的工亡待遇

《工伤保险条例》第 39 条规定，职工因工死亡，其近亲属按照下列规定从工伤保险基金领取丧葬补助金、供养亲属抚恤金和一次性工亡补助金：

（一）丧葬补助金

丧葬补助金为 6 个月的统筹地区上年度职工月平均工资。针对“上年度职工月平均工资”的计算标准，各地并不统一，因此丧葬补助金存在地区差异。

（二）供养亲属抚恤金

供养亲属抚恤金应按照职工本人工资的一定比例，发给因工死亡职工生前提供主要生活来源、无劳动能力的亲属。发放标准为：配偶每月 40%，其他亲属每人每月 30%，孤寡老人或者孤儿每人每月在上述标准的基础上增加 10%，但要注意核定的各供养亲属的抚恤金之和不应高于因工死亡职工生前的工资。

---

① 案号：（2016）京 02 民终 1407 号、（2019）冀 02 民终 7333 号、（2018）苏民申 4893 号、（2021）湘 01 民终 3738 号。

② 案号：（2018）浙 0683 民初 3449 号、（2018）粤 1881 民初 3467 号、（2018）辽 0211 民初 7075 号。

1. 供养亲属的范围

依据《因工死亡职工供养亲属范围规定》(原劳动和社会保障部令第 18 号)第 2 条的规定，因工死亡职工供养亲属包括职工的：

(1) 配偶；

(2) 子女：婚生子女、非婚生子女、养子女和有抚养关系的继子女，其中的婚生子女、非婚生子女包括遗腹子女；

(3) 父母：生父母、养父母和有抚养关系的继父母；

(4) 祖父母、外祖父母、孙子女、外孙子女；

(5) 兄弟姐妹：同父母、同父异母或者同母异父的兄弟姐妹、养兄弟姐妹、有抚养关系的继兄弟姐妹。

2. 职工本人工资的计算

核定供养亲属抚恤金时的本人工资，是指职工因工死亡前 12 个月平均月缴费工资，若高于统筹地区职工平均工资 300%的，按照统筹地区职工平均工资的 300%计算；若低于统筹地区职工平均工资 60%的，则按照统筹地区职工平均工资的 60%计算。

需要注意的是，用人单位应对职工工资的申报承担责任。若用人单位未如实按照工资发放标准为工亡职工申报并交纳工伤保险费，且社会保险经办机构对此不能补办，导致其供养亲属无法足额享受抚恤金的，部分地区的裁审机构就其差额部分判决由用人单位承担赔偿责任。此处仍受社会保险缴费工资基数上下线的限制，即上限为统筹地区职工平均工资的 300%，下限为统筹地区职工平均工资的 60%。

(三) 一次性工亡补助金

一次性工亡补助金的标准为上一年度全国城镇居民人均可支配收入的 20 倍。依据《实施〈社会保险法〉若干规定》第十一条规定，此处的“上一年度”应为工伤发生时的上一年度，全国城镇居民人均可支配收入需以国家统计局公布的数据为准。同时依据《人力资源和社会保障部关于执行〈工伤保险条例〉若干问题的意见》(人社部发〔2013〕34 号)第 14 条规定，核定工伤职工工伤保险待遇时，若上一年度相关数据尚未公布，可暂按前一年度的全国城镇居民人均可支配收入、统筹地区职工月平均工资核定和计发，待相关数据公布后再重新核定，社会保险经办机构或者用人单位予以补发差额部分。

根据国家统计局发布的《2024 年居民收入和消费支出情况》显示，2024 年全国城镇居民人均可支配收入为 54188 元，故 2025 年度一次性工亡补助金标准调整为：54188 ×20 = 1083760 元。

四、职工因工外出期间发生事故或者在抢险救灾中下落不明的，供养亲属可以享受的待遇

现实中，有时会发生职工因工外出期间发生事故或者在参与抢险救灾中下落不明的情况，由于短时间内无法确认职工是否已经死亡，导致其供养亲属无法及时享受工亡待遇，甚至供养亲属的生活陷入困境。对此《工伤保险条例》第 41 条规定，职工因工外出期间发生事故或者在抢险救灾中下落不明的，从事故发生当月起 3 个月内照发工资，从第 4 个月起停发工资，由工伤保险基金向其供养亲属按月支付供养亲属抚恤金。生活有困难的，可以预支一次性工亡补助金的 50%。职工被人民法院宣告死亡的，按照本条例第 39 条职工因工死亡的规定处理。即其近亲属从工伤保险基金领取丧葬补助金、供养亲属抚恤金和一次性工亡补助金。

由此可见，职工因工外出发生事故或者在抢险救灾中下落不明期间与职工被法院宣告死亡之后其供养亲属享受的待遇是不同的，因工下落不明不等于因工死亡，下落不明是死亡前的失踪状态，在下落不明期间无法享受因工死亡的待遇。

（一）发放三个月工资

职工在因工外出期间发生事故或者抢险救灾，导致职工下落不明的，用人单位从事故发生当月起 3 个月内照发工资。此规定仅适用于职工在因工外出期间发生事故或者抢险救灾导致下落不明的情形，若职工在事故发生后被发现已经死亡，并未下落不明，或者职工在其办公场所内失踪，并未因工外出的，均不符合上述法律规定，不能享受三个月工资照发的待遇。

三个月工资待遇的发放主体为用人单位；发放的起始时间应从事故发生的当月起算，而不是从事故发生的第二个月起算；发放标准应以下落不明职工本人实际月工资金额为准，针对没有证据证明工资发放金额的，部分裁审机构可能参考当地职工月平均工资标准进行酌定。

（二）发放供养亲属抚恤金

职工因工外出期间发生事故或者在抢险救灾中下落不明 3 个月以上的，由工伤保险基金向其供养亲属按月支付供养亲属抚恤金，该抚恤金属于对因工下落不明职工亲属的一种救济，具有救济的性质；职工因工死亡亦可以领取供养亲属抚恤金，这是职工工亡的一种待遇。职工因工下落不明后，供养亲属可以领取带救济性质的抚恤金，直至职工被认定为工亡后，因工下落不明的状态结束，其供养亲属丧失领取救济性质抚恤金的条件，但同时具备了享有工亡待遇的条件，符合条件的可以领取工亡待遇中的供养亲属抚恤金。由此可见，这两种供养亲属抚恤金的法律依据、性质、起发时间

均不相同。

这两种供养亲属抚恤金的核发标准也不尽相同。《工伤保险条例》等法律法规，对工亡待遇中供养亲属抚恤金的核发标准作了比较明确的规定，即供养亲属抚恤金应按照职工本人工资的一定比例发放，配偶每月40%，其他亲属每人每月30%，孤寡老人或者孤儿每人每月在上述标准的基础上增加10%，但要注意核定的各供养亲属的抚恤金之和不应高于因工死亡职工生前的工资；其中的本人工资，是指职工因工死亡前12个月平均月缴费工资，并受社会保险缴费工资基数上限统筹地区职工平均工资的300%、下限统筹地区职工平均工资的60%的限制。但相关法律法规并未对因工下落不明期间供养亲属抚恤金的核发标准作出具体规定，大部分裁审机构在考虑因工下落不明职工的合法利益以及设置该供养亲属抚恤金的救济目的后，参照了工亡待遇中供养亲属抚恤金的核发标准予以发放。

参考案例：公司未缴纳工伤保险，应支付因工下落不明职工供养亲属抚恤金

在薛某与某公司劳动争议纠纷案中①，2015年8月9日轮船受台风影响在河道处翻沉，船上船员许某落水失踪。2016年9月1日法院判决宣告许某死亡。2016年10月13日人社局认定许某系某公司职工，所受伤害为工伤。某公司未给许某缴纳工伤保险费用。2015年度某市城镇单位在岗职工年平均工资为56625元，2015年度全国城镇居民人均可支配收入为31195元。现许某的母亲薛某向仲裁提出多项仲裁申请，其中包括要求某公司向其支付2015年8月、9月、10月3个月工资19500元；以及支付自2015年11月起计至薛某死亡之日止的供养亲属抚恤金。

法院审理后认为，1. 某公司是否应承担工伤保险责任。人社局认定许某系某公司职工，所受伤害为工伤，故本院认定某公司为承担工伤保险责任的主体。某公司作为用人单位没有为许某缴纳工伤保险费用，应当按照《工伤保险条例》规定的工伤保险待遇项目和标准向其近亲属支付费用。2. 关于三个月工资。根据《工伤保险条例》第41条“职工因工外出期间发生事故或者在抢险救灾中下落不明的，从事故发生当月起3个月内照发工资，从第4个月起停发工资，由工伤保险基金向其供养亲属按月支付供养亲属抚恤金”的规定，许某因发生事故下落不明，某公司应当支付三个月工资。薛某没有证据证明许某月工资为6500元，其月工资应参照2015年某市城镇单位在岗职工年平均工资56625元标准，故薛某有权主张的金额为56625元÷12×3＝14156元。3. 关于供养亲属抚恤金。薛某为许某母亲，至许某被宣告死亡时已84岁，且提供了当地村委会无固定收入来源的证明，有权主张供养亲属抚恤金。因薛某无法举证证明许某工资，应按照2015年某市城镇单位在岗职工年平均工资56625元标准计算，薛某

① 案号：(2016) 闽72民初964号。

有权主张的每月抚恤金为 56625 元÷12×30%＝1416 元。关于抚恤金的起算日，根据《工伤保险条例》第 41 条“职工因工外出期间发生事故或者在抢险救灾中下落不明的，从事故发生当月起 3 个月内照发工资，从第 4 个月起停发工资，由工伤保险基金向其供养亲属按月支付供养亲属抚恤金”的规定，许某于 2015 年 8 月失踪，抚恤金应自 2015 年 11 月起算，支付至薛某死亡之日止。

（三）生活有困难的供养亲属预支 50%一次性工亡补助金

需要注意的是，《工伤保险条例》规定供养亲属生活有困难的，可以预支一次性工亡补助金的 50%。从“预支”一词不难看出，其是在不满足核发条件下的提前支付，表明了职工因工下落不明的供养亲属原则上是不能享有一次性工亡补助金待遇的。该规定仅针对发给供养亲属抚恤金后，仍不能保障其亲属基本生活的情况下，才可以预先支付 50%的一次性工亡补助金。关于“预支”的具体条件、标准、程序各地区存在差异，应以各地的相关规定为准。

五、工伤职工应停止享受工伤保险待遇的情形

依据《工伤保险条例》[①]《社会保险法》[②] 的规定，工伤职工有下列情形之一的，停止享受工伤保险待遇：（一）丧失享受待遇条件的；（二）拒不接受劳动能力鉴定的；（三）拒绝治疗的。上述规定不包括工亡职工亲属死亡或成年等原因，导致丧失享受工亡抚恤待遇资格等情形。

工伤职工停止享受的工伤保险待遇，是指《社会保险法》第 36 条规定[③]的“职工因工作原因受到事故伤害或者患职业病，且经工伤认定的，享受工伤保险待遇；其中，经劳动能力鉴定丧失劳动能力的，享受伤残待遇”。包括工伤医疗待遇、停工留薪期待遇、一级到十级工伤职工的伤残待遇。

1. 丧失享受待遇条件的

丧失享受待遇条件，即出现某种情形或满足一定条件导致工伤待遇从“有”到“无”。简单概括有以下几种情形：

（1）工伤痊愈的

工伤职工所受伤害已痊愈，无须进行治疗或复查，则其不再享有工伤医疗待遇。

---

① 《工伤保险条例》第 42 条。

② 《社会保险法》第 42 条。

③ 《社会保险法》第 36 条第 1 款。

（2）停工留薪期满且无须治疗或复查的

依据《工伤保险条例》第33条规定①，工伤职工在停工留薪期内可以享受原工资待遇，即停工留薪期工资，也可以享受工伤医疗待遇，但如果停工留薪期满，工伤职工也无须再就医治疗或复查，不再享受工伤医疗待遇，用人单位也无须再为工伤职工发放停工留薪期工资。

（3）开始享受退休养老待遇的

依据《社会保险法》规定②，工伤职工符合领取基本养老金条件的，停发伤残津贴，享受基本养老保险待遇。基本养老保险待遇低于伤残津贴的，从工伤保险基金中补足差额。因此，对于致残等级一级至六级的工伤职工，在达到法定退休年龄，办理退休后开始领取基本养老金，不再享受伤残津贴，只有在养老金的数额低于伤残津贴的情况下，工伤保险基金才予以补足差额。

（4）解除或终止劳动关系且工伤保险关系未作变更登记的

劳动者在与用人单位解除或终止劳动关系的同时，工伤保险关系也解除或终止了，之后，劳动者无法再享受工伤保险待遇，但如果新的用人单位承继或接受与劳动者的工伤保险关系，并变更登记后，则劳动者依然可以享受工伤保险待遇。

（5）工伤职工死亡的

作为权利主体的工伤职工死亡的，其当然不再享有工伤保险待遇，如工伤职工在停工留薪期内死亡的，不再享受停工留薪期工资及工伤医疗待遇；达到致残等级一级至六级的工伤职工在伤残等级鉴定后死亡的，不再享受伤残津贴；达到致残等级五级至十级的工伤职工，在未与用人单位解除或终止劳动关系之前死亡的，将无法享受一次性工伤医疗补助金及一次性伤残就业补助金。

2. 拒不接受劳动能力鉴定的

依据《工伤职工劳动能力鉴定管理办法》的规定③，职工发生工伤，经治疗伤情相对稳定后存在残疾、影响劳动能力的，或者停工留薪期满（含劳动能力鉴定委员会确认的延长期限），工伤职工或者其用人单位应当及时向设区的市级劳动能力鉴定委员会提出劳动能力鉴定申请。只有通过劳动能力鉴定，才能确定工伤职工的伤残等级及生活自理能力，进而确定该工伤职工所应享受的工伤保险待遇。如果劳动者无故拒不接受劳动能力鉴定，则将无法确定其可享受的工伤保险待遇，因此《工伤保险条例》规定在这种情况下，工伤职工停止享有工伤保险待遇，也是立法者督促工伤职工积极行使自己权利的体现。

---

① 《工伤保险条例》第33条。
② 《社会保险法》第40条。
③ 《工伤职工劳动能力鉴定管理办法》第7条。

部分地方规定就拒不接受劳动能力鉴定的情形作了具体规定，如依据《江苏省工伤职工劳动能力鉴定管理办法》的规定①，有下列情形之一的，劳动能力鉴定委员会可以终止本次鉴定；如鉴定申请人为用人单位或社会保险经办机构的，视为被鉴定人出现《工伤保险条例》第 42 条规定的拒不接受劳动能力鉴定的情形：

（1）被鉴定人无正当理由拒绝接受劳动能力鉴定委员会组织安排鉴定的；

（2）被鉴定人拒绝劳动能力鉴定委员会或鉴定专家指定医疗机构进行有关诊断或要求补充医学检查的；

（3）被鉴定人在鉴定过程中弄虚作假或不配合医学检查导致不能真实反映伤残情况的。

参考案例：劳动能力鉴定结论作出 1 年后工伤职工拒绝复查鉴定，停止享受工伤保险待遇

在邓某与某龙矿业、某井公司劳动争议一案②中，邓某于 2009 年 2 月被某龙矿业录用为企业员工，双方未签订书面劳动合同。2011 年 12 月 20 日，某龙矿业与邓某签订了三年期的劳动合同。2011 年 3 月，某井公司和某龙矿业口头协商达成协议，将邓某派往某井公司承包某龙矿业的井巷工作至 2014 年 4 月。2014 年 4 月 16 日，邓某在工作中受伤，2014 年 7 月 25 日，邓某被某市人力资源和社会保障局认定为工伤。2014 年 9 月 2 日，邓某被某市劳动能力鉴定委员会鉴定为九级伤残。

一审法院认为，邓某与某龙矿业签订了劳动合同，建立了劳动关系，在被派往某井公司工作期间因公负伤，已被劳动和社会保障行政机关作出“用人单位某市某龙矿业、邓某所受到的伤害为工伤”的认定，某龙矿业对此也无异议，邓某按法律规定应享受各项工伤保险待遇。邓某要求某井公司和某龙矿业给付的一次性医疗补助金、一次性伤残补助金、一次性伤残就业补助金等诉讼请求，因邓某所在单位在邓某劳动能力鉴定结论作出之日起 1 年后，认为邓某伤情发生了变化，于 2015 年 9 月 1 日向某市劳动能力鉴定委员会提出了对邓某伤残复查鉴定的申请。某市劳动能力鉴定委员会受理申请后，已电话通知邓某复查鉴定时间、鉴定地点等，但邓某以“和某井公司及某龙矿业解除了劳动关系、不需要复查鉴定”为由，拒不接受劳动能力复查鉴定。诉讼中，虽经法院释明不接受复查鉴定后果，但邓某已明确表示拒绝劳动能力复查鉴定。因劳动能力复查鉴定也在劳动能力鉴定范围内，现邓某拒绝劳动能力复查鉴定，未提供复查鉴定结论，使法院无法确定邓某伤残等级和应享受的工伤保险待遇，邓某应承担举证不能的后果。故邓某的此三项诉讼请求，不予支持，邓某可在取得劳动能力复查鉴定结论后，另行向某井公司和某龙矿业主张权利。

---

① 《江苏省工伤职工劳动能力鉴定管理办法》第 20 条。

② 案号：（2016）黑 05 民终 183 号。

二审法院认为,《工伤保险条例》第 28 条规定;"自劳动能力鉴定结论作出之日起 1 年后,工伤职工或者其近亲属、所在单位或者经办机构认为伤残情况发生变化的,可以申请劳动能力复查鉴定。"据此,某龙矿业作为工伤职工邓某所在单位有权申请劳动能力复查鉴定。第 42 条规定:"工伤职工有下列情形之一的,停止享受工伤保险待遇:……(二)拒不接受劳动能力鉴定的……"原审法院据此判决对邓某一次性医疗补助金、一次性伤残补助金、一次性伤残就业补助金暂不支持并无不当。

3. 拒绝治疗的

依据《工伤保险条例》的规定[①],工伤保险设立的目的是保障因工作遭受事故伤害或者患职业病的职工获得医疗救治和经济补偿,促进工伤预防和职业康复,分散用人单位的工伤风险。因此,工伤职工在享有工伤保险待遇的同时,也负有积极配合治疗,尽快康复、回归单位工作的义务。如果工伤职工消极不作为,拒绝配合治疗,延误病情,很可能会增加用人单位和工伤保险基金的负荷;对于劳动者主观上的消极浪费资源,国家从立法层面直接干预,停止其享受工伤保险待遇,同时也督促劳动者积极治疗、尽可能地恢复劳动能力。

4. 地方性规定的其他情形

部分地区还规定服刑期间的劳动者停止享受工伤保险待遇,如《广东省企业职工社会工伤保险规定》(1997 年修正)[②] 明确规定,对享受工伤保险待遇者中违法犯罪的,在服刑期间(含缓刑和监外执行的)停止享受工伤保险待遇。

六、恢复工伤保险待遇的条件

《人力资源和社会保障部关于执行〈工伤保险条例〉若干问题的意见》[③] 第 1 条规定,依据《工伤保险条例》第 42 条的规定停止支付工伤保险待遇的,在停止支付待遇的情形消失后,自下月起恢复工伤保险待遇,停止支付的工伤保险待遇不予补发。

《广东省企业职工社会工伤保险规定》(1997 年修正)[④] 规定,对享受工伤保险待遇者中违法犯罪的,刑满释放并已恢复政治权利的,可继续享受原待遇,已停发的工伤保险待遇不予补发。因此,无论是基于何种原因导致工伤职工的工伤保险待遇被停发的,即便之后继续享受原工伤待遇,停发期间的工伤保险待遇均不予补发。

---

① 《工伤保险条列》第 1 条。

② 《广东省企业职工社会工伤保险规定》(1997 年修正)第 28 条。

③ 《人力资源和社会保障部关于执行〈工伤保险条例〉若干问题的意见》第 11 条。

④ 《广东省企业职工社会工伤保险规定》(1997 年修正)第 28 条。

合规建议

1. 停工留薪期作为工伤职工基本待遇的重要保障，在实践中有较多问题需要用人单位注意，如停工留薪期时长的确定及延长、停工留薪期工资待遇的发放、护理义务等，上述问题在各地均存在不同的裁判尺度，用人单位在实操时需了解当地规定，避免不必要的法律风险。

2. 用人单位需要与一级至四级工伤职工继续保留劳动关系，并允许其退出工作岗位，应当持续缴纳社保和发放伤残津贴直至退休。因用人单位未依法为职工缴纳社保或未足额发放伤残津贴，导致工伤职工无法足额享受工伤待遇的，一级至四级工伤职工有权依据《劳动合同法》第 38 条规定单方与用人单位解除劳动关系并要求支付经济补偿。此时一级至四级工伤职工若主张要求支付一次性工伤医疗补助金和一次性伤残就业补助金，也可能得到裁判机关的支持。

3. 五级、六级工伤职工，用人单位难以安排工作的，由用人单位按月发给伤残津贴，实际伤残津贴低于当地最低工资标准的，用人单位需补足差额。除非经工伤职工提出解除或终止劳动合同，否则用人单位无权单方行使终止权。劳动关系解除或终止后，五级、六级工伤职工享有工伤保险基金支付的一次性工伤医疗补助金和用人单位支付的一次性伤残就业补助金，具体标准应当按照当地规定执行。

4. 七级至十级工伤职工的劳动合同到期时，用人单位有权依法单方终止双方劳动合同，但员工符合应当签订无固定期限劳动合同条件的除外。双方劳动关系解除或终止后，七级至十级工伤职工享有工伤保险基金支付的一次性工伤医疗补助金和用人单位支付的一次性伤残就业补助金，具体标准应当按照当地规定执行。

5. 职工因工外出期间发生事故或者在抢险救灾中下落不明时，用人单位应积极申请工伤认定、配合有关部门采取搜救措施和安抚亲属，并按照法律规定从事故发生当月起，照发三个月工资，并从第 4 个月起停发工资，协助办理申领供养亲属抚恤金。因工下落不明的职工供养亲属，存在生活困难的可以申请预支 50% 的一次性工亡补助金。

6. 用人单位应积极跟进工伤职工是否符合继续享受工伤保险待遇的条件，如果工伤职工不再符合享受工伤保险待遇的条件，可以停止支付工伤保险待遇，避免发生不必要的成本支出；用人单位在工伤职工停止享受工伤待遇的情形消失后，自下月起恢复其工伤保险待遇，避免因延误恢复待遇而引发劳动者与用人单位之间新的矛盾或劳资纠纷。

第四节　工伤保险待遇的承担主体

一、依法缴纳工伤保险时工伤费用的分担

《中华人民共和国社会保险法》（以下简称《社会保险法》）以及《工伤保险条例》对工伤费用的支付主体进行了明确，区分了由工伤保险基金支付的项目和由用人单位支付的项目。现结合相关法律规定，对用人单位依法缴纳工伤保险后，工伤保险基金和用人单位分别支付的工伤费用进行梳理。

（一）由工伤保险基金支付的工伤费用

《社会保险法》第 38 条规定，因工伤发生的下列费用，按照国家规定从工伤保险基金中支付：

1. 治疗工伤的医疗费用和康复费用

职工因工作遭受事故伤害或者患职业病进行治疗，享受工伤医疗待遇。治疗工伤所需费用符合工伤保险诊疗项目目录、工伤保险药品目录、工伤保险住院服务标准的，从工伤保险基金支付。工伤职工治疗非工伤引发的疾病，不享受工伤医疗待遇，按照基本医疗保险办法处理。工伤职工到签订服务协议的医疗机构进行工伤康复的费用，符合规定的，从工伤保险基金支付。

2. 住院伙食补助费

职工住院治疗工伤的伙食补助费，从工伤保险基金支付，基金支付的具体标准由统筹地区人民政府规定。

3. 到统筹地区以外就医的交通食宿费

经医疗机构出具证明，报经办机构同意，工伤职工到统筹地区以外就医所需的交通、食宿费用，从工伤保险基金支付，基金支付的具体标准由统筹地区人民政府规定。

4. 安装配置伤残辅助器具所需费用

工伤职工因日常生活或者就业需要，经劳动能力鉴定委员会确认，可以安装假肢、矫形器、假眼、假牙和配置轮椅等辅助器具，所需费用按照国家规定的标准从工伤保险基金支付。

5. 生活不能自理的，经劳动能力鉴定委员会确认的生活护理费

工伤职工已经评定伤残等级并经劳动能力鉴定委员会确认需要生活护理的，从工伤保险基金按月支付生活护理费。生活护理费按照生活完全不能自理、生活大部分不能自理或者生活部分不能自理 3 个不同等级支付，其标准分别为统筹地区上年度职工

月平均工资的 50%、40%或者 30%。

6. 一次性伤残补助金和一级至四级伤残职工按月领取的伤残津贴

职工因工致残被鉴定为一级至十级伤残的，工伤保险基金按伤残等级支付一次性伤残补助金。职工因工致残被鉴定为一级至四级伤残的，保留劳动关系，退出工作岗位，工伤保险基金按月支付伤残津贴。

7. 终止或者解除劳动合同时，应当享受的一次性医疗补助金

职工因工致残被鉴定为五级、六级伤残的，经工伤职工本人提出，该职工可以与用人单位解除或者终止劳动关系，由工伤保险基金支付一次性工伤医疗补助金。职工因工致残被鉴定为七级至十级伤残的，劳动、聘用合同期满终止，或者职工本人提出解除劳动、聘用合同的，由工伤保险基金支付一次性工伤医疗补助金。具体标准由省、自治区、直辖市人民政府规定。

8. 因工死亡的，其遗属领取的丧葬补助金、供养亲属抚恤金和因工死亡补助金

丧葬补助金为 6 个月的统筹地区上年度职工月平均工资。供养亲属抚恤金按照职工本人工资的一定比例发给由因工死亡职工生前提供主要生活来源、无劳动能力的亲属。标准为：配偶每月 40%，其他亲属每人每月 30%，孤寡老人或者孤儿每人每月在上述标准的基础上增加 10%。核定的各供养亲属的抚恤金之和不应高于因工死亡职工生前的工资。一次性工亡补助金标准为上一年度全国城镇居民人均可支配收入的 20 倍。

9. 劳动能力鉴定费

（二）由用人单位支付的费用

《社会保险法》第 39 条规定，因工伤发生的下列费用，按照国家规定由用人单位支付：

1. 治疗工伤期间的工资福利

治疗工伤期间的工资福利，按照《工伤保险条例》有关职工在停工留薪期内应当享受的工资福利和护理等待遇的规定执行。职工因工作遭受事故伤害或者患职业病需要暂停工作接受工伤医疗的，在停工留薪期内，原工资福利待遇不变，由所在单位按月支付。生活不能自理的工伤职工在停工留薪期需要护理的，由所在单位负责。

2. 五级、六级伤残职工按月领取的伤残津贴

职工因工致残被鉴定为五级、六级伤残的，保留与用人单位的劳动关系，由用人单位安排适当工作。难以安排工作的，由用人单位按月发给伤残津贴，标准为：五级伤残为本人工资的 70%，六级伤残为本人工资的 60%，并由用人单位按照规定为其缴纳应缴纳的各项社会保险费。伤残津贴实际金额低于当地最低工资标准的，由用人单位补足差额。

3. 终止或者解除劳动合同时，应当享受的一次性伤残就业补助金

职工因工致残被鉴定为五级、六级伤残的，经工伤职工本人提出，该职工可以与用人单位解除或者终止劳动关系，由用人单位支付一次性伤残就业补助金。职工因工致残被鉴定为七级至十级伤残的，劳动、聘用合同期满终止，或者职工本人提出解除劳动、聘用合同的，由用人单位支付一次性伤残就业补助金。具体标准由省、自治区、直辖市人民政府规定。

参考案例：十级工伤职工解除劳动合同后，应当由工伤保险基金支付一次性伤残补助金和一次性工伤医疗补助金

在王某与医疗公司劳动争议纠纷案中①，王某于 2019 年 10 月 8 日入职医疗公司，双方签订了劳动合同，医疗公司为王某缴纳了社会保险。王某于 2019 年 10 月 12 日受工伤，2020 年 3 月 1 日人社局认定王某为工伤，并鉴定确认为工伤十级。2020 年 3 月 3 日，医疗公司向王某出具了《解聘通知单》。现王某向仲裁提出多项仲裁申请，其中包括要求医疗公司向其支付：1. 一次性伤残补助金 56000 元；2. 支付一次性工伤医疗补助金 27786 元；3. 支付一次性伤残就业补助金 27786 元。

法院审理后认为，《工伤保险条例》第 37 条规定："职工因工致残被鉴定为七级至十级伤残的，享受以下待遇：（一）从工伤保险基金按伤残等级支付一次性伤残补助金，标准为……十级伤残为 7 个月的本人工资；（二）劳动、聘用合同期满终止，或者职工本人提出解除劳动、聘用合同的，由工伤保险基金支付一次性工伤医疗补助金，由用人单位支付一次性伤残就业补助金。一次性工伤医疗补助金和一次性伤残就业补助金的具体标准由省、自治区、直辖市人民政府规定。"一次性伤残补助金和一次性工伤医疗补助金应当由工伤保险基金支付，本案中，医疗公司已经为王某缴纳了社会保险，并向社会保险机构申报了王某的工伤待遇，故王某可向有关部门主张权利，法院对此暂不予处理。鉴于王某工伤保险待遇被核准并发放之后，医疗公司负有将工伤保险基金支付的一次性伤残补助金和一次性工伤医疗补助金发放给王某的义务，故医疗公司要求不支付王某一次性伤残补助金和一次性工伤医疗补助金，法院暂不予处理。王某和医疗公司均表示已解除劳动关系，故医疗公司应当支付王某一次性伤残就业补助金。

二、由工伤保险基金先行支付工伤费用的情形

《社会保险法》确立了工伤保险基金先行支付制度，配套出台的《社会保险基金先行支付暂行办法》对支付条件以及程序进行了细化，该制度既保障了工伤职工的基

① 案号：（2021）京 02 民终 8133 号。

本权益，也体现了社会保险的救济职能，具有重要意义。工伤保险基金先行支付适用于以下两种情形：

（一）用人单位未依法缴纳工伤保险费且不支付工伤保险待遇的

《社会保险法》第 41 条规定，职工所在用人单位未依法缴纳工伤保险费，发生工伤事故的，由用人单位支付工伤保险待遇。用人单位不支付的，从工伤保险基金中先行支付，从工伤保险基金中先行支付的工伤保险待遇应当由用人单位偿还。

1. 用人单位不支付的情形

职工被认定为工伤后，有下列情形之一的，职工或者其近亲属可以持工伤认定决定书和有关材料向社会保险经办机构书面申请先行支付工伤保险待遇：（1）用人单位被依法吊销营业执照或者撤销登记、备案的；（2）用人单位拒绝支付全部或者部分费用的；（3）依法经仲裁、诉讼后仍不能获得工伤保险待遇，法院出具中止执行文书的；（4）职工认为用人单位不支付的其他情形①。

参考案例：用人单位被撤销登记备案，社保中心应先行支付工伤保险待遇

在王某与某社保中心行政案件纠纷中②，王某与某公司之间的劳动争议裁决书已经生效，某公司拒不履行义务，王某已依法向法院申请强制执行。经法院调查核实，某公司明显无财产可供执行，已向王某送达了终结执行裁定书。由于某公司已被撤销登记、备案且法院已出具终结执行裁定书，王某向某社保中心申请先行支付，某社保中心向王某作出《不予先行支付告知书》，载明："经核实，某公司已于 2018 年 10 月 22 日经行业主管部门核准注销。依据《社会保险法》第 41 条，《社会保险基金先行支付暂行办法》第 6 条、第 9 条之规定，你提出的申请不符合先行支付条件，因此，我中心决定不予先行支付。"现王某请求法院依法撤销某社保中心作出的《不予先行支付告知书》。

法院受理后认为，某社保中心以用人单位被注销、其主体资格灭失为由而认定王某的申请不符合先予支付的法定条件。然而，《社会保险法》第 41 条第 1 款的立法目的是在发生工伤事故伤害时，最大程度保障劳动者的合法权益和救济途径。《社会保险基金先行支付暂行办法》只是对上述规定在办理和审查程序上的细化，是为了使工伤保险基金先行支付制度在实操中得以更好地实施。是否符合工伤保险基金先行支付的情形应以《社会保险基金先行支付暂行办法》第 6 条第 2 款为依据进行审查，而非以是否能够实际追偿为前提。并且，用人单位被注销，并不必然等于社会保险经办机构在工伤保险基金先行支付后丧失了求偿权，因为股东对注销时未清算的债务依据公

① 《社会保险基金先行支付暂行办法》第 6 条第 2 款。

② 案号：（2020）京 0115 行初 280 号。

司法以及相关法律规定承担连带责任，因此社会保险经办机构可以在先行支付后向原用人单位的股东或清算义务人等进行追偿。如果仅以用人单位被注销无法履行书面催告程序为由而不予先行支付，相当于无形中限缩了劳动者的救济权利，为用人单位增加了逃避履行工伤事故赔偿责任的途径，与《社会保险法》的立法精神相悖。某社保中心以用人单位被注销无法履行催告程序为由而不予先行支付，因催告可以向原用人单位的股东或清算义务人发出，其程序可以得到保障，王某的请求符合《社会保险基金先行支付暂行办法》第 6 条第 2 款第 4 项的条件，某社保中心上述主张属对法律的理解有误，本院不予采信。综上，王某要求撤销某社保中心作出的告知书的诉讼请求，本院予以支持。

2. 催告通知程序

社会保险经办机构收到职工或者其近亲属提出的先行支付申请后，应当在 3 个工作日内向用人单位发出书面催告通知，要求其在 5 个工作日内予以核实并依法支付工伤保险待遇，告知其如在规定期限内不按时足额支付的，工伤保险基金在按照规定先行支付后，取得要求其偿还的权利[①]。但若社会保险经办机构收到职工或者其近亲属提出的先行支付申请后，经审核不符合先行支付条件的，应当在收到申请后 5 个工作日内作出不予先行支付的决定，并书面通知申请人[②]。

3. 先行支付的项目

用人单位未按照催告通知要求按时足额支付的，社会保险经办机构应当按照《社会保险法》和《工伤保险条例》的规定，先行支付工伤保险待遇项目中应当由工伤保险基金支付的项目[③]。此处应注意，先行支付的项目仅包括由工伤保险基金支付的项目，不包括由用人单位支付的项目。也就是说，工伤保险基金不对用人单位的支付项目进行先行支付。

（二）因第三人原因造成工伤，第三人不支付工伤医疗费用或者无法确定第三人的

《社会保险法》第 42 条规定，由于第三人的原因造成工伤，第三人不支付工伤医疗费用或者无法确定第三人的，由工伤保险基金先行支付。工伤保险基金先行支付后，有权向第三人追偿。符合该情形的工伤员工或者其近亲属可以向社会保险经办机构书面申请工伤保险基金先行支付，并告知第三人不支付或者无法确定第三人的情况。

1. 先行支付的项目

应注意，针对此种情形，工伤保险基金先行支付的项目仅限于工伤医疗费用，不

---

① 《社会保险基金先行支付暂行办法》第 7 条。

② 《社会保险基金先行支付暂行办法》第 9 条。

③ 《社会保险基金先行支付暂行办法》第 8 条。

包括其他工伤待遇。

2. 不同情形的处理

社会保险经办机构接到提出的申请后，应当审查个人获得基本医疗保险基金先行支付和其所在单位缴纳工伤保险费等情况，并按照下列情形分别处理[①]：

（1）对于个人所在用人单位已经依法缴纳工伤保险费，且在认定工伤之前基本医疗保险基金有先行支付的，社会保险经办机构应当按照工伤保险有关规定，用工伤保险基金先行支付超出基本医疗保险基金先行支付部分的医疗费用，并向基本医疗保险基金退还先行支付的费用。

（2）对于个人所在用人单位已经依法缴纳工伤保险费，在认定工伤之前基本医疗保险基金无先行支付的，社会保险经办机构应当用工伤保险基金先行支付工伤医疗费用。

（3）对于个人所在用人单位未依法缴纳工伤保险费，且在认定工伤之前基本医疗保险基金有先行支付的，社会保险经办机构应当在 3 个工作日内向用人单位发出书面催告通知，要求用人单位在 5 个工作日内依法支付超出基本医疗保险基金先行支付部分的医疗费用，并向基本医疗保险基金偿还先行支付的医疗费用。用人单位在规定时间内不支付其余部分医疗费用的，社会保险经办机构应当用工伤保险基金先行支付。

（4）对于个人所在用人单位未依法缴纳工伤保险费，在认定工伤之前基本医疗保险基金无先行支付的，社会保险经办机构应当在 3 个工作日向用人单位发出书面催告通知，要求用人单位在 5 个工作日内依法支付全部工伤医疗费用；用人单位在规定时间内不支付的，社会保险经办机构应当用工伤保险基金先行支付。

三、未参加工伤保险的责任承担及补救措施

（一）用人单位未参加工伤保险职工发生工伤的后果

一般情况下，用人单位应当依法足额为劳动者缴纳工伤保险，但现实中，确实存在用人单位应当参加而未参加工伤保险的情况。有些用人单位还会与劳动者或者劳动者向用人单位承诺无需缴纳社会保险费，根据《最高人民法院关于审理劳动争议案件适用法律问题的解释（二）》第 19 条规定，该约定或者承诺无效。同时，用人单位未依法缴纳社会保险费，劳动者还可以根据《劳动合同法》第 38 条第 3 项规定请求解除劳动合同、并由用人单位支付经济补偿。但是用人单位依法补缴社会保险费后，可

---

① 《社会保险基金先行支付暂行办法》第 5 条。

以请求劳动者返还已支付的社会保险费补偿。根据《社会保险法》规定[①]，职工所在用人单位未依法缴纳工伤保险费，发生工伤事故的，由用人单位支付工伤保险待遇。根据《工伤保险条例》规定[②]，应当参加工伤保险而未参加工伤保险的用人单位职工发生工伤的，由该用人单位按照本条例规定的工伤保险待遇项目和标准支付费用。因此，在用人单位违法未参加工伤保险的情况下，将承担工伤职工有关工伤待遇的全部责任。

参考案例：用人单位未参加工伤保险职工发生工亡，应向工亡职工近亲属支付工亡待遇

在杨某与饲料厂劳动争议纠纷案中[③]，杨某系因工死亡职工之父，该职工生前未婚，其母亲彭某于1993年11月2日死亡，继承人只有其父亲杨某一人。该职工自2013年3月12日至2018年3月16日与饲料厂存在劳动关系，于2018年3月12日发生交通事故，经医院抢救无效于2018年3月16日死亡，并被人社局认定为因工死亡。现杨某要求饲料厂支付：1. 丧葬补助金50802元；2. 一次性工亡补助金847180元。

法院审理认为，因工亡职工生前未婚，无配偶、无子女，母亲于1993年去世，杨某作为唯一继承人系适格主体。根据人社局作出的认定工伤决定书及工伤证，均可以证明该职工属于工亡。根据《工伤保险条例》第39条规定，职工因工死亡，其近亲属可从工伤保险基金领取丧葬补助金和一次性工亡补助金，其中，丧葬补助金为6个月的统筹地区上年度职工月平均工资，一次性工亡补助金标准为上一年度全国城镇居民人均可支配收入的20倍。《北京市实施〈工伤保险条例〉若干规定》第25条规定，未依法参加工伤保险的用人单位职工发生工伤的，由该用人单位按照《工伤保险条例》和本规定所规定的工伤保险待遇项目和标准支付费用。本案中，饲料厂未给工亡职工缴纳工伤保险，应当按照《工伤保险条例》的相关规定向工亡职工近亲属支付丧葬补助金及一次性工亡补助金。因该职工于2018年因工死亡，顺义仲裁委以2017年度北京市职工月平均工资为基数计算饲料厂应当支付的丧葬补助金、以2017年度全国城镇居民人均可支配收入为基数计算饲料厂应当支付的一次性工亡补助金，并未违反法律规定，法院予以确认。法院终审判决：饲料厂支付杨某丧葬补助金50802元以及一次性工亡补助金727920元。

（二）工伤保险基金先行支付后的追偿

如果用人单位无力支付或恶意不支付工伤待遇，工伤职工可以要求从工伤保险基

---

① 《社会保险法》第41条第1款。

② 《工伤保险条例》第62条第2款。

③ 案号：（2020）京03民终14817号。

金中先行支付；但从工伤保险基金中先行支付的工伤保险待遇应当由用人单位偿还[①]。用人单位不偿还的，社会保险经办机构可以依法追偿[②]，即可以向银行和其他金融机构查询其存款账户，并依法申请划拨；可以申请人民法院扣押、查封、拍卖其财产，将拍卖所得抵扣应偿还的工伤待遇费用。

（三）用人单位未参加工伤保险的行政责任

用人单位应当参加工伤保险而未参加的，除承担全部工伤待遇外，还面临相应的行政处罚[③]，社会保险行政部门将责令用人单位限期参加工伤保险，补缴应当缴纳的工伤保险费，并自欠缴之日起，按日加收万分之五的滞纳金；逾期仍不缴纳的，处欠缴数额 1 倍以上 3 倍以下的罚款。

（四）用人单位未参加工伤保险的补救措施

针对用人单位未参加工伤保险而发生职工工伤的情形，国家也规定了相应的补救措施，从而可以减轻用人单位的工伤责任。依据《工伤保险条例》的规定[④]，用人单位参加工伤保险并补缴应当缴纳的工伤保险费、滞纳金后，由工伤保险基金和用人单位依照本条例的规定支付新发生的费用。因此，如果用人单位未参加工伤保险，在职工发生工伤后，应第一时间尽快为其补缴工伤保险；虽然对于补缴工伤保险前发生的费用依然由用人单位自行承担，但补缴工伤保险后新发生的费用，则可以依法由工伤保险基金进行费用分担。

新发生的费用[⑤]，是指用人单位职工参加工伤保险前发生工伤的，在参加工伤保险后新发生的费用。其中，由工伤保险基金支付的费用，包括[⑥]：（1）因工受伤的，支付参保后新发生的工伤医疗费、工伤康复费、住院伙食补助费、统筹地区以外就医交通食宿费、辅助器具配置费、生活护理费、一级至四级伤残职工伤残津贴，以及参保后解除劳动合同时的一次性工伤医疗补助金；（2）因工死亡的，支付参保后新发生的符合条件的供养亲属抚恤金。也就是说，工伤职工的伤残补助金及工亡职工的一次性工亡补助金及丧葬补助金，仍需要由用人单位承担。因此，未参加工伤保险的用人单位积极补缴工伤保险费用及滞纳金，能够为企业分散风险，减轻一定的经济负担，同时有助于职工的治疗和康复。

---

① 《社会保险法》第 41 条第 1 款、第 2 款。
② 《社会保险法》第 63 条。
③ 《工伤保险条例》第 62 条第 1 款。
④ 《工伤保险条例》第 62 条第 3 款。
⑤ 《人力资源社会保障部关于执行〈工伤保险条例〉若干问题的意见》第 12 条。
⑥ 《人力资源社会保障部关于执行〈工伤保险条例〉若干问题的意见（二）》第 3 条。

参考案例：劳动者未参加工伤保险发生工亡，用人单位补缴社保后仍需承担一次性工亡补助金及丧葬补助金

在某尚公司与周某、周某群、王某兰、陈某珍、钟某深工伤保险待遇纠纷一案[①]中，王某系外省市户籍来沪从业人员，于2015年1月3日进入某尚公司从事司机工作，双方签订有期限自2015年1月3日至2018年1月3日的劳动合同。2015年4月8日，王某在工作中突发疾病死亡。2015年4月13日，某尚公司为王某补办社会保险转入手续，并为其补缴社会保险费。2015年5月26日，上海市闵行区人力资源和社会保障局作出认定工伤决定书，认定王某死亡视同为工伤。2015年8月6日，王某之妻周某群向上海市社会保险事业管理中心申领工伤待遇，该中心出具办理情况回执，告知其一次性工亡补助金及丧葬补助金不符合领取条件。某尚公司不服，向上海市人力资源和社会保障局申请行政复议，该局于2015年12月24日作出复议决定，维持办理情况回执。某尚公司仍不服，向上海市黄浦区人民法院提出行政诉讼，该院于2016年4月25日作出判决，驳回某尚公司的诉讼请求。某尚公司遂上诉至上海市第三中级人民法院，该院于2016年8月19日作出判决，驳回上诉，维持原判。2015年10月29日，周某群等五人就本案诉争等事宜申请仲裁，仲裁裁决某尚公司支付周某群等五人一次性工亡补助金576880元、丧葬补助金32706元。某尚公司不服，向一审法院提起诉讼。一审另查明，王某兰系王某之父，陈某珍系王某之母，周某群系王某之妻，钟某深系王某之继子，周某系王某之继女。在一审庭审中，某尚公司提供王某于2015年1月27日出具的自愿放弃社保声明书，内载："乙方（王某）于2015年1月3日到甲方（某尚公司）公司工作，获知甲方将统一为其在上海市社保中心购买社会保险，并按照规定由双方分别缴纳参保费用，乙方应负担的费用由己方按照规定从其工资中代扣代缴，乙方在充分了解到社保的相关规定，清楚其在社保上的权利义务以及不购买社保可能存在的法律风险后，仍然自愿放弃公司为其购买社会保险，具体原因为自己个人购买社会保险。鉴于为乙方原因，为明确责任，乙方声明如下：1. 本人自愿放弃甲方为本人购买社会保险（含养老、工伤、医疗、失业、生育等险种），因未购买社会保险而产生的一切不利后果和法律责任由本人自行承担；2. 本人同时保证不在任何时候，以任何理由就未购买社会保险事宜向公司提出任何主张权利……"某尚公司主张该证明系王某的真实意愿，不应支付一次性工亡补助金，此外某尚公司已支付丧葬费30000元。

法院认为，中华人民共和国境内的企业应当依照规定参加工伤保险，为本单位全部职工或者雇工缴纳工伤保险费。依照规定应当参加工伤保险而未参加工伤保险的用

---

① 案号：(2017) 沪01民终4713号。

人单位职工发生工伤的，由该用人单位按照规定的工伤保险待遇项目和标准支付费用。本案中，某尚公司主张王某曾以自己个人购买社会保险为由，自愿放弃由某尚公司为其缴纳社会保险费，故某尚公司未给王某缴纳包括工伤保险费在内的社会保险费。周某群等五人否认某尚公司提供之声明书的真实性，而依法缴纳社会保险费既是劳动者的权利，也是劳动者的义务，劳动者无权放弃，故王某出具的声明书违反法律规定。现某尚公司未依法给王某缴纳工伤保险费，王某发生工伤，应当由某尚公司按照规定的工伤保险待遇项目和标准支付费用。法院判决：某尚公司于判决生效之日起十日内支付周某群等五人一次性工亡补助金 576880 元及丧葬补助金差额 2706 元。

四、用工关系涉及多方主体情形下的工伤责任承担

一般情况下，社会保险行政部门认定工伤的前提条件是职工与用人单位之间存在劳动关系，且在为用人单位提供劳动的过程中因工受伤，因此，工伤责任的承担主体通常是职工劳动关系所属的用人单位。但是，如果用工关系中涉及多方主体，如存在劳动关系与用工事实分离或者多重劳动关系，抑或用工单位违法分包或挂靠经营等特殊情形下，工伤责任承担主体如何确定？

（一）劳务派遣用工

在劳务派遣用工模式下，劳动派遣单位是建立劳动关系的用人单位，但是劳动力却由用工单位使用，用工单位是劳动者的劳动成果的直接受益者。劳务派遣单位派遣的职工在用工单位工作期间因工伤亡的，作为用人单位的劳务派遣单位是向劳动者承担工伤保险责任的主体，但是劳务派遣单位和用工单位可以在劳务派遣协议中事先约定工伤保险待遇的实际承担主体。①

（二）借调用工

职工被借调期间受到工伤事故伤害的，由原用人单位承担工伤保险责任，但原用人单位与借调单位可以约定补偿办法。②

（三）共享用工

与借调用工类似，共享用工模式中，不改变原企业与劳动者之间的劳动关系。劳动者在缺工企业工作期间发生工伤事故的，按照《工伤保险条例》第 43 条第 3 款规定，由原企业承担工伤保险责任，补偿办法可与缺工企业约定。开展共享用工的企业

---

① 《最高人民法院关于审理工伤保险行政案件若干问题的规定》第 3 条第 1 款第 2 项。

② 《工伤保险条例》第 43 条第 3 款。

可以签订合作协议，明确劳动者发生工伤后的责任划分和补偿办法。[①]

（四）指派用工

职工被用人单位指派到其他单位工作，期间职工因工伤亡的，指派单位为承担工伤保险责任的主体。[②] 比如，公司股东向子公司委派高管，高管与公司股东签订劳动合同存在劳动关系，但在子公司因工伤亡的，公司股东应当承担工伤保险责任，但公司股东可以和子公司在委派协议中约定补偿办法。

（五）派遣出境工作

职工被派遣出境工作，依据前往国家或者地区的法律应当参加当地工伤保险的，参加当地工伤保险，其国内工伤保险关系中止；不能参加当地工伤保险的，其国内工伤保险关系不中止。[③] 因此，职工被派遣出境工作后，按照当地法律可以由当地机构参加工伤保险的，工伤保险责任由当地机构按照当地法律承担；如果无法参加当地工伤保险时，国内用人单位依然是工伤责任的承担主体。

（六）承包经营

用人单位实行承包经营的，职工因工伤亡，工伤保险责任由职工劳动关系所在单位承担。[④] 因此，在承包经营模式下，如果该职工在单位承包经营前已就职于用人单位，且在承包经营后，劳动关系的归属也未发生变化，则该用人单位为工伤责任的承担主体；如果该职工系承包方所招聘录用，则承包经营方为工伤责任的承担主体。

（七）用人单位分立、合并、转让

用人单位分立、合并、转让的，承继单位应当承担原用人单位的工伤保险责任；原用人单位已经参加工伤保险的，承继单位应当到当地经办机构办理工伤保险变更登记。[⑤]

（八）有多重劳动关系

职工与两个或两个以上单位建立劳动关系，工伤事故发生时，职工为之工作的单

---

① 《人力资源社会保障部办公厅关于做好共享用工指导和服务的通知》（人社厅发〔2020〕98号）第6条。

② 《最高人民法院关于审理工伤保险行政案件若干问题的规定》第3条第1款第3项。

③ 《工伤保险条例》第44条。

④ 《工伤保险条例》第43条第2款。

⑤ 《工伤保险条例》第43条第1款。

位为承担工伤保险责任的单位。[①] 因此，对于存在多重劳动关系的职工，是否缴纳工伤保险并不是确定工伤责任承担主体的因素，职工因工伤亡时为之工作的单位才是工伤责任的承担主体。实践中存在多重劳动关系的劳动者有：重新就业的企业停薪留职人员、未达到法定退休年龄的内退人员、下岗待岗人员，以及企业经营性停产放长假人员[②]和在多家单位工作的非全日制用工人员。

（九）违法转包、分包

用工单位违反法律、法规规定将承包业务转包[③]、分包[④]给不具备用工主体资格的组织或者自然人，该组织或者自然人聘用的职工从事承包业务时因工伤亡的，用工单位为承担工伤保险责任的单位。为保障劳动者不因非法用工而无法享受应有的工伤保险待遇，同时避免用工单位通过非法转包、分包等行为规避其应承担的工伤保险责任，虽然受伤职工与用工单位不存在劳动关系，但法律规定用工单位为工伤责任的承担主体。用工单位在承担工伤赔偿责任后，有权向不具备用工主体资格的组织、单位和个人追偿[⑤]。需要注意的是，此前的法律规定仅限于不具备用工主体资格的情形，《最高人民法院关于审理劳动争议案件适用法律问题的解释（二）》第 1 条将适用范围进一步扩大，具备合法经营资格的承包人将承包业务转包或者分包给不具备合法经营资格的组织或者个人，该组织或者个人招用的劳动者可以请求确认承包人为承担用工主体责任单位，并要求其承担认定工伤后的工伤保险待遇等责任。也就是说即使具备用工主体资格，只要不具备合法经营资格，也需要承担工伤保险待遇。

参考案例：用工单位将承包业务违法转包给不具备用工主体资格的自然人，自然人聘用人员发生工伤用工单位承担工伤保险责任后可以进行追偿

在某业公司与刘某某追偿权纠纷一案[⑥]中，2018 年 9 月 8 日，某业公司作为发包方（甲方）与刘某某作为承包方（乙方）签订《建筑工程劳务合同（幕墙）》，某业公司将其自案外某匠公司处分包的某小区项目部分门窗幕墙制作安装、栏杆及公共部位装修工程劳务转包给刘某某施工。双方还签订了《安全生产协议书》，约定了双方的安全生产责任、施工队人员职责、事故处理、质量保修、消防安全等内容。之后，刘某某组织工人进行了施工。2018 年 11 月 24 日，刘某某招用的电焊工刘某某在工地

---

① 《最高人民法院关于审理工伤保险行政案件若干问题的规定》第 3 条第 1 款第 1 项。
② 《最高人民法院关于审理劳动争议案件适用法律若干问题的解释（三）》第 8 条。
③ 《最高人民法院关于审理工伤保险行政案件若干问题的规定》第 3 条第 1 款第 4 项。
④ 《人力资源和社会保障部关于执行〈工伤保险条例〉若干问题的意见》第 7 条。
⑤ 《最高人民法院关于审理工伤保险行政案件若干问题的规定》第 3 条第 2 款。
⑥ 案号：（2022）苏 07 民终 217 号。

2号楼裙楼消防通道一楼进行吊顶焊接作业时，因脚踏的木板掉落导致其摔倒，造成其胸椎部位受伤。某医院诊断为：1. 胸椎骨折（12压缩性）；2. 胸12右侧椎弓骨折；3. 多处损伤。后刘某某以某业公司作为用人单位申请认定工伤，2019年5月16日，某区人力资源和社会保障局作出认定工伤决定书，认为刘某某受到的事故伤害，符合《工伤保险条例》第14条第1项之规定，属于工伤认定范围，现予以认定为工伤。刘某某的伤情后经鉴定为工伤九级。后刘某某申请仲裁，某区劳动人事争议仲裁委员会裁决：某业公司支付刘某某一次性伤残补助金40239元、一次性工伤医疗补助金45000元、一次性伤残就业补助金22500元、医疗费58元、护理费770元、伙食补助费200元、停工留薪期工资8942元，以上共计117709元。某业公司对该裁决不服，起诉后经一审法院主持调解，双方于2020年6月29日达成调解协议，某业公司于2020年7月29日之前一次性支付刘某某工伤保险赔偿款10万元。后某业公司于2020年7月23日向刘某某转账支付了上述款项，并起诉至一审法院，向刘某某追偿工伤保险赔偿款10万元。

法院认为，《中华人民共和国建筑法》第45条是关于建筑工程施工现场安全责任单位的规定。因建筑施工企业违反规定，疏于管理，导致施工现场发生安全事故的，要由施工企业依法承担法律责任。该条并未否定建筑施工企业将工程转包给不具备用工主体资格的组织或自然人，该组织或者自然人聘用的职工从事承包业务时因工伤亡的，用工单位承担赔偿责任后，有权向相关组织、单位和个人追偿的权利。否则会出现免除实际侵权人赔偿责任的不公平现象。

本案中，刘某某作为个人不具备用工资质及安全施工条件，仍承接该工程进行施工，施工过程中亦未尽到安全施工管理的责任，提供的施工条件不符合安全生产的要求，对其施工人员刘某某在工作中的受伤存在过错。依据《最高人民法院关于审理工伤保险行政案件若干问题的规定》第3条的规定，某业公司作为用工单位承担刘某某工伤保险责任后，有权向刘某某进行追偿。

关于某业公司是全额追偿还是按过错程度追偿的问题。因某业公司与刘某某存在劳务工程的转包关系，某业公司与刘某某存在的实为法律拟制的劳动关系，对刘某某造成伤害的实际侵权人仍然是刘某某。又因某业公司违法转包工程给刘某某，未参与工程的施工与管理，对造成刘某某的受伤存在过错，所以应当按照某业公司与刘某某对支付工伤保险赔偿款的过错，合理分担双方应当承担的责任。一审法院结合实际情况酌定双方各承担50%并无不当。

（十）挂靠经营

个人挂靠其他单位对外经营，其聘用的人员因工伤亡的，被挂靠单位为承担工伤保险责任的单位①；但被挂靠单位在承担工伤赔偿责任后，有权向挂靠个人追偿②。需要注意的是，《最高人民法院关于审理劳动争议案件适用法律问题的解释（二）》第2条扩大了适用范围，不具备合法经营资格的组织或者个人挂靠具备合法经营资格的单位对外经营，该组织或者个人招用的劳动者可以请求确认被挂靠单位为承担用工主体责任单位，并要求其承担认定工伤后的工伤保险待遇。

合规建议

1. 用人单位应按时足额为职工参加工伤保险，否则不但面临行政处罚，还要按照法律规定的工伤保险待遇项目和标准支付相关费用，其中包括本应由工伤保险基金支付的费用，亦需由用人单位支付。

2. 用人单位应及时支付由用人单位承担的工伤保险待遇，否则工伤职工或家属可以申请从工伤保险基金中先行支付，从工伤保险基金中先行支付的工伤保险待遇用人单位应当偿还。

3. 员工放弃缴纳社保的承诺无效，用人单位应及时依法为新招聘的员工缴纳社会保险。为避免员工的入职时间和社保缴纳时间不一致出现真空期，在用人单位为员工缴纳工伤保险之前就发生工伤，建议用人单位根据每月社保增员、减员的办理时间，统一新员工的入职时间，并尽量在新员工入职当天即办理完毕社保增员事宜。

4. 一旦有员工发生工伤，建议及时审查该员工的工伤保险缴纳情况，如果还未进行工伤保险增员，及时为其进行增员补缴社保以减轻用人单位承担的工伤责任；如果已进行社保增员，但还未进行工伤保险扣款，建议积极与属地的人社行政部门沟通，并说明情况，遵循当地规定的认定规则确认工伤保险待遇的承担。

5. 在用工关系涉及多方主体时，一般情况下建立劳动关系的用人单位应依法为劳动者缴纳工伤保险并承担工伤保险责任，但是用人单位可以和其他用工主体约定补偿办法。对于存在多重劳动关系的职工包括非全日制职工，各用人单位也要分别为其缴纳工伤保险；根据当地的有关政策，可以为相关人员单独参保缴纳工伤保险。

6. 具备合法经营资格的用人单位应当避免将承包业务转包、分包、挂靠给不具备合法经营资格的组织或者个人。对建筑项目使用的建筑工人特别是农民工，不能按用人单位参保的可以按项目参加工伤保险；一旦发生违法转包、分包或挂靠经营中，职工因工伤亡，在确定企业需要代为承担工伤保险责任并实际履行工伤保险赔偿责任后，可以积极向违法承包方、挂靠者追偿。

---

① 《最高人民法院关于审理工伤保险行政案件若干问题的规定》第3条第1款第5项。

② 《最高人民法院关于审理工伤保险行政案件若干问题的规定》第3条第2款。

第五节　工伤保险待遇与民事赔偿的双赔

职工因存在第三人侵权、遭受事故伤害、患职业病等情况而认定工伤的，此时工伤职工除了享受工伤保险待遇之外，还可以根据相关法律规定起诉第三人或用人单位要求承担民事赔偿责任。

一、第三人侵权造成工伤

（一）工伤双赔的法律依据

根据《工伤保险条例》规定，职工在工作时间和工作场所内，因履行工作职责受到暴力等意外伤害的，或因工外出期间，由于工作原因受到伤害或者发生事故下落不明的，或在上下班途中，受到非本人主要责任的交通事故或者城市轨道交通、客运轮渡、火车事故伤害的，应当认定为工伤，并依法享受工伤保险待遇。同时，根据《最高人民法院关于审理人身损害赔偿案件适用法律若干问题的解释》（2022 年修正）第 3 条规定，依法应当参加工伤保险统筹的用人单位的劳动者，因用人单位以外的第三人侵权造成劳动者人身损害，赔偿权利人还可以请求第三人承担民事赔偿责任。根据《民法典》相关规定，第三人侵权造成劳动者人身损害的，应当赔偿医疗费、护理费、交通费、营养费、住院伙食补助费等为治疗和康复支出的合理费用，以及因误工减少的收入。造成残疾的，还应当赔偿辅助器具费和残疾赔偿金；造成死亡的，还应当赔偿丧葬费和死亡赔偿金；造成严重精神损害的，还应当进行精神损害赔偿。

此外，申请工伤保险待遇和提起民事诉讼的先后顺序，并不会影响获得双重赔偿的权利。根据《最高人民法院关于因第三人造成工伤的职工或其亲属在获得民事赔偿后是否还可以获得工伤保险补偿问题的答复》（〔2006〕行他字第 12 号）和《最高人民法院关于审理工伤保险行政案件若干问题的规定》（法释〔2014〕9 号）第 8 条第 3 款规定，因第三人造成工伤的职工或其近亲属，已经对第三人提起民事诉讼或从第三人处获得民事赔偿后，仍然可以按照《工伤保险条例》第 37 条的规定，向工伤保险机构申请工伤保险待遇补偿，社会保险经办机构不得拒绝支付工伤保险待遇，但第三人已经支付的医疗费用除外。

（二）工伤双赔的模式

第三人侵权导致劳动者遭受工伤时，劳动者既可以选择向第三人追究民事侵权赔偿责任，也可以向用人单位或工伤保险基金申请支付工伤保险待遇。2016 年 11 月，

《第八次全国法院民事商事审判工作会议（民事部分）纪要》第 10 条对此问题进一步予以明确，规定："用人单位未依法缴纳工伤保险费，劳动者因第三人侵权造成人身损害并构成工伤，侵权人已经赔偿的，劳动者有权请求用人单位支付除医疗费之外的工伤保险待遇。用人单位先行支付工伤保险待遇的，可以就医疗费用在第三人应承担的赔偿责任范围内向其追偿"。但以上会议纪要仅对用人单位未依法缴纳工伤保险的情形进行了规范，而未涉及已经参保的情形。

实践中，主流观点将最高人民法院的以上文件解释为民事赔偿和工伤保险待遇"可以兼得"，但是在具体的赔偿项目上，各地裁审机关仍有不同的处理。此外，也有地区裁审机关仍选择执行地方性法规，不支持"双赔"。具体可概括为以下三种处理模式。

1. 除医疗费外，其他项目《双赔》

该模式的法律依据为《社会保险法》第 42 条①、《最高人民法院关于审理工伤保险行政案件若干问题的规定》第 8 条，但是在目前的司法实践中，北京市第一中级人民法院、第三中级人民法院却倾向于支持"医疗费外双赔"的观点。此外，湖北②、湖南③、四川④、天津⑤、山西⑥、江苏⑦等地，也有裁审机关持此观点。

参考案例：第三人侵权造成工伤已获赔偿，可以要求用人单位支付除医疗费外的工伤保险待遇

在×店与王某劳动争议一案中⑧，法院认为，劳动者因第三人侵权造成人身损害并构成工伤，侵权人已经赔偿的，劳动者有权请求用人单位支付除医疗费外的工伤保险待遇。故×店关于王某已在交通事故案件中获得赔偿的抗辩理由不能成立。一审法院依据相关规定核算的工伤医疗费、住院伙食补助费、停工留薪期工资、病假工资、护理费、伤残津贴、生活护理费、一次性伤残补助金等各项工伤保险待遇均未超过法定标准，本院予以维持。此外，在（2020）京 03 民终 3897 号、（2020）京 03 民终 4400 号判决书中，法院也持类似的观点。

---

① 《社会保险法》第 42 条规定：由于第三人的原因造成工伤，第三人不支付工伤医疗费用或者无法确定第三人的，由工伤保险基金先行支付。工伤保险基金先行支付后，有权向第三人追偿。

② 案号：（2021）鄂 01 民终 3319 号。

③ 案号：（2020）湘 01 民终 5944 号。

④ 案号：（2020）川 17 民终 1741 号。

⑤ 案号：（2020）津 02 民终 5206 号。

⑥ 案号：（2020）晋 02 民再 17 号。

⑦ 案号：（2021）苏 03 民终 136 号。

⑧ 案号：（2017）京 01 民终 4914 号。

需注意的是，北京市第二中级人民法院对此有不同的处理，认为具有相同性质的项目不得获得“双赔”(不限于医疗费)。

参考案例：第三人侵权造成工伤人身损害赔偿和工伤保险待遇可以兼得，相同或相似赔偿项目不能获得重复赔偿

在杜某与某公司劳动争议一案中①，法院认为，杜某系因交通事故引发工伤，在此情形下同时产生了人身损害赔偿请求权和工伤保险赔偿请求权。这两类请求权的权利基础和归责原则不同，属于不同性质的请求权，故相关赔偿原则上可以兼得。但两者部分赔偿项目相同或相似，全部兼得会违背“不应获得意外利益”的原则，加重用人单位负担、浪费社会资源，故对误工费（停工留薪期工资)、医疗费、康复费、护理费、辅助器具费（残疾辅助器具费)、住院伙食补助费、交通费、外省市就医食宿费等实际支出费用或损失应就高抵扣，劳动者不能获得重复赔偿，除此之外的人身损害赔偿和工伤保险待遇具体项目，劳动者可以兼得。在（2019）京 02 民终 5004 号判决书中，也有类似的观点。

2. 性质重复项目就高补差，其他项目双赔

近两年，一些城市的裁审机关有向此观点转变的趋势，如上海、深圳②、广州③等地的法院，依前文所述，北京市第二中级人民法院也倾向采取此种处理方式。但需注意的是，不同地区裁审机关对“性质重复项目”的认定有所不同。

2020 年 8 月 6 日，上海市第一中级人民法院发布了《工伤保险待遇纠纷案件的审理思路和裁判要点》，其中明确了工伤保险赔偿与第三人侵权损害赔偿竞合的审查原则，即：第一，劳动者获得第三人侵权损害赔偿后仍有权请求工伤保险赔偿；第二，重复赔偿项目应按照“就高原则”确定赔偿标准，并明确了重复项目包括医疗费、停工留薪期工资、护理费、辅助器具费、康复费、住院伙食补助费等。而一次性伤残补助金属于可兼得项目，一次性就业补助金、一次性医疗补助金属于工伤保险待遇专属项目，劳动者都可兼得。

参考案例：一次性工亡补助金与死亡赔偿金可兼得，丧葬费采取就高原则

在张某、曾某与某亚公司劳动争议一案中④，法院认为，张某、曾某要求某亚公司支付一次性工亡补助金、丧葬费及供养亲属抚恤金。工伤赔偿是劳动者因发生工伤事故获得的一种社会保险利益，具有社会保险性质，体现了对劳动者作为弱势群体的特殊救助与保障。在工伤赔偿和第三人侵权竞合的情况下，两者的赔偿原则并非完全

---

① 案号：(2020) 京 02 民终 6373 号。

② 案号：(2019) 粤 03 民终 6291 号、(2019) 粤 03 民终 9946 号。

③ 案号：(2020) 粤 01 民终 13337 号、(2020) 粤 01 民终 22202 号。

④ 案号：(2020) 沪民申 836 号。

一致，故而原审法院针对不同的赔偿项目采取劳动者部分兼得的原则，对工伤赔偿中的一次性工亡补助金与第三人侵权中的死亡赔偿金认定为劳动者可兼得的利益，而对于工伤保险赔偿中丧葬补助金与侵权损害赔偿中的丧葬费采取就高原则，以此确定交通事故理赔中的丧葬费，应属合理，本院予以认同。

根据《深圳市中级人民法院关于印发〈深圳市中级人民法院关于审理工伤保险待遇案件的裁判指引〉的通知》（深中法发〔2015〕12号）第11条规定："劳动者的工伤系第三人侵权所致，劳动者先获得侵权赔偿的，不影响其享受工伤保险待遇，但对于医疗费、丧葬费和辅助器具更换费等不得重复享有。"实践中，深圳仅对医疗费、丧葬费、辅助器具更换费不支持双赔，但仍然支持根据实际发生损失补差。

3. 全部项目总额就高补差，不支持双赔

目前，采取此种模式的裁审机关主要是浙江省。《浙江省工伤保险条例》（2020年修正）第32条确定了"就高补差"的处理方式，即"因第三人的原因造成工伤，工伤职工可以先向第三人要求赔偿，也可以直接向工伤保险基金或者用人单位要求支付工伤保险待遇。工伤职工先向第三人要求赔偿后，赔偿数额低于其依法应当享受的工伤保险待遇的，可以就差额部分要求工伤保险基金或者用人单位支付"。实践中，裁审机关也多依据此执行。

参考案例：工伤职工从第三人处获得的赔偿已高于工伤保险待遇，根据总额补差原则，用人单位无须再支付相关费用

在张某与某物业公司劳动争议一案中①，法院认为，张某在某物业公司工作期间受伤，被认定为工伤，依据相关规定和本案事实，张某应享受的工伤保险待遇为：因伤支出医疗费25252.10元，一次性伤残补助金9个月×3539元/月=31851元，一次性工伤医疗补助金4个月×5536元/月=22144元，一次性伤残就业补助金4个月×5536元/月×20%=4428.80元，停工留薪期间工资按12个月×3539元/月=42468元，上述费用合计126143.90元。张某从案外人处获得的赔偿费用已经高于工伤保险待遇，根据总额补差原则，工伤保险基金或用人单位无须再支付张某相关费用，故依据《浙江省工伤保险条例》第32条规定，驳回张某的诉讼请求。

二、生产安全事故造成工伤

根据《工伤保险条例》第14条规定，职工在工作时间和工作场所内，因工作原因受到事故伤害的，或工作时间前后在工作场所内，从事与工作有关的预备性或者收尾性工作受到事故伤害的，应当认定为工伤，并依法享受工伤保险待遇。

---

① 案号：（2020）浙02民终4874号。

同时，根据《安全生产法》（2021 年修正）第 56 条第 2 款规定，因生产安全事故受到损害的从业人员，除依法享有工伤保险外，依照有关民事法律尚有获得赔偿的权利的，有权提出赔偿要求。根据《民法典》第 1165 条第 1 款规定，行为人因过错侵害他人民事权益造成损害的，应当承担侵权责任。因此，如果用人单位对生产安全事故的发生、救援等存在过错，受到事故伤害的劳动者或其近亲属还可以要求用人单位承担民事赔偿责任。

三、患职业病认定工伤

根据《工伤保险条例》第 14 条规定，职工患职业病的，应当认定为工伤，并依法享受工伤保险待遇。

同时，根据《职业病防治法》（2018 年修正）第 58 条规定，职业病病人除依法享有工伤保险外，依照有关民事法律，尚有获得赔偿的权利的，有权向用人单位提出赔偿要求。根据《民法典》第 1165 条第 1 款规定，行为人因过错侵害他人民事权益造成损害的，应当承担侵权责任。因此，如果用人单位因违反职业病防治法规定对劳动者生命健康造成严重损害或者造成重大职业病危害事故等，患职业病的劳动者或其近亲属还可以要求用人单位承担民事赔偿责任。

参考案例：职业病员工除依法享有工伤保险待遇外，仍有权依法要求公司支付民事赔偿与工伤保险待遇的差额

在罗某与某运动器材公司健康权纠纷一案中①，罗某于 2016 年 3 月 21 日在某运动器材公司处工作，是移印部普工，从事擦烫工作。双方签订 3 年劳动合同，罗某于 2020 年 9 月 22 日离职。2018 年 4 月 20 日，罗某被认定为工伤。劳动能力鉴定意见为职业慢性轻度苯中毒，劳动功能障碍等级五级。工资金额为被确认职业病前月平均工资 3874 元。2020 年 7 月 22 日，罗某申请仲裁提出工伤待遇等劳动争议，罗某对该裁定书不服，向原审法院提起诉讼，原审法院于 2021 年 2 月 2 日作出《民事判决书》，主要判决：1. 确认劳动关系于 2020 年 9 月 22 日解除；2. 由某运动器材公司在本判决发生法律效力之日起七日内支付五级工伤伤残待遇的一次性伤残补助金差额 40258. 10 元、一次性工伤医疗补助金 50344. 50 元、一次性伤残就业补助金 251722. 50 元，共计 342325. 10 元（包含工伤保险基金赔付部分）给罗某；3. 驳回罗某的其他诉讼请求。该判决书某运动器材公司不服，提出上诉。另查明，罗某在惠州市职业病防治院住院治疗共计 640 日。罗某的母亲（1954 年 1 月 1 日出生），生育了包括罗某在内的三名子女。父亲于 2019 年去世。罗某与张某是夫妻关系，期间共生育了一子张某甲（2010

---

① 案号：（2021）粤 13 民终 7168 号。

年9月11日出)、一女张某乙（2015年1月13日出生)。还查明，罗某确认社保局支付了罗某住院伙食补助费44800元、支付了伤残补助金42096.6元、支付一次性工伤医疗补助金50346元，三笔费用合计约13万元。

原审法院认为，根据《职业病防治法》第58条规定："职业病病人除依法享有工伤保险外，依照有关民事法律，尚有获得赔偿的权利的，有权向用人单位提出赔偿要求。" 罗某除依法享有工伤保险待遇外，仍有权依法要求某运动器材公司支付残疾赔偿金及被抚养人生活费与工伤保险待遇相同项目的相应差额。关于赔偿项目及数额问题。根据《最高人民法院关于审理人身损害赔偿案件适用法律若干问题的解释》及《广东省2020年度人身损害赔偿计算标准》，核算如下：（1）住院伙食补助费19200元（100元/天×640天-44800元)；（2）营养费3000元（酌情)；（3）交通费3000元（酌情)；（4）伤残赔偿金486795.9元（48118元/年×20年×0.6-42096.6元-8265.4元-40258.10元)；（5）被抚养人生活费264328.4元（16949元/年×14年×0.6÷3人+34424元/年×21年×0.6÷2人)；（6）精神抚慰金60000元；以上合计836324.3元。

二审法院认为，关于运动器材公司是否应承担侵权赔偿责任的问题。根据《中华人民共和国侵权责任法》（以下简称《侵权责任法》）第6条①规定："行为人因过错侵害他人民事权益，应当承担侵权责任。根据法律规定推定行为人有过错，行为人不能证明自己没有过错的，应当承担侵权责任。" 以及《职业病防治法》第58条规定："职业病病人除依法享有工伤保险外，依照有关民事法律，尚有获得赔偿的权利的，有权向用人单位提出赔偿要求。" 本案中，罗某在某运动器材公司工作期间，确诊为职业病，某运动器材公司未能举证证明其在罗某工作期间已提供足够的安全措施，对导致罗某患职业病存在过错，因此应承担侵权赔偿责任。罗某虽已获得工伤保险待遇，但其工伤保险赔偿金额不足以补偿其遭受的人身损失，根据损害填平原则和实际损失原则，罗某除依法享有工伤保险待遇外，仍有权根据《侵权责任法》的规定要求某运动器材公司赔偿相应的项目和差额，故罗某不存在重复诉讼的情形。经本院核算，罗某两个儿女的抚养年限共23年，原审计算21年不当，本院予以纠正。故罗某的被抚养人生活费为284982.8元（16949元/年×14年×0.6÷3人+34424元/年×23年×0.6÷2人)，合计856978.7元，由某运动器材公司向罗某予以赔付。

合规建议

1. 劳动者符合《工伤保险条例》规定的认定工伤情形的，用人单位应当依法申请工伤认定，并协助工伤职工办理享受工伤保险待遇手续。

2. 劳动者因第三人侵权等认定工伤享受工伤保险待遇或获得民事赔偿的，仍有权

① 《侵权责任法》已失效，相关规定现参见《民法典》第1165条。

获得双重赔偿，但是关于双重赔偿的项目和标准各地规定了不同的原则，用人单位应当关注和执行当地的裁判口径。

3. 用人单位应当依法采取措施防止生产安全事故和职业病的发生，避免承担民事赔偿责任，但如果劳动者对损害的发生也存在过错的，根据《民法典》“被侵权人对同一损害的发生或者扩大有过错的，可以减轻侵权人的责任”的规定，应当积极举证降低赔偿责任的比例。

第六节　非法用工单位伤亡人员的赔偿责任

实践中，部分单位为了节约成本存在非法用工的现象，有的用工单位未办理注册手续不具备主体资格进行非法用工，也有用人单位非法使用童工，此种情况下在用工中造成人员伤亡的无法认定工伤。但是为了保护非法用工单位伤亡人员及其近亲属的权利，法律规定非法用工单位应按照不低于工伤保险条例规定的工伤保险待遇给予一次性赔偿，并且基于对非法用工行为的惩罚，赔偿标准一般高于工伤保险待遇和人身损害赔偿金额。

一、非法用工的界定及法律关系认定

（一）非法用工单位伤亡人员的界定

合法的单位用工行为（包括标准劳动关系、劳务派遣、非全日制等各种用工方式）要求用工双方应当具备法定的主体资格，单位一方应当依法领取营业执照或进行登记、备案，个人一方应当年满16周岁。如果任何一方不具备主体资格，都可能认定为非法用工（个人之间依法形成劳务关系的除外）。

根据《非法用工单位伤亡人员一次性赔偿办法》（以下简称《赔偿办法》）第2条第1款规定，本办法所称非法用工单位伤亡人员，是指无营业执照或者未经依法登记、备案的单位以及被依法吊销营业执照或者撤销登记、备案的单位受到事故伤害或者患职业病的职工，或者用人单位使用童工造成的伤残、死亡童工。

（二）非法用工单位与伤亡人员的法律关系

对于非法用工单位与伤亡人员之间构成何种法律关系，司法实践中存在着争议，第一种观点认为双方存在事实劳动关系，第二种观点认为双方之间为劳务关系，第三种观点则认为双方之间就是非法用工关系。根据原《劳动和社会保障部关于确立劳动关系有关事项的通知》规定，劳动关系成立的第一个条件就是用人单位和劳动

者符合法律、法规规定的主体资格，非法用工不符合该规定，笔者认为不属于事实劳动关系，否则认定劳动关系则应当享受工伤保险待遇，同时非法用工需要接受单位的劳动管理和按月获得劳动报酬也不符合劳务关系的特征，因此笔者倾向第三种观点的非法用工关系。

二、非法用工单位造成人员伤亡的赔偿责任

（一）赔偿依据

非法用工单位即使不具备合法经营资格，但是仍需要根据法律规定承担用人单位的义务和责任。根据《劳动合同法》第 93 条规定，对不具备合法经营资格的用人单位的违法犯罪行为，依法追究法律责任；劳动者已经付出劳动的，该单位或者其出资人应当依照本法有关规定向劳动者支付劳动报酬、经济补偿、赔偿金；给劳动者造成损害的，应当承担赔偿责任。

非法用工单位在用工中造成人员伤亡的，虽然不能认定工伤，伤亡人员或其近亲属无法享受工伤保险待遇，但是非法用工单位应当依法承担一次性赔偿责任。根据《工伤保险条例》第 66 条第 1 款规定，无营业执照或者未经依法登记、备案的单位以及被依法吊销营业执照或者撤销登记、备案的单位的职工受到事故伤害或者患职业病的，或者用人单位使用童工造成童工伤残、死亡的，由该单位向伤残职工或者死亡职工的近亲属、童工或者童工的近亲属给予一次性赔偿，赔偿标准不得低于本条例规定的工伤保险待遇。

（二）赔偿项目及标准

根据《赔偿办法》第 2 条和第 3 条规定，非法用工单位必须按照本办法的规定向伤残职工或者死亡职工的近亲属、伤残童工或者死亡童工的近亲属给予一次性赔偿。一次性赔偿包括受到事故伤害或者患职业病的职工或童工在治疗期间的费用和一次性赔偿金。一次性赔偿金数额应当在受到事故伤害或者患职业病的职工或童工死亡或者经劳动能力鉴定后确定。

1. 治疗期间的费用

根据《赔偿办法》第 4 条规定，职工或童工受到事故伤害或者患职业病，在劳动能力鉴定之前进行治疗期间的生活费按照统筹地区上年度职工月平均工资标准确定，医疗费、护理费、住院期间的伙食补助费以及所需的交通费等费用按照《工伤保险条例》规定的标准和范围确定，并全部由伤残职工或童工所在单位支付。

2. 一次性赔偿金

经劳动能力鉴定后达到伤残等级的，根据《赔偿办法》第 5 条规定，一次性赔偿

金按照以下标准支付：一级伤残的为赔偿基数的 16 倍，二级伤残的为赔偿基数的 14 倍，三级伤残的为赔偿基数的 12 倍，四级伤残的为赔偿基数的 10 倍，五级伤残的为赔偿基数的 8 倍，六级伤残的为赔偿基数的 6 倍，七级伤残的为赔偿基数的 4 倍，八级伤残的为赔偿基数的 3 倍，九级伤残的为赔偿基数的 2 倍，十级伤残的为赔偿基数的 1 倍。前款所称赔偿基数，是指单位所在工伤保险统筹地区上年度职工年平均工资。

受到事故伤害或者患职业病的职工或童工死亡的，根据《赔偿办法》第 6 条规定，按照上一年度全国城镇居民人均可支配收入的 20 倍支付一次性赔偿金，并按照上一年度全国城镇居民人均可支配收入的 10 倍一次性支付丧葬补助等其他赔偿金。

三、非法用工人员伤亡争议解决

（一）劳动监察举报

根据《赔偿办法》第 7 条规定，单位拒不支付一次性赔偿的，伤残职工或者死亡职工的近亲属、伤残童工或者死亡童工的近亲属可以向人力资源和社会保障行政部门举报。经查证属实的，人力资源和社会保障行政部门应当责令该单位限期改正。因此，如果双方不能就赔偿金额协商一致的，个人一方可以到劳动监察部门举报非法用工造成人员伤亡，由劳动监察部门调查并作出处理决定。

（二）按照劳动争议处理

根据《工伤保险条例》第 66 条第 2 款和《赔偿办法》第 8 条规定，伤残职工或者死亡职工的近亲属、伤残童工或者死亡童工的近亲属就赔偿数额与单位发生争议的，按照劳动争议处理的有关规定处理。因此，如果双方不能就赔偿金额协商一致的，个人一方也可以申请劳动仲裁，不服仲裁裁决的可以依法起诉至法院解决。实践中，部分仲裁委可能对此种情形不予受理，个人一方也可以持不予受理通知书直接起诉至法院。

虽然非法用工单位可能不具有主体资格，但是根据《最高人民法院关于审理劳动争议案件适用法律问题的解释（一）》第 29 条规定，劳动者与未办理营业执照、营业执照被吊销或者营业期限届满仍继续经营的用人单位发生争议的，应当将用人单位或者其出资人列为当事人。

参考案例：加工厂注销后继续经营期间雇用人员受伤，经营人需按照非法用工赔偿费用

在周某、高某劳动争议一案中①，2002 年 11 月 18 日，高某注册成立加工厂，营业期限：2002 年 11 月 18 日至 2005 年 12 月 31 日。2006 年加工厂注销后，高某继续从事五金加工业务，无字号名称，内有机器设备三十余台，高某及其妻子直接参与生产。2021 年 5 月 4 日，周某经老乡介绍到高某处干活，与高某口头约定按时计酬（24 元/小时），当月 24 日 16 时左右，周某在操作机床时左手被机器轧伤。根据微信聊天记录周某受伤前共工作 198 小时，高某在周某受伤后告知周某工资在月底发放并在 7 月 1 日实际转账给周某。周某伤后在某医院住院治疗，“中医诊断：伤筋、气滞血淤；西医诊断：左手开放性损伤”。住院七天后周某于当月 31 日出院。住院期间的医药费 8485.67 元由高某支付。同年 7 月 15 日，周某在某人民医院检查，影象：左尺骨桡骨折。同年 9 月 22 日，宁波某司法鉴定所根据周某委托标准认定周某的致残等级为十级，建议周某伤后的误工期限为 90 日、护理期限为 30 日、营养期限为 60 日，上述期限均含住院期间。周某为此支付鉴定费 1900 元。同年 9 月 29 日，周某因案涉争议向浙江省慈溪市劳动人事争议仲裁委员会申请仲裁，浙江省慈溪市劳动人事争议仲裁委员会于当月 30 日作出浙慈溪劳人仲不（2021）87 号不予受理通知书，以当事人主体不适格为由不予受理。

一审法院认为，案件争议焦点在于：1. 周某、高某之间是非法用工关系还是劳动关系？2. 周某主张的各项赔偿费用是否合理？

关于争议焦点一。根据《非法用工单位伤亡人员一次性赔偿办法》第 2 条规定，“非法用工”的对象是“无营业执照或者未经依法登记、备案的单位以及被依法吊销营业执照或者撤销登记、备案的单位”与伤残职工或死亡职工近亲属或者用人单位与童工之间的法律关系，其实质是指虽然劳动者和用工者之间形成的权利义务关系符合劳动关系实质要件，但因主体不符合劳动法规定，从而给予否定性评价的一种事实状态。故本案是否适用上述规定，需先从周某、高某之间是否符合成立劳动关系实质要件进行评判。一般劳务关系中劳务提供者以提供一次性或特定劳动服务为主，雇主按约一次性或分阶段支付报酬，双方不存在隶属关系，没有管理与被管理、支配与被支配的权利和义务，具有短期、临时性等特点；而劳动关系中用人单位与劳动者之间具有人身依附性，劳动者接受用人单位管理，根据用人单位要求从事相应劳动生产，具有持续、稳定特点。本案中，高某曾设立加工厂，该加工厂的经营范围为五金配件加工，加工厂注销后高某仍从事五金配件加工经营活动，有固定场所及生产设备，高某

---

① 案号：（2022）浙 02 民终 2035 号。

及其妻子虽参与生产，但同时雇用了一定数量的工人，生产经营活动具有持续性，周某等工人在其固定生产场所内、利用其生产设备、按其要求从事其经营范围内的劳动，工作时间相对固定（周某工作20天共计198小时，平均每日近10小时工作时间）、报酬发放也有一定周期性，据此认定周某长期从事五金加工的经营行为，已经符合“单位”的实质要件，周某对外是否以“某单位”名义行事不应作为认定是否构成非法用工的根本要件。高某接受周某雇用及管理，已经符合建立劳动关系的实质要件，因高某从事生产经营，不具备合法用工的主体资格，故对周某在工作期间受伤导致损害应按照《非法用工单位伤亡人员一次性赔偿办法》规定标准赔偿。

关于争议焦点二。关于周某提供的鉴定意见，高某主要异议系其认为应当参照人损标准鉴定，但认为如果需要参照工伤标准进行鉴定，则认同鉴定结论。根据争议焦点一的分析，本案应参照工伤标准确定损失，故周某提供的鉴定意见可以作为确定周某损失的证据。据此，一次性赔偿金认定76282元。医疗费认定297.02元。护理费认定2304.77元（60521元/年÷365天×7天+60521元/年÷365天×23天×0.3）。住院伙食补助费参照工伤保险待遇标准认定210元。营养费不属于工伤保险待遇赔偿项目，不予支持。工伤保险待遇中交通费系指经市、县社会保险经办机构同意后赴统筹地区外就医产生的交通费用，本案中无此方面证据，不予认定。鉴定费1900元予以确认。关于生活费，周某每小时工资为24元，按标准工时计算其生活费应为12528元。综上，周某损失合计为93521.79元。综上，周某、高某之间构成非法用工关系，周某主张按照《非法用工单位伤亡人员一次性赔偿办法》进行赔偿符合法律规定，一审法院对周某诉请中合理的部分予以支持。二审法院维持原判。

合规建议

1. 个人或单位应当依法申请营业执照或进行登记、备案，取得合法经营资格后依法进行用工并缴纳工伤保险，被依法吊销营业执照或者撤销登记、备案后不得继续用工，避免非法用工造成人员伤亡的赔偿责任。

2. 用人单位招用人员时，必须核查被招用人员的身份证；对不满16周岁的未成年人，一律不得录用；同时按照法律要求，制作职工名册备查。否则，非法使用童工不仅会被行政处罚，造成童工伤亡还需要承担赔偿责任。

3. 个人求职时，可以通过国家企业信息公示系统等网站查询招工单位的注册信息，对于未注册取得合法经营资格和拒绝缴纳工伤保险的用工单位应谨慎入职。如果入职非法用工单位造成伤亡无法就赔偿达成一致，可以通过劳动监察或仲裁诉讼依法向非法用工单位进行索赔。

第四章　用人单位灵活用工操作实务指引

本章导读

灵活用工是相对于传统的固定全职的标准劳动关系而言的概念，属于非标准劳动关系。非全日制、劳务派遣、退休返聘、实习、岗位外包、业务外包、人力资源服务外包、众包、合伙、自雇、共享员工、平台用工等都可以纳入灵活用工的范畴内。灵活用工并非新生事物，但是近年来却得到了更为广泛的关注和更为快速的发展，也为更多的劳动者所接受，成为许多企业和劳动者当下和未来的共同选择。相信灵活用工在未来也会成为一种常态，用工主体应正确认识灵活用工，尊重员工权益，防范法律风险。

第一节　非全日制用工

全日制用工作为标准劳动关系，在劳动合同签订、变更、解除、终止、社会保险缴纳等各方面受到《劳动法》《劳动合同法》《社会保险法》等法律法规的规制，用人单位往往需要承担较重的法律责任。而非全日制用工作为一种灵活的用工方式，虽然同样建立劳动关系，但是作为非标准劳动关系，成本低廉、解雇自由，实践中，越来越多的用人单位开始采取非全日制用工方式。

一、非全日制用工的特征

（一）计酬方式

非全日制用工以小时计酬为主①，并且小时计酬标准不得低于用人单位所在地人民政府规定的最低小时工资标准②。当然用人单位也可以采取日薪、周薪、半月薪计酬等方式，但是平均小时薪酬仍不得低于当地规定的最低小时工资标准。

---

① 《劳动合同法》第38条。
② 《劳动合同法》第72条。

（二）工作时间

非全日制用工的劳动者在同一用人单位一般平均每日工作时间不超过 4 小时，每周工作时间累计不超过 24 小时[①]。这是非全日制用工最主要的特征，用人单位不得突破上述时间限制。

（三）单位数量

从事非全日制用工的劳动者可以与一个或者一个以上用人单位订立劳动合同；但是，后订立的劳动合同不得影响先订立的劳动合同的履行[②]。因此，非全日制员工通常会同时与数家用人单位建立劳动关系。

二、非全日制用工的优点

（一）口头协议

不同于全日制用工必须订立书面劳动合同，非全日制用工双方当事人可以订立口头协议[③]。因此，双方未签订书面劳动合同，用人单位也无须支付二倍工资，但需对双方建立的是非全日制用工关系进行举证。为了防止发生争议，实践中仍然建议用人单位与劳动者签订书面非全日制劳动合同。

（二）随时终止

非全日制用工双方当事人任何一方都可以随时通知对方终止用工，无须说明理由也无须提前书面通知[④]。因此，用人单位解雇自由，不存在违法解除或终止劳动合同的问题。

（三）无解除补偿

非全日制用工不但可以随时终止用工，而且用人单位不需向劳动者支付经济补偿[⑤]。因此，用人单位无须支付解雇成本。

---

① 《劳动合同法》第 68 条。
② 《劳动合同法》第 69 条。
③ 《劳动合同法》第 69 条。
④ 《劳动合同法》第 71 条。
⑤ 《劳动合同法》第 71 条。

（四）只交工伤保险

用人单位只需为非全日制劳动者缴纳工伤保险，无须缴纳其他社会保险。[①] 非全日制从业人员可以自行参加基本养老保险、基本医疗保险，由个人缴纳社会保险费。

（五）无年休假

虽然在国家层面，各法律规定均未明确将非全日制劳动者排除在享受年休假的范围之外，但是由于非全日制用工存在多个用人单位，制度设计上没有解决安排年休假主体问题，所以实践中普遍认为非全日制用工不存在年休假。部分地区明确规定，用人单位无须安排非全日制劳动者休年休假，因此也不存在支付未休年休假工资的问题。[②]

三、非全日制用工的限制

（一）工作时间限制

非全日制用工的劳动者在同一用人单位一般平均每日工作时间不超过4小时，每周工作时间累计不超过24小时。因此，非全日制劳动者偶尔某个工作日工作时间超过4小时是可以的，但是不得长期超时，如果平均每日工作时间超过4小时或每周工作时间累计超过24小时，则存在认定为全日制用工的风险。

（二）不得约定试用期

非全日制用工双方当事人不得约定试用期[③]。如果用人单位对劳动者表现不满意，可以随时终止劳动合同，且无须支付经济补偿。

---

① 原劳动部《关于非全日制用工若干问题的意见》第12条规定，“用人单位应当按照国家有关规定为建立劳动关系的非全日制劳动者缴纳工伤保险费。从事非全日制工作的劳动者发生工伤，依法享受工伤保险待遇”。《人力资源和社会保障部实施〈中华人民共和国社会保险法〉若干规定》（人社部令第13号）第9条规定：“职工（包括非全日制从业人员）在两个或者两个以上用人单位同时就业的，各用人单位应当分别为职工缴纳工伤保险费。职工发生工伤，由职工受到伤害时工作的单位依法承担工伤保险责任。”

② 重庆市劳动和社会保障局《关于贯彻〈企业职工带薪年休假实施办法〉有关问题的通知》规定，（享受带薪年休假的）“职工”为实行全日制用工制度的用人单位职工。浙江省劳动和社会保障厅《关于贯彻实施企业职工带薪年休假制度的若干意见》规定，“非全日制用工不享受职工带薪年休假待遇”。广东省劳动和社会保障厅《关于广东省企业贯彻实施职工带薪年休假制度的若干意见》（粤劳社发〔2009〕7号）第10条规定，非全日制职工不享受年休假。

③ 《劳动合同法》第70条。

（三）工资结算周期不超15日

非全日制用工劳动报酬结算支付周期，最长不得超过十五日①。因此，用人单位可以采取日结、周结、半月结等结算周期，但是不得采取月结方式。

（四）不适用劳务派遣

劳务派遣单位应当和被派遣劳动者签订2年以上固定期限劳动合同，并且劳务派遣单位不得以非全日制用工形式招用被派遣劳动者②。如果用工单位需要非全日制用工，劳务派遣单位可以与被派遣劳动者签订2年以上固定期限劳动合同后，再派遣到不同用工单位从事非全日制工作。

参考案例：以非全日制招用劳务派遣员工，应按照全日制用工承担法律责任

在王某与某智公司劳动争议一案中③，2017年3月10日，王某入职某智公司，签订《非全日制劳务协议》，在王某工作期间某智公司将其派遣至某衡公司从事值班员一职，工资结算周期为15日。王某于2019年11月26日、27日存在加班。2020年2月8日某智公司辞退王某。

法院认为，劳务派遣单位不得以非全日制用工形式招用劳务派遣者。《非全日制劳务协议》违反相关法律规定应属无效，双方形成了事实上的劳动关系。某智公司违法解除劳动关系，判决支付加班费和支付经济补偿金。

四、非全日制用工认定为全日制用工的风险防控

实践中，有些用人单位为了逃避法律责任、降低用工成本，采取名为非全日制实为全日制进行用工，还有些用人单位由于管理不规范，不符合非全日制用工的要求，均可能认定用人单位与劳动者建立了全日制劳动关系。

（一）非全日制用工争议审查要点

在非全日制用工引发的劳动争议中，裁审机关审查的重点包括：双方是否签订非全日制劳动合同及工作时间、工资结算等是否符合非全日制用工要求。

用人单位与劳动者未订立书面劳动合同，用人单位主张双方为非全日制用工关系的，应由用人单位对其主张负举证责任，主要是劳动者确认的考勤记录和工资支付记录等。需要注意的是，即使双方签订了形式上的非全日制劳动合同，劳动者主张双方

---

① 《劳动合同法》第72条。

② 《劳动合同法实施条例》第13条。

③ 案号：（2020）陕0114民初1197号。

为全日制用工关系的，裁审机关仍会对是否为非全日制用工进行实质审查，此时应由劳动者对其主张负举证责任，但劳动者证明有关证据属于用人单位掌握管理，用人单位不提供的除外。

（二）非全日制用工认定为全日制用工的法律责任

裁审机关一旦认定双方实际建立的是全日制劳动关系，则用人单位需要按照全日制用工关系承担法律责任，如向劳动者支付未签订劳动合同双倍工资、解除/终止经济补偿金、加班费、未休年假工资、补缴各项社会保险等。对于劳动者与用人单位实际建立了全日制劳动关系，但双方订立了非全日制劳动合同，是否需要支付双倍工资的问题，部分地区如北京市明确规定，此种情况劳动者主张未订立劳动合同二倍工资差额不予支持①。

参考案例：名为非全日制实为全日制进行用工，应按全日制劳动关系承担法律责任

盘某与某寿险公司劳动争议案中②，2007 年 7 月至 2016 年 12 月，盘某就职于某寿险公司，其间签订了非全日制劳动合同，工资每月为 1500 元。盘某在上班期间，实际每天工作在八小时以上且工资月结，2015 年 8 月至 2016 年 8 月，加班工作 51 天，节假日加班 2 天。盘某主张双方签订了十次非全日制劳动合同，并提供了 2008 年 1 月 25 日双方签订《非全日制劳动合同书》和 2016 年 1 月 25 日双方签订《非全日制劳动合同书》，合同期限均为 1 年。2017 年 1 月，某寿险公司告知盘某在家待岗，并停止发放其工资。

法院认为，盘某在公司驾驶工作岗位上工作，某寿险公司按月发放工资，盘某按照某寿险公司要求上下班，且有外出任务，工作时间已超出每天四小时，不符合非全日制工作特点，故盘某请求确认双方签订的非全日制劳动合同无效，本院予以支持。盘某一直在某寿险公司工作，双方签订两次固定期限合同后，某寿险公司应与盘某签订无固定期限合同，故盘某请求确认劳动合同为全日制无固定期限劳动合同该请求本院予以支持。盘某提供的证据证实加班工作 51 天，节假日加班 2 天，本院确认加班费 7448.1 元。盘某提交的录音证实公司让盘某在家待岗，停发工资，本院认为某寿险公

---

① 《北京市高级人民法院、北京市劳动人事争议仲裁委员会关于审理劳动争议案件法律适用问题的解答（一）》第 51 条规定，劳动者与用人单位实际建立了全日制劳动关系，但双方订立的是非全日制劳动合同，用人单位是否需要向劳动者支付未订立劳动合同二倍工资差额？劳动者已经与用人单位订立合同的情况下，劳动者主张未订立劳动合同二倍工资差额不予支持。在审理中注意全日制劳动关系与非全日制劳动关系的区分，充分保障劳动者实际权利。

② 案号：（2017）豫 1502 民初 3219 号。

司的行为是违法解除与盘某劳动合同关系，应以经济补偿标准的二倍向劳动者支付赔偿金。法院判决双方签订的非全日制劳动合同无效，2016 年 1 月 25 日签订的劳动合同为全日制无固定期限劳动合同，支付加班费 7448.1 元，支付经济补偿金 27000 元。

合规建议

1. 用人单位应当根据本单位实际情况，确定可以采用非全日制用工的岗位，并与劳动者签订书面劳动合同载明用工性质为非全日制用工关系，以免发生争议时对该员工属于全日制或非全日制难以举证，同时即使认定为全日制用工，也可以避免双倍工资风险。

2. 非全日制用工不得约定试用期，用人单位对劳动者表现不满意，可以随时终止用工关系且无须支付经济补偿。

3. 工作时间应严格按照非全日制用工要求进行安排，并且应当妥善保留劳动者确认的考勤记录。

4. 计酬方式应以小时计酬为主，且不得低于当地最低小时工资标准，工资应当按照非全日制用工发薪周期要求至少 15 日结算一次，并且应当妥善保留劳动者确认的工资支付记录。

5. 用人单位应当按照国家有关规定为非全日制劳动者缴纳工伤保险费，保障从事非全日制工作的劳动者发生工伤时，可以依法享受工伤保险待遇。

第二节　劳务派遣用工

劳务派遣指劳务派遣单位与被派遣劳动者建立劳动关系，并将劳动者派遣到用工单位，被派遣劳动者在用工单位的指挥、监督下从事劳动的新型用工形式。[①] 与传统的劳动合同用工模式相比，劳务派遣能够满足企业灵活用工的需求，同时降低企业人力资源管理的成本，减少企业的用工风险和劳动争议，并且能促进劳动力资源的有效配置。但是，随着劳务派遣用工模式的广泛运用，就业稳定性差、同工不同酬、大量使用劳务派遣替代劳动合同用工等现象明显，故在 2008 年《劳动合同法》对劳务派遣作出规制的基础上，2012 年全国人大常委会对《劳动合同法》进行了修改（以下简称 2012 年《劳动合同法》），2014 年人社部又制定了《劳务派遣暂行规定》，进一步规范劳务派遣用工。

---

① 林嘉编：《劳动法和社会保障法》2016 年版，中国人民大学出版社。

一、劳务派遣单位的资质与义务

（一）劳务派遣单位的资质要求

根据2012年《劳动合同法》规定[①]，经营劳务派遣业务应当具备下列条件和资质：

1. 注册资本

2008年《劳动合同法》规定劳务派遣单位的注册资本不得少于50万元，2012年《劳动合同法》将此数额提高到200万元，进一步提高了劳务派遣单位的准入门槛。

2. 经营场所和设施

2008年《劳动合同法》仅概括性规定依据公司法的有关规定设立劳务派遣单位，将具体的设立规范依据指向了公司法的相关规定，2012年《劳动合同法》则采用了具体罗列及兜底的形式规范了劳务派遣单位的设立条件，突出强调需要有与开展业务相适应的固定的经营场所和设施，避免空壳公司或皮包公司违规经营劳务派遣业务。

3. 劳务派遣管理制度

2008年《劳动合同法》虽然在国家法律层面将劳务派遣合法化，但规范不够明确，出现劳务派遣单位管理混乱、劳动者合法利益无法得到有效保护等乱象，故2012年《劳动合同法》规定经营劳务派遣业务的单位必须要有符合法律、行政法规规定的劳务派遣管理制度。只有制度先行，规范化管理和运作才切实可行。

4. 禁止自设派遣

根据《劳动合同法》及《劳动合同法实施条例》规定，用人单位不得设立劳务派遣单位向本单位或者所属单位派遣劳动者，包括用人单位或者其所属单位出资或者合伙设立的劳务派遣单位，向本单位或者所属单位派遣劳动者。实践中，关联公司之前进行劳务派遣的，均属于自设派遣。

5. 获得行政许可审批

2008年《劳动合同法》未规定劳务派遣单位是否需要经过有关行政部门审批，而其他法律、法规等亦未明确规定经营劳务派遣业务需要经过行政许可审批，故劳务派遣公司完成工商登记注册即可经营相关业务。之后，为规范劳务派遣用工，2012年的《劳动合同法》确立了对劳务派遣单位的设立实行行政许可制度，即要经营劳务派遣业务，需要事先获得劳动行政部门的审批，否则不允许从事劳务派遣活动。2013年《劳务派遣行政许可实施办法》的出台，进一步对劳务派遣的行政许可制度进行了详细的规定。

---

① 《劳动合同法》第57条。

（二）劳务派遣协议的签订

根据《劳动合同法》[①] 和《劳务派遣暂行规定》[②] 的相关规定，劳务派遣单位与用工单位之间应当签署劳务派遣协议，双方需按协议履行相应的义务。劳务派遣单位应当将劳务派遣协议的内容告知被派遣劳动者。

劳务派遣协议应当载明下列内容：

1. 派遣的工作岗位名称和岗位性质；
2. 工作地点；
3. 派遣人员数量和派遣期限；
4. 按照同工同酬原则确定的劳动报酬数额和支付方式；
5. 社会保险费的数额和支付方式；
6. 工作时间和休息休假事项；
7. 被派遣劳动者工伤、生育或者患病期间的相关待遇；
8. 劳动安全卫生以及培训事项；
9. 经济补偿等费用；
10. 劳务派遣协议期限；
11. 劳务派遣服务费的支付方式和标准；
12. 违反劳务派遣协议的责任；
13. 法律、法规、规章规定应当纳入劳务派遣协议的其他事项。

（三）劳务派遣用工的劳动合同

1. 签订主体

劳务派遣法律关系中的三方主体，包括劳务派遣单位、用工单位、被派遣劳动者。劳务派遣单位作为用人单位需要与被派遣劳动者签订劳动合同[③]，未依法签订劳动合同的，需要承担未签劳动合同的二倍工资，甚至可能认定用工单位与劳动者建立劳动关系。

参考案例：劳务派遣单位未与被派遣劳动者签订劳动合同，未将派遣协议告知被派遣劳动者，认定用工单位与劳动者建立劳动关系

在付某与某辉公司、某智公司劳动争议案中[④]，付某于 2018 年 10 月 1 日至 12 月

---

① 《劳动合同法》第 59 条。

② 《劳务派遣暂行规定》第 7 条。

③ 《劳动合同法》第 58 条。

④ 案号：(2019) 京 02 民终 13295 号。

18 日在某辉公司工作，任职营业员，双方未签订劳动合同，也未缴纳社会保险。付某主张在职期间某辉公司未依法缴纳社会保险、未及时支付劳动报酬，遂于 2018 年 12 月 18 日提出解除劳动关系并要求支付经济补偿金等。某辉公司为证明其公司与某智公司系劳务派遣合作关系，提交了劳务派遣协议，劳务派遣协议约定由某智公司与员工签订劳动合同或劳务合同，由某智公司向付某发放工资，并提交了银行流水（2018 年 6 月至 2019 年 1 月）。

二审法院认为，某辉公司及某智公司均主张与付某存在劳务派遣关系，但某智公司未与付某订立二年以上的固定期限劳动合同，某辉公司及某智公司亦未提供充分证据证明某智公司已将劳务派遣协议的内容告知付某，故一审法院根据《劳动合同法》中关于劳务派遣的规定，认定以上三方未能建立合法的劳务派遣关系，并根据付某实际在某辉公司工作的事实，确认付某与某辉公司存在劳动关系，正确合理。一审法院在确认付某与某辉公司存在劳动关系的情况下，根据规定判决某辉公司支付解除劳动关系经济补偿金、加班工资及未签劳动合同的二倍工资差额，并无不当。

2. 合同期限及内容

劳务派遣用工签订的劳动合同除《劳动合同法》第 17 条规定所包含的事项①外，还应当注意以下问题：

（1）劳务派遣用工应当签订不低于两年期限的固定期限劳动合同②。需要注意的是，劳务派遣用工以劳动者与劳务派遣单位建立劳动关系并签订劳动合同为前提，对于实习生或超龄就业人员等，由于没有签订劳动合同不能实施劳务派遣，有可能被认定为违反法律规定导致劳务派遣协议无效。

参考案例：实习生进行劳务派遣违反禁止性规定，劳务派遣协议无效

在某人力公司与某科技公司劳务派遣合同纠纷案中③，某人力公司与某科技公司于 2016 年 11 月 11 日签订合作协议，约定由某人力公司以劳务派遣的形式向某科技公司派遣劳务员工，但实际派遣的 330 名劳务员工均为实习学生，并非某人力公司的员工，某人力公司分别与实习学生签订了学生实习协议书。因某科技公司未支付某人力公司 2016 年 12 月劳务费用，2017 年 2 月 15 日某人力公司解除合作协议。

法院认为，全日制在校学生不能与用人单位订立劳动合同，故某人力公司将实习学生派遣至某科技公司的行为不符合劳务派遣的法律构成要件，违反了劳动合同法的禁止性规定，双方签订的合作协议应属无效合同，判决某科技公司支付劳务成本费用 125155.63 元。

---

① 《劳动合同法》第 17 条、第 58 条。

② 《劳动合同法》第 58 条。

③ 案号：（2017）渝 0107 民初 4592 号。

（2）劳动合同中需要明确被派遣劳动者的用工单位以及派遣期限、工作岗位。用工单位应当根据工作岗位的实际需要与劳务派遣单位确定派遣期限，派遣期限不同于合同期限，因此可以短于两年。

（3）劳务派遣单位与同一被派遣劳动者只能约定一次试用期[①]，即使转换岗位或更换用工单位重新派遣也不得重复约定试用期。

参考案例：以被派遣劳动者转岗为由重新约定试用期，应当承担支付工资差额等法律责任

在某达劳务公司、某约公司等劳动争议案件[②]中，张某与某达劳务公司签订劳动合同，被派遣至某约公司工作。

法院认为，张某从2016年12月29日起已在某约公司广州分公司处工作，从2016年12月29日起至2017年3月29日已是试用期，虽然张某从2017年6月中旬起转岗，但仍在某约公司广州分公司处工作，某约公司以张某转岗为由按试用期标准计付张晨考勤工资，有违《劳动合同法》第19条关于“同一用人单位与同一劳动者只能约定一次试用期”的规定，故某约公司应对只按80%比例计付的考勤工资补足支付，据此，某约公司应补差额支付的工资数额应为1923.94元。

（4）对于符合签订无固定期限劳动合同条件的被派遣劳动者，如已经连续签订两次固定期限劳动合同到期或已经在劳务派遣单位连续工作满十年的，劳务派遣单位是否应当与其签订无固定期限劳动合同，司法实践中存在争议，应关注当地裁审意见的裁判口径。比如，北京市裁判观点认为，与劳务派遣劳动者连续签订两次固定期限劳动合同后，应当订立无固定期限劳动合同[③]。而江苏省裁判观点认为被派遣劳动者请求与劳务派遣单位订立无固定期限劳动合同的，不予支持[④]。

（四）劳务派遣单位的法定义务

劳务派遣单位对被派遣劳动者应履行如下法定义务[⑤]：

1. 告知义务

作为用人单位，劳务派遣单位应当如实告知被派遣劳动者工作内容、工作条件、工作地点、职业危害、安全生产状况、劳动报酬，以及劳动者要求了解的其他情况；还应当告知劳动者应当遵守的规章制度（包括用人单位以及用工单位的规章制度）以

① 《劳务派遣暂行规定》第6条。
② 案号：（2018）粤01民终21030号。
③ 案号：（2020）京02民终5563号。
④ 案号：（2020）苏05民终8434号。
⑤ 《劳务派遣暂行规定》第8条。

及劳务派遣协议的内容。

2. 培训义务

劳务派遣单位应当建立培训制度，对被派遣劳动者进行上岗知识、安全教育等培训，使得劳动者能够符合用工单位的初步要求。

3. 支付劳动报酬的义务

用工单位需按照同工同酬原则确定劳动者的劳动报酬，劳务派遣单位需按照国家规定和劳务派遣协议、劳动合同约定，依法支付劳动者的劳动报酬和相关待遇，不得克扣。特定情形下被派遣劳动者被退回后在无工作期间，劳务派遣单位应当按照不低于所在地人民政府规定的最低工资标准向其按月支付报酬①。

4. 缴纳社会保险的义务

劳务派遣单位与被派遣劳动者建立了劳动关系，就须承担为其缴纳社会保险以及办理社会保险待遇相关领取手续的法定义务。被派遣劳动者在用工单位因工作遭受事故伤害的，劳务派遣单位应当依法申请工伤认定。

5. 督促保障劳动条件的义务

劳务派遣的特殊性决定了劳动力的雇用与使用相分离，劳务派遣单位虽然与劳动者建立了劳动关系，但实际劳动者系为用工单位工作，接受用工单位的管理。此时，虽然劳务派遣单位不参与对劳动者的用工管理，但其仍然有义务督促用工单位为劳动者提供相应的劳动保护和劳动安全卫生条件。

6. 出具劳动合同解除或终止证明的义务

作为用人单位，劳务派遣单位应当在解除或终止劳动合同时向劳动者出具解除或终止劳动合同的证明，同时也应当在十五日内为劳动者办理档案和社会保险关系转移手续。

7. 协助处理劳动纠纷的义务

虽然劳务派遣单位不参与实际用工管理，但对于用工单位与劳动者之间的纠纷，其依然有义务协助处理。用工单位与劳动者因劳动争议而进行劳动仲裁或诉讼，劳务派遣单位作为用人单位被列为当事人的应当积极参与到仲裁或诉讼中。

8. 法律法规规定的其他义务。

二、用工单位使用劳务派遣用工的要求

（一）劳务派遣适用的岗位范围

2008年《劳动合同法》概括规定，劳务派遣一般在临时性、辅助性或者替代性的

---

①《劳务派遣暂行规定》第12条。

工作岗位上实施，该规定不属于强制性规定，而且并未就临时性、辅助性、替代性进行具体解释说明。2012 年《劳动合同法》首先强调劳动合同用工是我国的企业基本用工形式，劳务派遣用工是补充形式，只能在临时性、辅助性或者替代性的工作岗位上实施，重申了劳动合同用工与劳务派遣用工的主次地位，否定了部分单位劳务派遣用工逐步替代劳动合同用工的非正常现象。同时，2012 年《劳动合同法》对临时性、辅助性或者替代性的工作岗位进行了具体定义①：

1. 临时性工作岗位，是指存续时间不超过六个月的岗位。比如，由于业务量临时突然增大或季节性用工等原因，导致短期内用工数量激增，之后劳动用工数量又恢复正常，为应对此种情形，企业增设临时性工作岗位，接受劳务派遣用工来满足短期大量的用工需求。临时性工作岗位与常设性工作岗位相对应，将常设性工作岗位分解为几个不超过六个月的时间段分别进行劳务派遣亦是违法劳务派遣。

2. 辅助性工作岗位，是指为主营业务岗位提供服务的非主营业务岗位。主营业务岗位与非主营业务岗位相对应，在不同行业、不同企业中的认定可能会有很大不同，法律并没有对哪些岗位属于辅助性工作岗位作出具体规定，而是授权用工单位决定使用劳务派遣用工的辅助性岗位。实践中，在劳务派遣广泛应用的同时，出现了同一岗位存在劳动合同用工及劳务派遣用工混同的现象，甚至有的企业在看到劳务派遣用工优势后，逐步将主营业务的劳动合同用工也用劳务派遣用工来替代。比如，个别生产型企业，将原有的劳动合同用工模式，转变为劳务派遣用工模式，工人还是在原来的工作场所进行之前的工作，只是身份进行了转变。所以为防止劳务派遣用工模式的滥用，相关法规同时规定对于使用劳务派遣用工模式的辅助性岗位应当经过民主及公示程序②，用工单位经职工代表大会或者全体职工讨论，提出方案和意见，与工会或者职工代表平等协商确定，并在用工单位内公示，才可决定使用劳务派遣的辅助性岗位。

3. 替代性工作岗位，是指用工单位的劳动者因脱产学习、休假等原因无法工作的一定期间内，可以由其他劳动者替代工作的岗位。替代性工作岗位属于常设工作岗位，与临时性工作岗位相对，之所以需要采用劳务派遣用工，是因为该岗位原有的劳动者需要脱产学习、休假等原因导致该岗位出现人员空缺，待这些原因消失原有的劳动者重返工作岗位后，劳务派遣用工即不再被需要。

上述三种岗位，只要符合其一，即可采用劳务派遣用工的形式。

（二）劳务派遣适用的用工比例

2012 年《劳动合同法》规定用工单位应当严格控制劳务派遣用工数量，不得超过

---

① 《劳动合同法》第 66 条。

② 《劳务派遣暂行规定》第 3 条。

其用工总量的一定比例，但没有对具体的用工比例进行规定。《劳务派遣暂行规定》则对企业劳务派遣的用工比例进行了明确，即用工单位使用的被派遣劳动者数量不得超过其用工总量的 10%①。这里的用工总量是用工单位的劳动合同用工人数和接受劳务派遣用工人数的总和。计算劳务派遣用工比例的用工单位是指依照《劳动合同法》和《劳动合同法实施条例》可以与劳动者订立劳动合同的用人单位。在集团公司内部各法人单位、关联企业、有营业执照的分公司，独立计算劳务派遣用工比例。

需要注意的是，由于《劳务派遣暂行规定》适用对象仅包括企业、会计师事务所、律师事务所等合伙组织和基金会以及民办非企业单位，并没有包括国家机关、事业单位等其他单位②，因此《劳务派遣暂行规定》关于用工比例的规定并不能适用于国家机关、事业单位等其他单位，也由此导致国家机关、事业单位等其他单位大量使用劳务派遣用工的现象仍十分突出。

（三）用工单位对被派遣劳动者的法定义务

在劳务派遣用工中，劳动力的雇用与使用相分离，虽然用工单位与被派遣劳动者之间不存在劳动关系，但因为劳动者实际为用工单位提供劳动，接受用工单位的管理，而作为用人单位的劳务派遣单位并不实际管理劳动者，此时如果按照传统劳动合同用工模式要求用人单位承担所有的法定义务，则无法切实可行地保护劳动者的合法权益，故为了保障劳务派遣用工中劳动者的合法权益，《劳动合同法》规定用工单位须承担劳动关系项下的部分法定义务③，具体如下：

1. 执行国家劳动标准，提供相应的劳动条件和劳动保护

对于劳务派遣用工，同样需要满足国家规定的劳动者关于工时制度及休息休假、最低工资标准、安全生产和劳动保护的规定等。需要注意的是，劳务派遣单位跨地区派遣劳动者的，被派遣劳动者享有的劳动报酬和劳动条件，按照用工单位所在地的标准执行④。如果用工单位违反国家劳动标准，劳动者亦有权要求其纠正，同样，如果用工单位未提供相应的劳动条件和劳动保护，劳动者亦可依据《劳动合同法》第 38 条，要求与劳务派遣单位解除劳动合同并要求支付解除劳动合同经济补偿金。如果用工单位给劳动者造成损害的，劳务派遣单位及用工单位需承担连带赔偿责任。

2. 告知被派遣劳动者的工作要求和劳动报酬

劳动者被派遣到用工单位进行工作，其需要满足用工单位的实际用工需求，故用

---

① 《劳务派遣暂行规定》第 4 条。
② 《劳务派遣暂行规定》第 2 条。
③ 《劳动合同法》第 62 条。
④ 《劳动合同法》第 61 条。

工单位有义务告知劳动者其实际的工作内容及完成具体工作内容所需达到的标准或要求。虽然在绝大多数的劳务派遣用工过程中，劳动者的工资由劳务派遣单位发放，但因用工单位对于劳动者劳动报酬的组成及标准具有决定权，劳务派遣单位仅仅是执行工资发放，故用工单位有义务告知劳动者其劳动报酬的组成及标准。

3. 支付加班费、绩效奖金，提供与工作岗位相关的福利待遇

被派遣劳动者在实际工作过程中，如存在加班情况，用工单位亦应按照法律规定支付劳动者相应的加班费或安排休息日加班的劳动者调休。如果劳动者的劳动报酬中包含绩效工资或绩效奖金，在对劳动者进行合法客观的绩效考核后，还应按照规章制度的规定或双方的约定，向劳动者发放绩效工资或奖金。此外，虽然是劳务派遣用工，但用工单位亦应向劳动者提供与其工作岗位相关的福利待遇，如高温津贴、防暑饮品、补贴等，不得歧视被派遣劳动者①。

参考案例：劳务派遣单位与用工单位应当依法足额支付劳动者工资、奖金，该义务不因双方之间的约定而免除或减少

在袁某与某智上海公司、北京某传媒公司劳动争议案中，②2010 年 2 月 23 日，某智上海公司与袁某签署劳动合同，将其派遣至北京某传媒公司担任客户总监，工作地点为上海，劳动合同约定由北京某传媒公司支付袁某工资。2015 年 3 月 30 日，袁某提出辞职，后申请劳动仲裁要求支付 2015 年 2 月至 3 月工资及 2013 年度奖金，两公司承担连带责任。

法院认为，袁某主张其每月工资为 25000 元，为此提供了招商银行户口历史交易明细表，法院采信袁某的主张，确认其每月工资为 25000 元，通过北京某传媒公司财务人员的个人账户转账支付。某智上海公司作为用人单位，系工资的支付主体，故其应按此标准支付袁某 2015 年 2 月至 3 月工资。虽然某智上海公司与袁某在劳动合同中约定袁某的工资报酬通过用工单位北京某传媒公司支付，但并不能以此来免除劳务派遣单位某智上海公司的该项法定义务，在北京某传媒公司未及时足额支付劳动者工资报酬的情况下，某智上海公司应承担相应的支付义务。劳务派遣单位不能以该义务已转让给用工单位，其对劳动者的实际劳动报酬不知情为由，来主张免除或减少其该项义务的承担范围。某智上海公司主张对超出劳动合同约定部分的工资不承担直接法律责任的观点，法院难以认同。

关于奖金，袁某在 2014 年 7 月发送给北京某传媒公司财务总监蒋某某的电子邮件中记载其奖金总发放额为 680000 元，蒋某某回复将安排人审核。但北京某传媒公司未就最终的审核结果提供相应依据，也未就财务人员个人账号的转账及其以“代发劳务

---

① 《劳务派遣暂行规定》第 9 条。

② 案号：(2016) 沪 01 民终 4113 号民事判决书。

费”名义的转账作出合理的解释。原审时，袁某已向原审法院初步说明了该奖金的发放标准及计算方式，而北京某传媒公司仅是简单地予以否认，并未就奖金的发放标准及计算方式进行任何举证，也未提供审核的依据或就袁某为何在2013年度不应享有奖金作出合理的解释和说明，故北京某传媒公司应承担举证不力的法律后果，原审法院认定袁某主张的奖金成立，并无不当。根据《劳动合同法》第92条的规定，用工单位给被派遣劳动者造成损害的，劳务派遣单位与用工单位承担连带责任。原审判决某智上海公司应对北京某传媒公司应付袁某的2013年度奖金差额承担连带责任，符合上述法律规定，并不无当。某智上海公司认为其不应承担连带责任的上诉主张，法院不予采纳。

4. 对在岗被派遣劳动者进行工作岗位所必需的培训

《劳动法》赋予劳动者接受职业技能培训的权利，对于被派遣劳动者，为完成其本职工作，用工单位亦有义务对其进行必要的职业培训，以便其提高劳动技能，更好地服务于用工单位。

5. 连续用工的，实行正常的工资调整机制

劳动者如果被派遣至用工单位连续工作的，应当与劳动合同用工实行同样的工资调整机制，如工龄工资的逐年增长，定期的涨薪等同样适用于劳务派遣用工。当然临时短暂性的劳务派遣用工则无须实行工资调整。

6. 其他法定义务

此外，用工单位不得将被派遣劳动者再派遣到其他用人单位。用工单位不得将连续用工期限分割订立数个短期劳务派遣协议进行劳务派遣用工。① 用工单位不得向被派遣劳动者收取费用。② 被派遣劳动者在用工单位因工作遭受事故伤害或申请进行职业病诊断、鉴定的，用工单位还应协助配合被派遣劳动者的工伤认定或职业病诊断、鉴定等工作③。

（四）劳务派遣用工的同工同酬原则

被派遣劳动者享有与用工单位的劳动者同工同酬的权利④。此处的同工同酬并非岗位相同时薪酬标准相同，而是用工单位应当按照同工同酬原则，对被派遣劳动者与本单位同类岗位的劳动者实行相同的劳动报酬分配办法，即不可针对同类岗位的劳务派遣员工和劳动合同员工分别实行不同的薪酬制度。用工单位无同类岗位劳动者的，

---

① 《劳动合同法》第59条第2款。
② 《劳动合同法》第60条第3款。
③ 《劳务派遣暂行规定》第10条。
④ 《劳动合同法》第63条。

可以参照用工单位所在地相同或者相近岗位劳动者的劳动报酬确定。

三、跨地区劳务派遣的劳动基准及社保缴纳

由于各地区经济发展不平衡，部分地区客观上形成了劳务输出地和劳务输入地，导致实践中劳务派遣单位和用工单位所在地不在同一区域的跨地区劳务派遣大量存在。同时，各地劳动基准和社保政策存在较大差异，适用何地的劳动基准和在何地进行社保缴纳，会对被派遣劳动者的权益产生很大影响，因此相关法律对此进行了规范。

（一）跨地区劳务派遣的劳动基准适用

1. 劳动基准的范围

劳动基准是指劳动关系中有关劳动者的劳动报酬、工作时间、休息休假、劳动保护、劳动条件、职业危害防护、本地区上年度职工月平均工资标准等方面的最低法定标准，是用人单位必须保障劳动者可以享受到的最低劳动待遇和劳动权利。

2. 劳动基准的法律来源

国家层面有关劳动基准的法律规范一般都比较原则化，包括有《劳动法》《国务院关于职工工作时间的规定》《全国年节及纪念日放假办法》《职工带薪年休假条例》《最低工资规定》《工资支付暂行规定》《关于工资总额组成的规定》《职业病防治法》《女职工劳动保护特别规定》《未成年工特殊保护规定》等。

此外，各地也会制定当地的劳动基准，但是由于我国地区经济发展不平衡，导致各地在制定和具体实施劳动基准时，确实存在地区性的差异。比如，关系到劳动报酬最低限的最低工资、关系到女职工产假休息权的产假天数，还有就是关系到工伤保险待遇计算的社会平均工资标准等。

3. 劳动基准的适用

当劳动合同履行地与用人单位注册地不一致时，劳动基准应当适用劳动合同履行地的规定[①]。被跨地区派遣的劳动者，在适用有关劳动报酬和劳动条件的劳动基准时，也应当把握“劳动合同履行地”原则，按照用工单位所在地相关标准执行[②]，劳务派遣单位所在地的有关标准高于用工单位所在地的有关标准，且各方约定按照劳务派遣所在地的有关规定执行的，从其约定 。

---

① 《劳动合同法实施条例》第 14 条规定，劳动合同履行地与用人单位注册地不一致的，有关劳动者的最低工资标准、劳动保护、劳动条件、职业危害防护和本地区上年度职工月平均工资标准等事项，按照劳动合同履行地的有关规定执行；用人单位注册地的有关标准高于劳动合同履行地的有关标准，且用人单位与劳动者约定按照用人单位注册地的有关规定执行的，从其约定。

② 《劳动合同法》第 61 条规定，劳务派遣单位跨地区派遣劳动者的，被派遣劳动者享有的劳动报酬和劳动条件，按照用工单位所在地的标准执行。

参考案例：异地派遣劳动者的休假标准按照用工单位所在地的标准执行

在姬某与北京某聚公司劳动争议案件①中，2017 年 3 月 20 日，姬某与河南某诺公司签订劳动合同，被派遣至北京某聚公司工作，2020 年 3 月 18 日，姬某以未足额支付劳动报酬为由提出解除劳动合同，并要求上述两公司按照河南 28 天婚假的标准支付其未休婚假工资 3641.38 元。

法院认为，《劳动合同法》第 61 条规定："劳动派遣单位跨地区派遣劳动者的，被派遣劳动者享有的劳动报酬和劳动条件，按照用工单位所在地的标准执行。"本案中，北京某聚公司作为用工单位，住所地为北京市，某聚公司已按照《北京市人口与计划生育条例》第 16 条的规定安排姬某休婚假 10 天，姬某要求按照河南省 28 天的婚假时间休息不符合法律规定，故对姬某的该项诉讼请求，不予支持。

（二）跨地区劳务派遣的社保缴纳

1. 社保缴纳地

派遣单位跨地区派遣劳动者的，应当在用工单位所在地，按所在地相关规定，为劳动者办理社会保险的参保手续②。

2. 社保缴纳主体

派遣单位在用工单位所在地设立有分支机构的，由分支机构为劳动者缴纳社保；如果派遣单位在当地没有设立分支机构的，则由用工单位代为缴纳社保③。

3. 跨地区派遣未依法缴纳社保的责任承担

（1）参保但未在用工单位所在地缴纳

实践中，有些派遣单位为了"减少社保成本的支出"，有意选择在派遣单位所在地或者是"社保洼地"，为劳动者缴纳社保。但这种明显有违跨地区劳务派遣社保缴纳规定的做法，在申领相关社保待遇时，存在被社保管理部门拒绝支付的可能；届时派遣单位还需自行承担向劳动者支付相关社保待遇的法律责任，而用工单位也需就上述支付承担连带责任。

---

① 案号：（2020）豫 06 民终 1389 号。

② 《劳务派遣暂行规定》第 18 条规定，劳务派遣单位跨地区派遣劳动者的，应当在用工单位所在地为被派遣劳动者参加社会保险，按照用工单位所在地的规定缴纳社会保险费，被派遣劳动者按照国家规定享受社会保险待遇。

③ 《劳务派遣暂行规定》第 19 条规定，劳务派遣单位在用工单位所在地设立分支机构的，由分支机构为被派遣劳动者办理参保手续，缴纳社会保险费。劳务派遣单位未在用工单位所在地设立分支机构的，由用工单位代劳务派遣单位为被派遣劳动者办理参保手续，缴纳社会保险费。

参考案例：跨地区派遣在派遣单位所在地缴纳社保，工伤待遇最终由单位自行承担

在上海某劳务派遣公司、戴某、广州某营养品公司、上海社保管理中心的支付工伤保险待遇相关民事和行政纠纷案中①，上海某劳务派遣公司将戴某派遣至广州某营养品公司工作，上海某劳务派遣公司在上海为戴某办理了社保，此后戴某发生了工伤，上海某劳务派遣公司向上海当地社保部门申领相关工伤待遇。

上海社保管理中心认为，上海某劳务派遣公司属于跨地区派遣，理应在用工单位所在地为戴某缴纳社保，故拒绝了相关工伤待遇的申领。最终戴某的工伤待遇，只能由上海某劳务派遣公司和用工单位自行承担。

此外，如果在劳务派遣单位所在地参保，即使参保地可以享受社保待遇，但是如果用工单位所在地的社保待遇高于参保地的，也会导致相关社保待遇存在差异，劳动者有可能会向派遣单位要求补足差额。

参考案例：跨地区派遣在派遣单位所在地缴纳社保，仍按用工单位所在地标准核定劳动者工伤保险待遇，差额部分由单位补足

在菏泽某人力服务公司、张某、北京某酒店劳动争议纠纷案中②，菏泽某人力服务公司将张某派遣至北京某酒店工作，派遣公司在山东省菏泽市为张某办理了社保，此后张某发生了工伤。

法院认为，因派遣公司属于跨地区派遣，理应在用工单位所在地为戴某缴纳社保，故以北京市标准计算了张某的一次性伤残就业补助金；而由工伤保险基金支出的一次性工伤医疗补助金、第二次住院期间的工伤医疗费用和康复费用、伙食补助费、经批准到统筹地区以外就医的交通费等工伤保险待遇，待双方向工伤保险部门申请报销完毕后，张某可就差额向荷泽某人力服务公司另行主张。

（2）跨地区派遣未参保

根据《人力资源和社会保障部关于执行〈工伤保险条例〉若干问题的意见（二）》规定，劳务派遣单位跨地区派遣劳动者，应根据《劳务派遣暂行规定》参加工伤保险。职工受到事故伤害或者患职业病后，在参保地进行工伤认定、劳动能力鉴定，并按照参保地的规定依法享受工伤保险待遇；未参加工伤保险的职工，应当在生产经营地进行工伤认定、劳动能力鉴定，并按照生产经营地的规定依法由用人单位支付工伤保险待遇。因此，派遣单位在用工单位所在地没有设立分支机构，用工单位也没有依法履行代为参保义务，导致劳动者无法领取社保待遇的，派遣单位和用工单位

---

① 案号：（2018）沪 01 民终 4616 号、（2017）沪 03 行终 786 号。

② 案号：（2016）京 0101 民初 14397 号。

需对劳动者不能享受的社会保险待遇等承担连带赔偿责任。

参考案例：派遣单位经营地和注册地不一致，且派遣单位和用工单位均未为劳动者缴纳社保，需按照经营地的相关标准承担连带赔偿责任

在王某与广州某管理咨询公司、南京某酒店劳动争议纠纷案中[①]，自2009年6月王某与广州某管理咨询公司签订劳动合同，然后被派遣至南京某酒店工作，担任保洁员。2009年7月起，广州某管理咨询公司为王某在广东省清远市，只参保了养老保险，但没有办理工伤及其他社保。2009年10月，王某在南京某酒店的工作中不慎摔伤，后住院治疗。2010年王某自行申报工伤，后被认定为工伤并经鉴定为九级伤残。王某主张应当按照用工地南京市有关规定享受工伤保险待遇。

法院经审理认为：

1. 广州某管理咨询公司未依法为王某缴纳工伤保险费用，未能履行作为用人单位法定义务，故广州某管理咨询公司应当承担相应法律责任，赔偿王某有关工伤保险待遇损失。

2. 根据《劳动合同法实施条例》第14条[②]、《江苏省实施工伤保险条例办法》第34条第2款规定，用人单位注册地与生产经营地不在同一统筹地区，且在注册地和生产经营地均未参加工伤保险的，职工受到事故伤害或者患职业病后，在生产经营地进行工伤认定、劳动能力鉴定，并按照生产经营地的规定依法由用人单位支付工伤保险待遇。本案用人单位广州某管理咨询公司，未能举证证明其在注册地（广东省清远市）和生产经营地（江苏省南京市）参加了工伤保险，因此应当按照生产经营地即江苏省南京市的规定向王某支付工伤保险待遇。

3. 虽然按照广州某管理咨询公司与南京某酒店内部的合同约定，该损失应由广州某管理咨询公司承担，但对于王某而言，其要求广州某管理咨询公司和南京某酒店承担连带责任的诉讼请求，符合法律规定，应予支持。

四、劳务派遣员工发生工伤及造成他人损害的责任承担

（一）劳务派遣员工发生工伤的责任承担

1. 申请工伤认定和承担工伤保险责任的主体

在劳务派遣用工关系中，劳动力的雇用和使用分离，当派遣员工发生工伤时，应

---

① 案号：（2012）宁民终字第245号。

② 《劳动合同法实施条例》第14条规定，劳动合同履行地与用人单位注册地不一致的，有关劳动者的最低工资标准、劳动保护、劳动条件、职业危害防护和本地区上年度职工月平均工资标准等事项，按照劳动合同履行地的有关规定执行；用人单位注册地的有关标准高于劳动合同履行地的有关标准，且用人单位与劳动者约定按照用人单位注册地的有关规定执行的，从其约定。

当由劳务派遣单位还是用工单位申请工伤认定和承担工伤保险责任？根据《劳动合同法》《工伤保险条例》和《劳务派遣暂行规定》[①] 的相关规定，劳务派遣单位是用人单位，为派遣员工依法缴纳社会保险，是劳务派遣单位的法定义务。因此，派遣员工发生工伤事故的，应由劳务派遣单位申请工伤认定，并承担工伤保险责任，用工单位应协助工伤认定的调查核实工作。

跨地区劳务派遣中，如派遣员工的社保由用工单位代为参保的，一旦发生工伤事故的，由用工单位申请工伤认定。

2. 工伤保险责任的补偿

虽然劳务派遣单位应当向派遣员工承担工伤保险责任，但是不妨碍劳务派遣单位与用工单位就责任承担进行约定。就劳务派遣单位所承担的工伤保险责任，劳务派遣单位可以与用工单位在劳务派遣协议中自行约定具体的责任承担及补偿办法。

3. 未参保时的工伤保险责任承担

劳务派遣单位作为用人单位，应当参加工伤保险而未参加的，派遣员工发生工伤的，应由劳务派遣单位按工伤保险待遇项目和标准支付费用。实践中，劳务派遣单位仅收取一定金额的管理费，派遣员工发生工伤后一般是按照劳务派遣协议约定由用工单位最终承担工伤保险责任的全部费用。

（二）劳务派遣员工造成他人损害的责任承担与追偿

1. 责任主体及责任范围

虽然劳务派遣单位为用人单位，但是派遣员工执行工作任务、履行职务是为了实现用工单位的经营目的，所形成的利益和产生的风险，均归于用工单位；派遣员工在此过程中造成他人损害，应由用工单位承担侵权法律责任。劳务派遣单位对造成他人侵权结果的发生，存在主观过错的，根据《民法典》第 1191 条规定[②]，劳务派遣单位的责任不再仅限于补充范围，也就是说即使用工单位已经承担全部赔偿，基于公平原则，劳务派遣单位依然需要为其过错，承担相应的责任。

---

① 《劳务派遣暂行规定》第 10 条规定，被派遣劳动者在用工单位因工作遭受事故伤害的，劳务派遣单位应当依法申请工伤认定，用工单位应当协助工伤认定的调查核实工作。劳务派遣单位承担工伤保险责任，但可以与用工单位约定补偿办法。

② 《民法典》第 1191 条规定：用人单位的工作人员因执行工作任务造成他人损害的，由用人单位承担侵权责任。用人单位承担侵权责任后，可以向有故意或者重大过失的工作人员追偿。劳务派遣期间，被派遣的工作人员因执行工作任务造成他人损害的，由接受劳务派遣的用工单位承担侵权责任；劳务派遣单位有过错的，承担相应的责任。

参考案例：劳务派遣员工因执行工作任务造成他人伤害，由用工单位承担赔偿责任，派遣单位根据过错承担相应的责任

在黄某与牛某、某投资公司、某保安服务公司用人单位责任纠纷案中①，牛某系某保安服务公司的职工，作为劳务派遣人员被派遣到某投资公司从事保安工作，工作期间接受某投资公司的管理。2014 年 12 月，牛某在海淀区鸿城拓展大厦南门值班时，因停车贴条一事与黄某发生纠纷。致黄某多处受伤，其伤经鉴定为轻伤二级。法院以牛某犯故意伤害罪，已经被判处有期徒刑一年二个月。另查明，牛某曾在 2013 年 9 月 27 日因故意伤害被行政拘留 5 日。

法院经审理认为，黄某与牛某因停车贴条发生纠纷后本应平和、理性地解决争议，但牛某未能冷静处理而是持剪刀将黄某扎伤，并造成黄某轻伤二级的严重后果，故对黄某所遭受的损失，牛某依法应当承担主要的赔偿责任。黄某发生纠纷后亦未能保持礼貌克制，导致矛盾激化，其对于冲突的发生亦存在过错。因此，可以适当减轻牛某的赔偿责任，故综合考虑冲突的起因、双方的过错程度及刑事判决书的相关认定，酌情认定牛某对黄某的损失承担 80%的赔偿责任。

劳务派遣期间，被派遣的工作人员因执行工作任务造成他人损害的，由接受劳务派遣的用工单位承担侵权责任；劳务派遣单位有过错的，承担相应的补充责任。本案中，牛某系某保安服务公司的职工，被派遣至某投资公司从事保安工作，其在工作期间因执行相关保安工作任务造成他人受伤，属于职务行为，依法应当由某投资公司承担侵权责任。某保安服务公司作为劳务派遣单位，负有对被派遣劳动者的选任责任，依据其与某投资公司签订的《保安服务合同书》约定，其对被派遣员工的能力、资格及工作任务能否胜任负有考察、监督、培训教育等义务，现其并未尽到相应的管理义务，对损害结果依法应承担补充赔偿责任，故依据其过错程度及本案实际情况，酌定某保安服务公司在损害结果范围内承担 20%的补充责任。

2. 用工单位的追偿权

（1）追偿权的行使条件

《侵权责任法》就单位向员工追偿并未加以规定，但根据《民法典》规定②，若派遣员工对侵权结果的发生，在主观上存在故意或重大过失的，用工单位在承担侵权责任后，可以向派遣员工进行追偿。但需注意追偿数额应当结合派遣员工的过错程度来

① 案号：(2017) 京 01 民终 6072 号。

② 《民法典》第 1191 条规定，用人单位的工作人员因执行工作任务造成他人损害的，由用人单位承担侵权责任。用人单位承担侵权责任后，可以向有故意或者重大过失的工作人员追偿。劳务派遣期间，被派遣的工作人员因执行工作任务造成他人损害的，由接受劳务派遣的用工单位承担侵权责任；劳务派遣单位有过错的，承担相应的责任。

区别酌定。如果派遣员工仅仅是一般性过失或根本没有过错的，则用工单位不可以追偿。

参考案例：派遣员工因执行工作任务存在重大过失而致人损害，用工单位承担赔偿责任后有权向其追偿

在卢某与大和劳务公司、天津某环卫运输队劳动争议案件①中，卢某与大和劳务公司签订劳动合同，被派遣至天津某环卫运输队工作，2018年9月30日，卢某驾驶车辆在执行清扫职责时，与前面六车辆相撞，造成卢某驾驶车辆及前面六车辆有不同程度受损，另造成其他两人受伤。事故发生后，天津某环卫运输队与案外人达成调解协议，承担了赔偿责任，后向法院提起诉讼，要求卢某承担相应的赔偿责任。

法院认为，用人单位工作人员因执行工作任务造成他人损害，用人单位承担责任后，可以向有故意或者重大过失的工作人员追偿。用人单位责任系单独责任，受害人与侵权人属外部求偿关系，用人单位与工作人员为内部追偿关系。卢某在工作期间，发生交通事故，天津某环卫运输队承担责任后，可以向有故意或重大过失的工作人员追偿，即卢某应承担赔偿责任。为兼顾保障劳动者权益与公平平衡，综合本案情况，参照《工资支付暂行规定》第16条规定，本院酌情认定卢某承担本案部分损失2万元。

（2）追偿权的行使期限

《民法典》对单位行使追偿权的期间并无限制，因此即使派遣员工被退工，用工单位依然可向其追偿，但是应当在三年诉讼时效期内行使其权利。

（3）赔偿金额的扣除

派遣员工在职期间，用工单位可以依据劳动合同约定和用工单位规章制度规定，按照《工资支付暂行规定》，逐月扣除赔偿金额，但是每月扣除的赔偿金额不得超过当月工资的20%，且扣除后的工资不得低于最低工资标准。派遣员工离职的，可以一次性扣除，仍然不足以赔偿的可以继续追究劳动者的赔偿责任。

五、劳务派遣用工的退回及劳动合同的解除与终止

劳务派遣用工的退回是用工单位的单方行为，用工单位退回被派遣劳动者时需符合《劳动合同法》《劳务派遣暂行规定》及地方规定等法律规定的退回情形，大体分为因被派遣劳动者个人原因的退回以及因用工单位原因的退回。

---

① 案号：(2020) 津01民终2370号。

（一）用工单位可以退回劳务派遣员工的情形

根据《劳动合同法》[①] 及《劳务派遣暂行规定》[②] 的规定，出现以下情形时，用工单位可以将劳务派遣员工退回劳务派遣单位：

1. 在试用期间被证明不符合录用条件的；

2. 严重违反用工单位的规章制度的；

3. 严重失职，营私舞弊，给用工单位造成重大损害的；

4. 同时与其他用人单位建立劳动关系，对完成用工单位的工作任务造成严重影响，或者经用工单位提出，拒不改正的；

5. 因欺诈、胁迫的手段或者乘人之危，使对方在违背真实意思的情况下订立或者变更劳动合同，致使劳动合同无效的；

6. 被依法追究刑事责任的；

7. 患病或者非因工负伤，在规定的医疗期满后不能从事原工作，也不能从事由用工单位另行安排的工作的；

8. 不能胜任工作，经过培训或者调整工作岗位，仍不能胜任工作的；

9. 劳动合同订立时所依据的客观情况发生重大变化，致使劳动合同无法履行，经协商，未能就变更劳动合同内容达成协议的；

10. 有下列情形之一，需要裁减人员二十人以上或者裁减不足二十人但占企业职工总数百分之十以上的，用工单位提前三十日向工会或者全体职工说明情况，听取工会或者职工的意见后，裁减人员方案经向劳动行政部门报告，可以裁减人员：

（1）依照《企业破产法》规定进行重整的；

（2）生产经营发生严重困难的；

（3）企业转产、重大技术革新或者经营方式调整，经变更劳动合同后，仍需裁减人员的；

（4）其他因劳动合同订立时所依据的客观经济情况发生重大变化，致使劳动合同无法履行的。

11. 用工单位被依法宣告破产、吊销营业执照、责令关闭、撤销、决定提前解散或者经营期限届满不再继续经营的；

12. 劳务派遣协议期满终止的。

---

① 《劳动合同法》第 65 条。

② 《劳务派遣暂行规定》第 12 条。

除此之外，部分地方规定如上海还规定依据以下情形之一，也可退回劳动者[①]：

1. 劳动合同期满的；
2. 劳动者开始依法享受基本养老保险待遇的；
3. 劳动者达到法定退休年龄的；
4. 派遣期限届满的；
5. 劳务派遣协议解除的；
6. 三方事前约定或者事后达成合意的；
7. 用工单位不履行义务，派遣单位主动撤回劳动者的；
8. 依据《劳务派遣暂行规定》第 16 条规定，派遣单位在办理注销登记手续前，用工单位与派遣单位协商后退回的；
9. 违反法律规定派遣进行整改的；
10. 其他依据法律规定确需退回的。

需要注意的是，被派遣劳动者被用工单位退回并不意味着派遣单位（用人单位）可以直接与之解除/终止劳动合同，仅在某些退回情形出现时，派遣单位才可以与退回的被派遣劳动者解除/终止劳动合同。

（二）退回后派遣单位有权直接解除劳动合同的情形

依据《劳动合同法》第 65 条规定，若被派遣劳动者因以下原因被退回的，派遣单位可以与之直接解除劳动合同：

1. 在试用期间被证明不符合录用条件的；
2. 严重违反用工单位的规章制度的；
3. 严重失职，营私舞弊，给用工单位造成重大损害的；
4. 劳动者同时与其他用人单位建立劳动关系，对完成用工单位的工作任务造成严重影响，或者经用工单位提出，拒不改正的；
5. 因欺诈、胁迫的手段或者乘人之危，使对方在违背真实意思的情况下订立或者变更劳动合同，致使劳动合同无效的；
6. 被依法追究刑事责任的；
7. 患病或者非因工负伤，在规定的医疗期满后不能从事原工作，也不能从事由用工单位另行安排的工作的；
8. 不能胜任工作，经过培训或者调整工作岗位，仍不能胜任工作的。

不难看出，派遣单位有权直接与退回的被派遣劳动者解除劳动合同的情形，均属

---

① 参见《上海市人力资源和社会保障局、上海市高级人民法院关于劳务派遣适用法律若干问题的会议纪要》。

于被派遣劳动者个人原因造成的。需要注意的是，若被派遣劳动者医疗期满不能从事另行安排的工作以及经培训或调岗后仍不能胜任工作被退回并解除劳动合同时，派遣单位需向被派遣劳动者支付解除劳动合同的经济补偿。

（三）退回后派遣单位不得解除劳动合同的情形

1. 重新派遣

依据《劳务派遣暂行规定》规定[①]，当用工单位出现以下情形，将被派遣劳动者退回派遣单位的，派遣单位无权直接解除劳动合同，而是需要对退回的被派遣劳动者进行重新派遣：

（1）劳动合同订立时所依据的用工单位的客观情况发生重大变化，致使劳动合同无法履行，经协商未能就变更劳动合同内容达成协议的；

（2）用工单位需要进行经济性裁员的；

（3）用工单位被依法宣告破产、吊销营业执照、责令关闭、撤销、决定提前解散或者经营期限届满不再继续经营的；

（4）用工单位与劳务派遣单位的劳务派遣协议期满终止的。

针对派遣单位的重新派遣，一般会出现以下三种情况：（1）派遣单位无法重新派遣的，被派遣劳动者退回后在无工作期间，劳务派遣单位应当按照不低于所在地人民政府规定的最低工资标准，向其按月支付报酬。（2）若派遣单位重新派遣时维持或者提高劳动合同约定条件，被派遣劳动者不同意的，派遣单位可以解除劳动合同，并需支付解除劳动合同的经济补偿。（3）但若劳务派遣单位重新派遣时降低劳动合同约定条件，被派遣劳动者不同意的，劳务派遣单位不得解除劳动合同，但被派遣劳动者提出解除劳动合同并由劳务派遣单位支付解除劳动合同经济补偿的除外。

2. 解雇保护

需要注意的是，由于上述退回情形并非被派遣劳动者个人原因造成的，出于保护劳动者的原则，《劳务派遣暂行规定》第 13 条对存在解雇保护情形的被派遣劳动者的退回作了限制性规定。若被派遣劳动者存在以下情形，用工单位不得依据客观情况发生重大变化以及经济性裁员两项理由将其退回派遣单位，派遣期限届满的，应当延续至相应情形消失时方可退回：

1. 从事接触职业病危害作业的被派遣劳动者未进行离岗前职业健康检查，或者疑似职业病病人在诊断或者医学观察期间的；

2. 在用工单位患职业病或者因工负伤并被确认丧失或者部分丧失劳动能力的；

3. 患病或者非因工负伤，在规定的医疗期内的；

---

① 《劳务派遣暂行规定》第 15 条。

4. 在孕期、产期、哺乳期的；
5. 在用工单位连续工作满十五年，且距法定退休年龄不足五年的；
6. 法律、行政法规规定的其他情形。

（四）退回后派遣单位有权终止劳动合同的情形

劳务派遣单位作为用人单位，可依据《劳动合同法》第 44 条的规定与被派遣劳动者终止劳动合同，其中包括以下的终止情形：

1. 劳动合同期满的；
2. 劳动者开始依法享受基本养老保险待遇的；
3. 劳动者死亡，或者被人民法院宣告死亡或者宣告失踪的；
4. 用人单位被依法宣告破产的；
5. 用人单位被吊销营业执照、责令关闭、撤销或者用人单位决定提前解散的；
6. 法律、行政法规规定的其他情形。

若上述终止情形出现，用工单位应先将被派遣劳动者退回派遣单位后，再由派遣单位做出终止劳动合同的决定并书面通知劳动者。派遣单位被依法宣告破产、吊销营业执照、责令关闭、撤销、决定提前解散或者经营期限届满不再继续经营时，用工单位应当与劳务派遣单位协商妥善安置被派遣劳动者①，并由派遣单位依法向被派遣劳动者支付终止劳动合同的经济补偿。

（五）违法退回和违法解除被派遣劳动者的法律后果

用工单位退回被派遣劳动者必须符合前述法律规定的实体条件和程序，否则属于违法退回，派遣单位以此为由与被派遣劳动者解除劳动合同的，属于违法解除。另外，即使用工单位退回合法，但是派遣单位解除不合法的，也属于违法解除。一旦构成违法解除，派遣单位需要承担违法解除劳动合同的法律责任②。被派遣劳动者有权要求支付违法解除赔偿金，或者要求继续履行劳动合同，并要求支付违法解除后的薪资待遇，届时派遣单位应赔偿因违法解除给被派遣劳动者造成的薪资损失。根据《最高人民法院关于审理劳动争议案件适用法律问题的解释（二）》第 16 条规定，用人单位违法解除或者终止劳动合同后，有下列情形之一的，人民法院可以认定为劳动合同法第 48 条规定的“劳动合同已经不能继续履行”：（1）劳动合同在仲裁或者诉讼过程中期满且不存在应当依法续订、续延劳动合同情形的；（2）劳动者开始依法享受基本养

---

① 《劳务派遣暂行规定》第 16 条。

② 《劳务派遣暂行规定》第 21 条规定，劳务派遣单位违反本规定解除或者终止被派遣劳动者劳动合同的，按照劳动合同法第 48 条、第 87 条规定执行。

老保险待遇的；(3) 用人单位被宣告破产的；(4) 用人单位解散的，但因合并或者分立需要解散的除外；(5) 劳动者已经与其他用人单位建立劳动关系，对完成用人单位的工作任务造成严重影响，或者经用人单位提出，不与其他用人单位解除劳动合同的；(6) 存在劳动合同客观不能履行的其他情形的。另外，根据《最高人民法院关于审理劳动争议案件适用法律问题的解释（二）》第 18 条规定，用人单位违法解除、终止可以继续履行的劳动合同，劳动者请求用人单位支付违法解除、终止决定作出后至劳动合同继续履行前一日工资的，用人单位应当按照劳动者提供正常劳动时的工资标准向劳动者支付上述期间的工资。用人单位、劳动者对于劳动合同解除、终止都有过错的，应当各自承担相应的责任。用工单位违法退回给被派遣劳动者造成损害的，派遣单位和用工单位还需对损失赔偿依法承担连带责任①。

六、违反劳务派遣规定的法律责任

《劳动合同法》《劳动合同法实施条例》《劳务派遣暂行规定》等法律法规对劳务派遣用工均作出了规制，劳务派遣单位和用工单位都应严格遵守，若违反法律规定将需承担以下法律责任：

（一）违法经营劳务派遣业务的行政责任

根据《劳动合同法》第 92 条第 1 款规定，劳务派遣单位经营劳务派遣业务应向行政部门依法申请行政许可，取得劳务派遣资质。未经许可，擅自经营劳务派遣业务的，由劳动行政部门责令停止违法行为，没收违法所得，并处违法所得一倍以上五倍以下的罚款；没有违法所得的，可以处五万元以下的罚款。

同时《劳务派遣行政许可实施办法》还规定，劳务派遣单位有下列情形之一的，由人力资源社会保障行政部门处 1 万元以下的罚款；情节严重的，处 1 万元以上 3 万元以下的罚款：涂改、倒卖、出租、出借《劳务派遣经营许可证》，或者以其他形式非法转让《劳务派遣经营许可证》的；隐瞒真实情况或者提交虚假材料取得劳务派遣行政许可的；以欺骗、贿赂等不正当手段取得劳务派遣行政许可的。

（二）劳务派遣单位、用工单位违反有关劳务派遣规定的行政责任

根据《劳动合同法》第 92 条第 2 款和《劳动合同法实施条例》第 35 条的规定，劳务派遣单位、用工单位违反有关劳务派遣规定的，比如违反三性岗位、用工比例等规定的，由劳动行政部门责令限期改正；逾期不改正的，以每人五千元以上一万元以

---

① 《劳务派遣暂行规定》第 24 条规定，用工单位违反本规定退回被派遣劳动者的，按照劳动合同法第 92 条第 2 款规定执行。

下的标准处以罚款，对劳务派遣单位，吊销其劳务派遣业务经营许可证。

（三）给被派遣劳动者造成损害的连带赔偿责任

根据《劳动合同法》第92条第2款和《劳动合同法实施条例》第35条，用工单位给被派遣劳动者造成损害的，比如用工单位违反三性岗位、超用工比例、违法退回被派遣劳动者等，劳务派遣单位与用工单位应承担连带赔偿责任。因此，劳务派遣单位未依法履行相关法律义务，需要承担罚款、吊销许可证等法律责任，在用工单位违法时还将与用工单位承担连带赔偿责任。

参考案例：用工单位违法退回被派遣劳动者，派遣单位和用工单位对其工资损失等承担连带赔偿责任

在冯某与瑞士某贸易公司、北京某服务公司劳动争议纠纷案中[①]，2013年10月14日，北京某服务公司将冯某派遣至瑞士某贸易公司北京代表处，冯某主要负责在中国采购化肥之后的后期出口执行事宜。瑞士某贸易公司主张由于法规、政策的变化，我国化肥生产成本大幅攀升，国际竞争力显著下降，出口量骤减，故决定缩减其业务规模，进行岗位重组，裁撤所有全职物流经理岗位，并与冯某就变更工作岗位进行协商但未达成一致，自2017年8月16日起将冯某退回北京某服务公司，此后北京某服务公司按照北京市最低工资向冯某发放工资并缴纳社会保险费。

法院认为，关于瑞士某贸易公司的退回行为，瑞士某贸易公司主张系因客观情况发生重大变化、被迫裁撤所有物流经理岗位，并非自主采取的经营行为。“劳动合同订立时所依据的客观情况发生重大变化”是指劳动合同订立后发生了用人单位和劳动者订立合同时无法预见的变化，致使双方订立的劳动合同全部或者主要条款无法履行，或者若继续履行将出现成本过高等显失公平的状况，致使劳动合同目的难以实现。本案中，瑞士某贸易公司所述的采购成本上升事项系市场变化，并非地震、火灾等不可抗力或受法律、法规、政策变化导致的用人单位迁移、资产转移或者停产、转产、转（改）制等重大变化。故，瑞士某贸易公司为节省成本将冯某退回北京某服务公司的行为，不属于法律规定的可以将劳动者退回劳务派遣单位的情形，瑞士某贸易公司应赔偿冯某自退回之日至2019年8月31日的工资损失，法院在计算工资损失时扣除北京某服务公司实际发放给冯某的数额及社会保险个人承担部分，北京某服务公司应对上述损失承担连带赔偿责任。冯某要求支付拖欠工资的赔偿金及恢复代表处的工作岗位，缺乏依据，法院不予支持。

需注意的是，2012年《劳动合同法》修订后，双连带责任改为单连带责任，即劳

---

① 案号：（2020）京03民终5561号。

务派遣单位侵害被派遣劳动者合法权益但用工单位不存在过错的，用工单位无须与劳务派遣单位承担连带赔偿责任。

（四）用工单位承担用人单位法律责任或认定劳动关系

劳务派遣单位、用工单位存在违反法律、法规有关劳务派遣的强制性规定行为的，如用工单位使用未取得经营劳务派遣业务行政许可单位派遣的劳动者或未依法与劳务派遣单位订立或续订书面劳动合同的被派遣劳动者、未与劳务派遣单位订立或续订劳务派遣协议使用被派遣劳动者、用工单位或者其所属单位出资或者合伙设立的劳务派遣单位向本单位派遣劳动者（自设派遣）、违反三性岗位或用工比例规定的，是否影响劳务派遣协议（关系）和劳动合同（关系）的效力问题，此时能否认定被派遣劳动者与用工单位直接建立劳动关系？针对此问题法律并无明确规定，《劳务派遣若干规定（征求意见稿）》曾规定，用工单位违反劳动合同法有关劳务派遣在临时性、辅助性、替代性岗位和用工比例规定的，被行政处罚后一个月内仍不改正的，视为被派遣劳动者与用工单位建立劳动关系，但是正式发布的文件取消了上述规定。各地方的规定和司法实践也不尽相同，主要存在以下三种观点：

第一种观点认为，劳务派遣单位、用工单位违反劳务派遣法律法规管理性规定，可以由人社部门责令其限期改正和行政处罚，并不影响被派遣劳动者与劳务派遣单位间劳动合同（关系）的效力，亦不影响用工单位与劳务派遣单位间存在劳务派遣法律关系的事实，因此并不必然导致被派遣劳动者与用工单位直接建立劳动关系，如上海①、北京。

参考案例：虽然派遣单位不具备劳务派遣资质，但不影响劳动合同的效力

白某与北京某酒楼、衡阳某劳务公司劳动争议纠纷案②中，2010 年 12 月 30 日，衡阳某劳务公司与北京某酒楼签订劳动派遣协议。2012 年 3 月 1 日，白某与衡阳某劳务公司签订劳动合同，随后被派遣到北京某酒楼担任保安工作，劳动合同期限至 2015 年 5 月 8 日，该劳动合同到期后，双方没有续签新的劳动合同。2016 年 1 月 13 日，北京市西城区劳动仲裁（2016）第 20 号裁决，确认白某与衡阳某劳务公司于 2012 年 3 月 1 日至 2015 年 12 月 28 日存在劳动关系。

2016 年 2 月至 9 月，北京市西城区人力资源和社会保障局接到举报称北京某酒楼使用非法劳务派遣公司衡阳某劳务公司，行政机关随即对衡阳某劳务公司涉嫌未经许可擅自经营劳务派遣业务的行为依法立案调查。衡阳某劳务公司经营范围审批中没有

---

① 《上海市人力资源和社会保障局、上海市高级人民法院关于劳务派遣适用法律若干问题的会议纪要》第 4 条。

② 案号：（2017）京 02 民终 6073 号。

劳务派遣资格，经审查后行政机关向衡阳某劳务公司作出《责令（限期）改正通知书》，衡阳某劳务公司逾期仍未按照内容改正，行政机关给予衡阳某劳务公司20000元罚款的行政处罚。现白某诉求与北京某酒楼间存在劳动关系。

法院认为，白某与衡阳某劳务公司签订有劳动合同书，衡阳某劳务公司与北京某酒楼签订有劳务派遣协议，白某存在劳动关系的用人单位为衡阳某劳务公司，北京某酒楼只是劳务派遣用工单位，虽然衡阳某劳务公司不具备劳务派遣资质，已被劳动行政管理部门进行行政处罚，但并不影响白某与衡阳某劳务公司之间劳动关系的建立，白某本案诉讼请求，缺乏事实及法律依据，法院不予支持。

第二种观点认为，用工单位违反禁止性规定使用被派遣劳动者的，要按照劳动合同法相关规定承担用人单位的相应责任，如南京①、青岛②。

参考案例：违反三性岗位规定进行劳务派遣，由用工单位承担用人单位法律责任

在朱某与某源劳务公司、某克公司劳动争议案件③中，朱某于2013年8月14日至某克公司工作，从事售后服务工作。同月22日，其与某源劳务公司签订劳务派遣合同，并同时书写了不交社保的证明书和辞职报告，后双方发生争议。

法院认为，劳务派遣应当在临时性、辅助性、替代性岗位实施。朱某于2013年8月14日至2014年6月2日在某克公司从事售后服务工作。虽然朱某与某源劳务公司签订了劳务派遣合同并约定工作岗位为临时工，但实际上由于朱某在某克公司工作时长超过了6个月，且其所从事的工作岗位也并不符合辅助性特征，因此朱某与某源劳务公司所签订的劳务派遣协议无效。某克公司应向朱某直接承担劳动关系的责任。

第三种观点认为，此种情形下的被派遣劳动者已与用工单位间建立劳动关系，用

---

① 《南京市人力资源和社会保障局关于进一步做好本市规范劳务派遣工作的通知》（宁人社〔2015〕117号）规定，使用被派遣劳动者数量超过用工总量10%以上的用工单位，采取将被派遣劳动者退回劳务派遣单位或转为本单位劳动合同工的方式降低至规定比例的，要依法合规处理被派遣劳动者的劳动关系。用工单位使用未取得劳务派遣合法资质单位派遣的劳动者的，要按照劳动合同法相关规定承担用人单位的相应责任。

② 《青岛市人力资源和社会保障局劳务派遣管理办法》（青人社规〔2018〕14号）第22条规定，有下列情形之一的，用工单位应当按照《劳动合同法》相关规定承担用人单位相应责任：（一）用工单位使用未取得经营劳务派遣业务行政许可单位派遣劳动者的；（二）用工单位使用未依法与劳务派遣单位订立书面劳动合同或者劳动合同期满后超过一个月未续订劳动合同的被派遣劳动者的；（三）用工单位未与劳务派遣单位订立、续订劳务派遣协议使用被派遣劳动者的；（四）用工单位或者其所属单位出资或者合伙设立的劳务派遣单位，向本单位派遣劳动者的。（五）其他违反法律、法规有关劳务派遣的禁止性规定的。

③ 案号：（2015）锡民终字第02057号。

工单位应当与其订立劳动合同，如辽宁[①]、重庆[②]。

参考案例：劳务派遣违反“三性”岗位规定，视为与用工单位直接建立劳动关系

在程某与大同公司劳动争议案件[③]中，2009 年 9 月 9 日，程某与嘉溢华公司签订《劳动合同书》约定程某到嘉溢华公司担任市场调研部主任助理。2010 年 8 月，程某被嘉溢华公司安排到大同公司上班，2014 年 4 月 30 日程某从大同公司离职。程某在大同公司上班期间的工资由大同公司发放至 2014 年 3 月，社会保险均由嘉溢华公司购买。

法院认为，“有下列情形之一的，视为用工单位与被派遣职工直接建立劳动关系：（一）在非临时性、辅助性、替代性岗位使用被派遣职工的；……。”本案中，嘉溢华公司与大同公司系关联公司，程某与嘉溢华公司签订了劳动合同后且在劳动合同存续期间，被嘉溢华公司安排到大同公司工作。该安排类似于劳务派遣性质。程某在大同公司连续工作时间达三年多，显然不属于临时性岗位，而且程某在大同公司的工作岗位并非辅助性和替代性岗位，故应当视为用工单位大同公司与劳动者程某直接建立劳动关系。

因此，在劳务派遣单位和用工单位违反强制性规定时，用工单位可能需要承担用

---

① 《辽宁省职工劳动权益保障条例》第 30 条规定，有下列情形之一的，视为用工单位已与被派遣职工建立劳动关系，用工单位应当与其订立劳动合同：（一）劳务派遣单位未与用工单位续订劳务派遣协议，劳动合同到期一个月后，用工单位继续使用该劳务派遣职工的；（二）在非临时性、辅助性、替代性岗位使用被派遣职工的；（三）临时性岗位使用被派遣职工超过六个月期限的；（四）用工单位或者其所属单位出资或者合伙设立的劳务派遣单位，向本单位或者所属单位派遣职工的；（五）其他违反法律、法规有关劳务派遣的禁止性规定行为的。前款第二项所称临时性岗位是指存续时间不超过六个月的工作岗位；辅助性岗位是指为主营业务岗位提供服务的非主营业务岗位；替代性岗位是指用工单位的直接用工因休假、培训、服役、工伤等情况不能提供劳动而暂时由被派遣职工代替的工作岗位。

② 《重庆市职工权益保障条例》第 30 条规定，有下列情形之一的，视为用工单位与被派遣职工直接建立劳动关系：（一）在非临时性、辅助性、替代性岗位使用被派遣职工的；（二）使用未与劳务派遣单位签订劳动合同的被派遣职工的；（三）被派遣职工人数超过本单位从业人员百分之三十，未向人力资源和社会保障行政部门备案的或被派遣职工人数超过本单位从业人员百分之五十的；（四）临时性岗位使用的被派遣职工存续时间超过两年的；（五）使用合同期满的被派遣职工逾期未续签劳动合同的；（六）用人单位或者其所属单位出资或者合伙设立的劳务派遣单位，向本单位或者所属单位派遣职工的；（七）其他违反法律法规有关劳务派遣的禁止性规定行为的。前款第一项所称临时性岗位是指存续时间不超过一年的工作岗位；辅助性岗位是指为用工单位主营业务提供服务的工作单位；替代性岗位是指用工单位的直接用工因休假、培训、服役、工伤等情况不能提供劳动而暂时由被派遣职工代替的工作岗位。

③ 案号：（2017）渝民再 274 号。

人单位的相关法律责任，甚至可能被认定与劳动者建立事实劳动关系。

合规建议

为避免受到行政处罚、承担连带赔偿责任甚至认定用工单位与被派遣劳动者建立事实劳动关系的风险，劳务派遣单位和用工单位应当遵守劳务派遣相关法律规定：

1. 劳务派遣单位经营劳务派遣业务，应当先向劳动行政部门依法申请行政许可，取得劳务派遣资质后再向用工单位派遣劳动者。

2. 劳务派遣单位应当依法履行用人单位的义务和责任，与劳动者应当依法签订劳动合同，与用工单位应依法签署劳务派遣协议，并将相关内容告知劳动者。同时监督用工单位是否履行法定义务，防范承担连带赔偿责任的法律风险。

3. 用工单位应注意避免自设派遣，充分履行用工单位的法定义务和责任，规范劳务派遣用工的使用行为，在使用被派遣劳动者时亦应符合三性岗位和用工比例等要求，执行同工同酬原则。用工单位应当审查和监督劳务派遣单位是否具有合法资质和依法履行用人单位的义务和责任，同时应关注当地的地方规定及裁判口径，防范承担用人单位的法律责任或被认定与劳动者存在事实劳动关系的风险。

4. 跨地区劳务派遣中，应当适用用工单位所在地的劳动基准。劳务派遣单位在用工当地设有分支机构的，应当由当地的分支机构为劳动者缴纳社保；当地没有分支机构的，应当由当地的用工单位代替派遣单位为劳动者办理社保参保手续。

5. 劳务派遣单位应当对派遣员工进行上岗安全教育培训、督促用工单位提供劳动保护和劳动安全卫生条件、按约定尽到考察监督管理义务等，一旦派遣员工在用工单位发生工伤事故的，劳务派遣单位应在法定时间内申请工伤认定。

6. 用工单位和劳务派遣单位应当加强对派遣员工的用工管理、守法教育和培训，否则派遣员工因执行工作任务，造成他人损害的，用工单位需承担相关法律责任，劳务派遣单位存在主观过错的，将按《民法典》相关规定，承担相应过错责任，但可向主观存在故意、重大过失的派遣员工追偿。

7. 用工单位不得任意退回被派遣劳动者，若发现被派遣劳动者存在法定退回情形的，可以退回派遣单位，交由派遣单位对劳动合同做进一步处理，不能直接对被派遣劳动者做解除/终止劳动合同等处理决定。用工单位还应妥善留存被派遣劳动者符合法定退回事由的相关证明材料，以便证明其退回行为的合法性、有效性。派遣单位在处理被退回的劳动者时，应区分退回事由做出重新派遣或解除劳动合同等决定，不能一概而论直接解除劳动合同，避免承担违法解除的法律责任。

第三节　劳务外包

由于国家对劳务派遣的严格规制，劳务外包逐渐受到众多企业的青睐。准确来说，劳务外包实际并不是一种新型的灵活用工方式，而是一种经营模式，具有发包方与劳务外包人员之间不建立劳动关系、无须受劳动法调整、无须承担用工风险等优点。但是实务中不少企业并未正确理解劳务外包的法律性质，在实施劳务外包过程中存在用工管理、结算方式不规范，甚至在用工方式未发生变化的情况下，直接将原劳务派遣员工转换为劳务外包人员等诸多问题，给企业造成较大的用工法律风险。

一、劳务外包的法律关系认定及特征

（一）劳务外包的含义

劳务外包通常是指发包单位将自身的部分业务外包给承包单位，利用外部专业的资源、技术、设备、劳动力来完成内部的非核心业务，达到专注核心领域、降低用工成本，进而提高企业效率的一种经营模式。比如，近年来影视、动漫、编程等科技公司将业务外包给多家承包商已成为一种新的经营合作模式。

（二）劳务外包的法律关系

在劳务外包中存在双重的法律关系，发包方与承包方之间是承揽合同关系，属于民事合同关系，受民法的规制；承包方与劳务外包人员之间是劳动关系或其他雇佣关系，一般受劳动法的规制；发包方与劳务外包人员之间则无直接的法律关系。

（三）劳务外包的法律特征

1. 劳务外包的标的应为具体的服务内容，而非某个岗位的服务人员，即对“事”不对“人”。比如，在劳务外包合同中服务范围可以约定承包方向发包方提供保洁、安保、装卸、仓储等服务，但不可以约定承包方向发包方提供保洁员、保安员、装卸工、保管员等岗位员工。

2. 发包方不参与劳务外包人员的用工管理，只检验工作成果。在实施劳务外包过程中，发包方不直接参与对劳务外包人员的实际用工管理，除基于安全生产等特殊情形外，发包方制定的规章制度亦不适用于劳务外包人员。承包方使用的劳务外包人员的人数、工作内容、工作时间、考勤休假、绩效考核及纪律处分等均由承包方自行安排和决定。

3. 劳务外包人员的用工成本由承包方自行承担，发包方不负责薪酬的支付、社保的缴纳。发包方与承包方建立劳务外包服务关系，发包方仅需按照合同的约定向承包方支付服务费。劳务外包人员的薪酬、社保、经济补偿由承包方负责支付缴纳，发包方不应决定或干预劳务外包人员的薪酬数额、支付周期、社保基数等。

4. 外包服务费结算的依据是“工作成果”而非“用工人数”。在劳务外包关系中，发包方购买的是承包方产出的“工作成果”，区别于劳务派遣中的“用工人数”。在结算劳务外包费用时，应当按照承包方是否按照要求的时间、数量、品质提供合格的工作成果作为结算依据，至于承包方在工作中使用了多少人员则不在双方结算的考量因素之内。反之如发包方与承包方就劳务外包费用的结算方式以“用工人数”的人力成本而非工作成果的数量和质量作为结算依据，则与劳务外包的特征不符进而存在被认定为劳务派遣的法律风险。

二、“假外包、真派遣”的认定及法律责任

为防止部分企业通过劳务外包规避法律对于劳务派遣的限制，人力资源和社会保障部于 2014 年颁布实施的《劳务派遣暂行规定》第 27 条明确规定：“用人单位以承揽、外包等名义，按劳务派遣用工形式使用劳动者的，按照本规定处理。”然而对于如何界定“假外包、真派遣”并无明确规定，导致一些企业对于劳务外包的法律性质产生误解，甚至认为有“可乘之机”，将劳务外包视为劳务派遣的替代用工模式，进而可以规避劳务派遣用工岗位、比例、同工同酬、连带赔偿责任等问题，导致实务中“假外包、真派遣”问题突出。

（一）“假外包、真派遣”的认定

1. 各地规定

现阶段对于如何认定“假外包、真派遣”法律并没有明确的规定，《劳务派遣暂行规定》颁布后部分地区针对第 27 条的内容进行了细化，但实务中仍未形成统一的观点。

上海市①采取了比较谨慎的态度，规定在外包协议未被判定为无效的情况下，发包单位对承包单位的劳动者部分越权指挥且未对法律关系改变起决定性作用的，应当进行整改；劳动者以此为由要求按劳务派遣处理或确认与发包单位存在劳动关系的，缺乏法律依据，不予支持。

---

① 《上海市人力资源和社会保障局、上海市高级人民法院关于劳务派遣适用法律若干问题的会议纪要》第 11 条。

江苏省规定[①]，承包单位的劳动者在企业的生产经营场所使用企业的设施设备、按照企业的安排提供劳动，或者以企业的名义提供劳动，以及其他名为劳务外包实为劳务派遣的，其劳动者的人数纳入劳务派遣用工的比例计算。

青岛[②]、濮阳[③]等地则规定，用人单位将全部或者部分业务发包，承包单位的劳动者在用人单位提供的场所进行劳动，且劳动过程的管理、协议内容、费用支付等符合劳务派遣特征的，属于劳务派遣用工。

广东省规定[④]，要紧紧抓住劳动者在谁的监督指挥下从事劳动关键环节认定“假外包、真派遣”，如人力资源服务外包符合以下情形的，应当进一步深入调查双方是否构成劳务派遣关系：在外包的业务方面，发包方对劳动者的工作业务量、内容等与业务直接相关的内容进行指挥管理；在对劳动者管理方面，劳动者的工作时间、休息休假、加班、日常考核与处罚等与劳动者相关的事项由发包方监督管理；在劳动纪律方面，劳动者需遵守发包方制定的劳动纪律。

---

① 《江苏省劳动合同条例》第 36 条规定，劳务派遣只能在临时性、辅助性或者替代性的工作岗位上实施。用工单位使用劳务派遣劳动者的人数占本单位用工总数的比例，不得超过国家规定的比例。企业将其业务发包给其他单位，但承包单位的劳动者在企业的生产经营场所使用企业的设施设备、按照企业的安排提供劳动，或者以企业的名义提供劳动，以及其他名为劳务外包实为劳务派遣的，其劳动者的人数纳入前款规定的比例计算。

② 《青岛市人力社保局劳务派遣管理办法》第 3 条规定，本办法所称劳务派遣，是指劳务派遣单位以经营为目的招用劳动者与其订立劳动合同，按照劳务派遣协议的约定将劳动者派遣到用工单位使用，由用工单位对劳动者的劳动过程进行管理的用工形式。用人单位将全部或者部分业务发包，承包单位的劳动者在用人单位提供的场所进行劳动，且劳动过程的管理、协议内容、费用支付等符合劳务派遣特征的，属于劳务派遣用工。

③ 《濮阳市劳务派遣管理办法（暂行）》第 3 条规定，本法所称劳务派遣，是指劳务派遣单位以经营为目的招用劳动者与其订立劳动合同，按照劳务派遣协议的约定将劳动者派遣到用工单位使用，由用工单位对劳动者的劳动过程进行管理的用工形式。用人单位将全部或部分业务发包，承包单位的劳动者在用人单位提供的场所进行劳动，且劳动过程的管理、协议内容、费用支付等符合劳务派遣特征的，属于劳务派遣用工。

④ 《广东省人力资源和社会保障厅关于进一步规范劳务派遣管理的指导意见》第 9 条规定，厘清人力资源服务外包与劳务派遣的边界。各地要防止借“劳务外包”之名行劳务派遣之实，规避劳务派遣规制，积极防范“假外包、真派遣”。要紧紧抓住劳动者在谁的监督指挥下从事劳动关键环节认定“假外包、真派遣”，如人力资源服务外包符合以下情形的，应当进一步深入调查双方是否构成劳务派遣关系：在外包的业务方面，发包方对劳动者的工作业务量、内容等与业务直接相关的内容进行指挥管理；在对劳动者管理方面，劳动者的工作时间、休息休假、加班、日常考核与处罚等与劳动者相关的事项由发包方监督管理；在劳动纪律方面，劳动者需遵守发包方制定的劳动纪律。对“假外包、真派遣”的用工行为，要按照《劳务派遣暂行规定》第 27 条规定进行处理。

参考案例：形式上签订外包协议，但费用结算、人员管理等不符合劳务外包实质，被认定为劳务派遣

在胡某与A公司（C公司下属分公司）、B公司、C公司劳动争议案件中①，一审法院认定如下事实：2007年A公司与B公司签订劳务派遣协议，2008年胡某与B公司签订劳动合同并被派遣至A公司工作。2011年至2012年，C公司与B公司签订了两次劳务派遣协议，自2014年6月1日起，双方开始改为签订劳务外包服务合同。2015年C公司以市场萎缩为由将胡某退回B公司，B公司以客观情况发生重大变化为由与胡某解除劳动合同，后胡某提起诉讼要求B公司与C公司对违法解除劳动合同支付赔偿金并承担连带责任等请求。

一审法院经审理后认为：C公司于2014年开始与B公司签订劳务外包服务协议，不再是劳务派遣协议。然而劳务外包协议与劳务派遣协议存在许多本质区别。劳务外包服务协议约定的是完成的"工作量"，结算方式是以"工作量"来衡量，而劳务派遣协议是以人数来结算；服务外包单位员工接受承包单位的管理，而劳务派遣中被派遣人员是接受用工单位的管理。本案中，C公司虽然在形式上与B公司签订了劳务外包服务协议，B公司也在与员工的劳动合同中修改了相关条款予以体现。但是劳务外包服务合同后附有补充协议，其中约定："管理费按照施工地点划分，按国内每人每月200元，国外每人每月300元核算。"B公司与胡某签订的劳动合同出国工作特别约定中："第一条：乙方在工作期间，必须严格履行合同，按照甲方关于其岗位生产、工作任务和责任的要求、国外工作特点和安排，从事各项工作，按时完成规定的数量、质量指标或生产工作任务，达到规定的 质量标准。……"由此可见，胡某在工作岗位仍然接受C公司的管理，C公司与B公司仍然是按照人数来结算。并不符合服务外包协议的特征。故本院认定，虽然C公司与B公司签订了服务外包协议，其本质上仍然是劳务派遣关系。依据《劳务派遣暂行规定》第27条规定："用人单位以承揽、外包等名义，按劳务派遣用工形式使用劳动者的，按照本规定处理。"最终法院判决B公司支付违法解除赔偿金，C公司承担连带责任。

2. 审查要素

结合上述各地规定以及相关案例，司法实践中裁审机关一般从以下几个方面作为审查是否构成"假外包、真派遣"的参考要素：

（1）用工管理主体

是否存在直接的用工管理是审查"假外包、真派遣"的关键因素。劳务派遣中派遣员工接受的是用工单位的管理，并受到用工单位规章制度的约束；而在劳务外包中，

---

① 案号：（2017）京0102民初14191号。

劳务外包人员应接受承包方的直接管理，发包方并不参与对劳务外包人员的用工管理。劳务外包中发包方直接对劳务外包人员进行劳动过程的管理，被认定为“假外包、真派遣”的风险非常高。

（2）外包费用的结算标准

外包费用如何构成、计算亦是审查的重要因素。劳务派遣服务的结算标准是提供的“用工数量”；劳务外包的结算标准是提供“工作成果”的数量和质量。劳务外包直接按照用工人数的人力成本和管理费结算服务费用，被认定为“假外包、真派遣”的风险非常高。

（3）薪酬支付主体

劳务派遣中派遣员工的工资一般由劳务派遣单位支付，加班费、绩效奖金与岗位相关的福利等由用工单位支付；劳务外包中，劳务外包人员的所有薪酬均应由承包方支付。如发包方直接向劳务外包人员发放薪酬或者委托承包方发放劳动报酬，被认定为派遣用工关系的风险便会很高。

（4）外包协议内容

根据《最高人民法院关于适用〈中华人民共和国民法典〉合同编通则若干问题的解释》第 15 条规定[①]，认定当事人之间的权利义务关系，不应当拘泥于合同使用的名称，而应当根据合同约定的内容并结合缔约背景、交易目的、交易结构、履行行为以及当事人是否存在虚构交易标的等事实认定当事人之间的实际民事法律关系。因此，双方虽签订名义上的外包合同，但协议条款内容和实际履行符合劳务派遣协议特征的，司法机关会按照劳务派遣协议进行认定。

（5）工作场所和生产工具

劳务外包中，承包方一般应在自己的经营场所、利用自有的生产工具安排劳务外包人员为发包方提供服务，而劳务派遣中劳务派遣员工一般是在用工单位的工作场地、利用工作单位的生产设施完成工作。因此，劳务外包人员在发包方的经营场所并使用发包方的设施设备完成外包服务的，也存在被认定为“假外包、真派遣的”的风险。

（二）“假外包、真派遣”的法律责任

根据《劳务派遣暂行规定》第 27 条规定，用人单位以承揽、外包等名义按劳务派遣用工形式使用劳动者的，视为劳务派遣，适用《劳动合同法》《劳务派遣暂行规

---

① 《最高人民法院关于适用〈中华人民共和国民法典〉合同编通则若干问题的解释》第 15 条规定，人民法院认定当事人之间的权利义务关系，不应当拘泥于合同使用的名称，而应当根据合同约定的内容。当事人主张的权利义务关系与根据合同内容认定的权利义务关系不一致的，人民法院应当结合缔约背景、交易目的、交易结构、履行行为以及当事人是否存在虚构交易标的等事实认定当事人之间的实际民事法律关系。

定》，需要按照劳务派遣进行规制和承担法律责任。即劳务派遣单位、用工单位违反有关劳务派遣规定的，由劳动行政部门责令限期改正；逾期不改正的，以每人五千元以上一万元以下的标准处以罚款，对劳务派遣单位，吊销其劳务派遣业务经营许可证。用工单位给被派遣劳动者造成损害的，劳务派遣单位与用工单位承担连带赔偿责任。

合规建议

1. 谨慎选择承包方，特殊行业需注意承包资质。劳务发包方如果属于建筑施工、矿山企业等特殊行业的，进行劳务外包必须发包给具有相关资质的承包人。国家或者地方政府部门对服务资质有特别要求的，应当选用具有相应资质的专业承包方；如无特别资质要求，建议优先选用经营外包业务规模较大的非人力资源类专业公司或社会信誉较高的经营服务外包的人力资源服务类公司。

2. 规范劳务外包协议的内容。发包方应与承包单位签订规范的劳务外包协议，明确外包协议各项条款，条款内容应与劳务派遣协议区分开来。避免出现劳务派遣协议特征的条款，如直接规定劳务外包人员须接受发包方的工作安排、考勤管理、绩效考核、遵守发包方的用工管理制度，或约定发包方对劳务外包人员可以进行纪律处分、退回、解除等用工管理。

3. 规范外包费用结算标准及薪酬发放主体。劳务外包的费用应以工作质量和数量等服务内容的完成情况作为结算标准，而非以服务人员的数量和人力成本为标准；发包方不能直接向劳务外包人员发放工资、福利，也不能接受承包方委托代发工资、福利，全部劳动报酬（工资、社保、福利等方面）必须由承包方自行承担和发放。

4. 避免对外包服务人员的直接用工管理。发包方不应对劳务外包人员实施直接管理，包括工作安排、考勤记录、绩效考核、岗位调整、违纪处分等，亦不可直接适用发包单位的规章制度对外包人员进行管理。发包单位可将工作指令等工作要求，以通知至承包单位指定负责人的方式间接传递给外包服务人员，同时也可将本单位的规章制度经与承包方协商一致转化成承包单位的用工制度加以规范。

第四节 聘用实习生

每到寒暑假临近，用人单位都会进入招聘实习生的高峰。一些职业学校也会集中安排在校学生到合作企业跟岗实习，还有一些即将毕业的高等院校学生也会提前到目标企业进行就业实习。实习生不仅是企业挖掘优秀人才的渠道之一，而且能够有效降低用工成本、缓解用工压力，因此广受企业欢迎。但实践中，因聘用实习生发生的各种争议也非常普遍。实习单位在聘用实习生时，仍需要遵守相关法律规定。

一、聘用实习生的法律关系认定

实习生与实习单位之间法律关系的认定，关系到法律适用和责任承担等问题。如果双方之间构成劳动关系，则实习单位应当遵守劳动法的规定并承担用人单位相关的法律责任；反之，则只需遵守学生实习的相关管理规定，全面履行双方合同约定的义务即可。从这个角度上来讲，实习生与实习单位之间构成何种法律关系，决定了实习单位是否能够通过聘用实习生进行灵活用工和节约用工成本。

（一）在校学生实习的类型

近年来，无论是高等院校的专业设置、培养方案，还是企业的用工模式、学生的就业方式都发生了一些变化，学生实习已经不仅限于认识实习、勤工助学，岗位实习、就业实习也成为学生实习的新形式。

1. 勤工助学，是指学生在学校的组织下利用课余时间，通过劳动取得合法报酬，用于改善学习和生活条件的社会实践活动。①

2. 认识实习，指学生由职业学校组织到实习单位参观、观摩和体验，形成对实习单位和相关岗位的初步认识的活动。②

3. 岗位实习，是指具备一定实践岗位工作能力的学生，在专业人员的指导下，辅助或相对独立参与实际工作的活动。

4. 就业实习，是指准毕业生以就业为目的为实习单位提供劳动，实习单位支付劳动报酬的用工形式。

（二）实习生的法律关系认定

实习生与所在单位是否建立劳动关系，在各地司法实践中尚存争议，有些法院以主体不符合法律要求为由认定实习生与实习单位存在劳务关系，有些则区分实习目的，对以就业为目的的实习活动视为建立劳动关系。司法实践中，裁审机关会根据案件的具体情况，结合《劳动合同法》第7条、第10条的规定③，以及原劳动部《关于确立

---

① 《高等学校学生勤工助学管理办法》第4条。

② 《职业学校学生实习管理规定》第2条。

③ 《劳动合同法》第7条规定，用人单位自用工之日起即与劳动者建立劳动关系。第10条规定，建立劳动关系，应当订立书面劳动合同。

劳动关系有关事项的通知》[①]（劳社部发〔2005〕12 号）第 1 条的规定来认定实习生与实习单位之间的法律关系。具体包含以下三种情形：

1. 非以就业为目的的实习，双方系劳务关系

认识实习、岗位实习、勤工助学等非以就业为目的进行的实习，实习单位与实习生签订校企三方协议或实习协议的，根据原劳动部的《关于贯彻执行〈中华人民共和国劳动法〉若干问题的意见》，双方之间不构成劳动关系。原因在于，此种情形下，实习生的实习目的主要是完成学校的培养计划、培养方案要求，或者改善学习和生活条件，而非获取劳动报酬以谋求生存，其工作岗位和内容也区别于正式员工，并受到学校和企业的双重管理，因此，实习生有别于劳动法上的“劳动者”，与实习单位之间建立的是实习关系或劳务关系。比如，《天津法院劳动争议案件审理指南》认为，在校学生为完成学习任务到用人单位提供劳动的，双方不构成劳动关系或者劳务关系；在校学生为勤工俭学到用人单位提供劳动的，双方构成劳务关系。

参考案例：在校学生自主实习不视为就业，不构成劳动关系

在董某与某来公司劳务合同纠纷一案[②]中，董某是山东××工程学院人文学院的学生，应于 2020 年 6 月毕业，其于 2019 年 7 月 5 日至 2019 年 11 月 15 日在某来公司实习，担任某猫客服，实习工资为每月 2500 元。某来公司为其按月发放工资，双方未签订劳动合同，亦未缴纳社会保险。后，董某向当地劳动人事争议仲裁委员会申请仲裁，要求某来公司支付其工资以及未签订书面劳动合同的二倍工资差额等，劳动仲裁委员会以不符合受理范围为由决定不予受理。董某不服，诉至法院。

法院认为，本案中，董某入职某来公司时仍系在校大学生，未取得毕业生身份，且其亦填写了实习申请表，写明其系自主实习，并经某来公司盖章确认。实习生不是以提供劳动而获得生活来源的劳动者，而是以学习为目的的学生，实习是其学习的一种方式，而不是用以谋生的手段。因为学生到实习单位实习工作，获得工作经验，提升技术能力，是学生学习阶段的延伸，不能视为就业。实习生的身份是受学校管理的学生，不与用人单位形成隶属或管理与被管理的关系。董某提供的聊天记录等证据亦无法证明某来公司有与其建立劳动关系的合意且已与其建立劳动关系，因此，董某与某来公司之间应为劳务关系。

---

① 原《劳动部〈关于确立劳动关系有关事项的通知〉》（劳社部发〔2005〕12 号，以下简称《通知》）第 1 条规定，用人单位招用劳动者未订立书面劳动合同，但同时具备下列情形的，劳动关系成立。(1) 用人单位和劳动者符合法律、法规规定的主体资格；(2) 用人单位依法制定的各项劳动规章制度适用于劳动者，劳动者受用人单位的劳动管理，从事用人单位安排的有报酬的劳动；(3) 劳动者提供的劳动是用人单位业务的组成部分。

② 案号：(2020) 鲁 01 民终 10389 号。

2. 双方签订劳动合同的，构成劳动关系

我国《劳动法》并未将实习生排除在劳动者的范围之外，年满 16 周岁即符合《劳动法》规定的就业年龄，原劳动部的《关于贯彻执行〈中华人民共和国劳动法〉若干问题的意见》也并未禁止实习单位与实习生签订劳动合同，实习单位在知悉实习生系在校学生的前提下，与实习生签订劳动合同，意味着双方同意建立劳动关系。年满 18 周岁以及 16 周岁以上以自己的劳动收入为主要生活来源的在校学生，作为完全民事行为能力人，已经可以对自己的法律行为负责，因此，法律应确认双方有效的意思表示。

3. 就业实习可能会被认定为劳动关系

在就业实习中，实习生的工作岗位、工作内容以及实习单位对实习生的管理程度都接近于正式员工，实习单位也定期向实习生发放劳动报酬。因此，就业实习符合劳动关系人身、组织、经济从属性的特征，即使双方未签订劳动合同，裁审机关也可能会根据原《劳动部〈关于确立劳动关系有关事项的通知〉》认定双方之间构成事实劳动关系。

此外，实习生超出毕业期限进行实习，或者辍学的学生，在符合劳动关系的特征时，双方之间也构成事实劳动关系。

参考案例：即将毕业的大学生就业实习，认定构成劳动关系

在李某与 A 房产中介公司劳动争议一案中①，A 公司向李某发放入职通知书，称李某符合 A 公司房产经纪人岗位要求，请李某于 2015 年 11 月 20 日到 A 公司报到，双方劳动关系的建立以及具体的权利义务以最终的书面劳动合同为准，入职 3 个月后实习协议可盖章，实习生可在每年的 2-6 月申请回校答辩假。2015 年 11 月 29 日，李某至 A 公司实习。2016 年 5 月 10 日，李某在上班途中驾驶二轮摩托车发生非本人主要责任的交通事故，李某受伤。2016 年 7 月，李某毕业。双方因工伤待遇问题发生纠纷，李某提起诉讼，要求确认与 A 公司之间的劳动关系。

法院认为，对于即将毕业的大学生，且用人单位知晓该大学生即将毕业的情况，大学生以毕业后即将就业为目的，向用人单位提供持续不间断的劳动，用人单位亦对该大学生实施劳动管理并支付劳动报酬的情况下，可以认定构成劳动关系。李某系即将毕业的学生，A 公司亦知晓李某即将毕业的情况，李某以毕业后即将就业为目的至 A 公司实习，且实习期间向 A 公司提供持续不间断的劳动，A 公司亦对李某实施劳动管理并支付劳动报酬，故本院认为双方之间构成劳动关系。

（三）实习协议的签订

为了避免认定劳动关系，实习单位使用实习生，应当签署实习协议明确约定权利

---

① 案号：（2018）京 03 民终 2656 号。

义务。实习协议的签订有助于明确实习单位提供的仅是实习机会，并非就业岗位，其与实习生间不属于劳动关系的范畴。根据《职业学校学生实习管理规定》第 14 条和第 15 条规定，学生参加岗位实习前，职业学校、实习单位、学生三方必须以有关部门发布的实习协议示范文本为基础签订实习协议，并依法严格履行协议中有关条款。未按规定签订实习协议的，不得安排学生实习。

实习协议应当明确各方的责任、权利和义务，协议约定的内容不得违反相关法律法规。实习协议应当包括但不限于以下内容：（一）各方基本信息；（二）实习的时间、地点、内容、要求与条件保障；（三）实习期间的食宿、工作时间和休息休假安排；（四）实习报酬及支付方式；（五）实习期间劳动保护和劳动安全、卫生、职业病危害防护条件；（六）责任保险与伤亡事故处理办法；（七）实习考核方式；（八）各方违约责任；（九）三方认为应当明确约定的其他事项。

参考案例：公司招用在校生未签订实习协议，认定双方形成劳动关系

在王某与某信公司劳动争议一案中①，某信公司认可王某自 2013 年 8 月 10 日起到某信公司工作，此时王某已满 18 周岁。某信公司提交了王某应聘某信公司时填写的履历表和个人简历及某技师学院的证明各一份。个人简历显示王某于 2014 年 6 月毕业于某技师学院，某信公司以此证明王某入职时的教育背景。证明载明：王某系我院 2012 级计算机网络应用专业二年制高级版学生，现正处于下厂实习阶段，将于 2014 年 7 月毕业。

法院认为：劳动关系应该根据劳动者是否实际接受用人单位的管理、指挥或者监督，用人单位是否向劳动者支付劳动报酬等因素综合认定。本案中，王某与某信公司均符合建立劳动关系的主体资格，王某在工作期间接受某信公司的管理、指挥，并领取工资报酬。某信公司在一审中提供的王某在应聘时的个人简历、应聘履历表等材料，可以证明王某对其学习经历进行了详细描述，某信公司完全可以进行核实，故某信公司主张王某欺诈的上诉理由，本院不予采信。某信公司还主张发现王某系在校学生后通知王某签订实习协议，但未提交证据证实，本院对此亦不予采信。据此，王某的举证已经形成一条较为完整的证据链，可以认定王某与某信公司之间已形成事实上的劳动关系。

二、实习生因工受伤的责任承担

受工作经验、自我保护意识、生产条件等的限制，实习生因工受伤的案例时有发生。但是对于实习生是否可以参加工伤保险和享受工伤保险基金的保障，理论和实践中存有争议，我国国家层面的法律没有统一的规定，各地的处理方式也不尽相同。当实习生无法享受工伤保险基金的保障时，实践中，用人单位主要有两种责任承担方式：

① 案号：（2014）苏中民终字第 04259 号。

适用《工伤保险条例》的规定，承担工伤保险责任；或适用民法的规定，承担一般的人身损害赔偿责任。以上两种方式在归责原则、赔偿标准等方面具有较大差异，如何承担责任，还应视情形而定。

（一）实习生因工受伤承担工伤保险责任的情形

原劳动部发布的《企业职工工伤保险试行办法》（劳部发〔1996〕266 号，已废止）第 61 条曾规定，到参加工伤保险企业实习的学生发生伤亡事故的，可以参照享受工伤保险待遇。2003 年，国务院出台《工伤保险条例》，取消了以上规定，在第 2 条①中未将实习生纳入可享受工伤保险待遇的人群范围。因此，实习生因工受伤是否能够享受工伤待遇，国家层面无明确规定。

在地方层面，少部分省份在地方性法规、规章中对“实习生因工受伤能否享受工伤待遇”的问题进行了明确，但是规定也不统一，各地的意见可以总结为以下三类：

1. 试行实习生在实习期间参加工伤保险，实习生因工受伤时享受工伤保险基金的保障，但一般规定仅适用于职业学校（含技工学校）学生，如北京市②、上海市③、浙

① 《工伤保险条例》第 2 条第 2 款规定：中华人民共和国境内的企业、事业单位、社会团体、民办非企业单位、基金会、律师事务所、会计师事务所等组织的职工和个体工商户的雇工，均有依照本条例的规定享受工伤保险待遇的权利。

② 《北京市人力资源、北京社会保障局、国家税务总局、北京市税务局等部门关于职业学校实习学生参加工伤保险工作的通知》规定（京人社工发〔2023〕36 号）一、本市行政区域内的企业、国家机关、事业单位、社会团体、民办非企业单位、基金会、律师事务所、会计师事务所等组织和有雇工的个体工商户（以下称实习单位），可依据本通知为其接收的实习生按单险种参加工伤保险。二、本通知所称实习生，是指年满 16 周岁、由职业学校（含技工学校）安排或者批准自行到本市实习单位进行岗位实习的学生。其他学校按规定开办的职业教育专业的学生实习，可参照执行。

③ 《上海市人力资源和社会保障局等四部门关于本市超过法定退休年龄就业人员和实习生参加工伤保险的试行意见》规定，本市行政区域内的企业、事业单位、国家机关、社会团体、民办非企业单位、基金会、律师事务所、会计师事务所等组织和有雇工的个体工商户（以下简称“用人单位”），可以为其使用的超龄就业人员和实习生单险种参加工伤保险。本意见所称实习生，是指本市职业学校统一安排或者批准自行到用人单位进行岗位实习的在校学生，以及与用人单位约定实习期 1 个月及以上的本市高等学校在校学生。

江省①、天津市②、贵州省③、江苏省④、广东省⑤等；

---

①《浙江省用人单位招用不符合确立劳动关系情形的特定人员参加工伤保险办法（试行）》规定，本省行政区域内的国家机关、企业、事业单位、社会团体、民办非企业单位、基金会、律师事务所、会计师事务所、平台企业、村（社区）组织等和有雇工的个体工商户（以下称用人单位）可按照本办法规定为其招用的不符合确立劳动关系情形的下列特定人员（以下称特定人员）单险种参加工伤保险、缴纳工伤保险费：（一）大龄劳动者（达到法定退休年龄且不超过65周岁）；（二）实习学生，包括大中专学校统一安排的学期性实习学生、签订实习协议或学校开具实习介绍函的学生、自行联系实习单位的实习学生和用人单位使用的勤工助学学生；（三）在见习单位（见习基地）见习的离校2年内未就业高校毕业生和16-24岁登记失业青年；（四）新就业形态劳动者；（五）在家政服务机构从业的家政服务人员；（六）在职村干部和专职社区工作者；（七）由第三方平台服务机构或平台统一管理，参与影视、舞台剧制作的群众演员。

单险种参加工伤保险的特定人员年龄应不小于16周岁，参保的特定人员年龄达到65周岁的，其工伤保险关系即时终止（处于停工留薪期的除外）。

国家法律法规政策对上述特定人员职业伤害保障另有规定的，从其规定。

②《天津市实习生和超龄从业人员参加工伤保险办法（试行）》第2条规定：本市行政区域内的国家机关、企业、事业单位、社会团体、民办非企业单位、基金会、律师事务所、会计师事务所等组织和有雇工的个体工商户（以下简称用人单位），自愿为使用的实习生在实习期间或者超龄从业人员在从业期间，按单险种参加工伤保险及相关管理，适用本办法。本办法所称实习生，是指年满16周岁、按规定参加学期性跟岗和顶岗实习的全日制学历教育职业院校（含技工院校，下同）的在校学生。本办法所称超龄从业人员，是指已经达到或者超过法定退休年龄但年龄不超过65周岁，且未按月享受机关事业单位或企业职工养老保险待遇的从业人员。

③《贵州省工伤保险条例》第26条规定：大中专院校、技工学校、职业高中等学校学生实习期间，由实习单位和学校缴纳工伤保险费；学生因工作原因遭受事故伤害或者患职业病的，享受工伤保险相应待遇，具体办法由省人民政府制定。

④《江苏省超过法定退休年龄人员和实习生参加工伤保险办法》第2条规定：在本省行政区域内的国家机关、企业、事业单位、社会团体、民办非企业单位、基金会、律师事务所、会计师事务所等组织和有雇工的个体工商户（以下称用工单位）为本单位超过法定退休年龄人员在继续就业期间或者为本单位实习生在实习期间参加工伤保险的，适用本办法。第三条规定：本办法所指超过法定退休年龄人员（以下简称超龄就业人员），是指用工单位招用的已经达到或者超过法定退休年龄但年龄不超过65周岁、未办理退休手续的就业人员。本办法所指实习生，是指年满16周岁，由实施全日制学历教育的技工院校、中高等职业学校根据法律、法规和国家有关规定集中统一安排学期性顶岗实习的学生。

⑤《广东省人力资源和社会保障厅、广东省财政厅国家税务总局广东省税务局关于单位从业的超过法定退休年龄劳动者等特定人员参加工伤保险的办法（试行）》第2条规定：在我省行政区域内的各类企业、国家机关、事业单位、社会团体、民办非企业单位、基金会、律师事务所、会计师事务所等组织和以单位形式参保的个体工商户（以下简称“从业单位”）可按照本办法的规定为其使用的本条第二款规定的特定人员单项参加工伤保险、缴纳工伤保险费；村（社区）党组织委员会和村（居）民委员会（以下简称“村（社区）两委”）可按照本办法的规定为其所属的村（社区）两委人员单项参加工伤保险、缴纳工伤保险费。本办法所指的特定人员主要包括在从业单位工作的超过法定退休年龄人员（包括已享受和未享受机关事业单位或者城镇职工基本养老保险待遇人员）、已享受一级至四级工伤伤残津贴或病残津贴人员、实习学生（包括签订三方实习协议或自行联系实习单位的实习学生和从业单位使用的勤工助学学生）、单位见习人员和在家政服务机构从业的家政服务人员等未与从业单位建立劳动关系的劳动者（以下简称“从业人员”）。

2. 尽管实习生未参加工伤保险，但是规定实习生因工受伤参照适用《工伤保险条例》的相关标准，由学校或用人单位给予一次性赔偿，如河南省①、吉林省②，但实践中法院仍可能根据个案适用普通民事法律中的人身损害赔偿责任；

3. 明确规定实习生不适用《工伤保险条例》，如云南③、宁夏④两省。

因此，实习生因工受伤时，如果用人单位根据当地的规定为实习生缴纳了工伤保险，或当地规定实习生因工受伤参照适用《工伤保险条例》的相关标准，实习生应享受工伤待遇。

实践中，实习单位与实习生签订劳动合同，或就业实习等被认定为劳动关系，进而实习生因工作受伤被认定为工伤的，也应享受工伤保险待遇。

（二）实习生因工受伤承担民事赔偿责任的情形

我国大部分地区还没有实习生可以参加工伤保险或参照适用《工伤保险条例》的规定。实践中，大多数法院仍倾向适用民事人身损害赔偿的规定来判定实习生因工受伤的法律责任，特别是在学校、实习单位、实习生签订三方协议进行的认识实习和岗位实习中，更是如此。

民事人身损害责任同工伤法律责任的主要差异在于归责原则不同。工伤保险责任适用无过错原则，民事人身赔偿责任主要是过错责任，只有在法律有明确规定时，才需承担无过错责任。此外，普通人身损害赔偿责任与工伤保险责任在伤残鉴定（或劳动能力等级鉴定）标准、赔偿标准上也都存有差异。对用人单位来讲，工伤保险责任一般重于人身损害赔偿责任。

实习生在实习过程中受伤的，用人单位应当承担过错责任。即，学生在实习过程中因学校、用人单位责任发生伤亡事故的，由学校或用人单位承担责任，但学生因不遵守纪律或不按要求活动遭受意外事故的，学校或用人单位不承担责任。

在目前的司法实践中，实习生因工受伤的，法院大多根据用人单位、学校和实习

---

① 《河南省工伤保险条例》第 46 条规定，大中专院校、技工学校、职业高中等学校学生在实习单位由于工作遭受事故伤害或者患职业病的，参照本条例规定的标准，一次性发给相关费用，由实习单位和学校按照双方约定承担；没有约定的，由双方平均分担。

② 《吉林省实施〈工伤保险条例〉办法》第 52 条规定，退休人员、在校实习学生因工作原因受到事故伤害的，不进行工伤认定，由聘用或者实习单位参照《工伤保险条例》及本办法支付相关待遇。

③ 《云南省实施〈工伤保险条例〉办法的通知》（云政发〔2011〕255 号）第 48 条规定，本办法所称职工，是指与用人单位存在劳动关系的各种用工形式、各种用工期限的城乡劳动者及外来务工人员。不包括用人单位聘用的离、退休人员以及实习学生。

④ 《宁夏回族自治区实施〈工伤保险条例〉办法》第 52 条规定，用人单位聘用的退休人员以及在校实习学生，不适用本办法。

生的过错来判定各方的责任，之前也有法院会根据《最高人民法院关于审理人身损害赔偿案件适用法律若干问题的解释》（以下简称《人身赔偿解释》）第 11 条关于“雇员在雇佣活动中遭受人身损害，雇主应当承担无过错赔偿责任”的规定，认定用人单位与实习生之间系雇佣关系，应承担无过错责任。

需要指出的是，《民法典》未采纳《人身赔偿解释》第 11 条的规定，并且 2020 年 12 月 23 日最高人民法院修订《人身赔偿解释》时删除了第 11 条的规定，因此未来实习生因工受伤时，法院会适用过错责任原则认定实习生因工受伤时的法律责任。

参考案例：实习生因工受伤，实习生、学校、实习单位应按各自过错承担人身损害赔偿责任

邵某与某理工学院、A 公司提供劳务者受害责任纠纷案中[①]，某理工学院同 A 公司签订有《共建教学实习基地协议书》，邵某系理工学院学生，2017 年 7 月由学校安排进入 A 公司进行培训实习，在实习过程中戴手套操作铣床时左手被绞伤，后经鉴定构成十级伤残，因此发生纠纷，将学校和 A 公司共同诉至法院。

法院认为，学生实习由学校和实习单位共同组织和管理，学校与实习单位均应确保学生在实习期间的人身安全和身心健康。A 公司提供的铣床有一定危险性，其员工将铣床打开后，却未安排带教人员在旁指导，对邵某受伤存在过错；学校作为职业教育机构应当清楚学生参与实习工作的危险性，其应通过对学生的安全教育以及与企业的沟通协商，共同控制和防范风险。学校虽然对学生进行了实习动员，但并未尽充分的教育与管理义务。邵某作为具有完全民事行为能力的成年人，又经过相关专业知识的学习及实习培训，对操作设备的危险性应具有一定的认知，其作为实习生在从事实习劳动时亦应保持必要的谨慎，而戴手套操作铣床系严重违规操作，故邵某自己也应承担一定责任。综上，法院酌情认定 A 公司承担 45%的责任，学校承担 35%的责任，邵某自行承担 20%的责任。

职业学校和实习单位应当根据法律、行政法规，为实习学生投保实习责任保险，实习单位也可以为实习学生购买意外伤害险。学生在实习期间受到人身伤害，属于保险赔付范围的，由承保保险公司按保险合同赔付标准进行赔付；不属于保险赔付范围或者超出保险赔付额度的部分，由实习单位、职业学校、学生依法承担相应责任。

三、实习生的特殊劳动保护及法律责任

司法实践中，除就业实习中的个别情形外，通常认定实习生与实习单位之间不构

① 案号：苏州市中级人民法院（2019）苏 05 民终 7531 号。

成劳动关系，进而实习生也无法享受劳动法的保护。但这并不意味着法律法规对实习生没有劳动保护，根据《职业学校学生实习管理规定》（教职成〔2021〕4 号)、《高等学校勤工助学管理办法（2018 年修订）》（教财〔2018〕12 号)、《教育部关于加强和规范普通本科高校实习管理工作的意见》（教高函〔2019〕12 号，以下简称《本科高校实习管理意见》）等部门规章，以及一些地方性法规、规章的规定，实习生在实习报酬、劳动条件、工作时间与休息休假等方面仍享受特殊的劳动保护，实习单位违反相关规定需承担法律责任。

（一）实习生的特殊劳动保护

1. 实习人数和实习时间的限制

实习单位不能大规模和长时间使用实习生。

首先，根据《职业学校学生实习管理规定》第 11 条规定，实习单位岗位实习学生的人数一般不超过实习单位在岗职工总数的 10%，在具体岗位实习的学生人数一般不高于同类岗位在岗职工总人数的 20%。

其次，《职业学校学生实习管理规定》第 12 条规定，学生在实习单位的岗位实习时间一般为 6 个月，且不得仅安排学生从事简单重复劳动。

2. 对未成年实习生的特殊保护

法律法规对未成年实习生的特殊保护，根据实习生的年龄段而有所不同。

首先，对不满 16 周岁的未成年人，根据《职业学校学生实习管理规定》第 16 条①、《本科高校实习管理意见》第 11 条②，实习单位不得安排未满 16 周岁的学生岗位实习，但是可以安排其进行认识实习。

其次，对已满 16 周岁未满 18 周岁的未成年人，根据《职业学校学生实习管理规

---

① 《职业学校学生实习管理规定》第 16 条规定：职业学校和实习单位要依法保障实习学生的基本权利，并不得有以下情形：（一）安排、接收一年级在校学生进行岗位实习；（二）安排、接收未满 16 周岁的学生进行岗位实习；（三）安排未成年学生从事《未成年工特殊保护规定》中禁忌从事的劳动；（四）安排实习的女学生从事《女职工劳动保护特别规定》中禁忌从事的劳动；（五）安排学生到酒吧、夜总会、歌厅、洗浴中心、电子游戏厅、网吧等营业性娱乐场所实习；（六）通过中介机构或有偿代理组织、安排和管理学生实习工作。（七）安排学生从事 III 级强度及以上体力劳动或其他有害身心健康的实习。

② 《教育部关于加强和规范普通本科高校实习管理工作的意见》第 11 条规定，加强跟岗、顶岗实习管理……严格遵守工作时间和休息休假的规定，除临床医学等相关专业及实习岗位有特殊要求外，每天工作时间不得超过 8 小时、每周工作时间不得超过 44 小时，不得安排加班和夜班。要保障顶岗实习学生获得合理报酬的权益，劳动报酬原则上不低于相同岗位试用期工资标准的 80%。要保障未成年人的合法权益，不得安排未满 16 周岁的学生顶岗实习。

定》第9条[①]和第16条的规定，安排实习生进行岗位实习或学生自行选择符合条件的岗位实习单位，应当取得学生监护人签字的知情同意书。且实习单位不得安排其从事《未成年工特殊保护规定》中禁忌从事的活动，如粉尘、有毒、高处、高温、冷水、矿山井下等作业。

3. 对实习生从事特定工作的限制

《职业学校学生实习管理规定》第16条、第17条[②]、《本科高校实习管理意见》第10条[③]、第11条对实习单位安排实习生从事安全风险较高或者不利于实习生身心健康的工作进行了限制，主要包括以下几种情形：（1）不得安排学生到娱乐性场所实习；（2）不得通过中介机构或有偿代理组织、安排和管理学生实习工作；（3）除特定情形外不得安排职业学校实习生从事高空、井下等有较高安全风险的实习；（4）不得安排职业学校女学生从事《女职工劳动保护特别规定》中禁忌从事的劳动；（5）不得安排学生从事III级强度及以上体力劳动或其他有害身心健康的实习；（6）不得接收一年级职业学校学生进行岗位实习等。

另外，一些地方性法规还进一步明确禁止实习单位安排学生在需要相应职业资格的岗位上顶岗实习、禁止安排学生从事国家规定的第四级体力劳动强度以及其他具有安全隐患的劳动。比如，《广东省高等学校学生实习与毕业生就业见习条例（2019年修订）》[④]《江苏省劳动合同条例》等。

4. 实习报酬的最低标准

实习生进行认识实习时通常没有报酬，但是针对岗位实习、就业实习等情形，实

---

① 《职业学校学生实习管理规定》第9条：职业学校安排岗位实习，应当取得学生及其法定监护人（或家长）签字的知情同意书。对学生及其法定监护人（或家长）明确不同意学校实习安排的，可自行选择符合条件的岗位实习单位。认识实习按照一般校外活动有关规定进行管理，由职业学校安排，学生不得自行选择。

② 《职业学校学生实习管理规定》第17条规定：除相关专业和实习岗位有特殊要求，并事先报上级主管部门备案的实习安排外，实习单位应遵守国家关于工作时间和休息休假的规定，并不得有以下情形：（一）安排学生从事高空、井下、放射性、有毒、易燃易爆，以及其他具有较高安全风险的实习；（二）安排学生在休息日、法定节假日实习；（三）安排学生加班和上夜班。

③ 《教育部关于加强和规范普通本科高校实习管理工作的意见》第10条，做好学生权益保障。高校和实习企业要为学生提供必要的条件及安全健康的环境，不得安排学生到娱乐性场所实习，不得违规向学生收取费用，不得扣押学生财物和证件。实习前，高校应当为学生购买实习责任险或人身伤害意外险。

④ 《广东省高等学校学生实习与毕业生就业见习条例（2019年修订）》第22条规定，学校和实习单位不得有下列行为……（二）安排学生到夜总会、歌厅、洗浴中心等场所实习；（三）安排学生从事高毒、易燃易爆、国家规定的第四级体力劳动强度以及其他具有安全隐患的劳动，但完成学生本专业实习所必需的除外；（四）安排学生在需要相应职业资格的岗位上顶岗实习……

习单位应当按照约定向实习生支付实习报酬。为保护实习生的合法权益，法律法规对实习报酬的最低标准作出了规制。

首先，对学生在校外进行勤工助学的，根据《高等学校勤工助学管理办法（2018年修订）》第 27 条[①]的规定，勤工助学的酬金标准不得低于当地政府或有关部门规定的最低工资。

其次，对于岗位实习，根据《职业学校学生实习管理规定》第 18 条[②]、《本科高校实习管理规定》第 11 条的规定，在实习岗位相对独立参与实际工作、初步具备实践岗位独立工作能力的学生，原则上应不低于本单位相同岗位工资标准的 80%或最低档工资标准。一些地方还进一步明确，企业支付给顶岗实习生的实习报酬不得低于当地的最低工资标准，例如《江苏省劳动合同条例》[③]。

5. 对实习生工作时间和休息休假的保护

实习生的在校生身份、生理特征、以及所从事工作的辅助和学习性质决定了其工作时间和休息休假同正式员工应有不同。根据《职业学校学生实习管理规定》第 17 条、《本科高校实习管理规定》第 11 条，在学生岗位实习期间，实习单位应当遵守国家关于工作时间和休息休假的规定，并不得安排学生在休息日、法定节假日实习，也不得安排学生加班和上夜班，本科实习生每天工作时间不得超过 8 小时、每周工作时间不得超过 44 小时。在地方层面，广东、江苏两省也根据以上规定，对实习生的实习时间做出了规制[④]。

---

① 《高等学校勤工助学管理办法》（教财〔2018〕12 号）第二十七条规定，校外勤工助学酬金标准不应低于学校当地政府或有关部门规定的最低工资标准。

② 《职业学校学生实习管理规定》第 18 条规定：接收学生岗位实习的实习单位，应当参考本单位相同岗位的报酬标准和岗位实习学生的工作量、工作强度、工作时间等因素，给予适当的实习报酬。在实习岗位相对独立参与实际工作、初步具备实践岗位独立工作能力的学生，原则上应不低于本单位相同岗位工资标准的 80%或最低档工资标准，并按照实习协议约定，以货币形式及时、足额、直接支付给学生，原则上支付周期不得超过 1 个月，不得以物品或代金券等代替货币支付或经过第三方转发。

③ 《江苏省劳动合同条例》第 42 条第 4 款规定，企业应当按照约定的标准直接向顶岗实习学生支付实习报酬，且不得低于当地最低工资标准。企业、学校不得克扣或者拖欠顶岗实习学生的实习报酬。

④ 《广东省高等学校学生实习与毕业生就业见习条例》第 22 条规定实习单位不得安排学生周实习时间超过四十小时；《江苏省劳动合同条例》第 42 条第 2 款规定，企业不得安排总时间超过十二个月的顶岗实习，不得安排学生顶岗实习每日超过八小时、每周超过四十小时。国家另有规定的，从其规定。

6. 对实习生的其他劳动保护

除以上情形外，《职业学校学生实习管理规定》第 19 条①、第 23 条②，以及《本科高校实习管理意见》第 9 条③、第 10 条都规定实习单位不得向学生收取实习押金、培训费、实习报酬提成、管理费、实习材料费、就业服务费或者其他形式的实习费用，不得扣押学生的学生证、居民身份证等证件，并负有对实习活动进行指导、巡视、监督等的义务，用人单位应当遵守。

值得注意的是，实习单位对实习生负有安全保护义务。根据《职业学校学生实习管理规定》、《本科高校实习管理意见》，实习单位需严格执行国家及地方安全生产和职业卫生有关规定，加强对实习生的安全教育和管理，保障实习生的人身健康和安全，并为实习生投保实习责任保险或为本科生投保人身伤害意外险。

（二）违反实习生劳动保护义务的法律责任

1. 民事责任

实习单位未依法为实习生提供劳动保护，损害实习生权益的，常见的如未依法足额支付实习生实习报酬、未为实习生缴纳实习责任险、未尽到安全保护义务造成实习生人身损害等，实习单位会面临民事违约或侵权责任，需按照实习协议的约定或法律规定支付实习报酬、承担违约责任或赔偿实习生相应的损失。

参考案例：顶岗实习应当支付不低于最低工资标准的实习报酬

在张某与 A 公司劳动纠纷一案④中，张某通过校园招聘会于 2016 年 3 月 3 日至 5 月 18 日在 A 公司实习，后于 2016 年 6 月 18 日取得毕业证书，A 公司未支付张某实习期间的报酬，双方因此发生争议。

---

① 《职业学校学生实习管理规定》第 20 条规定：职业学校和实习单位不得向学生收取实习押金、培训费、实习报酬提成、管理费、实习材料费、就业服务费或者其他形式的实习费用，不得扣押学生的学生证、居民身份证或其他证件，不得要求学生提供担保或者以其他名义收取学生财物。

② 《职业学校学生实习管理规定》第 23 条规定：职业学校要和实习单位建立学生实习信息通报制度，职业学校安排的实习指导教师和实习单位指定的专人应当负责学生实习期间的业务指导和日常巡查工作，原则上应当每日检查并向职业学校和实习单位报告学生实习情况。遇有重要情况应当立即报告，不得迟报、瞒报、漏报。

③ 《教育部关于加强和规范普通本科高校实习管理工作的意见》第 9 条规定，加强学生教育管理。高校要做好学生的安全和纪律教育及日常管理。实习单位要做好学生的安全生产、职业道德教育。

④ 案号：(2017) 苏 06 民终 1711 号。

一审法院认为，用人单位接纳全日制在校生进行实习的，应当按照约定的标准直接向顶岗实习学生支付实习报酬，且不得低于当地最低工资标准，A 公司免费提供食宿系企业福利，与应否支付实习报酬无关。关于实习报酬的标准，因张某未能就其主张的工资标准提供证据予以证明，故应按照本市在岗职工最低工资标准 1770 元/月计算其工资。二审法院维持了一审法院的判决。

2. 行政责任或刑事责任

根据《职业学校学生实习管理规定》第 44 条[①]、第 47 条[②]，以及《本科高校实习管理意见》第 16 条[③]，实习单位违反对实习生的劳动保护义务时，实习单位将会被人力资源社会保障或教育等行政部门采取失信联合惩戒、通报批评、约谈、责令改正、罚款等行政措施，构成犯罪的，相关负责人员还需承担刑事责任。2016 年 11 月，教育部办公厅发布了《关于违规组织学生顶岗实习有关问题的通报》（教职成厅〔2016〕3 号），通报了学生实习时间过长、企业未依法足额向学生支付实习报酬等违规问题，并要求学校及相应地区建立健全本地区职业学校学生实习管理细则或管理制度，加强对实习工作的有效监管。

合规建议

聘用实习生确实有助于降低企业的用工成本，但是实习单位也需遵守法律关于实习生的相关规定，应注意以下问题：

1. 谨慎核实实习生的身份、年龄。确定实习生是否有被退学或者辍学的情形，及时审查毕业生的毕业时间，及时做出是否录用为正式员工的决定，以避免实习生因失去在校生的身份而被认定为劳动关系的风险。

---

① 《职业学校学生实习管理规定》第 44 条规定：地方各级市场监管部门要将治理实习违规行为纳入整顿和规范市场经济秩序有关工作体系，将有实习违规行为的企业信息纳入社会信用体系，并按规定进行失信联合惩戒。

② 《职业学校学生实习管理规定》第 47 条规定：实习单位违反本规定，法律法规规定了法律责任的，县级以上地方人民政府或地方有关职能部门应当依法依规追究责任。职业学校可根据情况调整实习安排，根据实习协议要求实习单位承担相关责任。对违反本规定安排、介绍或者接收未满 16 周岁学生在境内岗位实习的，由人力资源社会保障行政部门依照国家关于禁止使用童工法律法规进行查处；构成犯罪的，依法追究刑事责任。对违反本规定从事学生实习中介活动或有偿代理的，法律法规规定了法律责任的，由相关部门依法依规追究责任；构成犯罪的，依法追究刑事责任。

③ 《教育部关于加强和规范普通本科高校实习管理工作的意见》第 16 条规定，加强实习工作监管。省级教育行政部门……对实习过程中存在的违规行为及时查处，对监管不力、问题频发、社会反响强烈的学校和地方，要约谈相关负责人，督促其落实主体责任，并在一定范围内进行通报批评。

2. 根据国家和当地有关规定，与实习生、学校签订书面的实习协议。依法约定实习生的实习岗位、实习期限、实习报酬、劳动保护、劳动条件、责任承担等，以便在发生纠纷时，明确各方的法律关系和责任承担。

3. 购买合适保险，降低赔偿成本。当地的法规、政策允许实习生参加工伤保险的，尽量为实习生购买工伤保险，最大限度地减免自己的赔偿责任；对于职业院校实习生可以投保实习责任险，对于其他高等院校的实习生，可以购买雇主责任险或意外伤害保险等合适的商业保险。

4. 根据学生的身份、年龄和实习类型依法为实习生提供劳动保护。遵守国家和当地对职业学校实习生、本科高校实习生、未成年实习生、岗位实习生的劳动保护规定，依法为其提供劳动保护。

第五节　聘用超龄就业人员

作为灵活用工形式的一种，用人单位聘用达到法定退休年龄或者已经享受基本养老保险待遇的劳动者（以下简称超龄就业人员）在实践中是普遍存在的。一般情况下，劳动者到达法定退休年龄即可享受养老保险待遇，但是若出现劳动者缴纳养老保险年限不足、未办理退休手续等情况，即使劳动者达到法定退休年龄也无法领取养老金。所以，达到法定退休年龄并不意味着一定可以享受基本养老保险待遇。

一、聘用超龄就业人员的法律关系认定

根据《最高人民法院关于审理劳动争议案件适用法律问题的解释（一）》第32条第1款规定，若用人单位聘用的超龄就业人员已经开始依法享受基本养老保险待遇，则其与用人单位之间是劳务关系。但是，《最高人民法院关于审理劳动争议案件适用法律问题的解释（二）》第21条废止了《最高人民法院关于审理劳动争议案件适用法律问题的解释（一）》第32条第1款规定。该条款废止的理由，我们理解应当与国家关于超龄劳动者劳动用工权利保障的立法相关。2025年7月31日由人力资源社会保障部、国家卫生健康委、应急管理部、国家税务总局、国家医保局共同研究起草的《超龄劳动者基本权益保障暂行规定（公开征求意见稿）》公开向社会征求意见，超龄劳动者基本权益保障即将有明确、具体的法律依据，无需通过确认劳动关系或者劳务关系的方式予以保护。用人单位应关注国家关于超龄劳动者基本权益保障的相关立法情况，对招用超过法定退休年龄的劳动者或符合规定已提前退休的劳动者，权利义务的确定将根据新的法律规定执行。目前，超龄就业人员与用人单位之间是何种法律关系在实践中还未形成统一意见，各地对于此种情况也存在不同的司法认定。

（一）达到法定退休年龄的认定

1. 职工的法定退休年龄

根据1978年6月2日国务院颁发的《关于工人退休、退职的暂行办法》（国发〔1978〕104号）第1条①及《关于安置老弱病残干部的暂行办法》第4条②的规定，男职工年满六十周岁，工人身份的女职工年满五十周岁，干部身份的女职工年满五十五周岁即达到法定退休年龄。

由于我国人均寿命的不断提高、养老保险基金的发放压力、人口老龄化带来的劳动力短缺等问题，延迟退休势在必行。2021年3月12日公布的《中华人民共和国国民经济和社会发展第十四个五年规划和2035年远景目标纲要》明确提出，我国将在未来五年之内，按照“小步调整、弹性实施、分类推进、统筹兼顾”等原则，逐步延迟法定退休年龄。2024年9月13日，《全国人民代表大会常务委员会关于实施渐进式延迟法定退休年龄的决定》通过，批准《国务院关于渐进式延迟法定退休年龄的办法》，自2025年1月1日起施行。《国务院关于安置老弱病残干部的暂行办法》和《国务院关于工人退休、退职的暂行办法》中有关退休年龄的规定不再施行。

综合考虑我国人均预期寿命、健康水平、人口结构、国民受教育程度、劳动力供给等因素，《延迟退休决定》规定实施渐进式延迟法定退休年龄，即自2025年1月1日起，用15年时间，逐步将男职工的法定退休年龄从原60周岁延迟至63周岁，将女职工的法定退休年龄从原50周岁、55周岁分别延迟至55周岁、58周岁。

根据《延迟退休办法》第一条规定，从2025年1月1日起，男职工和原法定退休年龄为55周岁的女职工，法定退休年龄每4个月延迟1个月，分别逐步延迟至63周岁和58周岁；原法定退休年龄为50周岁的女职工，法定退休年龄每2个月延迟1个月，逐步延迟至55周岁。

此次国家出台的退休政策并没有采取一刀切的方式，而是采取弹性选择退休时间的方式给予了职工非常大的选择权。根据《延迟退休办法》第三条规定，职工达到最低缴费年限时，可以自愿选择弹性提前退休，提前时间最长不超过3年，且退休年龄不得低于原法定退休年龄。根据《延迟退休办法》第三条规定，职工达到法定退休年龄，所在单位与职工协商一致的，还可以弹性延迟退休，延迟时间最长不超过3年。

---

① 国务院《关于工人退休、退职的暂行办法》（国发〔1978〕104号）第1条规定：“全民所有制企业、事业单位和党政机关、群众团体的工人，符合下列条件之一的，应该退休。（一）男年满六十周岁，女年满五十周岁，连续工龄满十年的；……”

② 《关于安置老弱病残干部的暂行办法》第4条规定：“党政机关、群众团体、企业、事业单位的干部，符合下列条件之一的，都可以退休。（一）男年满六十周岁，女年满五十五周岁，参加革命工作年限满十年的……”

即男职工最长可以延迟至 66 周岁退休，女职工最长可以延迟至 61 周岁退休。与弹性提前退休不同的是，弹性延迟退休必须经过单位同意。因此，此次出台的退休政策是将原来的刚性退休年龄改为弹性退休年龄，职工可以在一定区间自由选择退休年龄。实施中人社部门、用人单位等不得违背职工意愿，违法强制或者变相强制职工选择退休年龄。

2024 年 12 月 31 日，人力资源社会保障部、中共中央组织部、财政部制定了《实施弹性退休制度暂行办法》，对职工自愿选择弹性提前退休和所在单位与职工协商一致弹性延迟退休的条件、程序等作出了详细规定。

根据《延迟退休办法》第八条规定，国家规范完善特殊工种等提前退休政策。从事井下、高空、高温、特别繁重体力劳动等国家规定的特殊工种，以及在高海拔地区工作的职工，符合条件的可以申请提前退休。

2024 年 9 月 27 日，人力资源社会保障部、财政部发布《企业职工基本养老保险病残津贴暂行办法》规定，参保人员达到法定退休年龄前因病或者非因工致残经鉴定为完全丧失劳动能力的，可以申请按月领取病残津贴。同时该办法规定自 2025 年 1 月 1 日起，各地区企业职工因病或非因工完全丧失劳动能力退休和退职政策停止执行，也就是说病退制度退出历史舞台。

2. 女职工退休年龄的认定

1992 年国家开始推行全员劳动合同制后，企业的职工不再区分“干部”和“工人”身份，国家劳动人事管理制度开始从“身份管理”向“岗位管理”转变。根据劳动部《关于贯彻执行〈中华人民共和国劳动法〉若干问题的意见》规定①，判断女职工的退休年龄，不再以其是否具有干部身份而有所不同，而应该根据该女职工所从事的岗位来判断：如该女职工在退休前从事的是管理和技术岗位，则退休年龄为 55 岁；如该女职工在退休前从事的非管理和技术岗位，则退休年龄为 50 岁。

根据前述相关规定，用人单位与女职工签订劳动合同后，此前无论女员工是干部身份还是工人身份，身份界限都随之打破，原来为干部身份的也应通过签订的劳动合同来确定岗位性质。延迟法定退休年龄政策实施后，女职工的法定退休年龄从原 50 周岁（非管理技术岗位）、55 周岁（管理技术岗位）分别延迟至 55 周岁（非管理技术岗位）、58 周岁（管理技术岗位）。1970 年 1 月至 1981 年 8 月出生的原法定退休年龄为

---

① 原劳动部《关于贯彻执行〈中华人民共和国劳动法〉若干问题的意见》第 46 条规定，关于在企业内录干、聘干问题，劳动法规定用人单位内的全体职工统称为劳动者，在同一用人单位内，各种不同的身分界限随之打破。应该按照劳动法的规定，通过签订劳动合同来明确劳动者的工作内容、岗位等。第 75 条规定，用人单位全部职工实行劳动合同制度后，职工在用人单位内由转制前的原工人岗位转为原干部（技术）岗位或由原干部（技术）岗位转为原工人岗位，其退休年龄和条件，按现岗位国家规定执行。

55周岁（管理技术岗位）的女职工、1975年1月至1984年10月出生的原法定退休年龄为50周岁（非管理技术岗位）的女职工，将会渐进式延迟法定退休年龄。在渐进式延迟法定退休年龄期间以及期满后，管理技术岗位女职工仍可以选择按照原法定退休年龄55周岁办理退休，非管理技术岗位女职工延迟法定退休年龄53周岁以内的可以选择50周岁退休，延迟法定退休年龄达到55周岁时则可以选择52周岁退休。

我国在法律层面尚未对管理（技术）岗位的划分标准作出明确界定，在政府有关部门出台文件规范界定企业的管理（技术）岗位作为女职工退休年龄认定的依据之前，根据《劳动法》和《劳动合同法》的相关规定，用人单位具有自主管理权，可以通过劳动合同及规章制度进行界定是否为管理（技术）岗位。因此，女职工的岗位是不是管理（技术）岗位，应当依据劳动合同的约定和用人单位的规章制度规定来确定，办理退休手续时再由人力资源和社会保障局来审查确认女职工的岗位和退休年龄。根据用人单位规章制度规定和劳动合同约定，女职工受聘在非管理（技术）岗位上的，应该50周岁-55周岁退休；女职工受聘在管理（技术）岗位上的，应该55周岁-58周岁退休。经过女职工与用人单位协商一致，也可以在达到法定退休年龄时延后3年退休。

部分地区对女职工退休年龄的认定依据作出了具体规定，如天津①、福建②、安

---

① 《天津市人力资源和社会保障局、市财政局关于完善职工基本养老保险制度的若干意见》和《天津市城镇企业职工退休管理暂行办法》规定：严格执行退休时间规定。参保人员男性年满60周岁，女性操作岗年满50周岁、管理岗年满55周岁，且符合按月领取养老保险待遇条件的，应及时办理退休手续。对于未按时办理相关手续的，按照其达到上述年龄时的标准计算养老金，养老金从退休审批的次月起支付。女职工由管理岗位转为操作岗位的，用人单位应及时与其变更劳动合同，并到区县人力资源和社会保障行政部门办理劳动合同备案手续。退休前在操作岗位工作且办理劳动合同备案手续满1年的，方可按操作岗位办理退休。女职工转为操作岗未满一年达到法定退休年龄的，应按整年度办理后延缴费手续，待转为操作岗满一年以上且后延缴费至整年度（满周岁）后，再办理退休手续。

② 《福建省劳动和社会保障厅关于规范职工退休审批管理工作的通知》规定：女职工的退休年龄按其退休前的岗位确定，其中，女干部退休前在工人岗位上连续工作满5年的，按年满50周岁退休；女工人退休前在管理岗位上连续工作满5年的，按年满55周岁退休。企业女干部和女工人岗位变动情况的报备。女干部因工作需要安排到工人岗位工作的，应在该职工45周岁前报备；女工人因工作需要被安排到管理岗位工作的，应在该职工55周岁前报备。

徽[①]、黑龙江[②]、四川[③]、甘肃[④]、云南[⑤]等地，并且对于岗位性质发生变更的需要到当地人社部门进行备案并达到一定年限，方可按照变更后的岗位认定退休年龄办理退休手续。部分地区根据延迟法定退休年龄政策对女职工退休年龄的认定进行了更新，比如2024年12月25日制定的《江苏省企业职工基本养老保险实施办法》规定：女工人，50周岁时在管理技术岗位上工作，或者在管理技术岗位上工作累计满5年且45周岁后在管理技术岗位上工作过的，原法定退休年龄按55周岁执行。企业应当制定本单位的岗位目录（包括岗位名称、岗位性质等），经职工大会（职工代表大会）讨论通过后，提供给人力资源社会保障部门，作为确定女职工退休年龄和办理退休手续的依据之一。企业应当按照双方签订的劳动合同和本单位的岗位目录，确定女职工所从事岗位的性质。女职工从事岗位的性质发生变动时，应当及时通过签订岗位变动协议或者变更劳动合同等合法有效形式确定，并向社会保险经办机构申报变更岗位性质信息。如果未来国务院及相关部委对女职工退休岗位性质认定作出具体规定的，应当执行新的规定。

---

① 《安徽省劳动和社会保障厅关于企业女职工退休年龄有关问题的通知》规定：国有、集体企业中原为干部身份的女职工，已经到工人岗位连续工作满二年，且达到50周岁（含、下同）以上的，用人单位可按照女工人的退休条件为其申请办理退休。原身份是工人的女职工，已经聘用到管理（技术）岗位连续工作满二年以上的，用人单位可按照女干部的退休条件为其申请办理退休。企业应对本企业女职工现工作岗位按照管理（技术）岗位和工人岗位作出划分。将工作岗位设置情况报当地劳动保障部门备查，并作为本企业女职工退休条件认定的依据。

② 《黑龙江省参加基本养老保险人员退休审批管理暂行办法》规定：参保人员正常退休（男60周岁，管理岗位女职工55周岁，非管理岗位女职工50周岁）审批，由各市地劳动保障行政部门负责。企业女职工由非管理岗位转为管理岗位或由管理岗位转为非管理岗位，企业应当及时将变更岗位相关材料装入本人档案。其中由管理岗位转为非管理岗位的，应及时向劳动保障行政部门备案，备案满1年以上，方可按非管理岗位办理退休手续，基本养老金标准按照当期退休时的计发办法核定。

③ 《四川省完善企业职工基本养老保险制度实施办法的实施细则》规定：职工的法定退休年龄按国家和省的现行规定执行，即男职工年满60周岁；在管理、技术岗位的女职工年满55周岁，在生产、经营、服务岗位的女职工年满50周岁；女职工在上述两类岗位变动，在新岗位上工作满2年以上的，按新岗位的退休年龄执行。企业内部退养的原为管理、技术岗位的女职工，其退休年龄仍按年满55周岁执行。

④ 《甘肃省人民政府办公厅关于印发〈完善企业职工基本养老保险制度实施办法〉的通知》规定：企业实行全员劳动合同制后，女职工的退休年龄按其退休时所在的工作岗位确定。即女职工在管理技术岗位年满55周岁，在生产操作岗位年满50周岁。《劳动法》施行之前，企业中原由干部或聘用制干部担任的工作职位以及聘任专业技术职务的工作职位，都确定为管理技术岗位。由管理技术岗位调整到生产操作岗位的女职工，在生产操作岗位实际工作满3年以上，可以按女工人的退休条件办理退休手续。

⑤ 《云南省企业职工基本养老保险条例实施办法》规定：女年满50周岁时，在生产或工勤服务岗位工作，且连续在本岗位工作满5年的，可以办理退休；女年满50周岁时，在管理技术岗位工作的，以及虽在生产或工勤服务岗位工作，但连续在生产或工勤服务岗位工作不满5年的，须年满55周岁方可办理退休。管理技术岗位与生产工勤岗位的变动，用人单位应当在变动岗位后一周内，办理劳动合同变更手续，并经劳动保障行政部门鉴证后送社会保险机构备案。

参考案例：女职工退休年龄应按照退休时的岗位性质确定

在李某与某检测公司劳动争议一案中[①]，李某经过面试顺利入职一家知名检测公司任验货员，双方签订两期劳动合同后，李某与公司签订了无固定期限劳动合同，同时李某升职为部门主管。2019 年 4 月，在李某即将年满 50 周岁之际，公司要求李某配合办理退休手续，李某则认为其退休年龄应为 55 周岁，现在尚未达到退休年龄，所以并未配合办理。但公司依然向李某寄送了劳动合同终止通知书，称双方的劳动合同将在李某年满 50 周岁当天自动终止，并要求其在这之前做好工作移交和离职手续。李某拒绝办理，公司即注销了她的工作账号，致使李某即便前去上班亦无法开展工作。李某只好回到家中并自行申请办理退休手续，然而社保局却出具了不予批准退休审批决定书，认为李某未达到退休年龄，不符合办理退休并领取基本养老待遇的条件。李某遂诉至江苏省南京市江宁经济技术开发区人民法院。

法院审理后认为，《中华人民共和国劳动合同法实施条例》第二十一条规定，劳动者达到法定退休年龄的，劳动合同终止。根据相关文件的规定，企业实行全员劳动合同制后，职工需要办理退休、退职手续的，按照现工作岗位国家规定的年限和条件执行。职工在工人岗位工作的，按工人的退休、退职条件执行；职工在管理岗位工作的，按干部的退休、退职条件执行。本案中，李某的劳动合同履行地和参保地均在南京市，应当按照所在地的规定认定其法定退休年龄。根据《〈江苏省企业职工基本养老保险规定〉实施意见》（苏劳社险〔2007〕24 号）第十二条的规定，《江苏省企业职工基本养老保险规定》第十八条第一款第一项所称达到国家、省规定的退休年龄，是指下列情形之一：男满 60 周岁，女干部满 55 周岁，女工人满 50 周岁（其中，45 周岁前在管理或技术岗位上工作、45 周岁后仍继续在管理或技术岗位上工作过的女工人，年满 55 周岁）。李某与公司签订无固定期限劳动合同时，其岗位是部门主管，劳动行政部门据此认定李某法定退休年龄为 55 周岁，相关不予批准退休的行政决定已经发生法律效力。因此，公司在李某尚未达到法定退休年龄时，以达到法定退休年龄为由作出的终止劳动合同决定，违反法律规定，李某有权请求公司支付赔偿金。最终，法院判决公司向李某支付赔偿金 467700 元。公司不服提起上诉后，二审法院维持了一审判决。

---

① 参见《女主管 50 岁“被退休”，获赔 46 万元!》，人民法院报微信公众号，https://mp.weixin.qq.com/s/WEJqyv1Na6UtoWja8GQ-kg，最后访问日期：2025 年 8 月 22 日。

（二）聘用到超龄就业人员的法律关系认定

1. 劳动者已达到法定退休年龄并且已经开始依法享受基本养老保险待遇，与用人单位是劳务关系

《最高人民法院关于审理劳动争议案件适用法律问题的解释（二）》发布前，此种情况在全国司法实践中已经达成共识，形成了相对统一的观点。根据《劳动合同法》第44条第2项①《最高人民法院关于审理劳动争议案件适用法律问题的解释（一）》第32条第一款的规定，用人单位聘用达到法定退休年龄且开始依法享受基本养老保险待遇或领取退休金的劳动者，双方是劳务关系。但是《最高人民法院关于审理劳动争议案件适用法律问题的解释（二）》已经废止该条款，根据《超龄劳动者基本权益保障暂行规定（公开征求意见稿）》的规定，超龄就业人员的用工关系既不是劳动关系，也不是劳务关系，很可能是类似新就业形态的不完全劳动关系。

2. 劳动者已达到法定退休年龄但并未开始享受基本养老保险待遇的，实践中存有争议

第一种观点认为是劳务关系。主要法律依据是《劳动合同法实施条例》第21条②的规定，劳动者达到法定退休年龄的，劳动合同终止。且根据《人力资源社会保障部对十三届全国人大二次会议第6979号建议的答复》（人社建字〔2019〕37号）③ 的内容，人社部认为对超过法定退休年龄的劳动者，愿意继续工作的，用人单位与劳动者的关系可以按劳务关系处理，依据民事法律关系调整双方的权利义务。

参考案例：入职时已经达到法定退休年龄但未享受养老待遇，双方之间系劳务关系

在张某与某保洁公司再审案件中④，张某，男，于1955年11月25日出生，于2017年11月21日入职某保洁公司（已达到退休年龄），但还未享受养老保险待遇或领取退休金。张某请求确认与某保洁公司自2018年5月21日至8月20日存在劳动关系。张某主张双方

---

① 《劳动合同法》第44条："有下列情形之一的，劳动合同终止：…（二）劳动者开始依法享受基本养老保险待遇的；……"

② 《劳动合同法实施条例》第21条规定："劳动者达到法定退休年龄的，劳动合同终止。"

③ 《人力资源社会保障部对十三届全国人大二次会议第6979号建议的答复》（人社建字〔2019〕37号）中规定："如果用人单位不能与已达到法定退休年龄而未享受基本养老保险待遇的劳动者终止劳动合同，用人单位可能将不得不一直与该劳动者保持劳动关系，直到劳动者死亡或用人单位注销。这对用人单位有失公平。为此，根据劳动合同法第四十四条第六项关于有'法律、行政法规规定的其他情形'劳动合同终止的授权，2008年9月公布施行的劳动合同法实施条例第二十一条明确，劳动者达到法定退休年龄的，劳动合同终止。对超过法定退休年龄的劳动者，愿意继续工作的，用人单位与劳动者的关系可以按劳务关系处理，依据民事法律关系调整双方的权利义务。"

④ 案号：（2019）京民申2197号。

虽签有劳务协议，但确认劳动关系并非以双方签订的协议进行确定，而是根据个人具体情况而定。其并未享受养老保险待遇或者领取退休金，应该认定为劳动关系。

北京市高级人民法院经审查认为，张某入职公司时已经达到法定退休年龄，根据《中华人民共和国劳动合同法实施条例》第 21 条规定，劳动者达到法定退休年龄的，劳动合同终止。所以，张某以其未享受养老保险待遇、领取退休金为由主张双方间系劳动关系，依据不足。最终认定张某与公司之间系劳务关系。

第二种观点认为是劳动关系。江苏的司法实践持此种观点。《江苏省劳动人事争议疑难问题研讨会纪要》① 明确规定，用人单位与其招用的已达到或超过法定退休年龄但未享受基本养老保险待遇或领取退休金的人员发生用工争议，双方之间用工情形符合劳动关系特征的，应按劳动关系特殊情形处理。另外，天津的司法实践是用人单位在劳动者达到法定退休年龄后继续用工且对劳动者未享受基本养老保险待遇存在过错的情形下，才认定按照劳动关系处理②。

参考案例：已达法定退休年龄但未享受基本养老保险待遇，双方签订《劳务协议》，仍被认定为劳动关系

在某瑞公司与张某劳动争议案件③中，张某，男，1954 年出生。张某于 2019 年 7 月 9 日（已达法定退休年龄）与某瑞公司签订《劳务协议》，约定承担的劳务岗位为保洁员。2020 年 3 月 24 日，张某向劳动争议仲裁委员会申请仲裁，请求确认与某瑞公司之间存在劳动关系。仲裁委员会未支持张某的仲裁请求，后张某向法院提起诉讼。

法院认为，用人单位与其招用的已达到或超过法定退休年龄但未享受基本养老保险待遇或领取退休金的人员发生用工争议，双方之间用工情形符合劳动关系特征的，应按劳动关系特殊情形处理。本案张某与某瑞公司签订《劳务协议》时虽超过法定退休年龄，但其未享受基本养老保险待遇，也不属于领取退休金的人员，如其与某瑞公司之间的用工情形符合劳动关系特征的，应按劳动关系特殊情形处理。本案中，虽有

---

① 《江苏省劳动人事争议疑难问题研讨会纪要》（苏劳人仲委［2017］1 号）（已失效）规定："用人单位与其招用的已达到或超过法定退休年龄但未享受基本养老保险待遇或领取退休金的人员发生用工争议，双方之间用工情形符合劳动关系特征的，应按劳动关系特殊情形处理。劳动者请求享受《劳动法》《劳动合同法》规定的劳动报酬、劳动保护、劳动条件、工作时间、休息休假、职业危害防护、福利待遇的应予支持。但劳动者请求签订无固定期限劳动合同、支付二倍工资、经济补偿、赔偿金及社会保险待遇的不予支持（其中社会保险待遇争议不包括本意见第十二条规定的情形）。双方另有约定的除外。"

② 《天津法院劳动争议案件审理指南》第 10 条第 2 款规定："因用人单位原因致使已经达到法定退休年龄的劳动者尚未享受基本养老保险待遇或者尚未领取退休金，劳动者与原用人单位之间形成实际用工关系的，按照劳动关系处理。"

③ 案号：（2020）苏 03 民终 7040 号。

原、被告之间签订的《劳务协议》，但该协议并不具备劳务关系的特征。首先，本案原、被告双方符合法律、法规规定的劳动关系主体资格。其次，原、被告双方签订的《劳务协议》约定“甲方有权根据工作情况单方面安排前往甲方或者甲方的关联公司、分公司、子公司所在地的工作地点出差、外派或者前往其他工作地点。乙方应服从甲方全国统一调配，服从统一管理。乙方负有保守甲方商业秘密的义务”。该条款说明用人单位依法制定的各项劳动规章制度适用于劳动者，劳动者受用人单位的劳动管理，接受用人单位考勤，双方之间系管理与被管理的关系。最后，张某从事保洁工作，某瑞公司按月发放其工资，其提供的劳动是某瑞公司业务的组成部分。综上所述，原、被告双方签订的名为《劳务协议》，但原、被告双方之间用工情形符合劳动关系的特征，故原、被告双方之间应系劳动关系。

第三种观点认为若用人单位未与达到法定退休年龄的劳动者办理解除劳动合同、退休手续，则双方之间是劳动关系；若已与劳动者解除劳动合同，则双方之间是劳务关系。上海的司法实践持此种观点。根据《上海市高级人民法院民事法律适用问答》（2012 年第 1 期）第 4 条及《上海市高级人民法院发布的劳动争议案件审理要件指南（一）》第 8 条的规定，达到法定退休年龄但还未享受养老保险待遇的劳动者与用人单位的劳动关系并非自动终止，而是赋予了用人单位与达到退休年龄的劳动者解除劳动合同的权利。也就是说，对于达到法定退休年龄又未办理退休手续的劳动者，如果用人单位明确行使解除权与劳动者解除了劳动合同，或与劳动者另行签订了劳务合同，则用人单位与劳动者之间是劳务关系；如果用人单位没有行使解除权，未解除与劳动者的劳动合同或未明确告知劳动者解除劳动合同的事实而继续留用的，同时劳动者又未办理退休手续的，则用人单位与劳动者之间是劳动关系。同样，根据《超龄劳动者基本权益保障暂行规定（公开征求意见稿）》的相关条文，未来用工单位招用超过法定退休年龄的劳动者，用工关系既不是劳动关系，也不是劳务关系，很可能是类似新就业形态的不完全劳动关系。

参考案例：劳动者达到法定退休年龄后，未解除劳动合同继续留用的，按劳动关系处理

在李某与某邦公司劳动争议案件①中，李某（女）出生于 1968 年 5 月 23 日，2012 年 2 月 6 日李某进入某邦公司工作，双方签订书面劳动合同。末份劳动合同期限为 2018 年 1 月 1 日至 2018 年 5 月 23 日，2018 年 5 月 30 日某邦公司为李某办理退工手续，退工备案登记表载明，本次用工终止时间为 2018 年 5 月 23 日，退工原因为退休，但李某对公司退工并不知情，2018 年 11 月 28 日，李某向劳动人事争议仲裁委员会申请仲裁，请求：确认李某、某邦

① 案号：(2019) 沪 01 民终 7267 号。

公司自2012年2月6日起至今存在劳动关系，裁决如下：李某、某邦公司自2017年11月28日至2018年5月23日存在劳动关系。李某不服，向法院提起诉讼。

法院认为，本案二审的争议焦点是2018年5月24日之后双方是否存在劳动关系。根据本市相关规定，对于达到法定退休年龄的劳动者，用人单位又未与其解除劳动合同继续留用，未办理退休手续的，按劳动关系处理。本案中，双方的劳动合同虽于2018年5月23日到期且李某当时已达到法定退休年龄，但某邦公司继续留用李某，并未为李某办理退休手续。某邦公司虽然曾于2018年5月30日为李某办理过退工手续，但并无证据证明某邦公司当时曾将退工之事告知李某。鉴于某邦公司未能提供充分有效的证据证明双方的劳动关系曾于2018年5月23日终止，之后双方另行建立劳务关系，故应当认定2018年5月24日之后双方仍为劳动关系。

二、超龄就业人员发生工伤的责任承担

近年来，超龄就业人员继续务工的现象普遍存在，江苏、广东、天津、上海、浙江、海南、四川、山东等地①出台了超龄就业人员参加工伤保险的试行办法，如果用人单位为其招用的超龄就业人员缴纳了工伤保险，则超龄就业人员发生工伤时可以直接享受工伤保险待遇，但很多地区超龄就业人员目前无法参加工伤保险。而各地对于用人单位聘用尚未享受基本养老保险待遇的超龄就业人员的法律关系认定又尚未形成统一观点。所以超龄就业人员发生伤害事故是否可以认定为工伤、用人单位是否需要对超龄就业人员发生伤害事故承担工伤责任等问题成为司法实践中面临的难题。为了更好地保障超龄就业人员的权益，人社部及最高人民法院对于何种情况下用人单位需要承担工伤保险责任作出了特别规定及答复。

---

① 包括关于印发《江苏省超过法定退休年龄人员和实习生参加工伤保险办法》的通知（苏人社规〔2020〕6号）、《广东省人力资源和社会保障厅 广东省财政厅 国家税务总局广东省税务局关于印发〈关于单位从业的超过法定退休年龄劳动者等特定人员参加工伤保险的办法（试行）〉的通知》（粤人社规〔2020〕55号）及《广东省人力资源和社会保障厅 广东省财政厅 国家税务总局广东省税务局关于单位从业的灵活就业劳动者等特定人员参加工伤保险的办法》、《天津市实习生和超龄从业人员参加工伤保险办法（试行）》（津人社规字〔2022〕8号）、上海市人力资源和社会保障局等四部门《关于本市超过法定退休年龄就业人员和实习生参加工伤保险的试行意见》（沪人社规〔2023〕30号）、《浙江省用人单位招用不符合确立劳动关系情形的特定人员参加工伤保险办法（试行）》（浙人社发〔2023〕21号）、海南省人力资源和社会保障厅等四部门关于印发《实习生、见习人员、超龄从业人员参加工伤保险办法（试行）》的通知（琼人社规〔2023〕3号）、四川省人力资源和社会保障厅等7部门关于印发《四川省超龄等从业人员参加工伤保险办法的通知》（川人社规〔2024〕1号）、山东省人力资源和社会保障厅等7部门关于印发《超龄人员和实习学生等特定从业人员参加工伤保险办法（试行）》的通知（鲁人社规〔2024〕2号）

（一）超龄就业人员未办理退休手续，继续在原用人单位工作期间受到事故伤害或患职业病的，原用人单位承担工伤保险责任

根据《人力资源社会保障部关于执行〈工伤保险条例〉若干问题的意见（二）》（人社部发〔2016〕29号）第2条第1款①的规定，若劳动者达到或超过法定退休年龄但未办理退休手续或者未依法享受城镇职工基本养老保险待遇，而是继续在原单位从事工作，则在其继续工作期间若发生事故受到伤害或患职业病的，原用人单位须依法承担工伤保险责任。

参考案例：超过法定退休年龄继续用工，劳动者未享受养老保险待遇的，由用人单位承担工伤保险责任

在七星光电公司与熊某劳动争议案件②中，郭某（女）于1963年9月10出生，2017年7月5日，郭某与七星光电公司签订了聘用合同，2019年1月5日（郭某已达法定退休年龄）上午，郭某因上班途中发生非本人主要责任的交通事故而死亡，后被人社部门认定为工伤。后其丈夫熊某因工伤保险待遇问题向法院提起诉讼。

法院认为，郭某因交通事故死亡被认定为工亡后，熊某既可以要求交通事故的侵权人承担侵权损害赔偿责任，也可以要求用人单位支付工伤保险待遇。根据《人力资源社会保障部关于执行〈工伤保险条例〉若干问题的意见（二）》（人社部发〔2016〕29号）第2条第1款规定，郭某死亡时虽然已达到法定退休年龄，但并未享受养老保险待遇，故七星光电公司应当对郭某的死亡承担工伤保险责任。

（二）招用超龄就业人员，招用单位已按项目参保，应承担工伤保险责任

根据《人力资源社会保障部关于执行〈工伤保险条例〉若干问题的意见（二）》（人社部发〔2016〕29号）第2条第2款③规定，若用人单位新招用已经达到、超过法定退休年龄或已经领取城镇职工基本养老保险待遇的劳动者，且该用人单位为劳动者按项目参保等方式为其缴纳工伤保险费的，在用工期间劳动者因工受到事故伤害或患

---

① 《人力资源社会保障部关于执行〈工伤保险条例〉若干问题的意见（二）》（人社部发〔2016〕29号）第2条第1款规定："达到或超过法定退休年龄，但未办理退休手续或者未依法享受城镇职工基本养老保险待遇，继续在原用人单位工作期间受到事故伤害或患职业病的，用人单位依法承担工伤保险责任。"

② 案号：（2021）川04民终170号。

③ 《人力资源社会保障部关于执行〈工伤保险条例〉若干问题的意见（二）》（人社部发〔2016〕29号）第2条第2款规定："用人单位招用已经达到、超过法定退休年龄或已经领取城镇职工基本养老保险待遇的人员，在用工期间因工作原因受到事故伤害或患职业病的，如招用单位已按项目参保等方式为其缴纳工伤保险费的，应适用《工伤保险条例》。"

职业病的，应适用《工伤保险条例》的规定进行工伤认定，若最终认定属于工伤，则招用该劳动者的用人单位承担工伤保险责任。

按项目参保是指根据《关于铁路、公路、水运、水利、能源、机场工程建设项目参加工伤保险工作的通知》（人社部发〔2016〕3 号）及《关于进一步做好建筑业工伤保险工作的意见》（人社部发〔2014〕103 号）的规定，用人单位可以为参加某些特定行业（如交通运输、铁路、水利等）的工程建设项目的人员缴纳工伤保险。此规定为更好地保障超过法定退休年龄人员的工伤保险权益提供了有力的支持。

（三）离退休人员现工作单位为其缴纳工伤保险费，现工作单位承担工伤保险责任

根据《最高人民法院行政审判庭关于离退休人员与现工作单位之间是否构成劳动关系以及工作时间内受伤是否适用〈工伤保险条例〉问题的答复》（〔2007〕行他字第 6 号）[①] 的规定，如果劳动者属于离退休人员，且该劳动者所在的现工作单位已经为其缴纳了工伤保险费，则该劳动者在受聘期间因工作受到事故伤害或患职业病的，应当适用《工伤保险条例》的有关规定处理，由现工作单位承担工伤保险责任。

（四）超龄务工农民应当适用《工伤保险条例》的有关规定进行工伤认定，由用人单位承担工伤责任

我国现行法律对超过法定退休年龄进城务工的农民工权益进行了特殊保护。根据最高人民法院给山东省高级人民法院的《关于超过法定退休年龄的进城务工农民因公伤亡的，应否适用〈工伤保险条例〉请求的答复》（〔2010〕行他字第 10 号）[②] 及给江苏省高级人民法院的《关于超过法定退休年龄的进城务工农民在工作时间内因公伤亡的，能否认定工伤的答复》（〔2012〕行他字第 13 号）[③] 的规定，用人单位聘用的超过法定退休年龄的务工农民，在工作时间内、因工作原因伤亡的，应当适用《工伤保险条

---

① 《最高人民法院行政审判庭关于离退休人员与现工作单位之间是否构成劳动关系以及工作时间内受伤是否适用〈工伤保险条例〉问题的答复》（〔2007〕行他字第 6 号）规定：根据《工伤保险条例》第 2 条、第 61 条等有关规定，离退休人员受聘于现工作单位，现工作单位已经为其缴纳了工伤保险费，其在受聘期间因工作受到事故伤害的，应当适用《工伤保险条例》的有关规定处理。

② 《最高人民法院关于超过法定退休年龄的进城务工农民因公伤亡的，应否适用〈工伤保险条例〉请求的答复》（〔2010〕行他字第 10 号）规定："用人单位聘用的超过法定退休年龄的务工农民，在工作时间内、因工作原因伤亡的，应当适用《工伤保险条例》的有关规定进行工伤认定。"

③ 《最高人民法院关于超过法定退休年龄的进城务工农民在工作时间内因公伤亡的，能否认定工伤的答复》（〔2012〕行他字第 13 号）："用人单位聘用的超过法定退休年龄的务工农民，在工作时间内、因工作原因伤亡的，应当适用《工伤保险条例》的有关规定进行工伤认定。"

例》的有关规定进行工伤认定，若认定为工伤的，应由用人单位承担相应的工伤责任。

参考案例：已达法定退休年龄的农民工在工作时间和工作岗位突发疾病死亡，认定工伤

在某月公司与某人社局行政诉讼案件①中，徐某（男）出生于1955年11月11日，系某月公司锅炉工，2019年11月27日中午12时30分左右，徐某在浴室锅炉房烧锅炉过程中突发疾病，工友发现后立即将其送至卫生院，经抢救无效于当日死亡，死亡时64周岁。某人社局于同日受理，经调查后，于2020年1月17日认定徐某的死亡视同为工亡，后某月公司不服，向法院提起行政诉讼。

法院认为，为保障进城务工人员能够获得医疗救济和经济补偿，并依据最高人民法院的答复精神，对于超过法定退休年龄、未享受企业职工养老保险待遇的进城务工人员因工作原因受到事故伤害可以进行工伤认定。本案中，徐某生前，作为某月公司的锅炉工，其已超过法定退休年龄且一直未享受职工养老保险待遇，符合超过法定退休年龄进城务工人员的相关条件。徐某在浴室锅炉房从事烧锅炉工作的过程中突发疾病被送至卫生院，后经抢救无效于48小时内死亡。从上述事实来看，被上诉人人社局适用《工伤保险条例》的有关规定作出51号工伤决定，认定徐某的死亡视同为工亡，具有事实和法律依据。

（五）聘用超龄就业人员未被认定为工伤，用人单位也有可能会承担人身损害赔偿责任

根据《民法典》侵权责任编及《人身赔偿解释》的相关规定，即使用人单位聘用的超龄就业人员因工作受到事故伤害不能被认定为工伤，用人单位存在过错的也应承担人身损害赔偿责任。

参考案例：超龄就业人员在提供劳务过程中受伤，用人单位应按照过错程度承担人身损害赔偿责任

在李某与真爱公司提供劳务者受害责任纠纷案件②中，李某（女）于1957年2月23日出生，2018年10月30日，李某（已享受退休待遇）在为某爱公司发放广告单时，因拎着过多广告单，不慎摔伤，被诊断为：右肘桡骨头骨折，右肘尺骨冠状突骨折，右肘外侧副韧带断裂。经鉴定，李某构成九级伤残，双方因赔偿事宜发生争议，诉至法院。

法院认为，提供劳务一方因劳务自己受到损害的，根据双方各自的过错承担相应

---

① 案号：（2021）苏10行终53号。
② 案号：（2020）京03民终11923号。

责任。被侵权人对损害的发生也有过错的，可以减轻侵权人的责任。李某受雇为某爱公司发放广告单，某爱公司作为接受劳务方，应当对李某的合理损失承担赔偿责任。李某在提供劳务过程中，未尽到合理的注意义务，导致事故发生，其自身存在主要过错。某爱公司未提供安全作业条件，亦存在一定过错，应当承担一定赔偿责任。综上，法院根据双方当事人对于损害后果发生原因力大小等因素，酌定由李某自行负担70%的责任，由某爱公司负担30%的责任。

根据《超龄劳动者基本权益保障暂行规定（公开征求意见稿）》规定，用人单位应当按照国家规定为超龄劳动者参加工伤保险并缴纳工伤保险费。超龄劳动者因工作原因受到事故伤害或者患职业病的，按照国家规定进行工伤认定、劳动能力鉴定并享受相应的工伤保险待遇。该办法正式出台后，超龄就业人员工伤保险待遇将得到保障。

合规建议

1. 渐进式延迟法定退休年龄政策实施之后，由职工个人决定是否弹性提前退休，即使职工符合条件可以按照原法定退休年龄办理退休手续，用人单位也不得强制职工提前退休并终止劳动合同，否则属于违法终止劳动合同。无论是提前退休还是延迟退休，用人单位均应征得职工同意后再办理相关手续。

2. 加强退休年龄审查、身份审查、养老待遇审查。用人单位在招聘年龄较大的劳动者时应加强对于退休年龄、女职工岗位性质、是否已享受养老待遇养老待遇的审查。一旦发现劳动者已达到法定退休年龄，还需让其明确是否已经享受养老保险待遇或领取退休金，并要求其提交相关证明材料。此外，用人单位应当根据当地规定充分评估用工性质及法律等闲，避免承担被认定为劳动关系的风险。对于在用工过程中达到法定退休年龄的，应当及时终止劳动合同。

3. 及时签订劳务合同，明确双方权利义务。用人单位在聘用超龄就业人员时应及时与其签订劳务合同并明确双方的权利义务，如（1）双方的主体情况及劳务合同期限；（2）超龄就业人员的工作岗位与职责、工作时间、考勤标准、是否享有年休假等；（3）超龄就业人员的劳务报酬、支付方式、支付周期休息休假、劳动安全、工伤保障等；（4）劳务合同的解除条件及方式等。

4. 缴纳工伤保险或购买雇主责任险。关注国家和当地的规定，符合工伤保险参保条件的，用人单位应当为超龄就业人员缴纳工伤保险。无法缴纳工伤保险的，用人单位在有条件的情况下可购买雇主责任险减免用人单位的损失。

第六节　共享用工

近年来，为了解决人力资源配置矛盾，“共享用工”模式随之催生。不同行业的企业纷纷发布了“共享用工”计划。但是，这种用工方式在实践中也出现了企业间用工责任不明晰、劳动者权益受损、以“共享用工”为名违法派遣等问题。为此，国家及各地陆续出台政策文件，支持企业之间开展用工余缺调剂合作进行“共享用工”，并对“共享用工”进行指导和规范。目前企业仍可以根据自身情况采用“共享用工”模式进行灵活用工。

一、“共享用工”的法律关系认定

（一）“共享用工”属于借调关系

“共享用工”模式下，员工与用人单位的劳动关系和社保关系保持不变，员工在放假期间通过企业间合作借用员工方式，进入缺工企业提供临时性的劳务并获得劳务报酬。多地裁审意见将“共享用工”模式认定为借调关系，在合法性上没有争议，而且国家及各地政府也出台政策明确支持发展“共享用工”。

《人力资源和社会保障部办公厅关于做好共享用工指导和服务的通知》① 指出，企业之间开展共享用工，进行用工余缺调剂合作，对解决用工余缺矛盾、提升人力资源配置效率和稳定就业发挥了积极作用，支持企业间开展共享用工，加强对共享用工的就业服务，指导开展共享用工的企业及时签订合作协议，指导企业充分尊重劳动者的意愿和知情权、依法变更劳动合同，维护好劳动者在共享用工期间的合法权益，保障企业用工和劳动者工作的自主权，妥善处理劳动争议和查处违法行为。北京、上海等地还分别出台了“共享用工”指引②，支持共享用工，解决企业用工余缺矛盾，提升人力资源配置效率，稳定就业岗位。

---

① 《人力资源社会保障部办公厅关于做好共享用工指导和服务的通知》（人社厅发〔2020〕98号）；2020年7月14日人社部等部委联合发布《关于支持新业态新模式健康发展激活消费市场带动扩大就业的意见》指出，支持建立灵活就业、“共享用工”服务平台，提供线上职业培训、灵活就业供需对接等就业服务。

② 北京市人力资源和社会保障局关于发布《北京市共享用工指导和服务指引》的通告（京人社发〔2020〕21号）、上海市人力资源和社会保障局关于印发《上海市共享用工指导和服务工作指引》的通知（沪人社关〔2021〕44号）。

（二）“共享用工”与一般借调用工的区别

在国有企业和企业集团中，借用员工比较常见，“共享用工”模式与一般借调用工存在以下区别：

1. 借调用工企业之间一般存在关联关系，“共享用工”合作企业间一般不存在关联关系，甚至是跨行业合作；

2. 借调用工一般是个别或少量员工，“共享用工”合作企业间一般是批量借用员工；

3. 借调用工通常是长期借用，借调期限一年或两年都很常见，“共享用工”是在特殊时期解决临时性人力资源供需矛盾，一般借用时间就几个月。

4. 借调用工经常是员工自行联系后，三方签订借调协议，“共享用工”是企业之间达成合作协议后，员工富余企业将大批员工集体安排至缺工企业工作，属于一种创新的灵活用工方式。

二、“共享用工”模式的优点

共享经济的特点是优化资源配置、提高使用效率、参与者共同受益，“共享用工”实际上是优化人力资源配置，提高劳动力的使用效率，用人单位、缺工企业、员工共同受益，因此可以说“共享用工”是共享经济的一部分，具有以下优点：

（一）优化人力资源配置

在特殊时期，“共享用工”模式是于国家、社会、企业、员工各方都有利的多赢举措，既解决了电子商务等企业业务激增导致的人手短缺现状，也缓解了实体餐饮等企业为顾大局暂停歇业无力负担用工成本的困境，同时保证放假员工收入不减少，避免人民群众日常生活物资供应短缺，为各行业携手共克时艰，提供了一个切实可行的解决方案。

（二）快速匹配提高招聘效率

“共享用工”模式降低了缺工企业临时需求岗位的招聘成本，快速匹配岗位要求提高了招聘效率。时至今日，这种灵活用工模式是可以持续的：一是存在淡旺季的企业间可以直接建立长期合作关系；二是政府或人力资源服务机构也可以搭建平台为各企业提供用工供需信息调剂用工余缺。企业与“共享用工”平台合作可以获得更多的供需信息和服务，现在各地已经出现一些“共享用工”网上平台，为企业和员工提供供需信息，帮助各方更好地完成对接。

（三）用工岗位和比例不受限制

“共享用工”期间员工的劳动关系和社保关系不变，缺工企业负担员工劳动报酬，员工的用人单位并不收取任何费用，由于不属于劳务派遣，不受业务资质、借用岗位、用工比例等各方面的限制，用工更加灵活。

三、“共享用工”各方权利与义务

（一）劳动者权利和义务

1. 权利

（1）以共享用工形式被安排到缺工企业工作前，享有与员工富余企业（以下称原企业）平等协商并变更劳动合同的权利。

（2）在缺工企业工作期间，不改变与原企业之间的劳动关系，共享用工期限不超过与原企业订立的劳动合同剩余期限。

（3）了解缺工企业工作内容、工作条件、工作地点、职业危害、安全生产状况、劳动报酬、企业规章制度以及需要了解的其他情况。

（4）有权获得符合国家规定的劳动安全卫生条件和必要的劳动防护用品。

（5）按时足额获得劳动报酬。

（6）缺工企业未按约定履行保护劳动者权益的义务的，可以回原企业，原企业不得拒绝。

（7）不适应缺工企业工作的，可以与原企业、缺工企业协商回原企业。

（8）合作期满回原企业时，原企业应及时接收安排。缺工企业需要，经原企业同意，且与原企业依法变更劳动合同、原企业与缺工企业续订合作协议之后，可以继续在缺工企业工作。

2. 义务

（1）遵守缺工企业依法制定的规章制度。

（2）服从缺工企业的工作安排，积极参加缺工企业组织的岗前、转岗等培训。

（3）共享用工合作期满后，不回原企业或者违法解除劳动合同给原企业造成损失的，依法承担赔偿责任。

（二）原企业权利和义务

1. 权利

（1）有权知悉缺工企业劳动者工作内容、工作条件、工作地点、职业危害、安全生产状况、劳动报酬、企业规章制度等。

（2）与缺工企业签订合作协议，明确双方权利义务关系及劳动者权益保护等事项。

2. 义务

（1）不得将在本单位工作的被派遣劳动者以共享用工名义安排到其他单位工作；不得以共享用工名义违法开展劳务派遣和规避劳务派遣有关规定。

（2）将劳动者安排到缺工企业工作前应征求劳动者意见，与劳动者协商一致，并变更劳动合同。变更后的劳动合同应明确新的工作地点、工作岗位、工作时间、休息休假、劳动报酬、劳动条件以及缺工企业依法制定的规章制度等。

（3）将劳动者安排到缺工企业工作，不改变与劳动者之间的劳动关系。

（4）按时足额支付劳动者的劳动报酬和为劳动者缴纳社会保险费，不得克扣劳动者的劳动报酬和以任何名目从中收取费用。

（5）跟踪了解劳动者在缺工企业的工作情况和有关诉求，及时帮助劳动者解决工作中的困难和问题。

（6）劳动者在缺工企业工作期间发生工伤事故的，按照《工伤保险条例》第 43 条第 3 款规定，承担工伤保险责任，补偿办法可与缺工企业约定。

（7）缺工企业未按照约定履行劳动者权益保护义务时，劳动者要求返回的，不得拒绝接收。

（8）劳动者严重违反缺工企业规章制度、不能胜任工作以及符合合作协议中约定可以退回的情形时，不得拒绝缺工企业退回劳动者。

（9）共享用工合作期满，及时接收安排劳动者。

（三）缺工企业的权利和义务

1. 权利

劳动者严重违反缺工企业规章制度、不能胜任工作以及符合合作协议中约定可以退回的情形的，可以将劳动者退回原企业。

2. 义务

（1）如实告知劳动者和原企业工作内容、工作条件、工作地点、职业危害、安全生产状况、劳动报酬、企业规章制度和劳动者需要了解的其他情况。

（2）合理安排劳动者工作时间和工作任务，保障劳动者休息休假权利，提供符合国家规定的劳动安全卫生条件和必要的劳动防护用品。

（3）及时将劳动者的劳动报酬结算给原企业。

（4）劳动者在工作期间发生工伤事故的，按照协议给予原企业补偿，并协助原企业完成工伤认定等工作。

（5）招录尚未与原企业解除、终止劳动合同的劳动者，给原企业造成损失的，承担连带赔偿责任。

四、“共享用工”的风险防控

企业采用“共享用工”模式，违法操作或不规范管理，可能存在以下法律风险：

(一) 用工性质认定劳动关系的风险

根据《劳动合同法》规定，对完成本单位的工作任务没有造成严重影响，或者用人单位没有提出异议的，劳动者可以同时与其他用人单位建立劳动关系。《最高人民法院关于审理劳动争议案件适用法律问题的解释（一）》规定，企业停薪留职人员、未达到法定退休年龄的内退人员、下岗待岗人员以及企业经营性停产放长假人员，因与新的用人单位发生用工争议而提起诉讼的，人民法院应当按劳动关系处理。

人力资源和社会保障部规定①，原企业与劳动者协商一致，将劳动者安排到缺工企业工作，不改变原企业与劳动者之间的劳动关系；劳动者非由其用人单位安排而自行到其他单位工作的，不属于本通知所指共享用工情形。如果企业自行或通过人力资源服务机构或网上平台直接招用其他企业放假待岗员工或无单位人员，即使签订劳务协议，也存在认定劳动关系的风险。因此，如果放假待岗的员工自行与缺工企业联系并提供临时性的劳动，接受缺工企业的管理并直接从缺工企业获得劳动报酬，即使双方签订有劳务协议，很有可能认定双方建立双重劳动关系。缺工企业需要承担用人单位的法律责任，包括为员工缴纳社会保险，支付工伤保险待遇，支付解除或终止劳动合同的经济补偿等。

参考案例：与长期待岗人员签订《劳务协议》，符合劳动关系特征，构成劳动关系

在张某与某方公司劳动争议一案②中，张某为某建筑公司无固定期限合同制员工，自 2015 年 3 月开始待岗，某建筑公司每月向其发放待岗工资 380 元。2019 年 5 月 5 日，张某到某方公司工作，双方签订临时劳务协议，某方公司按月向其支付工资。2020 年 1 月 10 日，张某向当地劳动人事争议仲裁委员会提出申请，要求确认其与某方公司存在劳动关系，仲裁支持了张某的请求，某方公司不服，认为双方系临时劳务关系，因此向法院提起诉讼。

法院认为，根据《最高人民法院关于审理劳动争议案件适用法律若干问题的解释（三）》第 8 条的规定：“企业停薪留职人员、未达到法定退休年龄的内退人员、下岗

---

① 《人力资源社会保障部办公厅关于做好共享用工指导和服务的通知》第 5 条规定，指导企业依法变更劳动合同。

② 案号：(2020) 冀 0207 民初 3122 号。

待岗人员以及企业经营性停产放长假人员，因与新的用人单位发生用工争议，依法向人民法院提起诉讼的，人民法院应当按劳动关系处理。”本案中，张某自 2015 年 3 月起在原工作单位停职待岗，未达到法定退休年龄，在待岗期间，虽然张某与某万公司签订临时劳务协议，但按照上述规定，张某符合与新单位建立劳动关系的条件，双方均符合法律、法规规定的劳动关系主体资格，张某受某万公司的制度约束，由某万公司按月发放工资，双方之间存在人身和经济上的隶属关系，其实质符合劳动关系的法律特征。某万公司系张某的用人单位，与张某之间存在劳动关系，故某万公司关于确认双方是劳务关系的诉讼请求，理据不足，本院不予支持。

另外，如果共享用工期间原企业与员工解除/终止劳动合同，缺工企业继续用工和发放劳动报酬的，符合原劳动部《关于确立劳动关系有关事项的通知》规定，也会认定员工与缺工企业建立劳动关系。

参考案例：原企业与劳动者终止劳动合同后，缺工企业继续用工，符合劳动关系构成要件时，应认定为劳动关系

在张某与某电商公司劳动争议案中①，张某为某餐饮公司服务员，双方签订有劳动合同。2020 年春节期间，某餐饮公司停止营业，多名员工滞留当地。而某电商公司则业务量持续爆发式增长，送货、拣货等岗位人员紧缺。电商公司遂与某餐饮公司签订了“共享用工协议”，约定张某自 2020 年 2 月 3 日至 5 月 4 日借用到某电商公司从事拣货员岗位工作，每月某电商公司将工资交由某餐饮公司后，由某餐饮公司支付给张某。张某同意临时到某电商公司工作，并经该公司培训后上岗。然而，某餐饮公司于 3 月 20 日依法宣告破产，并通知张某双方劳动合同终止，同时告知某电商公司将无法履行共享用工协议。某电商公司仍安排张某工作并支付工资。4 月 16 日，张某向劳动人事争议仲裁委员会申请仲裁，请求裁决确认与某电商公司自 2020 年 2 月 3 日至 4 月 16 日存在劳动关系。

仲裁委认为，本案中，某餐饮公司与某电商公司签订并履行了“共享用工协议”，张某同意被借用到某电商公司工作，应认定某餐饮公司与张某口头变更了劳动合同中工作地点、工作内容等事项。因某餐饮公司于 2020 年 3 月 20 日宣告破产，张某与某餐饮公司劳动合同终止，某电商公司与某餐饮公司原有的权利义务不再存在。而某电商公司明知某餐饮公司宣告破产，双方共享协议无法履行，仍然安排张某从事业务工作，对其进行劳动管理并发放劳动报酬，符合原劳动和社会保障部《关于确立劳动关系有关事项的通知》（劳社部发〔2005〕12 号）的规定，张某与某电商公司自 2020 年 3 月 20 日确立劳动关系。

---

① 人社部、最高人民法院《关于联合发布第一批劳动人事争议典型案例的通知》（人社部函〔2020〕62 号）——案例七。

庭前调解阶段，某电商公司表示因张某工作表现良好，公司正在研究是否正式聘用，希望暂缓开庭。仲裁委员会告知张某后，张某考虑到工作机会难得，且工作地点等条件十分便利，同意暂不开庭，愿意等待某电商公司决议。最终，双方庭前和解，并签订了自2020年3月20日至2021年3月19日的劳动合同，张某撤回了仲裁申请。

（二）违法实施劳务派遣的风险

人社部明确“共享用工”原企业要按时足额支付劳动者劳动报酬和为劳动者缴纳社会保险费，并不得克扣劳动者的劳动报酬和以任何名目从中收取费用。对以共享用工名义违法开展劳务派遣和规避劳务派遣有关规定的，依法追究相应法律责任。①。部分地方裁审意见也对此予以明确规定，如北京、上海等②。

原企业不能以向缺工企业收取借用员工的管理费用进行盈利，或者假借“共享用工”进行违法劳务派遣，否则可能需要根据《劳动合同法》第92条③和《劳务派遣暂行规定》的相关规定承担违法劳务派遣的法律责任。

（三）员工工作受伤索赔的风险

《工伤保险条例》规定，职工被借调期间受到工伤事故伤害的，由原用人单位承担工伤保险责任，但原用人单位与借调单位可以约定补偿办法。

“共享用工”期间，原企业应继续为员工缴纳工伤保险，员工在缺工企业工作期间受伤，可以由原企业申请工伤认定，并由工伤保险基金和原企业分别承担员工的工伤保险待遇，合作企业双方可以根据事先约定的补偿办法结算费用。

如果缺工企业为员工单独缴纳工伤保险，也可以由缺工企业申请工伤认定，并由工伤保险基金和缺工企业分别承担员工的工伤保险待遇。

如果没有缴纳工伤保险，员工在缺工企业工作期间受伤的，缺工企业存在承担工伤保险责任或人身损害赔偿责任的风险。

合规建议

1. 为了避免认定放假员工与缺工企业建立劳动关系的风险，建议采取企业间合作

① 《人力资源社会保障部办公厅关于做好共享用工指导和服务的通知》第6条、第8条。

② 《北京市共享用工指导和服务指引》《上海市共享用工指导和服务工作指引》。

③ 《劳动合同法》第92条规定，违反本法规定，未经许可，擅自经营劳务派遣业务的，由劳动行政部门责令停止违法行为，没收违法所得，并处违法所得一倍以上五倍以下的罚款；没有违法所得的，可以处五万元以下的罚款。劳务派遣单位、用工单位违反本法有关劳务派遣规定的，由劳动行政部门责令限期改正；逾期不改正的，以每人五千元以上一万元以下的标准处以罚款，对劳务派遣单位，吊销其劳务派遣业务经营许可证。用工单位给被派遣劳动者造成损害的，劳务派遣单位与用工单位承担连带赔偿责任。

方式并征得员工同意后，由缺工企业借用员工提供临时性劳务，缺工企业通过与原企业结算劳务报酬并由原企业发放工资。

2. 为了明确“共享用工”期间的各方权利义务，原企业与缺工企业应当签订合作协议，同时原企业应当与员工协商变更劳动合同。

3. “共享用工”模式下，原企业不得以营利为目的借出员工；亦不得与缺工企业串通，假借“共享”之名，突破劳务派遣制度规定开展违法派遣。

4. 为了防范员工工伤赔偿风险，原企业应当继续缴纳社会保险，并与缺工企业约定工伤保险待遇补偿办法，或者缺工企业单独缴纳工伤保险，也可以购买雇主责任险等商业保险。

第七节　互联网平台用工

2020 年后，依托于互联网平台的新业态用工得到进一步蓬勃发展，但是平台从业者的劳动保障权益问题也更加突出，引起了社会各界和国家部委的广泛关注。2021 年 7 月 16 日，人社部等八部门联合发布了《关于维护新就业形态劳动者劳动保障权益的指导意见》（以下简称八部门《意见》）。此前，国家邮政总局、市场监管总局也分别联合相关部委发布了《关于做好快递员群体合法权益保障工作的意见》（以下简称《快递员意见》）、《关于落实网络餐饮平台责任切实维护外卖送餐员权益的指导意见》（以下简称《送餐员意见》）。上述三个文件从一般的新业态劳动者到典型的外卖送餐员、快递员，对新业态用工进行了规范。为了指导企业依法规范用工、新就业形态劳动者依法维权，切实维护好新就业形态劳动者基本权益，2023 年 11 月 8 日，人社部办公厅印发了《新就业形态劳动者休息和劳动报酬权益保障指引》《新就业形态劳动者劳动规则公示指引》《新就业形态劳动者权益维护服务指南》。为了支持和规范发展新就业形态、加强灵活就业和新就业形态劳动者权益保障，充分实现平台经济良性发展与劳动者权益保护互促共进，2023 年 4 月 24 日，人力资源社会保障部和最高人民法院关于联合发布第三批劳动人事争议典型案例。2024 年 12 月 23 日，最高人民法院首次发布新就业形态劳动争议专题指导性案例，涉及外卖骑手、网络主播、代驾司机等职业群体，聚焦平台企业与新就业形态劳动者之间的劳动关系认定。近几年国家和各地频繁发布指引文件和典型案例释放出一个信号，国家对于新业态用工既不会按照传统劳动关系进行法律保护，但是也不会按照民事合同关系完全意思自治，而是正在积极探索第三条路径。未来，平台低成本用工的“红利”或将不在。

一、互联网平台用工的法律关系认定

“互联网+”经济在增加就业机会、创新灵活用工形式的同时，也给劳动关系的认定带来了新挑战，其突破了我国传统的劳动关系认定理论和实践，引发了一波大论战。互联网平台与平台从业者之间的合同性质是属于劳动、雇佣、承揽还是中介，至今仍然没有统一的定论。在传统劳动关系认定标准过于僵硬的情况下，如何在不突破现有法律规定并保护劳动者权益的基础上，合理认定互联网平台用工的法律关系成为争议热点。由于互联网平台用工形态复杂、从业者类型多样，涉及平台从业者、平台、平台雇主（服务需求方）三方，下面仅探讨全职平台从业者与平台之间未签订劳动合同的法律关系认定问题，对于平台从业者与平台之间建立劳动关系签订劳动合同以及兼职、退休等构成劳务关系等情形不在此处进行讨论。

（一）互联网平台的服务类型

互联网平台的服务类型大体可分为三种，包括指派业务型、共享业务型和混合型。

指派业务型主要表现为平台指派平台从业者为第三方提供服务，向平台从业者支付相应的报酬，对平台从业者的工作情况进行管理和控制，如滴滴打车。

共享业务型主要体现在平台为平台从业者提供服务信息，平台从业者自由选择工作内容、工作时间和工作地点等。平台从业者可以从平台获得服务报酬，也可以与平台分摊服务费用，或者消费者直接支付给平台从业者。但是，平台从业者要服从平台的各项规章制度和考核制度的管理，如美团外卖。

混合型就是以上两种服务类型的结合。

（二）互联网平台用工与传统用工形式的区别

互联网平台用工形式与传统用工形式的区别详见下表：

表1　互联网平台用工形式与传统用工形式的区别

分类	互联网平台用工形式	传统用工形式
准入标准	从业者准入门槛较低，进退自由。加入平台的程序较为简单，往往通过在线操作和有关证书的审核即可完成。	雇主对雇员的招聘程序较为严格。
自主性	从业者自主性较强，工作与否、工作时间、工作地点和工作数量相对灵活。	不能自由决定工作与否，工作时间、工作地点和工作数量相对固定。
工作设备	一般从业者自己提供设备和工具，包括车辆等。	雇主提供设备和工具。

续表

分类	互联网平台用工形式	传统用工形式
报酬支付方式	实行计件付酬且几乎实时支付。	实行计时工资且按一定周期支付。
报酬构成	从业者与平台按比例分成。	支付固定工资，或按员工表现支付绩效工资，一般与雇主的营业收入不直接挂钩。
监督管理	通过顾客的评级制度等形式，实现对平台从业者的监督。	雇主对员工进行管理和监督。

由上表可知，互联网平台用工具有灵活性高和从属性弱的特点。平台从业者与平台企业之间通过互联网形成联系，没有确定的工作场所、工作时间和工作数量，工作方式稳定性差。而传统雇佣方式具有相对固定的工作场所、工作时间和工作数量，工作方式具有极高的稳定性。传统用工形式的劳动关系具有人格从属性、组织从属性和经济从属性，互联网平台用工形式的从属性进行了弱化，使平台用工劳动关系的认定面临着新挑战。互联网平台通过网络技术改变了传统用工的管理方式，使平台从业者的工作形式相对自由，但是互联网平台用工形式的劳动关系认定实际上并没有跳出"从属性"的范围，其在"从属性"方面的弱化也并没有从根本上改变劳资双方隶属控制的本质，事实上平台通过一些新技术手段甚至在某些方面实现了对平台从业者更加强势的控制，传统的劳动关系判定标准理论仍存在适用空间。

（三）互联网平台用工的法律关系认定

目前，我国还没有统一的关于互联网平台用工法律关系认定的相关规定，司法实践中，仲裁委和法院仍以劳社部发〔2005〕12 号文件①为基础，根据劳动关系的"三性"——人格从属性、组织从属性、经济从属性，并结合当事人双方合意、利益的分配等因素认定互联网平台用工是否构成劳动关系。

针对网约车平台公司与驾驶员的法律关系问题，《网络预约出租汽车经营服务管

---

① 《关于确立劳动关系有关事项的通知》第 1 条规定：用人单位招用劳动者未订立书面劳动合同，但同时具备以下情形的，劳动关系成立。第一，用人单位和劳动者符合法律、法规规定的主体资格；第二，用人单位依法制定的各项劳动规章制度适用于劳动者，劳动者受用人单位的劳动管理，从事用人单位安排的有报酬的劳动；第三，劳动者提供的劳动是用人单位业务的组成部分。

理暂行办法》第18条作出了相关规定[①]，网约车平台公司应当按照有关法律法规规定，根据工作时长、服务频次等特点，与驾驶员签订多种形式的劳动合同或者协议，明确双方的权利和义务。上述规定并没有作出“一刀切”的要求，而是允许双方自由选择签订劳动合同或其他协议。

八部门《意见》第1条第2项规定：“符合确立劳动关系情形的，企业应当依法与劳动者订立劳动合同。不完全符合确立劳动关系情形但企业对劳动者进行劳动管理（以下简称不完全符合确立劳动关系情形）的，指导企业与劳动者订立书面协议，合理确定企业与劳动者的权利义务。个人依托平台自主开展经营活动、从事自由职业等，按照民事法律调整双方的权利义务。”实质上绕开了关于法律关系的认定问题，避开了争议焦点，直接将新业态劳动者纳入劳动权益保障的范围。也就是说，不管是否属于劳动关系，新业态劳动者的权益都应获得保障。八部门《意见》将新业态劳动者分为三类，包括确立劳动关系的劳动者，不完全符合确立劳动关系的劳动者，平台自主就业者（众包）。将不完全符合劳动关系的新业态劳动者和平台自主就业者纳入保障范围，平台再难以合作关系、承揽关系等为由回避对新业态劳动者的保障义务。但是，法律关系的认定是主体之间权利义务分配的起点，对该问题的回避从短期来看有助于快速将无法确认劳动关系的平台劳动者纳入保障范围，但从长远来看，仍易在具体适用中引发新争议，无法解决实践中的认定难题。在国家出台明确的法律规定之前，司法实践中关于新业态劳动者法律关系的认定问题仍会存有争议。

2023年2月21日人力资源社会保障部办公厅印发《新就业形态劳动者劳动合同和书面协议订立指引（试行）》的通知，规定企业要根据用工事实和劳动管理程度，综合考虑新就业形态劳动者对工作时间及工作量的自主决定程度、劳动过程受管理控制程度、是否需要遵守有关工作规则和劳动纪律及奖惩办法、工作的持续性、能否决定或者改变交易价格等因素，与符合确立劳动关系情形的新就业形态劳动者订立劳动合同，与不完全符合确立劳动关系情形的新就业形态劳动者订立书面协议。

此外，部分地区法院为了统一互联网平台用工案件的裁判尺度也出台了相关文件，基本对劳动关系认定采取了比较谨慎的态度。例如，2018年7月《广东省高级人民法

---

① 《网络预约出租汽车经营服务管理暂行办法》第18条规定，网约车平台公司应当保证提供服务的驾驶员具有合法从业资格，按照有关法律法规规定，根据工作时长、服务频次等特点，与驾驶员签订多种形式的劳动合同或者协议，明确双方的权利和义务。网约车平台公司应当维护和保障驾驶员合法权益，开展有关法律法规、职业道德、服务规范、安全运营等方面的岗前培训和日常教育，保证线上提供服务的驾驶员与线下实际提供服务的驾驶员一致，并将驾驶员相关信息向服务所在地出租汽车行政主管部门报备。网约车平台公司应当记录驾驶员、约车人在其服务平台发布的信息内容、用户注册信息、身份认证信息、订单日志、上网日志、网上交易日志、行驶轨迹日志等数据并备份。

院广东省劳动人事争议仲裁委员会关于劳动人事争议仲裁与诉讼衔接若干意见》规定，出租汽车（巡游车和网约车）驾驶员与经营者及网络平台经营者与相关从业人员之间的用工关系性质，原则上按约定处理。如果双方签订了民事合同，建立了风险共担、利益共享的分配机制的，不应认定双方存在劳动关系。实际履行与约定不一致或双方未约定的，以实际履行情况认定。2017 年 8 月，江苏省劳动人事争议仲裁委员会颁布的《江苏省劳动人事争议疑难问题解读研讨会纪要》中指出，对于发挥联系中介作用的网络平台，劳动者通过网络平台与企业建立工作联系关系，企业通过网络平台提供服务信息，并通过网络平台收取管理费或信息费用的，双方不宜作为劳动关系处理。如果劳动者未与互联网平台企业订立劳动合同，而是签订了承包合同、委托协议等，一般应从其约定来认定双方的法律关系。如果双方关系符合劳社部发〔2005〕12 号文件的要求，应认定双方存在劳动关系。2018 年 4 月，北京市朝阳区人民法院发布的《互联网平台用工劳动争议审判白皮书》中也对互联网平台用工的法律关系认定问题进行了分析。该白皮书提出，对于互联网平台和从业者的用工形态是否构成劳动关系进行鉴别和确认是处理互联网平台用工劳动争议诉讼的核心，将人格从属性作为互联网平台用工劳动关系认定的核心要素。

参考案例：外卖骑手与平台之间不具有从属性，双方不存在劳动关系

在林某某等六人与某悦公司确认劳动关系案件①中，蔡某某于 2017 年 2 月通过某团众包客户端自行注册成为某团外卖骑手，从事外卖配送工作。某悦公司与某快科技公司签订了平台服务协议，约定了众包员通过平台注册并确认劳务协议，众包员成为某悦公司的劳务服务人员，某悦公司为众包员投保某团骑手意外险。2017 年 10 月 16 日，蔡某某发生交通事故经抢救无效后死亡。蔡某某的近亲属林某某等六人共同诉北京某快在线科技有限公司（某团网）要求确认蔡某某于事故发生之日与北京某快在线科技有限公司存在劳动关系。2018 年 12 月 11 日江阴市劳动人事争议仲裁委员会作出仲裁裁决书，裁决不予支持林某某等六人的仲裁请求，该份裁决已生效。

法院认为，参照原《劳动和社会保障部〈关于确立劳动关系有关事项的通知〉》判断劳动者与用人单位是否存在劳动关系，应结合当事人的意思表示、人格从属性和经济从属性等因素综合认定。首先，蔡某某通过某团众包客户端自主注册成为某团众包骑手时，已明确众包员是某悦公司的劳务人员，双方建立的劳务关系不适用《劳动合同法》的规定，双方意思表示真实。其次，蔡某某自主决定接单数量，自己提供送餐的交通工具。蔡某某只要按时完成送餐任务即可，某悦公司不对蔡某某的工作过程进行监督，也不对蔡某某进行考勤和下达工作指令，不符合劳动关系认定的人格从属

① 案号：(2019) 苏 02 民终 2754 号。

性要求。最后，蔡某某无固定工资，其根据工作完成情况及完成的送餐单数结算工资，每单的配送费用根据送餐的时间长短、距离不同而变动，且配送费用预存在蔡某某的众包账户内，可以自由提现，与劳动关系中劳动报酬的结算标准不同，不属于劳动关系认定中经济从属性的特点。故，蔡某某与某悦公司之间不存在劳动关系。

二、互联网平台从业者因工受伤的责任承担

近年来，随着平台经济的崛起，互联网平台从业人员规模迅速扩张。以快递员、外卖骑手、网约车司机为代表的平台从业者因其职业特点，本身易遭受交通事故等职业伤害，再加上当下互联网平台用工模式复杂，我国立法及司法实践中对平台与其从业者之间是否构成劳动关系尚无定论，且大多数平台经营者未为从业者缴纳工伤保险，平台从业者较难纳入工伤保险基金保障范围。基于以上现实，平台从业者的劳动权益保障问题引发了社会的广泛关注，平台从业者因工受伤时的责任如何承担，成为实践中面临的难题。目前，司法实践中多根据互联网平台用工的不同模式，确定法律关系的性质，进而明确平台从业者因工受伤时各方的法律责任。

（一）不同模式下的平台从业者因工受伤责任承担

互联网平台的用工模式较为复杂，主要有标准劳动关系、劳务派遣、业务外包、众包等模式，既存在劳动关系，还存在民事关系。不同用工模式下，平台从业者与互联网平台及劳务派遣公司、外包公司等平台服务参与方之间的法律关系可以分为劳动关系、民事关系两类，在不同的法律关系中，平台从业者因工受伤时，各方应承担的法律责任不同。

1. “劳动关系”下平台从业者因工受伤的责任承担

在符合劳动关系的构成要件时，平台从业者因工受伤，应按照《工伤保险条例》的规定，由相应的用人单位承担工伤保险责任。结合不同的用工模式，即：在标准劳动关系模式下，应由互联网平台承担工伤保险责任；在劳务派遣模式下，根据《劳务派遣暂行规定》第10条[①]，应由劳务派遣公司承担工伤保险责任，但如果劳务派遣公司与互联网平台对工伤保险责任有补偿约定时，互联网平台仍需按照约定对劳务派遣公司承担相应的补偿责任；在业务外包模式下，如果外包公司与平台从业者签订了劳动合同，则外包公司应承担工伤保险责任。

---

① 《劳务派遣暂行规定》第10条规定：被派遣劳动者在用工单位因工作遭受事故伤害的，劳务派遣单位应当依法申请工伤认定，用工单位应当协助工伤认定的调查核实工作。劳务派遣单位承担工伤保险责任，但可以与用工单位约定补偿办法。

参考案例：外卖骑手与外包公司存在劳动关系，由外包公司承担工伤保险责任

在洪某与某辉公司劳动争议案件[①]中，某米公司原系北京某快在线科技有限公司（某团外卖）在某市经营某团外卖的代理商，2017 年 2 月，洪某进入某米公司经营的某市某团外卖当送货员，劳动报酬于每月 15 日左右通过银行转账至工资卡方式支付上个月的工资。2017 年 3 月 14 日某快在线科技有限公司通过电子邮件向某米公司发出解约通知，要求解除双方之间的某团外卖某市代理关系，同时与某辉公司建立了某团外卖某市代理关系，洪某继续在某市某团外卖从事之前的外卖送货工作。2017 年 4 月 17 日，洪某在送外卖业务过程中不慎摔倒受伤，后经当地人社部门认定构成工伤，由于某米公司、某辉公司都未为洪某缴纳工伤保险，双方因工伤保险待遇问题发生争议，洪某诉至法院。

法院认为，洪某与某辉公司之间的劳动关系已经生效判决确认存在，洪某所受事故伤害也已经被认定为工伤且经劳动能力鉴定委员会鉴定为劳动功能障碍程度九级，某辉公司对一审认定的工伤保险待遇计算标准也无异议。因某辉公司未为洪某购买工伤保险，根据《工伤保险条例》第 62 条第 2 款规定，洪某有权向某辉公司主张相应的工伤保险待遇，一审法院判决某辉公司向洪某支付相应的工伤保险待遇并无不当，本院予以维持。

2. “民事关系”下平台从业者因工受伤的责任承担

在业务外包模式中，如果外包公司与平台从业者并未签订劳动合同，或者签订的是承包协议、劳务协议等民事协议，则裁审机关可能基于意思自治认定为雇佣关系、承揽关系或其他民事劳务关系；在平台众包模式下，实践中也大都认为平台从业者与平台之间系中介关系或合作关系。如果平台从业者与外包公司或平台之间不存在劳动关系，裁审机关则会适用民法的相关规定来认定各方的责任。具体如下：

（1）承揽关系

如果平台从业者与平台之间系承揽关系，根据《最高人民法院关于审理人身损害赔偿案件适用法律若干问题的解释》第 10 条[②]，平台从业者因工受伤时，平台仅需依据自身的过错承担相应的民事赔偿责任。《民法典》吸收了上述规定[③]。

---

① 案号：（2020）皖 01 民终 516 号。

② 《最高人民法院关于审理人身损害赔偿案件适用法律若干问题的解释》第 10 条规定：“承揽人在完成工作过程中对第三人造成损害或者造成自身损害的，定作人不承担赔偿责任。但定作人对定作、指示或者选任有过失的，应当承担相应的赔偿责任。”

③ 《民法典》第 1193 条规定：承揽人在完成工作过程中造成第三人损害或者自己损害的，定作人不承担侵权责任。但是，定作人对定作、指示或者选任有过错的，应当承担相应的责任。

（2）雇佣关系

如果平台从业者与平台之间系雇佣关系，根据《最高人民法院关于审理人身损害赔偿案件适用法律若干问题的解释》第 11 条[①]，平台从业者因工受伤时，即使平台对此没有过错，平台也应承担民事赔偿责任，只是在第三人造成平台从业者遭受人身损害时，平台在承担民事赔偿责任后，可以向第三人进行追偿。

需注意的是，《民法典》并未采纳《最高人民法院关于审理人身损害赔偿案件适用法律若干问题的解释》第 11 条的规定。《民法典》施行后，最高人民法院对相关司法解释进行了修订，删除了上述规定。《民法典》仅明确了个人劳务关系中的侵权责任[②]，对企业与个人之间形成劳务关系，劳务提供者因提供劳务致使自身遭受损害时的责任如何承担，还没有明确的规定。根据《民法典》侵权责任编的规定，平台需要按照过错程度承担相应的民事赔偿责任。这还有待《民法典》施行后与其配套的法规、司法解释等进一步予以明确。

（3）中介关系

实务中，也有观点认为平台从业者与平台之间是中介关系，平台只有在故意隐瞒与订立合同有关的重要事实或提供虚假情况，导致平台从业人员因工受伤时，才需承担损害赔偿责任。其他情形下，平台可以免责。需说明的是，《民法典》第 962 条关于“中介人报告义务”的规定，对《合同法》以上规定进行了保留。

最后，需指出的是，许多平台在与从业者签订协议时，会对从业人员因工受伤时的责任承担问题作出约定，这常见于合作关系中。此时，有效的协议约定也是裁审机关认定各方法律责任的重要依据。

（二）互联网平台从业者参加职业伤害保障和工伤保险的最新政策探索

值得关注的是，目前，互联网平台从业者大部分脱离于劳动法和工伤保险的保护范围，在互联网平台用工模式下，平台从业者的因工受伤风险极大，建立灵活就业人员工伤保险防控体系，构建灵活就业人员专项社会保障制度具有必要性。国家对这类

---

① 《最高人民法院关于审理人身损害赔偿案件适用法律若干问题的解释》第 11 条规定：“雇员在从事雇佣活动中遭受人身损害，雇主应当承担赔偿责任。雇佣关系以外的第三人造成雇员人身损害的，赔偿权利人可以请求第三人承担赔偿责任，也可以请求雇主承担赔偿责任。雇主承担赔偿责任后，可以向第三人追偿。”

② 《民法典》第 1192 条规定：个人之间形成劳务关系，提供劳务一方因劳务造成他人损害的，由接受劳务一方承担侵权责任。接受劳务一方承担侵权责任后，可以向有故意或者重大过失的提供劳务一方追偿。提供劳务一方因劳务受到损害的，根据双方各自的过错承担相应的责任。提供劳务期间，因第三人的行为造成提供劳务一方损害的，提供劳务一方有权请求第三人承担侵权责任，也有权请求接受劳务一方给予补偿。接受劳务一方补偿后，可以向第三人追偿。

就业人员的工伤权益保障问题也逐渐加大重视。自 2019 年以来，国务院多次发文提出开展平台经营者用工职业伤害保障试点①。实践中，已经有部分地区开始实施职业伤害保障试点。2022 年 6 月 19 日，广东省人力资源和社会保障厅等十一部门印发《广东省新就业形态就业人员职业伤害保障试点工作实施方案》和《广东省新就业形态就业人员职业伤害保障办法（试行）》的通知，按规定参加新就业形态就业人员职业伤害保障试点（以下简称职业伤害保障）的平台企业（以下统称平台企业），应当按照国家要求和本办法规定参加职业伤害保障，为通过平台注册并接单，以平台企业名义提供出行、外卖、即时配送和同城货运等劳动并获得报酬或者收入的新就业形态就业人员缴纳职业伤害保障费，实现每单必保、每人必保。参保的新就业形态就业人员有按规定享受职业伤害保障待遇的权利。2025 年 4 月，人社部等九部门发布《关于扩大新就业形态人员职业伤害保障试点的通知》（人社部发〔2025〕24 号），经国务院同意，决定扩大职业伤害保障试点，修订《新就业形态人员职业伤害保障办法（试行）》，规定平台企业应当依照本办法规定参加新就业形态人员职业伤害保障，为通过平台注册并接单，以平台企业名义提供出行、即时配送和同城货运等劳动并获得报酬或者收入的新就业形态人员缴纳职业伤害保障费，实现每单必保、每人必保。

另外，部分地区陆续探索关于灵活就业人员工伤保险方面的新模式，如 2023 年 5 月 26 日，浙江省人力资源和社会保障厅等部门印发《浙江省用人单位招用不符合确立劳动关系情形的特定人员参加工伤保险办法（试行）》规定，用人单位可按照规定为其招用的不符合确立劳动关系情形的新就业形态劳动者，单险种参加工伤保险、缴纳工伤保险费。广东、安徽等地也将新就业形态劳动者纳入工伤保险参保范围。

以上政策尽管对平台从业者劳动权益保障做出了有益探索，代表了有关法规政策的新风向，但在进一步的落实和实施前，裁审机关仍有可能按照民法的相关规定认定非劳动关系平台从业者因工受伤的法律责任。

三、互联网平台从业者劳动权益保障

（一）劳动保障措施

近几年来，劳动法理论和实践中对如何保障平台劳动者权益展开了激烈讨论，主

---

① 2019 年 8 月 1 日，国务院办公厅发布了《关于促进平台经济规范健康发展的指导意见》，明确提出“抓紧研究完善平台经营者用工和灵活就业等从业人员社保政策，开展职业伤害保障试点，工伤各地的规定积极推进全民参保计划，引导更多平台从业人员参保”；2020 年 1 月 2 日，《中共中央、国务院关于抓好“三农”领域重点工作 确保如期实现全面小康的意见》第 18 条明确提出，要开展新业态从业人员职业伤害保障试点。

要形成了以下三种观点。第一种观点认为[1]，平台用工具有实质上的从属性，应认定劳动关系，适用劳动法进行规范，不必制定专门的规则；第二种观点认为[2]，平台用工虽然作为一种新型的用工方式，但是仍未脱离雇佣关系本质，可以通过对从属性的解释将其纳入劳动关系，进而选择性地将劳动法的现有制度扩展适用于平台用工；第三种观点认为[3]，平台用工的起点是承揽关系，本质是承揽关系的社会化，应当在劳动法之外构建介于劳动法和民法之间的“类雇员”规范体系。

国家政策文件制定的保障措施也释放了国家未来关于规范平台用工路径选择的信号，从公平就业、最低工资保障、休息休假、劳动安全卫生保护、社保缴纳、职业伤害保障、算法规则及企业规章制度及等几个方面对平台从业者权益进行了保障，同时也意味着国家开始对平台用工进行干预而不再那么“自由”。

1. 公平就业

八部门《意见》明确平台企业要落实公平就业制度，消除就业歧视，不得违法限制劳动者在多平台就业。

2. 最低工资保障

国家政策文件均提到了要建立健全新业态用工最低工资保障制度，明确要将不完全符合劳动关系的新业态劳动者纳入最低工资保障范围，督促企业向劳动者支付的工资不低于当地最低工资标准。不完全符合确立劳动关系情形但企业对劳动者进行劳动管理的新就业形态劳动者，适用劳动者实际工作地人民政府规定的小时最低工资标准。

3. 工作时间和休息休假

国家政策文件均规定平台应制定合理劳动定额标准、保障劳动者休息休假权利。企业与工会或新就业形态劳动者代表要根据法律法规精神和行业管理规定，结合行业特点和企业实际，平等协商合理确定新就业形态劳动者连续最长接单时间和每日最长工作时间。在法定节假日应支付劳动者高于正常工作时间劳动报酬的合理报酬或补贴。

4. 劳动安全卫生保护

国家政策文件均强调对新业态劳动者的劳动安全保护。八部门《意见》规定：“健全并落实劳动安全卫生责任制，严格执行国家劳动安全卫生保护标准……强化恶

---

① 参见谢增毅：《互联网平台用工劳动关系认定》，载《中外法学》2018 年第 30 期。

② 参见王全兴、王茜：《我国“网约工”的劳动关系认定及权益保护》，载《法学》2018 年第 4 期；田思璐：《工业 4. 0 时代的从属劳动论》，载《法学评论》2019 年第 1 期。

③ 参见王天玉：《超越“劳动二分法”：平台用工法律调整的基本立场》，载《中国劳动关系学院学报》2020 年第 4 期。

劣天气等特殊情形下的劳动保护，最大限度减少安全生产事故和职业病危害。”《快递员意见》规定要优化快递员生产作业环境，确保生产作业安全；《送餐员意见》规定要优化派单机制，对于连续送单超过 4 小时的，系统发出疲劳提示，20 分钟内不再派单，引导督促外卖送餐员严格遵守交通法规，骑行环节全程佩戴安全头盔，使用符合国家安全标准的配送车辆，保障劳动安全。

5. 规章制度及参加工会

国家政策文件均明确，要督促企业制定、修订直接涉及劳动者权益的规章制度，并充分履行民主决策程序、告知劳动者。平台企业制定或修订直接涉及新就业形态劳动者权益的劳动规则，要提前通过应用程序弹窗等显著方式向劳动者公开征求意见，充分听取工会或劳动者代表的意见建议，将采纳情况告知劳动者。确定实施前，至少提前七日向劳动者予以公示。平台企业拟调整经营方式或制定、修订劳动规则对新就业形态劳动者权益有重大影响的，了解或应当了解平台用工合作企业涉及新就业形态劳动者权益的重大制度规则调整的，要开展风险评估，并提前七日向服务所在地人力资源社会保障行政部门和相关主管部门报告，听取意见建议。

八部门《意见》及《送餐员意见》还明确要推动建立适应新就业形态的工会组织，积极吸纳新就业形态劳动者入会，支持工会参与重要事项协商，签订行业集体合同或协议，推动制定行业劳动标准。

6. 社保缴纳

八部门《意见》规定，各地要放开灵活就业人员在就业地参加基本养老、基本医疗保险的户籍限制，企业要引导和支持不完全符合确立劳动关系情形的新就业形态劳动者根据自身情况参加相应的社会保险；《送餐员意见》规定，鼓励其他外卖送餐员参加社会保险；《快递员意见》规定要提升快递员社会保险水平。

尽管八部门《意见》并未明确平台与劳动者之间的法律关系该如何认定，但从具体的保障措施来看，针对新业态劳动者的保护措施已与普通劳动者接近，因此，若抛开法律关系不谈，通过修补劳动法相关制度并扩展适用于平台劳动者，将是最为经济、直接的办法。不排除待未来时机成熟后，立法机关选择在劳动法基础上嫁接相关制度，将平台用工作为一种特殊的劳动关系进行保护。毕竟在劳动法之外另起炉灶，开辟“劳动三分法”之路更为困难。正如学者所言：“第三类劳动者的制度设计与实践需以雇佣与自雇二分法本身的廓清作为必要的制度和理论基础”①，而我国立法甚至对“劳动关系”“劳动者”都缺乏明确的界定。因此，较为可能的方案就是通过修补劳动法律制度，将新业态劳动者纳入保护范围。

需注意的是，上述国家政策未来是否能上升为立法，如何立法，还有诸多不确定

---

① 肖竹：《第三类劳动者的理论反思与替代路径》，载《环球法律评论》2018 年第 6 期。

因素，且未对众包式劳动者的法律关系进行定性，因此对具体的保护路径还有待未来进一步明晰。但无论如何，国家规范平台用工已势在必行。另外，由于仅是政策性指导文件，并不具有强制执行效力，不能作为劳动监察部门的执法依据，因此即使平台企业未按照政策文件规定执行劳动保障措施，也很难直接对其作出行政处罚。

（二）平台的法律责任

主流观点认为，平台实际介入了劳务提供方和劳务需求方之间，通过客户评价、算法控制等对劳务提供方进行一定的管理。无论是在专包模式、众包模式还是劳务派遣或业务外包模式中，平台都从中获取了利益，有权利、有利益即应承担一定的法律责任，且实践中存在平台利用外包关系，通过合同设计隐瞒与劳动者之间真实雇佣关系的现象，平台的法律责任亟须明确。为此，国家政策文件都提及了平台的法律责任，具体如下：

八部门《意见》规定："平台企业采取劳务派遣等合作用工方式组织劳动者完成平台工作的，应选择具备合法经营资质的企业，并对其保障劳动者权益情况进行监督。平台企业采用劳务派遣方式用工的，依法履行劳务派遣用工单位责任。对采取外包等其他合作用工方式，劳动者权益受到损害的，平台企业依法承担相应责任。"

《送餐员意见》规定："外卖送餐员的工作任务来源于平台，通过平台获得收入，平台应通过多种方式承担劳动者权益保障方面的责任。平台要加强对第三方合作单位保障外卖送餐员正当权益情况的监督。平台应严格落实国家关于维护灵活就业和新就业形态劳动者权益的法律规定和政策举措，不断提升外卖送餐员权益保障水平。"

《快递员意见》规定："落实快递企业主体责任……明确企业总部在网络稳定、快递员权益保障等方面的统一管理责任。"第6条规定："规范企业加盟和用工管理。末端备案网点损害快递员合法权益的，由该网点的开办企业依法承担责任……"

上述政策规定了平台对第三方合作单位保障劳动者正当权益的审核、管理或监督义务，这意味平台无法再借合作关系推脱自身法律责任。

此外，八部门《意见》在外包等其他合作用工方式的情形中，劳动者权益受到损害的，平台应承担"相应责任"，这种"相应责任"应是补充责任还是连带责任？是违约责任还是侵权责任？这还有待实施细则予以进一步明确。我们认为，在外包等合作关系中，平台未与劳动者建立直接的法律关系，承担违约责任不具有法理基础。平台企业未采取劳务派遣用工的，承担连带责任也没有法律依据，认定为"假外包、真派遣"的除外。因此，上述责任应是平台未尽到审核、监督或管理义务时，对劳动者承担其过错范围内的侵权责任。但由于上述规定较为模糊，也不排除在实践中演变为要求平台承担一定的公平补偿责任或者在合作方未赔偿或者未足额赔偿劳动者损失时，由平台承担补充赔偿责任。

对于介于劳动关系和民事关系之间的新业态用工，由于无法确认劳动关系，进而劳动者权益无法纳入劳动法保障范围。国家政策文件的发布，正是要解决新就业形态劳动者职业风险高、工作时间长、劳动强度大、保障水平低的问题，这也意味着平台用工“野蛮生长”的时代结束，平台用工的成本即将增加是不可避免的。即便上述文件只是规范性文件，未上升为法律，平台也应提高认识，及时关注国家和地方进一步的实施细则，遵守相关规定，积极调整和应对。

合规建议

互联网平台经济、共享经济在促进经济发展、扩大就业渠道的同时，这种灵活的用工方式也让劳动关系认定和因工受伤时的责任承担变得更加复杂和困难，给互联网平台企业带来了诸多争议。对互联网平台企业提出以下建议：

1. 平台或平台合作企业应与平台从业者签订书面协议，明确双方之间法律关系的性质并告知平台从业者。平台或平台合作企业应当在书面协议的用工范围内合法用工，不得在协议中设置损害平台从业者权益的格式条款。签订雇佣、合作、中介或者委托等民事协议，平台经营者的经营模式、对从业者的招募及管理措施、服务费用的支付等应与实际签订的协议性质相符，否则，仍有被裁审机关依据实际履行情况，认定为劳动关系的风险。

2. 平台企业可以根据服务类型和业务类型设置不同的用工形式，制定与用工形式配套的规章制度和管理措施。首先，因指派业务型服务类型与传统劳动关系极为类似，平台可以与平台从业者签订劳动合同，制定较为严格的考核制度和管理规定，明确双方之间权利义务关系。其次，共享业务型服务类型对平台从业者的工作时间、工作内容、工作过程的管理和控制相对灵活，平台可以与平台从业者签订劳务合同或承包合同，并明确此类合同项下的工作方式、报酬取得形式、管理和监督机制等。

3. 平台经营者、平台合作企业如果与平台从业者签订了劳动合同，则应当依法为平台从业者缴纳工伤保险，以避免全部工伤保险责任都由自身承担，而无法获得工伤保险基金救济的风险。对于其他非劳动关系类的平台从业者，平台经营者应及时关注当地的法规政策，在法律法规允许的范围内，依法为其缴纳单项工伤保险。无法为从业者缴纳单项工伤保险时，可以为平台从业者购买雇主责任险、人身意外险等商业保险，以减少自身的经济损失。但需注意的是，雇主责任险、人身意外险并不能完全替代用人单位的损害赔偿责任。

第五章　劳动争议处理程序实务指引

本章导读

在劳动法争议处理实务中，程序性问题具有“失之毫厘，差之千里”的决定性意义。劳动争议与普通民商事争议有不同的处理机制，尤其是受理范围、举证责任、管辖原则、仲裁时效、终局裁决、个税处理等问题，需要用人单位予以特别关注。

第一节　劳动争议案件的受理范围及不受理的争议

劳动者与用人单位发生劳动争议，可以通过调解、投诉、仲裁和诉讼等多种路径解决。但到底该走哪条路、进哪个门，要先搞清楚各路径处理争议的范围。尽管《劳动争议调解仲裁法》已经实施了十多年，但关于劳动争议案件的受理范围，并非十分清晰明确，不仅劳动者、用人单位存在一些理解上的差异，就是裁审机构也存在不同的认识，有些案件受理与不受理没有泾渭分明的界限，实际执行中也是存在很大的不确定性。

一、劳动争议受理案件范围的法律法规规定

关于劳动争议案件受理范围的规定，主要集中在以下几个法律法规、司法解释、政策文件中：

1. 《劳动争议调解仲裁法》；

2. 《最高人民法院关于审理劳动争议案件适用法律问题的解释（一）》（法释〔2020〕26 号）；

3. 《劳动人事争议仲裁办案规则》（人社部令第 33 号）；

4. 《人力资源社会保障部、最高人民法院关于劳动人事争议仲裁与诉讼衔接有关问题的意见（一）》（人社部发〔2022〕9 号）。

上述法律规定，从应当受理和不属于劳动争议纠纷两个方面明确了劳动争议纠纷的受理范围。

（一）应当受理的劳动争议纠纷

劳动争议受理范围包括中华人民共和国境内的用人单位与劳动者发生的下列劳动争议：

1. 因确认劳动关系发生的争议；
2. 因订立劳动合同发生的争议；
3. 劳动者与用人单位之间没有订立书面劳动合同，但已形成劳动关系后发生的纠纷；
4. 企业停薪留职人员、未达到法定退休年龄的内退人员、下岗待岗人员以及企业经营性停产放长假人员，因与新的用人单位发生的用工争议；
5. 因履行、变更劳动合同发生的争议；
6. 因劳动关系是否已经解除或者终止，以及应否支付解除或者终止劳动关系经济补偿金发生的纠纷；
7. 劳动者与用人单位解除或者终止劳动关系后，请求用人单位返还其收取的劳动合同定金、保证金、抵押金、抵押物发生的纠纷，或者办理劳动者的人事档案、社会保险关系等移转手续发生的纠纷；
8. 因除名、辞退和辞职、离职发生的争议；
9. 因工作时间、休息休假、社会保险、福利、培训以及劳动保护发生的争议；
10. 劳动者以用人单位未为其办理社会保险手续，且社会保险经办机构不能补办导致其无法享受社会保险待遇为由，要求用人单位赔偿损失发生的纠纷；
11. 劳动者退休后，与尚未参加社会保险统筹的原用人单位因追索养老金、医疗费、工伤保险待遇和其他社会保险待遇而发生的纠纷；
12. 劳动者因为工伤、职业病，请求用人单位依法给予工伤保险待遇发生的纠纷；
13. 因劳动报酬、经济补偿或者赔偿金等发生的争议；
14. 劳动者依据《劳动合同法》第 85 条规定，要求用人单位支付加付赔偿金发生的纠纷；
15. 用人单位依据《劳动合同法》第 90 条规定，要求劳动者承担赔偿责任的纠纷；
16. 因企业自主进行改制发生的纠纷；
17. 因履行培训服务期协议发生的纠纷；
18. 因履行、解除竞业限制协议发生的纠纷；
19. 法律、法规规定的其他劳动争议。

（二）不属于劳动争议的纠纷

以“不属于劳动争议受理范围”为关键词，在威科先行人力资源数据库检索到2018—2022年相关案例1556个，考虑到仲裁裁决书不上网、诉讼中调解文书不上网等因素，实际涉及“不属于劳动争议受理范围”的案件数量肯定更多。根据《最高人民法院关于审理劳动争议案件适用法律问题的解释（一）》第2条规定，下列纠纷不属于劳动争议：

1. 劳动者请求社会保险经办机构发放社会保险金的纠纷；
2. 劳动者与用人单位因住房制度改革产生的公有住房转让纠纷；
3. 劳动者对劳动能力鉴定委员会的伤残等级鉴定结论或者对职业病诊断鉴定委员会的职业病诊断鉴定结论的异议纠纷；
4. 家庭或者个人与家政服务人员之间的纠纷；
5. 个体工匠与帮工、学徒之间的纠纷；
6. 农村承包经营户与受雇人之间的纠纷。

二、法律未明确规定是否受理纠纷的处理

由于劳动关系的复杂性，法律规定的受理范围无法覆盖所有劳动争议的情形，实务中就会出现很多在法律明确规定受理范围之外的纠纷。对于这些纠纷是否应当受理，实务中有些基本达成共识，有些则存在较多争议。根据我们的经验以及对相关案件的检索，下面就一些常见的纠纷进行简单归纳。

（一）基本达成共识——属于受理范围的纠纷

1. 劳动者就用人单位丢失档案导致无法办理退休要求用人单位承担赔偿责任的纠纷。
2. 劳动者要求用人单位出具离职证明的纠纷。
3. 用人单位要求劳动者办理工作交接，或者要求劳动者承担未办理工作交接的赔偿责任的纠纷。
4. 劳动者要求用人单位支付供暖费、供热费补贴的纠纷。一般认为供暖费、供热费补贴属于企业福利待遇，属于劳动争议受理范围。

（二）基本达成共识——不属于受理范围的纠纷

1. 政府主导改制引发的纠纷。
2. 关于住房公积金的缴纳、转出、损失赔偿的纠纷。
3. 劳动者与未建立劳动关系的灵活就业平台之间的用工纠纷。

4. 劳动者要求用人单位赔礼道歉、赔偿精神损失等纠纷。例如，劳动者主张用人单位违法解除劳动合同造成名誉损失进而提出前述主张。

5. 劳动者要求用人单位撤销档案中处分资料的纠纷。

6. 劳动者要求用人单位办理户口转出手续。

7. 因企业年金的缴纳及待遇发生的争议。

8. 劳动者要求用人单位补缴社会保险的纠纷。补缴社会保险属于社会保险费征缴部门的法定职责，不属于人民法院劳动争议案件的受理范围。

9. 劳动者要求用人单位承担少为其缴纳住房公积金和社会保险导致其多交个人所得税的损失赔偿责任的纠纷。例如，在（2022）京 03 民终 7475 号案件中，法院认为，刘某才主张的个税损失涉及社保缴费基数的认定、社保追缴金额的认定等，基于社保的追缴及社保缴费基数的确认等均不属于人民法院受理范围，亦不属于司法解释所明确规定的人民法院应当受理的因用人单位未依法为劳动者缴纳社保所造成的损失的受理条件。

10. 追索律师费、差旅费等诉讼费用的纠纷。

（三）是否受理存在争议的常见纠纷

1. 女职工确认退休年龄或工作岗位的纠纷。有观点认为不属于劳动争议纠纷，如在（2019）沪民申 667 号案件中，法院认为，申请人岗位性质是否系管理和技术岗位、是否属于年满 55 周岁退休的女职工，不属于劳动争议案件受理范围。但在（2021）京 0106 民初 5778 号案件中，法院持相反观点，法院依据双方提交的证据认定刘某某为非专业技术岗位、非管理岗位工作人员，退休年龄为 50 周岁。

2. 用人单位与其招用的未依法享受养老保险待遇或者领取退休金的人员发生的用工争议。有观点认为，依据《最高人民法院关于审理劳动争议案件适用法律问题的解释（一）》第 32 条第 1 款规定①，该种情形应当按照劳动关系处理。但是《最高人民法院关于审理劳动争议案件适用法律问题的解释（二）》已经废止该条款，且根据《超龄劳动者基本权益保障暂行规定（公开征求意见稿）》的相关条文，招用超龄就业人员的用工关系既不是劳动关系，也不是劳务关系，而是类似新就业形态中的不完全劳动关系，但是因招用超龄就业人员对劳动报酬、休息休假、劳动安全卫生、工伤保障发生争议的，可以申请劳动争议调解仲裁和向法院起诉。

3. 用人单位未按规定缴纳社会保险导致劳动者养老金金额减少、医疗费损失的纠

① 《最高人民法院关于审理劳动争议案件适用法律问题的解释（一）》第 32 条第一款规定，用人单位与其招用的已经依法享受养老保险待遇或者领取退休金的人员发生用工争议而提起诉讼的，人民法院应当按劳务关系处理。根据《最高人民法院关于审理劳动争议案件适用法律问题的解释（二）》，本款自 2025 年 9 月 1 日起废止。

纷。由于该种情形下劳动者已经享受社会保险待遇，普遍认为这类纠纷不属于劳动争议受理范围。但在（2021）鲁1102民初7144号案件中，法院认为，因新桥公司未按规定缴纳养老保险导致董某实际领取的退休金金额减少、医疗费损失，属于《最高人民法院关于审理劳动争议案件适用法律问题的解释（一）》第1条第5项规定①的劳动争议。

4. 用人单位向劳动者追偿为其垫付的个人应承担社保、公积金费用的纠纷。在（2022）沪0104民初23783号案件中，仲裁委与法院对此观点不一致。仲裁委认为不属于劳动争议受理范围。法院认为，某克公司已为赵某补缴2020年4月至2021年2月社会保险费，要求赵某负担其个人承担部分，并无不当。

5. 劳动者要求用人单位返还垫付的社保费用。这类纠纷需要根据劳动者缴纳社保的具体情况分析，如劳动者在其他单位或以灵活就业人员缴纳社保后向用人单位追索社保费用的，不属于劳动争议受理范围。但如果是用人单位因为资金困难等原因导致劳动者为用人单位垫付社保费用的，应当属于劳动争议受理范围。如在（2022）辽0191民初3869号案件中，仲裁机构认为王某的诉求不属于劳动争议受理范围。但法院认为，被告公司认可原告王某为企业垫付了养老保险和失业保险共计75159.82元，并承诺到期还款，故对原告的诉讼请求予以支持。

6. 因股权激励产生的纠纷。近年来该类纠纷逐渐增多，但由于股权激励的授予主体、与劳动合同履行关联性、法律适用等复杂问题，是否属于劳动争议受理范围，争议很大。主流观点认为股权激励纠纷不属于劳动争议受理范围，如（2022）津01民终8024号案件中，仲裁以及一、二审法院均持此观点。如果股权激励被认定为劳动报酬，且与劳动关系的履行密切关联的，则可能被认为属于劳动争议受理范围。如在（2022）京01民终5564号案件中，仲裁委认为申请人就《股权激励协议》履行提出的诉求不属于劳动争议受理范围，但法院对诉求进行了实体审理并作出判决。在（2022）新0106民初66号案件中，法院也持相同的观点。

合规建议

1. 劳动者与用人单位发生纠纷后，可以引导劳动者通过劳动争议仲裁诉讼途径解决双方争议问题，对于化解纠纷、减少冲突、构建和谐劳动关系有重要的疏导作用。

2. 用人单位在应对劳动者提出的争议案件时，应当审查是否属于劳动争议受理范围，对于法律规定或实践中认定不属于劳动争议的请求事项，可以提出不属于受理范

---

① 《最高人民法院关于审理劳动争议案件适用法律问题的解释（一）》第1条规定，劳动者与用人单位之间发生的下列纠纷，属于劳动争议，当事人不服劳动争议仲裁机构作出的裁决，依法提起诉讼的，人民法院应予受理：……（五）劳动者以用人单位未为其办理社会保险手续，且社会保险经办机构不能补办导致其无法享受社会保险待遇为由，要求用人单位赔偿损失发生的纠纷；……

围要求驳回的抗辩。

3. 用人单位应当注意裁审机关对劳动争议案件受理范围的口径与尺度，并持续关注劳动争议受理范围的变化情况及时作出应对。

第二节 劳动争议案件的举证责任及证据准备指引

证据是指能够证明案件真实情况的客观事实材料。在所有争议案件审理过程中均遵循“证据为王”的规则，通过双方当事人充分举证尽量使“法律事实”接近“客观事实”，劳动争议也不例外。劳动争议处理程序实行“一裁两审”制度，因此证据规则既要适用《劳动争议调解仲裁法》的规定，又要适用《民事诉讼法》的规定。同时，劳动争议案件作为民事案件中的一类争议，证据规则既要适用《最高人民法院关于民事诉讼证据的若干规定》（以下简称《证据规定》）等民事案件的一般规则，又要适用《最高人民法院关于审理劳动争议案件适用法律问题的解释（一）》等劳动争议的特殊规则。

一、劳动争议案件的举证责任

（一）“谁主张，谁举证”原则

当事人对自己提出的主张，有责任提供证据。否则，需要承担举证不能的不利后果。但是，在劳动争议中，由于用人单位作为管理者，掌握大量用工过程中形成的证据材料，劳动者通常无法提供，因此《劳动争议调解仲裁法》第 6 条规定：“发生劳动争议，当事人对自己提出的主张，有责任提供证据。与争议事项有关的证据属于用人单位掌握管理的，用人单位应当提供；用人单位不提供的，应当承担不利后果。”

也就是说，在劳动争议案件中，“谁主张，谁举证”仍然是基本的举证原则，贯穿于审理的全过程。比如，劳动者主张与用人单位存在劳动关系或者劳动关系已经解除的，应当就建立劳动关系的事实或解除劳动关系的事实提供基础证据加以证明。但是，与争议事项有关的证据属于用人单位掌握管理的，应当由用人单位来举证。比如，根据《最高人民法院关于审理劳动争议案件适用法律问题的解释（一）》第 42 条规定：“劳动者主张加班费的，应当就加班事实的存在承担举证责任。但劳动者有证据证明用人单位掌握加班事实存在的证据，用人单位不提供的，由用人单位承担不利后果。”通常情况下，劳动者的入职资料、工资支付记录、考勤记录等均是由用人单位保存和管理，在发生劳动争议后应由用人单位提供。

（二）“举证责任倒置”原则

鉴于劳动关系是一种存在从属性的法律关系，用人单位和劳动者之间地位不平等，存在管理和被管理的关系，因此部分劳动争议应由用人单位承担举证责任，即“举证责任倒置”。根据第 44 条规定，用人单位对以下劳动争议承担举证责任：

1. 因用人单位做出的开除、除名、辞退、解除劳动合同的决定而发生的劳动争议。用人单位需要就做出上述决定所依据的法律理由、相关事实、规章制度、法定程序等提供证据予以证明；

2. 因用人单位做出减少劳动报酬的决定而发生的劳动争议。用人单位需要就做出减少劳动报酬决定，如调降薪酬、扣减工资、绩效、奖金等依据的相关事实、双方约定、规章制度、法律依据等提供证据予以证明；

3. 因计算劳动者工作年限发生的劳动争议。用人单位需要就其计算工作年限的相关事实、双方约定、法律依据、不属于规避法律行为等提供证据加以证明。

4. 因用人单位调整工作岗位、工作地点、安排年假等发生劳动争议的，也是由用人单位承担举证责任。

二、劳动争议证据准备指引

发生劳动争议后，劳动者和用人单位均应根据举证责任的分配原则，积极准备与案件事实相关的证据材料，以争取案件获得胜诉或对己方有利的结果。在证据准备过程中，应当注意以下问题：

（一）举证期限

发生劳动争议后，仲裁委或法院会指定举证期限，有些案件会专门安排证据交换时间，有些案件是开庭当天，当事人应当在举证期限届满前提交证据材料。如果当事人在该期限内提供证据确有困难，可以申请延期举证，在举证期限届满前向仲裁委或法院提出书面申请并由其作出决定。

对于当事人因客观原因不能自行收集的证据，如竞业限制案件中劳动者入职竞争对手的社保记录、纳税记录等原用人单位无法自行收集，根据《证据规定》相关规定，可申请人民法院调查收集，在举证期限届满前提交书面申请并由其作出决定。

（二）证据种类

发生劳动争议后，当事人应当自行或委托律师全面收集与案件事实相关的各类证据，以形成完整的证据链。根据《民事诉讼法》的规定，可以提交的证据种类包括：

1. 当事人的陈述，如庭审调查过程中双方对相关事实的陈述；

2. 书证，如劳动合同、保密与竞业限制协议、解除劳动合同通知书等；

3. 物证，如工作证件、门禁卡、工作服等；

4. 视听资料，如调岗、调薪、解除过程中的录音录像等；

5. 电子数据，如工作过程中形成的电子邮件、微信记录、OA 系统公示文件等；

6. 证人证言，如同事、员工、客户等的证人证言；

7. 鉴定意见，如关于劳动者签字、公司公章真实性、朱墨时序等的鉴定意见；

8. 勘验笔录，如否认劳动关系案件中公司办公场所等现场勘验笔录。

需要提示的是，证据材料并非越多越有利，在收集材料作为证据提交之前，当事人应当仔细核对提交的各类证据之间是否存在矛盾之处或是否有对己方不利的内容，再挑选确定提交的证据材料。

（三）证据形式

根据《证据规定》，当事人提供证据应当符合法律规定的形式：

1. 可以在举证期限内提交复印件，但在质证时应当提供原件或者原物。无法与原件、原物核对的复印件、复制品不能单独作为认定案件事实的依据。

2. 当事人以视听资料作为证据的，应当在开庭时提供存储该视听资料的原始载体，如录音笔、录像机、手机或电脑等。

3. 当事人以电子数据作为证据的，应当提供原件，如携带手机、电脑当庭演示，或者提前进行公证保全当庭提交公证书。

4. 当事人申请证人作证的，应当在举证期限届满前向仲裁委或法院提交申请，证人需要出庭作证接受各方询问。无正当理由未出庭的证人以书面等方式提供的证言，不得作为认定案件事实的根据。证人与一方当事人具有利害关系的，不能单独作为认定案件事实的根据。

5. 提供外文书证或者外文说明资料，应当附有中文译本，如英文电子邮件。对于当事人未附中文译本的外文资料，不作为证据采纳。译文应当由具有资质的翻译机构提供，当事人自行翻译的译文无效。

6. 若证据系在港澳台地区或国外形成的，还应履行相应的公证、认证手续。

（四）证据目录

提交证据材料时应当制作证据目录，当事人应当对其提交的证据材料逐一分类编号，对证据材料的来源、证明对象和内容作简要说明，签名盖章，注明提交日期，并依照对方当事人人数提交副本。

证据材料应当编写页码方便查找，对于与案件事实相关的重要内容应作出标注。

合规建议

1. “巧妇难为无米之炊”。证据是否充分决定着案件的胜败，而证据往往形成于发生争议之前。因此，无论是劳动者，还是用人单位的管理者，均应建立证据意识。

2. 用人单位在劳动争议案件中承担着主要的举证责任，在日常用工和管理过程中，应当及时固定、收集和妥善保存劳动合同建立、履行、变更、解除、终止过程中的各类证据。

3. 在发生劳动争议后，用人单位应及时、准确、完整地完成举证责任，降低由于举证不能造成败诉的法律风险。

第三节 劳动争议案件的管辖原则与诉讼管辖之争

管辖是人民法院对符合受理条件的案件确定应由何级、何地法院受理的法律制度，具体分为级别管辖和地域管辖，地域管辖又分为一般地域管辖、特殊地域管辖、移送管辖和协议管辖。用人单位和劳动者发生劳动争议后，任何一方考虑诉诸法律解决时，首先需要经过劳动仲裁前置程序，只有对仲裁裁决不服，才可能进入人民法院的管辖阶段。因此在劳动仲裁管辖环节，也有级别管辖及地域管辖之分。正因为劳动争议处理程序实行“一裁两审”制度，因此，劳动争议的管辖既要适用《劳动争议调解仲裁法》等相关规定，又要适用《民事诉讼法》及司法解释等相关规定。

一、劳动仲裁管辖

（一）地域管辖

1. 劳动合同履行地优先管辖

发生劳动争议后，用人单位或劳动者可以向劳动合同履行地或用人单位所在地的劳动争议仲裁委员会申请劳动仲裁；如果双方当事人分别向劳动合同履行地和用人单位所在地的仲裁委员会申请仲裁的，劳动合同履行地仲裁委管辖优先。

2. 有多个劳动合同履行地，在先立案者管辖

存在多个劳动合同履行地时，如果用人单位、劳动者分别向不同的劳动合同履行地的劳动争议仲裁委员会申请仲裁，由最先受理的仲裁委管辖。

3. 劳动合同履行地不明确的，用人单位所在地仲裁委管辖

劳动合同履行地为劳动者实际工作场所地，但如果劳动合同履行地不明确的（如销售人员无固定上班地点），由用人单位所在地的劳动争议仲裁委员会管辖。用人单

位所在地包括用人单位注册、登记地或者主要办事机构所在地。用人单位未经注册、登记的，其出资人、开办单位或者主管部门所在地为用人单位所在地。

4. 约定管辖无效

实践中，有的用人单位可能会与劳动者在劳动合同中约定发生劳动争议时由某劳动争议仲裁委管辖，或者约定发生劳动争议时直接向某人民法院起诉，或者由北京仲裁委裁决解决争议事由，上述这些约定或违反劳动争议案件劳动仲裁前置程序规定，或违反劳动争议案件法定管辖原则，约定无效。

5. 移送及指定管辖

如果劳动争议仲裁委发现已受理的案件不属于其管辖范围的，应当移送至有管辖权的仲裁委，受移送的仲裁委应当依法受理。受移送的仲裁委如果认为对移送的案件没有管辖权，或者仲裁委之间因管辖争议协商不成的，应当报请共同的上一级仲裁委员会主管部门指定管辖。

（二）级别管辖

如果当事人在确定向劳动合同履行地的劳动争议仲裁委申请仲裁后，而该地同时有区仲裁委、市仲裁委、省仲裁委时，当事人该如何进行选择，这就涉及各级劳动争议仲裁委受理劳动争议案件的分工和权限。

除由省仲裁委、市仲裁委管辖的劳动争议案件外，一般由区（县）一级劳动争议仲裁委负责管辖本区域内发生的劳动争议。比如，北京市劳动争议仲裁委负责管辖以下四类案件：1. 劳动合同履行地与用人单位注册地均位于通州区，注册资本在 1000 万美元以上或者相当于 1000 万美元以上（含 1000 万美元或者相当于 1000 万美元）的，外国及港澳台投资者单独或者与中央、市属单位共同设立的外商及港澳台商投资企业与劳动者发生的劳动争议案件；2. 市属事业单位、在市民政部门登记的社会团体与其建立人事关系的工作人员之间，因终止人事关系以及履行聘用合同发生的人事争议案件；3. 军队驻京军级以上（含军级）用人单位与聘用制文职人员之间，因履行聘用合同发生的人事争议案件；4. 在全市有重大影响的劳动人事争议案件。实践中，需遵循各地关于省仲裁、区仲裁委的案件管辖范围规定。

二、法院管辖

（一）一裁终局案件

对于部分案件，为了劳动者实体权益尽快得到保护，实行一裁终局制度，无须经过“一裁两审”程序，具体有：1. 追索劳动报酬、工伤医疗费、经济补偿或者赔偿金，不超过当地月最低工资标准十二个月金额的争议；2. 因执行国家的劳动标准在工作时间、休息休假、社会保险等方面发生的争议。各地针对一裁终局案件的类别可能有进一步的细化规定可参考。

对于一裁终局案件，劳动者如不服可以在收到仲裁裁决之日起 15 日内，向有管辖权的人民法院起诉，具体包括用人单位所在地和劳动合同履行地的基层人民法院；而用人单位即便对裁决不服，也无起诉权利，只能在收到仲裁裁决之日起 30 日内，向劳动争议仲裁委所在地的中级人民法院申请撤销裁决。只有存在以下情形之一时，该裁决才会被裁定撤销：

1. 适用法律、法规确有错误的；
2. 劳动争议仲裁委员会无管辖权的；
3. 违反法定程序的；
4. 裁决所根据的证据是伪造的；
5. 对方当事人隐瞒了足以影响公正裁决的证据的；
6. 仲裁员在仲裁该案时有索贿受贿、徇私舞弊、枉法裁决行为的。

（二）非一裁终局案件

对于非一裁终局案件，用人单位和劳动者都有权就仲裁裁决起诉至一审人民法院，用人单位所在地或者劳动合同履行地的基层人民法院均有管辖权。目前，劳动争议案件一审环节，用人单位所在地基层法院和劳动合同履行地基层法院的管辖权并无管辖优先之分，双方当事人就同一仲裁裁决分别向有管辖权的人民法院起诉的，后受理的人民法院应当将案件移送给先受理的人民法院。因各地劳动争议案件的裁判口径可能有所不同，为了获得对己有利的裁判结果，在起诉阶段就容易引发争抢管辖权的局面。

参考案例：双方不服仲裁裁决分别起诉至用人单位所在地和劳动合同履行地基层法院，起诉立案时间在先的法院具有管辖权

在上海某安公司与宋某一案中①，法院认定原告上海某安公司与被告宋某劳动合同纠纷一案，本院收到原告的诉讼材料后，于 2023 年 1 月 19 日进入诉前调解程序，案号为（2023）沪 0120 民诉前调 2043 号，该案于 2023 年 3 月 7 日转立为正式案号，案号为（2023）沪 0120 民初 6886 号。被告宋某不服同一仲裁裁决向山东省济南市历下区人民法院提起诉讼，山东省济南市历下区人民法院于 2022 年 12 月 28 日进入诉前调解程序，案号为（2022）鲁 0102 诉前调 19137 号，山东省济南市历下区人民法院的立案时间早于本院的（2023）沪 0120 民诉前调 2043 号案件立案时间。综上，本案应

① 案号：（2023）沪 0120 民初 6886 号。

由山东省济南市历下区人民法院管辖。

如果双方当事人在同一日分别向有管辖权的人民法院起诉立案，如何判定哪一个法院先受理，在司法实践中有的案件在管辖权异议中，会进一步查明两家法院具体的立案时间，精确到时分秒，以此认定有管辖权的法院。

参考案例：双方当事人在同一日分别向有管辖权的人民法院起诉立案，立案受理在先的法院具有管辖权

在某维公司与张某一案中①，南京市中院认为，某维公司、张某对北京市石景山区劳动人事争议仲裁委员会作出的仲裁裁决均不服，某维公司向南京市溧水区人民法院起诉（2019 年 8 月 21 日 11 时 12 分 58 秒立案受理），张某向北京市石景山区人民法院起诉（2019 年 8 月 21 日 11 时 11 分 28 秒立案受理）。因北京市石景山区人民法院先立案受理案涉双方劳动争议纠纷一案，故原审法院将本案移送北京市石景山区人民法院处理并无不当。

但有的案件，对于同一日立案的两家法院的管辖权认定，认为属于同时受理，最终以方便劳动者诉讼为原则，认定由劳动合同履行地人民法院进行管辖。

参考案例：双方当事人在同一日分别向有管辖权的人民法院起诉立案，以方便劳动者诉讼为原则确定管辖法院

在某桂制药公司与王某一案中②，最高法认定湖北省武汉市武昌区人民法院作为劳动合同履行地的基层人民法院，黑龙江省绥化市北林区人民法院作为用人单位所在地的基层人民法院，对案件均具有管辖权。在双方当事人就同一仲裁裁决分别向有管辖权的人民法院起诉的，为了便于查清案件事实，保证裁判的统一性，宜由同一法院并案审理。考虑到两地法院同日立案，劳动合同履行地和劳动者一方住所地均在武汉市，双方亦是先由湖北省劳动人事争议仲裁委员会进行仲裁，为方便劳动者诉讼，便于法院查明案件事实，由湖北省武汉市武昌区人民法院并案审理为宜。

（三）例外情形——破产企业的劳动争议案件管辖

虽然劳动争议案件是专属管辖，但如果法律另有规定的，需要从其规定。如破产企业的所有案件由受理破产申请的中级法院专属管辖，因此破产企业的劳动争议案件应由破产法院管辖，而不再由用人单位所在地或劳动合同履行地的基层人民法院管辖。

---

① 案号：（2020）苏 01 民辖终 45 号。

② 案号：（2016）最高法民辖 29 号。

参考案例：破产企业的劳动争议案件应由受理企业破产案件的法院专属管辖

在聊城市某润禽业食品有限公司与孙某一案中①，法院查明，2020年11月16日，南京市中级人民法院根据申请人烟台某轮工程技术有限公司的申请，裁定受理南京市某润食品有限公司重整一案，案号为（2020）苏01破40号。2021年2月22日，南京市中级人民法院根据申请人某润控股集团有限公司管理人的申请，即请求将某润肉类集团等包括本案原告聊城市某润禽业食品有限公司在内的77家公司并入某润控股集团重整案中合并重整，于2021年4月29日作出（2020）苏01破37号之一民事裁定，裁定对某润控股集团有限公司等78家公司进行实质合并重整。根据《中华人民共和国企业破产法》第21条规定，人民法院受理破产申请后，有关债务人的民事诉讼，只能向受理破产申请的人民法院提起。《最高人民法院关于审理企业破产案件若干问题的规定》第19条规定，人民法院受理企业破产案件后，以债务人为原告的其他民事纠纷案件尚在一审程序的，受诉人民法院应当将案件移送受理破产案件的人民法院；案件已进行到二审程序的，受诉人民法院应当继续审理。法院认为，本案属于人民法院受理破产申请后有关债务人聊城市某润禽业食品有限公司的民事诉讼，本院依法对本案不具有管辖权，应当移送受理破产申请的人民法院即江苏省南京市中级人民法院受理。

但是个别地方也作出了例外规定，如《上海市高级人民法院关于上海法院受理涉劳动争议破产衍生诉讼指定管辖的通知》（沪高法〔2020〕578号）规定，本市人民法院受理破产申请后，有关债务人的劳动争议诉讼案件，按照劳动争议纠纷的管辖原则，仍由用人单位所在地或劳动合同履行地的基层人民法院管辖；二审案件由该基层法院对应辖区的中院审理。本市人民法院受理破产申请前，已经受理的有关债务人的劳动争议诉讼案件，按照《中华人民共和国企业破产法》第20条规定，待管理人接管债务人财产后，继续审理；二审案件由该基层法院对应辖区的中院审理。

参考案例：破产企业的劳动争议诉讼案件，按照劳动争议纠纷的一般管辖原则即用人单位所在地或劳动合同履行地的基层人民法院管辖

在淮安某隆公司与阙某一案中②，淮安某隆公司与阙某于2019年9月1日签订劳动合同，后一直在淮安某隆公司上班。淮安某隆公司所在地位于淮安市淮阴区，阙某的工作地点亦在淮安市淮阴区，故淮安市淮阴区人民法院对本案具有管辖权。虽然上海某隆公司的破产清算案已被上海法院裁定受理，但上海某隆公司的上诉理由表明，根据上海高院的有关规定，破产企业的劳动争议诉讼案件，按照劳动争议纠纷的一般管辖原则即用人单位所在地或劳动合同履行地的基层人民法院管辖，排除了特别法优

---

①　案号：（2021）鲁1502民初9099号。

②　案号：（2021）苏08民辖终53号。

于普通法的原则，故上海某隆公司的上诉理由不能成立，一审法院受理本案并无不当。

合规建议

1. 劳动争议案件的当事人应当注意，管辖没有遵循“原告就被告”的原则，而是结合劳动关系的从属性、便于查明案件事实、方便劳动者及单位诉讼的角度，规定了特殊的管辖原则。

2. 在劳动仲裁环节，劳动合同履行地和用人单位所在地的劳动争议仲裁委均有管辖权，但劳动合同履行地优先管辖，劳动者申请仲裁时可以进行选择，且用人单位不能通过事先约定排除劳动者的管辖选择权。

3. 在法院诉讼环节，用人单位所在地和劳动合同履行地的劳动争议仲裁委并无管辖优先之分，而是遵循受理在先原则，各方当事人基于方便诉讼、节约成本或者对己有利的裁判口径，应第一时间向管辖区的基层人民法院立案，先立案的法院有管辖权；对于劳动争议案件管辖有特别规定的，应当按照该规定执行。

4. 如果任何一方对管辖有异议，应当在答辩期满前向受理劳动争议案件的仲裁委或法院书面提出。

第四节　劳动争议案件的仲裁时效审查与抗辩技巧

在司法实践中大家熟知“法律不保护躺在权利上睡觉的人”。就劳动争议案件而言，仲裁时效的届满将导致义务人产生时效抗辩权，也就是义务人以权利人超过法定期间行使请求权而拒绝履行义务，届时权利人的实体权利以及诉权仍然存在，但权利人的权利将无法得到法律的支持，即丧失了胜诉权。

一、仲裁时效的种类

《劳动争议调解仲裁法》第27条规定，劳动争议申请仲裁的时效期间为一年。仲裁时效期间从当事人知道或者应当知道其权利被侵害之日起计算。劳动关系存续期间因拖欠劳动报酬发生争议的，劳动者申请仲裁不受本条第1款规定的仲裁时效期间的限制；但是，劳动关系终止的，应当自劳动关系终止之日起一年内提出。

上述法律规定，将仲裁时效分为了一般时效和特殊时效。设立特殊时效的意义在于更好地保护劳动者，劳动报酬属于劳动者的一项基本权利，劳动者在劳动关系存续期间一般不会就该基本权利申请仲裁，因此需要法律给予更多的保护，给予更长的仲裁时效期间。

（一）一般仲裁时效

一般仲裁时效是指，当事人知道或者应当知道其权利被侵害之日起一年内申请仲裁，其时效期间为一年。比如，用人单位单方解除劳动合同，劳动者主张用人单位违法解除要求支付赔偿金，应当在收到解除劳动合同通知书之日起一年内申请劳动仲裁。

（二）特殊仲裁时效

特殊仲裁时效是指，劳动关系存续期间因拖欠劳动报酬发生争议的，劳动者申请仲裁不受一年仲裁时效期间的限制，但是劳动关系终止的，应当自劳动关系终止之日起一年内提出仲裁申请。这里的“劳动关系终止”既包括劳动关系的终止也包括劳动关系的解除。比如，用人单位未及时足额支付工资、奖金的，劳动者申请仲裁不受一年仲裁时效的限制，可以主张在职期间多年被拖欠的工资、奖金。

二、仲裁时效的审查

（一）裁审机构是否主动对仲裁时效进行审查

《民法典》规定，人民法院不得主动适用诉讼时效的规定。《最高人民法院关于审理民事案件适用诉讼时效制度若干问题的规定》（法释〔2020〕17 号）规定，当事人未提出诉讼时效抗辩，人民法院不应对诉讼时效问题进行释明。

部分地区亦作出了地方规定，如《天津市人力社保局关于劳动人事争议案件时效审查等问题的通知》（津人社局发〔2017〕87 号）规定，仲裁机构不得以超过仲裁时效为由出具不予受理通知书，仲裁机构在审理仲裁案件时，如当事人未提出仲裁时效抗辩，仲裁机构不得主动适用仲裁时效的规定进行裁决。《吉林省高级人民法院关于审理劳动人事争议案件法律适用问题的解答（三）》（吉高法〔2021〕159 号）规定，在一方当事人在仲裁阶段及一审诉讼阶段连续提出仲裁时效抗辩后，人民法院方可审查仲裁时效问题。否则，人民法院不应主动适用仲裁时效的规定。《最高人民法院关于审理劳动争议案件适用法律问题的解释（二）》第 20 条对仲裁时效抗辩作出了新规定，即 当事人在仲裁期间因自身原因未提出仲裁时效抗辩，在一审或者二审诉讼期间提出仲裁时效抗辩的，人民法院不予支持。当事人基于新的证据能够证明对方当事人请求权的仲裁时效期间届满的，人民法院应予支持。当事人未按照前款规定提出仲裁时效抗辩，以仲裁时效期间届满为由申请再审或者提出再审抗辩的，人民法院不予支持。需要注意这里强调了“自身原因”，如果是非因自身原因（如仲裁庭或法庭公告送达，当事人未到庭）未能在仲裁阶段提出时效抗辩，一审或二审期间仍然有权提出时效抗辩。综合起来看，其实不论当事人在仲裁阶段是否提出仲裁时效抗辩，只要当事人在一审或二审提出抗辩并提交新的证据，人民法院仍然应当进行实体审理并根据证据对当事人请求权是否超过仲裁时效做出认定。

从上述法律规定不难看出，裁审机构不得主动适用诉讼时效的规定，当事人未提出时效抗辩时，不应对诉讼时效问题进行释明以及主动适用时效进行裁判。

（二）针对仲裁时效中止、中断情形的审查

若裁审机构基于一方当事人的时效抗辩对仲裁时效进行审查，有可能就会涉及时效中止、中断情形的审查。

1. 仲裁时效的中止情形

《劳动争议调解仲裁法》规定，因不可抗力或者有其他正当理由，当事人不能在规定的仲裁时效期间申请仲裁的，仲裁时效中止。从中止时效的原因消除之日起，仲裁时效期间继续计算。《劳动人事争议仲裁办案规则》亦规定，因不可抗力，或者有无民事行为能力或者限制民事行为能力劳动者的法定代理人未确定等其他正当理由，当事人不能在规定的仲裁时效期间申请仲裁的，仲裁时效中止。从中止时效的原因消除之日起，仲裁时效期间继续计算。

关于不可抗力的仲裁时效中止问题，因受影响造成当事人不能在法定仲裁时效期间申请劳动人事争议仲裁的，仲裁时效中止。从中止时效的原因消除之日起，仲裁时效期间继续计算。上海市高院亦相继作出了类似的解答。

2. 仲裁时效的中断情形

《劳动争议调解仲裁法》规定，仲裁时效因当事人一方向对方当事人主张权利，或者向有关部门请求权利救济，或者对方当事人同意履行义务而中断。从中断时起，仲裁时效期间重新计算。《劳动人事争议仲裁办案规则》亦规定，在申请仲裁的时效期间内，有下列情形之一的，仲裁时效中断：一方当事人通过协商、申请调解等方式向对方当事人主张权利的；一方当事人通过向有关部门投诉，向仲裁委员会申请仲裁，向人民法院起诉或者申请支付令等方式请求权利救济的；对方当事人同意履行义务的。从中断时起，仲裁时效期间重新计算。

主张时效中止、中断的一方当事人，对中止、中断情形负有举证责任，未能举证证明的，其主张很难得到裁审机构的采信。

三、仲裁时效的抗辩技巧

（一）提出仲裁时效抗辩的时间

《最高人民法院第八次全国法院民事商事审判工作会议纪要》规定，当事人在仲裁阶段未提出超过仲裁申请期间的抗辩，劳动人事仲裁机构作出实体裁决后，当事人

在诉讼阶段又以超过仲裁时效期间为由进行抗辩的，人民法院不予支持。由此可见，若对时效进行抗辩，应在仲裁阶段提出，若未提出，且仲裁机构作出实体裁决后，在诉讼阶段提出的时效抗辩，很难得到法院的支持。

针对仲裁时效抗辩的提出时间，部分地区作了更加细致的规定，如江西省高级人民法院、江西省人力资源和社会保障厅关于办理劳动争议案件若干问题的解答（试行）》（赣高法〔2020〕67 号）规定，劳动人事仲裁机构受理劳动争议案件并作出实体裁决，当事人在仲裁审理过程中没有提出仲裁时效抗辩的，但在一审时提出的，不予支持。劳动人事仲裁机构未经审理直接作出不予受理通知的，当事人在一审时提出仲裁时效抗辩的，人民法院应予审理。当事人未按照规定提出仲裁时效抗辩，又以仲裁时效期间届满为由申请再审或者提出再审抗辩的，不予支持。又如，2019 年《吉林省高级人民法院关于审理劳动争议案件法律适用问题的解答（二）》规定，仲裁机构受理劳动争议案件并作出实体裁决，当事人在仲裁审理过程中没有提出仲裁时效抗辩，但在一审时提出的，不予支持；仲裁机构未经审理直接作出不予受理通知，当事人在一审时提出仲裁时效抗辩的，人民法院应予审理。

（二）常见纠纷的仲裁时效抗辩

根据我们的经验以及对相关案件的检索，不难发现不同请求的时效审查以及相同请求不同地区的时效审查均存在差异，复杂性和地域性较强，下面就一些常见纠纷的仲裁时效抗辩进行简单归纳。

1. 确认劳动关系案件的时效抗辩。有观点认为，确认劳动关系纠纷属于确认之诉，不适用一年仲裁时效的规定，如北京地区持此观点。亦有观点认为，确认劳动关系应适用一年仲裁时效的限制，如天津市 2019 年《关于审理劳动人事争议案件的会议纪要》规定：“依据《劳动争议调解仲裁法》第二条、第二十七条第一款的规定，劳动者申请仲裁确认劳动关系的时效期间为一年，从其知道或者应当知道权利被侵害之日起计算。”

2. 未休年假工资补偿的时效抗辩。未休年休假工资是否适用一年仲裁时效存在争议。有观点认为未休年休假工资属于特殊劳动报酬应当适用特殊时效。主流观点认为未休年假工资补偿不是劳动报酬，是一种法定补偿责任，适用一年的时效规定。比如浙江、四川、江西、陕西等地均规定，劳动者请求用人单位支付其未休年休假工资的仲裁时效期间，从应休年休假年度的次年 1 月 1 日起计算。用人单位允许劳动者跨年度休年休假，请求权时效顺延至下一年度的次年 1 月 1 日起计算。劳动关系已经解除或者终止的，从劳动关系解除或者终止之日起计算。[①] 需要提示的是，即使同样适用一年的仲裁时效，由于不同地区在计算方法上存在差异，裁审机构支持未休年假工资补偿的年限并不相同，有两年亦有三年的，应积极关注当地政策。

3. 未签劳动合同（含应签未签无固定期限劳动合同）双倍工资的时效抗辩。未签订劳动合同双倍工资的立法本意在于促使用人单位积极地与劳动者签订劳动合同，额外支付一倍工资的性质并非劳动者提供劳动所得的劳动报酬，属于用人单位未按法律规定与劳动者签订劳动合同应承担的法定责任。故，双倍工资中属于双方约定的劳动报酬的部分，劳动者申请仲裁的时效应适用特殊时效，而对双倍工资与正常劳动报酬的差额部分，劳动者申请仲裁的时效应适用一般时效。

在劳动争议领域，仲裁时效制度是一项重要制度，若权利人超过法律规定的期间行使权利，法律就不再予以保护，该制度既能督促权利人积极行使权利和解决纠纷，又能维护社会和法律秩序的稳定。仲裁时效抗辩是某些案件制胜的关键点，应善用此时效抗辩。

---

① 浙江省高级人民法院民事审判第一庭、浙江省劳动人事争议仲裁院关于印发《关于审理劳动争议案件若干问题的解答（二）》的通知：十九、劳动者与用人单位就未休年休假的工资报酬发生争议的，申请仲裁的时效期间及起算点应如何确定答：用人单位未安排劳动者年休假，侵害的是劳动者的休假权利，支付未休年休假工资报酬是因用人单位未安排年休假而应当承担的法律义务，故适用一般的时效规定。劳动者要求用人单位支付未休年休假工资报酬的仲裁时效从次年的1月1日起计算。经劳动者同意跨年度安排年休假的，顺延至下一年度的1月1日起计算；劳动关系解除或者终止的，从解除或者终止之日起计算。四川省高级人民法院民事审判第一庭关于印发《关于审理劳动争议案件若干疑难问题的解答》的通知：37. 劳动者要求用人单位支付未休年休假折算工资的仲裁时效适用一年的时效规定，从次年的1月1日起计算。经劳动者同意跨年度安排年休假的，顺延至下一年度的1月1日起计算；劳动关系解除或者终止的，该年度的未休年休假折算工资仲裁时效从解除或者终止之日起计算。江西省高级人民法院、江西省人力资源和社会保障厅印发《关于办理劳动争议案件若干问题的解答（试行）》的通知：25. 劳动者主张未休年休假补偿工资的仲裁时效及起算点应如何确立？劳动者要求用人单位支付其未休带薪年休假工资诉请的仲裁时效期间应适用《中华人民共和国劳动争议调解仲裁法》第二十七条第一款之规定，从应休年休假年度次年的1月1日起计算；用人单位允许跨年度安排劳动者休年休假的，请求权时效顺延至下一年度的1月1日起计算；劳动关系已经解除或者终止的，从劳动关系解除或者终止之日起计算。《陕西省高级人民法院关于审理劳动争议案件若干问题的解答》3. 问：劳动者与用人单位就未休年休假的工资报酬发生争议，申请仲裁的时效期间及起算点应如何确定？答：根据《中华人民共和国劳动争议调解仲裁法》第二十七条第一款的规定，劳动者请求用人单位支付其未休年休假工资的仲裁时效期间，从应休年休假年度的次年1月1日起计算。用人单位允许劳动者跨年度休年休假，请求权时效顺延至下一年度的次年1月1日起计算。劳动关系已经解除或者终止的，从劳动关系解除或者终止之日起计算。

合规建议

1. 劳动争议的仲裁时效与商事仲裁不同，存在一般仲裁时效和特殊仲裁时效，不同请求适用不同的仲裁时效，用人单位应当根据法律规定和当地裁判口径进行判断。

2. 裁审机构并不会主动审查仲裁时效，用人单位应当注意劳动者请求事项是否超过仲裁时效，如果超过仲裁时效应当在仲裁阶段主动提出时效抗辩。

3. 如果当事人主张仲裁时效存在中止、中断情形的，应当提出相关证据予以证明。

第五节　劳动争议案件的终局裁决标准及救济途径

双方当事人发生经济纠纷，可以选择商事仲裁方式解决，一经裁决即发生法律效力，且仲裁裁决对双方都是终局的，任何一方无权再起诉到法院。不同于商事仲裁，劳动争议案件实行一裁两审、仲裁前置的法律程序，即仲裁程序是劳动争议的必经程序，如果对裁决不服，仍可以起诉到法院，同时裁决书失效。为了简化劳动争议的处理程序、缩短劳动者的维权时间，依法、公正、高效处理争议案件，劳动争议仲裁程序中也设计了终局裁决的法律制度，但是国家法律法规对适用终局裁决的争议和主体作了限定，同时也对终局裁决的救济途径作出了特殊规定。各地为了提高终局裁决的比例，体现仲裁制度优势，维护劳动者权益，也出台了终局裁决的细化规定。

一、终局裁决的适用范围

并非所有劳动争议都可以适用终局裁决，国家法律和地方政策对可以适用及不适用终局裁决的争议作出了规定。

（一）适用终局裁决的争议

根据《劳动争议调解仲裁法》第 47 条规定，下列两类劳动争议可以适用终局裁决，裁决书自作出之日起发生法律效力：第一类是追索劳动报酬、工伤医疗费、经济补偿或者赔偿金，不超过当地月最低工资标准十二个月金额的争议（小额追索争议）；第二类是因执行国家的劳动标准在工作时间、休息休假、社会保险等方面发生的争议（劳动标准争议）。

1. 小额追索争议

在小额追索争议中，对于哪些项目应当纳入劳动报酬、经济补偿或者赔偿金，存在不同理解。

根据《劳动人事争议仲裁办案规则》（以下简称《办案规则》）第50条规定，经济补偿包括：（1）竞业限制期限经济补偿；（2）解除或者终止劳动合同的经济补偿等。赔偿金包括：（1）未签订书面劳动合同第二倍工资；（2）违法约定试用期的赔偿金；（3）违法解除或者终止劳动合同的赔偿金等。

实践中，部分地方政策规定，用人单位未提前三十日书面通知解除劳动合同的一个月工资属于经济补偿，《劳动合同法》第85条规定的加付赔偿金属于赔偿金。但是北京市将未提前三十日书面通知终止劳动合同的赔偿金纳入赔偿金，与工资、奖金、津补贴、加班工资等劳动报酬分项相关联的经济补偿金或赔偿金纳入劳动报酬。对于未休带薪年休假工资，天津市和重庆市是纳入因追索劳动报酬发生的争议。而北京市是将未休带薪年休假工资报酬差额纳入经济补偿金，浙江省是将未休带薪年休假工资报酬差额纳入赔偿金。

2. 劳动标准争议

实践中，对执行国家劳动标准适用终局裁决的争议，是否涉及具体支付金额，也存在不同理解。比如，上海市①、江苏省②、福建省③等地规定，劳动标准争议不涉及具体金额的才能适用终局裁决。但是有的地方规定该类争议适用终局裁决可以涉及支

---

① 《上海市高级人民法院关于劳动争议若干问题的解答》规定，《劳动争议调解仲裁法》第47条第2项的规定主要是针对执行劳动制度如工作时间安排、休息休假天数等不涉及具体金额的情形。

② 《江苏省人力资源和社会保障厅、江苏省劳动人事争议仲裁委员会关于劳动争议案件适用终局裁决有关问题的通知》规定，一、终局裁决案件的适用范围……（二）因执行国家的劳动标准在工作时间、休息休假、社会保险等方面发生的争议。因执行劳动法律法规规章等规定的劳动标准，在工作时间以及法定节假日、休息日、产假、病假、探亲假、婚丧假等休息休假权利和社会保险等方面发生的争议，不涉及具体支付金额的，适用终局裁决。

③ 《福建省人力资源和社会保障厅关于进一步做好劳动争议案件终局裁决工作的通知》规定，劳动者与用人单位因执行国家劳动标准在工作时间、休息休假和社会保险方面发生争议，如涉及加班工资、未休带薪年休假工资报酬等具体金额给付的，作为追索劳动报酬争议处理。因执行国家的劳动标准在工作时间、休息休假、社会保险等方面发生的争议：1. 工作时间争议，包括因执行国家的劳动标准在标准工时制、不定时工作制和综合计算工时工作制以及非全日制用工工时制标准等工作时间方面发生的争议，不涉及具体支付金额。2. 休息休假争议，包括因执行国家的劳动标准在法定节假日、休息日、带薪年休假，以及病假、产假、哺乳假、计划生育假、婚丧假等休息休假方面发生的争议，不涉及具体支付金额。3. 社会保险争议，包括因执行国家的劳动标准在养老保险、医疗保险、工伤保险、失业保险和生育保险方面劳动者和用人单位发生的争议，包括但不限于在支付社会保险待遇（此处的工伤保险待遇不包括工伤医疗费）方面劳动者和用人单位的争议。

付具体金额，如山东省[①]：

（二）不适用终局裁决的争议

下列案件不适用终局裁决：

1. 裁决继续履行劳动合同的案件

根据《劳动争议调解仲裁法》规定，仲裁委认定用人单位违法解除或终止劳动合同，裁决双方继续履行劳动合同的，不适用终局裁决，应作出非终局裁决。

2. 涉及劳动关系确认的案件

根据《人力资源社会保障部、最高人民法院关于劳动人事争议仲裁与诉讼衔接有关问题的意见（一）》规定，裁决事项涉及确认劳动关系的，劳动人事争议仲裁委员会就同一案件应当作出非终局裁决。

另外，虽然裁决请求事项中没有要求确认劳动关系，但是审理中对于双方是否存在劳动关系存在不确定性的，一般也不适用终局裁决。比如，北京市规定，对劳动关系存疑的案件，不适用终局裁决。

3. 用人单位作为申请人的案件

部分地方明确规定，终局裁决仅限于申请人为劳动者的劳动争议案件，如北京市、山东省。因此，对于用人单位作为申请人，如要求劳动者承担赔偿责任、违反服务期的违约责任、违反竞业限制义务的违约责任等劳动争议案件，不适用终局裁决。

二、终局裁决事项的认定

（一）小额追索争议的认定标准

对于可以适用终局裁决的小额追索争议，仲裁庭需要审查金额是否不超过当地月最低工资标准十二个月。根据《办案规则》第50条规定，仲裁庭裁决案件时，申请人追索劳动报酬、工伤医疗费、经济补偿或者赔偿金，如果仲裁裁决涉及数项，对单项裁决数额不超过当地月最低工资标准十二个月金额的事项，应当适用终局裁决。因此，仲裁庭审查裁决事项是否属于终局裁决时，是以裁决数额认定并非劳动者申请数额，是以单项裁决数额认定并非全部裁决事项合计数额。

---

① 《山东省劳动人事争议仲裁委员会关于劳动人事争议案件适用终局裁决的指导意见》规定，“社会保险”争议具体包括以下内容：（1）劳动者以用人单位未为其办理社会保险手续，且社会保险经办机构不能补办导致其无法享受社会保险待遇为由，要求用人单位赔偿损失而发生的争议；（2）用人单位依法为劳动者缴纳了工伤保险费，因用人单位是否应当依法承担的部分工伤保险待遇而发生的争议。

根据《人力资源社会保障部、最高人民法院关于劳动人事争议仲裁与诉讼衔接有关问题的意见（一）》规定，仲裁裁决涉及下列事项，对单项裁决金额不超过当地月最低工资标准十二个月金额的，劳动人事争议仲裁委员会应当适用终局裁决：1. 劳动者在法定标准工作时间内提供正常劳动的工资；2. 停工留薪期工资或者病假工资；3. 用人单位未提前通知劳动者解除劳动合同的一个月工资；4. 工伤医疗费；5. 竞业限制的经济补偿；6. 解除或者终止劳动合同的经济补偿；7.《劳动合同法》第 82 条规定的第二倍工资；8. 违法约定试用期的赔偿金；9. 违法解除或者终止劳动合同的赔偿金；10. 其他劳动报酬、经济补偿或者赔偿金。以北京为例，北京市 12 个月最低工资金额为 2420 元×12 个月 = 29040 元，假设仲裁裁决用人单位应当支付劳动者工资 28000 元、未签劳动合同二倍工资差额 28000 元、违法解除劳动合同赔偿金 28000 元，虽然裁决事项合计金额已经达到 84000 元，但是每项均未超过北京市 12 个月最低工资金额，因此应当适用终局裁决。

为进一步明确劳动争议终局裁决适用有关事项，有些地方还出台政策明确了仲裁终局裁决事项的认定标准。比如，天津市规定，因追索劳动报酬发生的争议，仲裁裁决对以下各单项裁决数额不超过本市月最低工资标准十二个月金额的，适用终局裁决：1. 计时工资或者计件工资；2. 奖金；3. 津贴或者补贴；4. 加班加点工资；5. 停工留薪期工资或者病假工资；6. 未休带薪年休假工资；7. 特殊情况下支付的工资；8. 其他劳动报酬。上述规定又对劳动报酬进行了细分，按照单项裁决数额认定，实际上进一步扩大了终局裁决的适用。

（二）涉及终局裁决事项的文书制作

如前所述，对终局裁决事项的认定标准实践中各地存在不同的理解，作为当事人很难判断。仲裁庭制作裁决书时，一般会写明裁决是否为终局裁决。仲裁庭裁决案件时，如果裁决内容同时涉及终局裁决和非终局裁决的，根据《办案规则》第 50 条规定，应当分别制作裁决书，并告知当事人相应的救济权利。山东、浙江等地也有相同规定。但是，也有地方规定可以在同一份裁决书中分别列明终局裁决事项和非终局裁决事项，并分别告知权利救济途径，如广东省①。

三、终局裁决的救济途径

虽然法律规定部分劳动争议案件可以适用终局裁决，但是与商事仲裁不同，如果

---

①《广东省高级人民法院、广东省劳动人事争议仲裁委员会关于劳动人事争议仲裁与诉讼衔接若干意见》规定，申请人的仲裁请求同时涉及终局裁决事项和非终局裁决事项的，仲裁机构在同一份裁决书中分别列明终局裁决事项和非终局裁决事项，并分别告知权利救济途径，视为已分别制作仲裁裁决书。

当事人不服终局裁决，仍然可以按照法律规定的救济途径维护自身权利。只是为了方便劳动者维权，法律对劳动者和用人单位分别规定了不同的救济途径。

（一）劳动者对终局裁决享有诉权

根据《劳动争议调解仲裁法》第 48 条规定，劳动者对终局裁决不服的，可以自收到仲裁裁决书之日起十五日内向人民法院提起诉讼。也就是说，终局裁决是否“终局”劳动者可以进行选择。劳动者选择在法定期限内起诉到法院的，终局裁决失效。

（二）用人单位申请撤销权

1. 用人单位申请撤销权的情形

与劳动者不同，用人单位对终局裁决不服的，无权直接起诉至法院。但是，根据《劳动争议调解仲裁法》第 49 条规定，用人单位有证据证明终局裁决有下列情形之一，可以自收到仲裁裁决书之日起三十日内向劳动争议仲裁委员会所在地的中级人民法院申请撤销裁决：（1）适用法律、法规确有错误的；（2）劳动争议仲裁委员会无管辖权的；（3）违反法定程序的；（4）裁决所根据的证据是伪造的；（5）对方当事人隐瞒了足以影响公正裁决的证据的；（6）仲裁员在仲裁该案时有索贿受贿、徇私舞弊、枉法裁决行为的。人民法院经组成合议庭审查核实裁决有前款规定情形之一的，应当裁定撤销。根据《最高人民法院关于审理劳动争议案件适用法律问题的解释（一）》第 22 条规定，用人单位申请撤销仲裁裁决，中级人民法院作出的驳回申请或者撤销仲裁裁决的裁定为终审裁定。也就是说，劳动者和用人单位都无权提出上诉。仲裁裁决被人民法院裁定撤销后法院并不会直接作出判决，当事人也无须重新仲裁，可以自收到裁定书之日起十五日内就该劳动争议事项向基层人民法院提起诉讼。

2. 仲裁裁决书未载明该裁决是否为终局裁决的处理

仲裁裁决书未载明该裁决是否为终局裁决，用人单位不服该仲裁裁决向基层人民法院提起诉讼，由法院审查是否为终局裁决并作出处理。根据《最高人民法院关于审理劳动争议案件适用法律问题的解释（一）》第 18 条和第 19 条规定，如果经审查认为该仲裁裁决为终局裁决的，即仲裁裁决每项确定的数额均不超过当地月最低工资标准十二个月金额，基层人民法院不予受理，但应告知用人单位可以自收到不予受理裁定书之日起三十日内向劳动争议仲裁机构所在地的中级人民法院申请撤销该仲裁裁决；已经受理的，裁定驳回起诉。如果同一仲裁裁决同时包含终局裁决事项和非终局裁决事项，根据《最高人民法院关于审理劳动争议案件适用法律问题的解释（一）》第 20 条规定，当事人不服该仲裁裁决向人民法院提起诉讼的，应当按照非终局裁决处理。北京市、浙江省等地也有类似规定。

（三）劳动者起诉同时用人单位申请撤销的处理

根据《最高人民法院关于审理劳动争议案件适用法律问题的解释（一）》第 21 条和《人力资源社会保障部、最高人民法院关于劳动人事争议仲裁与诉讼衔接有关问题的意见（一）》第 13 条规定，就同一终局裁决，劳动者不服起诉至基层人民法院，同时用人单位向中级人民法院申请撤销裁决的，中级人民法院应当不予受理；已经受理的，应当裁定驳回申请。如果劳动者被人民法院驳回起诉或者劳动者撤诉的，用人单位可以自收到裁定书之日起三十日内，再次向中级人民法院申请撤销仲裁裁决。如果劳动者的起诉被受理后，用人单位主张终局裁决存在应予撤销情形的，基层人民法院应当一并审理。因此，如果属于终局裁决，且存在可以申请撤销仲裁裁决的法定情形，用人单位应当在法定期限内向有管辖权的中级人民法院提出撤销仲裁裁决申请。如果劳动者也就终局裁决起诉的，用人单位的申请被裁定不予受理或驳回申请后，在劳动者起诉的案件中仍然可以就裁决存在应予以撤销的法定情形提出抗辩。

根据《人力资源社会保障部、最高人民法院关于劳动人事争议仲裁与诉讼衔接有关问题的意见（一）》第 12 条规定，如果仲裁庭对同一案件分别作出终局裁决和非终局裁决，劳动者起诉终局裁决同时用人单位申请撤销、劳动者或者用人单位同时对非终局裁决起诉的，有管辖权的人民法院应当依法受理。审理撤裁案件的中级人民法院认为该案件必须以非终局裁决案件的审理结果为依据，另案尚未审结的，可以中止诉讼。

（四）劳动者申请执行终局裁决、用人单位申请撤销的处理

根据《最高人民法院关于审理劳动争议案件适用法律问题的解释（一）》第 25 条规定，劳动者申请执行终局裁决、用人单位申请撤裁的，人民法院应当裁定中止执行，并根据结果作出不同处理：1. 用人单位撤回申请或者其撤裁申请被驳回的，人民法院应当裁定恢复执行。2. 仲裁裁决被撤销的，人民法院应当裁定终结执行。3. 用人单位撤裁申请被驳回后，又在执行程序中以相同理由提出不予执行抗辩的，人民法院不予支持。

（五）终局裁决生效后的救济

对于终局裁决劳动者期满不起诉，且用人单位期满未申请撤裁的，裁决书自作出之日起发生法律效力。用人单位应当按照生效裁决确认的内容和期限履行义务。用人单位逾期不履行生效仲裁裁决的，劳动者可以在裁决规定的履行期限届满后二年内向人民法院申请强制执行。

根据《最高人民法院关于审理劳动争议案件适用法律问题的解释（一）》第 24 条规定，如果用人单位期满未申请撤裁，劳动者申请强制执行后，用人单位提出证据证明劳动争议仲裁裁决书、调解书有下列情形之一，并经审查核实的，人民法院可以裁

定不予执行：1. 裁决的事项不属于劳动争议仲裁范围，或者劳动争议仲裁机构无权仲裁的；2. 适用法律、法规确有错误的；3. 违反法定程序的；4. 裁决所根据的证据是伪造的；5. 对方当事人隐瞒了足以影响公正裁决的证据的；6. 仲裁员在仲裁该案时有索贿受贿、徇私舞弊、枉法裁决行为的；7. 人民法院认定执行该劳动争议仲裁裁决违背社会公共利益的。用人单位在收到不予执行裁定书之次日起三十日内，可以就该劳动争议事项向人民法院提起诉讼。

合规建议

1. 劳动争议案件的终局裁决制度有其特殊性，主要是为了劳动者可以快速、高效的维权，因此对于用人单位是“终局”无权直接向法院提起诉讼，但对于劳动者可以是“非终局”仍有权起诉至法院。

2. 当事人收到劳动争议仲裁裁决书后，应当注意查看是否属于终局裁决，尤其是用人单位需要格外重视，并根据法律规定及时采取有效的救济途径。

3. 用人单位不应忽视仲裁程序的应对，以免作出终局裁决后撤裁失败造成权益受损。

第六节　劳动争议案件裁判文书执行涉税问题处理

根据《中华人民共和国个人所得税法》（以下简称《个人所得税法》）规定，劳动者从用人单位获得的工资、薪金所得（指个人因任职或者受雇取得的工资、薪金、奖金、年终加薪、劳动分红、津贴、补贴以及与任职或者受雇有关的其他所得）应当依法缴纳个人所得税。

劳动争议案件中，劳动者诉求事项主要就是工资、加班费、奖金、提成、津补贴、经济补偿金、赔偿金等，在缴纳个人所得税时均属于工资、薪金范畴，用人单位在支付时需依法代扣代缴个人所得税。但是，在生效法律文书（包括调解书、裁决书、判决书）的履行过程中，由于大多数法律文书只是裁决用人单位应付款项的性质、金额、支付时间，而对于该款项是税前还是税后金额并不明确，导致在执行过程中用人单位代扣代缴个税后实发金额与法律文书裁决金额出现差额，进而引发劳动者申请强制执行，给用人单位带来困扰，甚至对企业经营以及法定代表人产生很大的负面影响，包括冻结账户、列入失信名单、被采取强制执行措施、限制出行消费等①。

一、未明确应付款项是税前金额用人单位是否可以代扣个税

生效法律文书未明确应付款项是税前金额，用人单位代扣代缴个税，劳动者要求

① 案号：（2019）京03执复5号。

补齐差额，是否应当支持？

通过检索案例发现，就此问题，执行中存在两种观点：

（一）支持用人单位依法代扣代缴个税

参考案例：用人单位按照法律规定履行代扣代缴义务应当视为履行生效法律文书所确定的给付款项的组成部分

在某科公司与高某一案中[①]，法院认为，缴纳个人所得税是纳税人应尽的法定义务，该义务并不因人民法院强制执行而予以免除。本案中，某科公司作为高某劳动报酬的支付义务方，代扣代缴高某的个人所得税是其应履行的法律义务。深圳市福田区地方税务局在给本院的复函中也明确表示，某科公司作为支付高某所得的单位，可以作为高某个人应缴纳个人所得税的扣缴义务人。因此，某科公司代扣代缴高某个人所得税，于法有据。某科公司代扣代缴的税款，原本便是高某应当向国家缴纳的税款。故，某科公司代扣代缴的税款，应当视为某科公司履行生效判决所确定的给付款项的组成部分。

（二）用人单位无权代扣代缴个税应补足差额

参考案例：用人单位履行代扣代缴义务实质是对生效法律文书内容存在异议，不视为履行生效法律文书所确定的给付款项的组成部分，用人单位应补足差额

北京某商业公司与李某一案中[②]，法院认为，执行依据已经确认北京某商业公司应向李某支付违法解除劳动合同赔偿金 850512 元，现某商业公司仅向李某支付 774801.3 元，故执行法院据此冻结其名下银行存款 75710.70 元，符合法律规定。不过尽管有上述裁定，李某后来还是将某商业公司代扣代缴的个人所得税 75710.7 元足额支付给了该公司。

某机械公司与姚某一案中[③]，法院认为，姚某申请执行某机械公司劳动争议一案，生效民事调解书确定某机械公司应支付姚某佣金 157581.8 元，某机械公司仅履行 147843.62 元，东城法院依据申请执行人姚某的申请，要求某机械公司按照民事调解书继续履行剩余 9738.18 元，并无不当。

二、劳动者可否主张自行申报、拒绝用人单位代扣代缴个人所得税

用人单位在履行生效裁决支付相关款项时，如生效法律文书未载明款项为税后金

---

① 案号：（2015）深中法执复字第 89 号。

② 案号：（2021）京 02 执复 142 号。

③ 案号：（2020）京执监 59 号。

额的，通常会就个税扣缴问题与劳动者进行沟通和协商，那么劳动者主张自行申报、拒绝用人单位代扣代缴的，是否应当支持？对此问题，也存在两种观点。

（一）劳动者可自行申报个税

参考案例：生效法律文件确定的应付款项是否属于应纳税所得以及是否存在抵扣情形存在不确定性，应由劳动者自行申报

在某科公司与高某一案中①，法院认为，判决书确定的加班工资以及节假日加班工资名目上属于工资、薪金所得，但系一段时间内的所得，如分摊到具体月份和日期，工资、薪金所得是否达到应税界限，应税金额如何具体计算均需核定，不能排除纳税义务人不应计税和可以依法抵扣的情形。故，即使加班工资所得应当纳税，亦应由申请执行人自行向税务机关申报，由税务机关依据具体情形予以核定。被执行人擅自代扣代缴系拒绝全面履行生效法律文书的不当行为。

在某力公司与周某一案中②，法院认为，在未与申请执行人协商并取得其许可之情况下，某力公司代扣、代缴个人所得税违反了生效法律文书所确定的履行内容。至于周某是否应向税务机关缴纳个人所得税及需要缴纳的具体税额，则属另一实体法律关系，双方当事人应另寻法律途径解决。

（二）工资不属于个人申报个税范围

参考案例：用人单位支付给劳动者的工资、补偿金等收入不属于个人申报范围，用人单位代扣代缴个人所得税是履行法定义务

在某科公司与高某一案中③，法院认为，根据《个人所得税法》第9条、《个人所得税代扣代缴暂行办法》第11条的规定，个人所得税以所得人为纳税人，以支付所得的单位或者个人为扣缴义务人；扣缴义务人应扣未扣、应收未收税款的，由扣缴义务人缴纳应扣未扣、应收未收税款相应的的滞纳金或者罚款。本案中，某科公司作为高某劳动报酬的支付义务方，代扣代缴高某的个人所得税是其应履行的法律义务。某科公司对国家负有从应给付高某的款项中代扣代缴其个人所得税的义务。

在某力公司与周某一案中④，法院认为，申诉人履行生效调解书，对周某支付的解除劳动合同赔偿金、工资、奖金应当履行代扣代缴义务。且根据《个人所得税法》第10条、《国家税务总局关于个人所得税自行纳税申报有关问题的公告》，本案所涉

---

① 案号：（2015）深福法执异字第44号。

② 案号：（2018）粤03执复141号。

③ 案号：（2015）深中法执复字第89号。

④ 案号：（2019）粤执监114号。

个人收入不符合自行申报的情形，不能由所得人自行申报，应由扣缴单位代扣代缴。如单位未代扣代缴，根据《税收征收管理法》第 68 条、第 69 条规定，税务机关除向纳税人追缴税款外，应对扣缴义务人处予以相应的罚款。

三、法院对应征税所得额、代扣代缴个税金额是否有权进行认定和处理

这个问题是由前述第二个问题延伸而来。第二个问题的观点二认为用人单位代扣代缴个人所得税是法定义务，无须得到劳动者同意。但是观点一所述问题也是客观存在的，即关于生效法律文书所确定的应付款项是否属于个人所得税的应税范围、应纳税金款的计算等，劳动者与用人单位可能存在不同的认识，法律适用也确实存在不确定性，特别是个人所得税实行预扣预缴、年度汇算清缴，个人所得税的计算更为复杂。这种情况下，如果劳动者对用人单位自行计算并代扣代缴个人所得税的金额存在异议的，该如何救济呢？法院在执行中能否对应付款项是否属于征税范围、适用税率、应缴个税金额等进行认定？

（一）法院无权审查处理个税

该观点认为：对于涉案款项是否属于应征税范围以及个人所得税金额的确定，不属于人民法院执行审查范围，用人单位与劳动者应另案解决。这是比较普遍的观点，在前面所列举的多个案件中，法院多持此观点，如深圳市中级人民法院（2018）粤 03 执复 141 号、北京市第二中级人民法院（2021）京 02 执复 142 号、北京市高级人民法院（2020）京执监 59 号等。

（二）法院有权审查处理个税

参考案例：法院有权对生效法律文书裁决款项是否属于征税范围、代扣代缴金额进行认定和处理

在某力公司与周某一案中①，法院认为，关于周某所称“社会保险费以及住房公积金 120000 元并不属于应纳税金额”的问题。本案生效法律文书明确了单位应承担社会保险金和公积金金额，由单位直接以现金形式发放给个人，个人自行去相关部门办理交纳手续。此部分金额可同等享受单位负担的社会保险和公积金免税政策，即此部分应予免征所得税，某力公司将该部分亦纳入缴税基数并征缴了相应的税款不当。因某力公司多扣缴了税款，造成周某的金钱债权未得到充分实现。鉴于福田法院已立案恢复执行，福田法院可在（2019）粤 0304 执恢 997 号案执行的过程中对应代扣代缴的

① 案号：（2019）粤执监 114 号。

金额一并审查处理。

在某科公司与高某一案中[①]，法院认为，某科公司就高某所得代扣代缴的税款金额，系该单位单方自行计算的数额，福田法院应当根据深圳市福田区地方税务局给出的计算公式和确定的计税项目，核算某科公司应当代扣代缴的税额。如有必要，该院可要求相关税务部门协助核算。对该部分金额，福田法院应当从本案执行标的中予以扣除。

与民商事案件相比，劳动争议案件的争议标的和裁决金额较低，用人单位主动履行率较高，通常劳动者对用人单位代扣代缴个税也不持异议，所以这个问题并没有引起更多争议和重视。但是，随着劳动争议案件数量的不断增多，劳动者权利意识的提升，规则不明不仅会妨碍用人单位履行代扣代缴的法定义务，还间接导致一些人产生通过申请执行逃避纳税义务、获取不当利益的念头，更进一步引发了执行异议等争议，挤占和浪费司法资源。因此，对此类问题进行梳理、尽快统一规则，确有必要。

合规建议

根据以上分析，就用人单位履行生效法律文书代扣代缴个人所得税的问题，提出以下建议：

1. 请求裁审机构在生效法律文书中对应付款项是否为税前金额予以明确。特别是在调解中，对于个税缴纳问题可以充分协商，并与税务机关逐一核实、确认和解款项的纳税金额，在调解书中予以明确。

2. 对于生效法律文书未明确应支付款项为税后金额的，用人单位应主动与劳动者沟通确认代扣代缴的金额，告知代扣代缴个人所得税的法律规定以及拒绝缴纳个人所得税的后果。

3. 劳动者以个人申报为由拒绝用人单位代扣代缴，或者劳动者以承诺、与用人单位签署协议等方式豁免用人单位代扣代缴义务的，并不能使用人单位免予承担法律责任。如果劳动者明确拒绝用人单位依法履行代扣、代收税款义务时，用人单位应当取得并保留证据，并及时报告税务机关处理，取得税务机关的书面意见。

4. 用人单位代扣个人所得税后应在法律规定的期限内实际完成代缴义务，并保留代缴个税的凭证。

5. 及时关注个人申请执行的情况，并与法院、税务机关主动沟通，避免法院直接采取查封账户、限制消费、纳入失信名单等强制执行措施。

---

① 案号：(2015) 深中法执复字第89号。

图书在版编目（CIP）数据

卓越 HR 必备合规管理指南：劳动用工疑难问题解析与合规建议 / 崔杰，苏文蔚编著. -- 北京：中国法治出版社，2025. 9. -- (企业人力资源管理与法律顾问实务指引丛书). -- ISBN 978-7-5216-5326-7

Ⅰ. D922.504

中国国家版本馆 CIP 数据核字第 202515HN93 号

策划编辑：杨　智　　　　责任编辑：王好娇　　　　封面设计：李　宁

卓越 HR 必备合规管理指南：劳动用工疑难问题解析与合规建议

ZHUOYUE HR BIBEI HEGUI GUANLI ZHINAN：LAODONG YONGGONG YINAN WENTI JIEXI YU HEGUI JIANYI

编著/崔杰，苏文蔚

经销/新华书店

印刷/三河市紫恒印装有限公司

开本/730 毫米×1030 毫米　16 开　　　　印张/ 21　字数/ 346 千

版次/2025 年 9 月第 1 版　　　　2025 年 9 月第 1 次印刷

中国法治出版社出版

书号 ISBN 978-7-5216-5326-7　　　　定价：79.80 元

北京市西城区西便门西里甲 16 号西便门办公区

邮政编码：100053　　　　传真：010-63141600

网址：http：//www.zgfzs.com　　　　**编辑部电话：010-63141822**

市场营销部电话：010-63141612　　　　**印务部电话：010-63141606**

（如有印装质量问题，请与本社印务部联系。）